非営利法人のための資産運用入門

アセットオーナー・プリンシプル対応版

公益財団法人 公益法人協会
雨宮 孝子（序）

インディペンデント・フィデュシャリー株式会社
梅本 洋一

公益財団法人 公益法人協会

『非営利法人のための資産運用入門』
訂正とお詫び

公益財団法人　公益法人協会
出版室

本書におきまして、以下の誤りがございましたので、訂正いたします。読者の皆さまに謹んでお詫び申し上げます。

訂正箇所	誤	正
P8　上から6行目	「公益目的事業財産」	「公益目的保有財産」
P240　(1) グローバル株式 ETF が複製する市場 平均指数の概要 FTSE Global All Cap Index 時価総額	1.22兆円	1.22京円
P244　(3) グローバル債券 No.14　配当利回り	33.43%	3.34%

まえがき

　本書は、前著『新しい公益法人・一般法人の資産運用』（2017年刊行）の後継本として書いたものである。

　資産運用ばかりでなく、法人経営、個人の人生についても言える普遍的な真理がある。それは将来のことなど誰も分からないということである。「このような不確実性の高い状態に置かれた中で、いかに意思決定していくか？」「リスクをできるだけ抑えつつも、現在から未来永劫続く法人事業を賄うために十分なリターンを獲得できる確率を高めるためには、どのような意思決定がより相応しいか？」が法人の資産運用の真の命題である。

　すなわち、法人資金の運用においては、このような不確実性のもとで下す（連続する）意思決定こそが資産運用業務そのものであり、運用結果はその意思決定の結果として現れる。ゆえに、運用結果よりも、結果が判明する前に下されるその意思決定の質が問われるのである。

　この理は、前著から6年半たった現在でも、法人が置かれた状況として何も変わらない。また、これからも未来永劫変わることは決してない。

　しかしながら、相変わらず、歴代の法人運用担当役職員による、何となく、なりゆきで、合目的でない、合理的でない、持続可能とは思えない意思決定をしている法人は少なくないのではないかと危惧している。

　そのような意思決定を続けた代償は、現在から未来永劫続く法人運営や事業を遂行するにあたり、とても大きく、取り返しのつかないものになり得る。また、間違ったポイント、どうでも良いポイントに焦点を当て続けていると、運用管理業務はどんどん複雑化、ブラックボックス化し、一般的な法人役職員が理解、説明、管理、引き継ぎができない状態に陥ってしまう。つまり「本当は組織の誰も理解していない状態」、「運用担当者しか

理解していない状態」、あるいは「理解したつもりになっている状態」である。

　今一度、現在から未来永劫続く法人運営や事業の遂行に対して合目的な資産運用を実施していくために、最も重要なポイントとは何かを定め、それに集中していかなくてはならない。

１．本書の趣旨

　前著では、法人にとっての資産運用とは？　資産運用業務とは？　いったい何で、どんな資産運用の姿が理に適っているのか？　という視点を提供しようとした。そのために、法人資産運用における合目的、合理的、持続可能な枠組みのスタートラインとして、

①世界の主要な金融市場を複製、再現するオーソドックスなETF（上場投資信託）などを組み合わせて、現在から将来未来永劫続く法人事業に合目的になるようデザイン（資産配分）された基本ポートフォリオを構築、メンテナンスしていくこと（資産運用や金融市場は合理的、シンプルかつ普遍的な原理原則によって整理できると考えられることとも整合）。

②同時に、基本ポートフォリオの考え方、資産配分比率などを明記した組織の共通基準としての投資方針書を作成・準備し、それに沿って、計画、執行、リスク管理、ガバナンス（組織への投資方針の周知・理解と関与を促し続ける）、業務引き継ぎを実施していくこと。

という以上２点こそが、「普通の法人の役職員が理解・管理可能な範囲に資産運用の内容を留める」、「資産運用を超長期に持続可能にする」、また、「それ以外の資産運用のやり方に比べても（消去法的に）ベターな方法ではないか」との趣旨を唱えた。

　本書でも上記の趣旨は何ら変わらない。さらに今後10年、20年あるいはそれ以上が経過したとしても変わらないであろう。

2．本書の対象

　財団法人、社団法人、学校法人など営利事業からの収入源を持たず、現在と将来未来永劫続く法人事業の費用の全部あるいはその一部を、保有する金融資産とその運用益でファイナンスし続けないといけない宿命である全ての非営利組織を対象とする。

　前著では財団法人、社団法人を意識した内容であったが、1．本書の趣旨は、その他の非営利組織にも幅広く適用できると考えている。

3．本書の目的

　本書の目的は、読者に以下の2点について指針を示すことである。

①法人事業に対して合目的、合理的、持続可能な資産運用の姿とは、どのようなものか？

②どうすれば、それが具体的に実現できるか？（そのためには、法人の運用担当や役員はどのような知識、コンテンツを押さえておく必要があるか？）

　前著では、主に①のポイントに絞り込んだが、あれから6年半経過し、投資環境も法人の意識にも変化がみられる。

　一方で実際のところ、現在に至るまでも歴代の法人運用担当役職員による、何となく、なりゆきで、合目的でない、合理的でない、持続可能とは思われない運用管理が踏襲され続けているケースは未だに多い。

　そこで本書は、①法人事業に対して合目的、合理的、持続可能な資産運用の姿についてデータなどをアップデートするなどして前著と同じ提唱を続けると同時に、さらに、②どうすれば、それが具体的に実現できるか？（各法人が合目的、合理的、持続可能な資産運用に移行していけるか？そのためにはどんな知識、コンテンツを押さえておく必要があるか？）というアプローチを試み、構成を変更した。

なぜならば、資産運用は本などを読んで頭で理解しただけでは問題は解決しないからである。実際に法人事業に対して合目的、合理的、持続可能と思われる資産運用を実行してみないと何も始まらない。そのためには、それを始動させ、メンテナンスする人材が必須となるのである。

言い換えれば、そのような人材が習得すべき運用知識、育成カリキュラムのコンテンツとなるように編集した。同時に、そのような人材からの説明、提案を受けて最終的な組織の意思決定を下す法人役員にも是非押さえておいてもらいたい知識、コンテンツでもある。

４．本書の特徴

まず、本書で取り上げる運用管理の枠組みであるが、法人資産運用における合目的、合理的、持続可能な枠組みのスタートラインとしての、金融市場連動型ETF（上場投資信託）とそれらを組み合わせた基本ポートフォリオ（資産配分比率）を中心とし、それらから生じる利子配当を法人の運用収益として認識するスタイルに限定している。それ以外のやり方はさらに高度なスキルと意思決定を個々の法人に求めるので、多くの普通の法人役職員には馴染まないと考え、本書で詳しく触れることはしない。

本書の読者としては、まず現在運用収益を少しでも高めようとしている法人、運用リスクの管理に腐心している法人、加えて将来これらに取り組む可能性のある法人の役職員を対象としている。

資産規模は問わない。数千万円から数千億円の運用規模でも本書の考え方、やり方で運用管理できるはずである。また、本書の基本的な考え方は個人の資産運用においても共通するものなので、個人的な資産運用の考え方のヒントとして読んでいただけると考えている。

また、概念、理論、知識の一般的な解説だけでも十分かもしれないが、それらがリアルな法人の資産運用の姿とどのように結びつくものなのかをイメージしやすいように、関連した事例を豊富に掲載した。ただし、単な

る「何を」「どうする」というWhat的、How to的な理解、モノマネに留まらずに、その背景にある考え方、「なぜなのか？」というWhy的な理解を深めていただけるように腐心したつもりである。

なるべく普遍的、陳腐化しない知識、コンテンツにフォーカスした。流行り廃れに流されず、この先10年、20年あるいはそれ以上経っても変わらない情報に絞り込んでの構成を心掛けた。

最後に、極力、平易な表現、初心者・普通の法人役職員でも理解できるよう努力したつもりであるが、一般個人向けの投資本と比べれば、どうしても読みづらい箇所もあるかもしれない。最初は辛抱が必要かもしれないが、できれば、繰り返し読んでいただきたい。書かれている内容は、前後の内容とも互いに関連、結びついており、きっと時代を超えて役に立つはずである。

5．本書の構成

第1部　現状

第1章では、2023年に実施された資産運用アンケートの結果を踏まえて、法人の資産運用の現状について、2007年、2017年の資産運用アンケート結果とも比較しながら解説する。法人の投資行動ならびに運用体制・手続きについてのポジティブな変化が伺える。一方、アンケートからは、今後の資産運用にあたっての問題点も浮かび上がる。

第2部　問題点

第2章では、浮かび上がった今後の資産運用にあたっての問題点について、深掘りするとともに、問題解決の方向性について探る。

第3部　解決策

第3章では、問題の解決策としての一つの資産運用の枠組み、X法人の運用事例を解説する。さらに、アンケートから浮かび上がった問題点の解決策として適合するか否かの検証を行う。また、法人資産運用を取り巻く

その他の制約条件との整合性についても検証する。

第4部　運用担当と役員が押さえるべき運用基礎知識

第4章では、X法人の資産運用の枠組みが機能すると言える根拠である体系的な運用知識のエッセンスを学ぶ。常識的アプローチ、学術研究的アプローチ、実証研究的アプローチから資産運用の基礎・本源的な知識を解説する。普通の法人役職員でも比較的容易に共通理解することができる知識である。

特に、この章は、「なぜ、金融市場のほぼ全体を複製し、それに連動するETF（上場投資信託）を持ち続けることには意義があるのか？」という、全ての資産運用を考えたり、判断したりする際の基礎・基準となる知識である。なぜ、そうなるのか？（逆にこれ以外のやり方では留意すべき問題は何か？）について、読者にもロジックを整理、明確にしてもらえれば幸いである。

第5章では、前章の、特に、学術研究的アプローチ、実証研究的アプローチの功績から誕生したパッシブ運用について学ぶ。さらに、パッシブ運用される金融商品の一つである金融市場連動型ETF（上場投資信託）について、どのような仕組みか？　なぜ、金融市場 ≒ ベンチマーク・インデックスを複製できるのか？　なぜ、市場平均利回り程度のインカム収入を受け取れるのか？　なぜ、運用コストが安いのか？　なぜ、億円単位でもいつでも取引できる高い流動性を持つのか（ETF取引方法と価格発見機能）？　など、法人資産運用の実務のポイントに沿って解説する。

第5部　運用担当と役員が押さえるべきポートフォリオマネジメント基礎知識

第6章では、法人事業に対して合目的な基本ポートフォリオ（各種資産の組合せ比率）を構築、デザインするための前提となる考え方について学ぶ。「ポートフォリオのリターンの源泉を何にするのか？」「ポートフォリオに含める核となる資産の条件とは？」「具体的な核となる資産とは？

（反対に核とならない資産とは？）」などである。ここでも重要なことはWhy? である。「なぜ、ポートフォリオのリターンの源泉をそれにするのか？」「なぜ、ポートフォリオには核となる資産を含めて、核とならない資産は含めないのか？」について、整理、明確にしながら、ゆっくりでも構わないので辛抱強く読み進めていただければ幸いである。

第7章では、基本ポートフォリオ（各種資産の配分比率）の、法人事業に対して合目的な組み合わせの考え方、手順について学ぶ。ここでも重要なことはWhy? を整理、明確にしておくことである。「なぜ、その基本ポートフォリオ（各種資産の配分比率）になるのか？」が整理され、明確であることは、法人が主体的に資産運用を理解、管理できることにもつながり、法人としてのガバナンス・説明性の向上にもつながる。結果として法人の運用成果にも結び付く重要なポイントである。

第8章では、ポートフォリオのメンテナンスについて学ぶ。運用開始後から直ちにポートフォリオの時価評価は変動を始める、時には大きく価格を下げることもあれば、その逆もある。また、基本ポートフォリオ（資産配分比率）についても、未来永劫固定のまま全く変更なしというのは現実的でない。法人事業の目的、投資環境などの変化に応じてメンテナンス、微調整する必要が出てくる。再びX法人などの事例を題材に、2008年のリーマンショック時から2024年3月の日銀マイナス金利解除までの期間の、リバランスや資産配分比率の微調整（変更）などメンテナンスのオペレーションの実際やその意義について学ぶ。

第6部　運用担当と役員が押さえるべき運用人材問題の実態と留意点

第9章では、運用人材問題について、いくつかの観点から、①内部人材を育成・招聘する場合と、②その他外部の機関を活用する場合とを比較して、その実態と留意点を整理する。法人がどのような選択をするにしろ、法人事業に対して合目的、合理的、持続可能な資産運用を実行するためには、それを始動させ、メンテナンスする人材が必須となる。

人材の育成・確保に努め続けることは法人（運用担当と役員）にとっての最重要課題と言っても過言でない。必要とされるのはどんな人材か？　その他どんな点について留意すべきか？　などの基準について、分からない、考えない、整理しないまま、何となくなりゆきで模索を続けても、ただ時間とお金の浪費・ロスを続けるだけである。

　書かれていることはハードルが少々高いかもしれない。しかしながら、現状できているか（将来できそうか）、できていないか（将来できそうでないか）は別として、運用人材問題の実態と留意点を知り、できることからターゲットを絞り込んで、各法人が人材の育成・確保の問題の改善に取り組むことをおすすめしたい。そうすることで、最善の解決策がすぐに見つかるわけではないかもしれないが、様々なロスを少なくできるはずである。

　最後に、第10章を結論として締めくくっている。

梅本　洋一

目　次

序章　非営利法人の資産運用について

1. はじめに･･･ 2
2. 一般法人・公益法人と資産運用･･････････････････････････ 3
3. 一般法人・公益法人が運用に関して留意すべき事項･･････ 5
4. 資産運用の考え方･･･ 10
5. 資産の管理・運用にあたって留意すべき事項･･･････････ 11
　　コラム序-1　フィデュシャリーとは･･････････････････ 16

第1部　現　状

第1章　法人資産運用の現状

1. 法人資産運用の現状･･････････････････････････････････････ 19
　1-1　投資行動にみられるポジティブな変化･･･････････ 19
　1-2　運用体制・手続きにみられるポジティブな変化･･･ 36
　1-3　その他のポジティブな変化･･････････････････････ 41
2. 法人資産運用の今後の課題･･････････････････････････････ 43
　2-1　課題その1　分散投資はいまだ不十分･･･････････ 43
　2-2　課題その2　（許容）リスクの考え方、管理の仕方がまだまだ合理的でない･･････････････････････････････ 45
　2-3　課題その3　①環境変化に左右されにくい全天候型の分散投資、②合理的なリスク管理を支える運用人材の不足（確保、育成の課題）･････････････････ 46
　2-4　課題その4　市況や価格変動からのバイアス（先入観・相場観）に基づいた意思決定･･････････････････ 49

x　目　次

　　3．まとめ･･･　51

第2部　問題点

第2章　法人資産運用の課題
―何が問題なのか、問題解決の方向性―

1．インフレにも負けないよう事業の維持・拡大を遂行するための
　　資産運用とは？･･　56
　　1-1　法人資産運用の構造･･･････････････････････････････　56
　　1-2　法人資産運用の目標･･･････････････････････････････　56
　　1-3　運用元本の適切な保全、運用管理とは･･･････････････　57
2．現状の法人資産運用の何が問題なのか？･･････････････････　63
　　2-1　分散投資はいまだ不十分（全天候型の分散投資には不十分)･･･　63
　　2-2（許容）リスクの考え方、リスク管理の仕方がまだまだ
　　　　　合理的でない･･･････････････････････････････････････　66
　　　　コラム2-1　金利上昇リスクと債券投資･･･････････････　70
　　2-3　運用専門人材の不足（確保、育成の課題)･･･････････　75
　　　　コラム2-2　運用担当業務の変質･･･････････････････　78
　　　　コラム2-3　それは組織として持続可能な運用対象か否
　　　　　　　　　　か？･･･････････････････････････････････････　81
　　2-4　感情的なバイアス（先入観・相場観）による偏った意思
　　　　　決定のリスク･････････････････････････････････････　83
　　　　コラム2-4　受託者責任とは資産運用の結果責任を問うも
　　　　　　　　　　のではない･････････････････････････････　87
　　　　コラム2-5　不完全・不確実を大前提として、全ての辻褄
　　　　　　　　　　が合っていること、矛盾なく法人自ら説明で
　　　　　　　　　　きること･････････････････････････････････　91
　　2-5　第2章まとめ･･･････････････････････････････････････　92

第3部　解決策

第3章　法人資産運用の問題解決の方策
　　　　―資産運用事例と問題解決との整合性―

1. X法人ポートフォリオ運用事例

　　―現状の法人資産運用の課題・問題解決のヒント―‥‥‥‥‥　97

　　1-1　X法人のポートフォリオ運用【運用事例】‥‥‥‥‥‥　98

　　　コラム3－1　（コロナ）パニック時における資産運用

　　　　　　　　　　チェック‥‥‥‥‥‥‥‥‥‥‥‥‥‥‥　103

　　　コラム3－2　1年前のコロナ・パニックを振り返る‥‥‥‥　105

　　1-2　投資方針書（さらに資産運用の「一貫性」「持続可能性」

　　　　　を強固にするためのノウハウ)‥‥‥‥‥‥‥‥‥‥‥‥　114

　　　コラム3－3　もしも小職が法人内部の運用責任者だったら…　117

2.　法人資産運用の課題・問題解決策として適合するか？‥‥‥‥‥　118

　　2-1　分散投資について‥‥‥‥‥‥‥‥‥‥‥‥‥‥‥‥‥‥　118

　　2-2　リスク管理について‥‥‥‥‥‥‥‥‥‥‥‥‥‥‥‥‥　119

　　2-3　運用人材の確保・育成について‥‥‥‥‥‥‥‥‥‥‥‥　121

　　2-4　合理的でない、感情的なバイアス（先入観・相場観）に

　　　　　基づいた意思決定の排除について‥‥‥‥‥‥‥‥‥‥‥　124

　　2-5　その他の制約条件との整合性‥‥‥‥‥‥‥‥‥‥‥‥‥　125

　　　コラム3－4　会計・決算の制約‥‥‥‥‥‥‥‥‥‥‥‥‥　128

　　　コラム3－5　運用益が事業費を上回ってしまった場合の対応

　　　　　　　　　　について考える‥‥‥‥‥‥‥‥‥‥‥‥‥‥　131

　　　コラム3－6　（年金）コンサルティング会社‥‥‥‥‥‥‥　139

　　　コラム3－7　投資アドバイス業とフィデュシャリー・

　　　　　　　　　　デューティー‥‥‥‥‥‥‥‥‥‥‥‥‥‥‥　142

　　　コラム3－8　顧客の立場に立った「認定」投資アドバイザー

　　　　　　　　　　／投資アドバイスという議論‥‥‥‥‥‥‥‥　144

　　　コラム3－9　東京電力他の電力会社、金融機関が発行した

　　　　債券の事例·······················146
　　　コラム 3 – 10　金融商品ビッグバンの歴史·················150
　　　コラム 3 – 11　パニック時における資産運用チェック·········154
　3. 第3章まとめ·····························156

第4部　運用担当と役員が押さえるべき運用基礎知識

第4章　基礎的かつ体系的な運用知識・意思決定基準

1. 常識的アプローチからの理解·······················161
　1–1　金融市場全体≒経済全体を保有するという意義··········161
　　　コラム 4 – 1　プラスの値（正の値）は、どこから来る？·····171
　　　コラム 4 – 2　なぜ日銀は指数連動型ETFに投資できるのか？
　　　　　　　　　　·······························172
　　　コラム 4 – 3　利子配当収入と運用元本のクオリティという
　　　　　　　　　　視点·····························173
　　　コラム 4 – 4　"大数の法則""確率"と資産運用··············175
2. 学術研究的アプローチからの理解·······················177
　2–1　資産運用についての学術的アプローチの始まりと、そこか
　　　　ら今日に至る資産運用の姿·······················177
　2–2　リターンを生み出すような「正しい理由」による「正しい
　　　　リスクの取り方」が重要·······················179
　2–3　最も効率的な分散投資とは、（株式）市場そのものにほか
　　　　ならない·································181
　2–4　CAPM（Capital Asset Pricing Model　資本資産評価モデ
　　　　ル）が洞察した真理·······················183
　2–5　CAPM（Capital Asset Pricing Model　資本資産評価モデ
　　　　ル）から導かれる様々な資産運用スタイルの意思決定・判
　　　　断基準の基本·······························185
　2–6　まとめ·································189

目　次　*xiii*

　3．実証研究的アプローチからの理解・・・・・・・・・・・・・・・・・・・・・・・・・・・・・ 190
　　3-1（世界の）金融市場全体を複製してただ保有し続けることで
　　　　リスク・リターンは均衡するか？・・・・・・・・・・・・・・・・・・・・・・・ 190
　　3-2（世界の）金融市場全体を複製してただ保有し続けることが
　　　　最適な分散投資、ポートフォリオといえるのか？・・・・・・・・・ 198
　　3-3　その他、実証研究で分かったこと・・・・・・・・・・・・・・・・・・・・・・ 201
　　　コラム4-5　投資家リテラシーとインデックスファンド
　　　　　　　　　の台頭・・・ 209
　4．第4章まとめ・・ 211

第5章　金融市場連動型ETF（上場投資信託）

　1．ETFとは何か、どのような仕組みか？・・・・・・・・・・・・・・・・・・・・・・・ 215
　　1-1　ETFとは、パッシブ運用ツールの一種・・・・・・・・・・・・・・・・・ 215
　2．なぜ、金融市場 ≒ ベンチマーク・インデックスを複製できる
　　のか？・・ 219
　　2-1　インデックスとほぼ同じ銘柄を概ね同じ構成比率で保有
　　　　　するということ（1）・・・・・・・・・・・・・・・・・・・・・・・・・・・・・・・・・ 219
　　　コラム5-1　金融市場 ≒ ベンチマーク・インデックス
　　　　　　　　　を複製する手法のいろいろ・・・・・・・・・・・・・・・・・・・ 220
　　　コラム5-2　同一ベンチマーク・インデックスへの連動
　　　　　　　　　を目指す異なるETF間での運用パフォー
　　　　　　　　　マンス格差の要因・・・・・・・・・・・・・・・・・・・・・・・・・・・ 222
　3．なぜ、市場平均利回り程度のインカム収入を受け取れるのか？・・・ 223
　　3-1　インデックスとほぼ同じ銘柄を概ね同じ構成比率で保有す
　　　　　るということ（2）・・・・・・・・・・・・・・・・・・・・・・・・・・・・・・・・・・ 223
　　　コラム5-3　分配金の希薄化とは・・・・・・・・・・・・・・・・・・・・・・・・ 224
　4．なぜ、運用コストが安いのか？・・・・・・・・・・・・・・・・・・・・・・・・・・・・・ 227
　　4-1　販売会社報酬という運用コストをカット・・・・・・・・・・・・・・ 227
　　　コラム5-4　資産運用における運用コストの重要性・・・・・・・・ 228

xiv　目　次

5. ETFの取引方法と価格発見機能　―なぜ、億円単位の大口であっても、いつでも取引でき、流動性が高いのか？―‥‥‥‥‥ 228

5-1 ETFの取引方法　―なぜ、億円単位の大口であっても、いつでも取引できるのか？―‥‥‥‥‥‥‥‥‥‥‥ 228

5-2 なぜ、億円単位の大口であっても、いつでも取引でき、流動性が高いのか（ETF市場価格の価格発見機能）‥‥‥‥ 234

6. まとめ‥‥‥‥‥‥‥‥‥‥‥‥‥‥‥‥‥‥‥‥‥‥‥ 237

7. ETFの参考リスト‥‥‥‥‥‥‥‥‥‥‥‥‥‥‥‥‥‥ 240

第5部　運用担当と役員が押さえるべきポートフォリオマネジメント基礎知識

第6章　基本ポートフォリオの核となる資産

コラム6-1　なんとなく、成り行きでできあがったポートフォリオではダメ。結果のほとんどは事前によく考え、デザインされたポートフォリオであるかどうかで決まる。‥‥‥‥‥‥‥‥‥ 251

1. 基本ポートフォリオのリターンの源泉を決める‥‥‥‥‥‥ 252

1-1 リターンの源泉を何に求めるか？‥‥‥‥‥‥‥‥‥‥ 252

1-2 なぜ、その資産を組み合わせて基本ポートフォリオを構築するのか？‥‥‥‥‥‥‥‥‥‥‥‥‥‥‥‥‥‥ 254

2. 基本ポートフォリオを構成する核となる資産の条件‥‥‥‥ 255

2-1 核となる資産の大前提　―世界経済全体、世界の金融市場全体の主要な構成要素であること―‥‥‥‥‥‥ 255

2-2 核となる資産の条件‥‥‥‥‥‥‥‥‥‥‥‥‥‥‥ 256

コラム6-2　アクティブ運用やオルタナ投資の活用‥‥‥‥ 257

3. 主要な核となる資産の具体例と特徴‥‥‥‥‥‥‥‥‥‥‥ 258

3-1 株式市場‥‥‥‥‥‥‥‥‥‥‥‥‥‥‥‥‥‥‥ 259

コラム6-3　株式市場が法人ポートフォリオに対して果

目　次　*xv*

たす役割の重要性･･････････････････････････････ 265

　3－2　債券市場･･･････････････････････････････ 266

　　コラム6－4　為替ヘッジ･････････････････････ 269

　　コラム6－5　為替リスクと外債投資、為替ヘッジ外債投

　　　　　　　　資の考え方･･･････････････････････ 270

　3－3　REIT（不動産）市場･･･････････････････ 281

4.　核とならない資産･･････････････････････････････ 286

5.　まとめ･･･････････････････････････････････････ 289

第7章　基本ポートフォリオ（資産配分比率）のデザイン

1.　基本ポートフォリオ（資産配分比率）の構築、デザインの意味と

　意義･･ 292

　1－1　基本ポートフォリオ（資産配分比率）の決め方に正解など

　　　　ない････････････････････････････････････ 293

2.　基本ポートフォリオ（資産配分比率）構築、デザイン･･････ 296

　2－1　基本ポートフォリオの狙い、目的とは･･････････ 296

　2－2　直感的なアプローチからの基本ポートフォリオ（資産配分

　　　　比率）構築、デザイン･･･････････････････････ 297

　2－3　金融市場・ETFデータからの基本ポートフォリオ（資産配

　　　　分比率）構築、デザイン･････････････････････ 302

3.　基本ポートフォリオ（資産配分比率）構築、デザインの留意点･･･ 311

　3－1　基本ポートフォリオ（資産配分比率）構築、デザインの留

　　　　意点（その1）･･････････････････････････････ 311

　3－2　基本ポートフォリオ（資産配分比率）構築、デザインの留

　　　　意点（その2）･･････････････････････････････ 312

　3－3　基本ポートフォリオ（資産配分比率）構築、デザインの留

　　　　意点（その3）･･････････････････････････････ 312

　3－4　基本ポートフォリオ（資産配分比率）構築、デザインの留

　　　　意点（その4）･･････････････････････････････ 313

4. まとめ　基本ポートフォリオ（資産配分比率）構築、デザイン… 313

第8章　ポートフォリオ・マネジメント（メンテナンス、微調整）

1. X法人のポートフォリオメンテナンス
　　―約16年間の資産運用の歴史―…………………………… 316
　1－1　リーマンショック～世界金融危機（リバランスの重要性と
　　　　対応の実務）………………………………………………… 317
　1－2　ギリシャショック～東日本大震災（地理的な分散の重要性）… 320
　1－3　ユーロ危機～アベノミクス相場での対応（分散投資の推進
　　　　と長期継続するための工夫）…………………………… 322
　1－4　マイナス金利、トランプ相場での対応（価格変動相殺効果
　　　　の再確認）………………………………………………… 325
　1－5　コロナショック…………………………………………… 326
　　　コラム8－1　パニック時における資産運用チェック……… 328
　1－6　ロシア・ウクライナ戦争………………………………… 330
　1－7　米国利上げ、円安、日銀マイナス金利解除、インフレ… 331
2. X法人にみる（基本）ポートフォリオのメンテナンスの意味と意義… 332
3. 第8章　まとめ………………………………………………… 334

第6部　運用担当と役員が押さえるべき運用人材問題の実態と留意点

第9章　法人の運用人材問題の実態と留意点

1. 資産運用責任者（CIO＝Chief Investment Officer）の確保・育成… 339
　1－1　資産運用責任者（CIO）の確保・育成のための選択肢と留意点… 339
　1－2　その他の留意点（後任の育成・確保とその費用、利益相反
　　　　リスクなどについて）…………………………………… 347
　　　コラム9－1　資産運用自体の優位性・強化の限界と販売・
　　　　　　　　　マーケティング依存の構造…………………… 352

コラム9－2　資産運用エキスパートの育成・確保、連続
性の担保の重要性‥‥‥‥‥‥‥‥‥‥‥‥ 354

2. その他の外部有識者の助言などを利用する場合の実態と留意点
について‥‥‥‥‥‥‥‥‥‥‥‥‥‥‥‥‥‥‥‥‥‥‥‥‥‥ 355

3. 第9章まとめ‥‥‥‥‥‥‥‥‥‥‥‥‥‥‥‥‥‥‥‥‥‥‥ 357

第10章　結語

1. 不確実な資産運用の世界と、より確実性が求められる法人事業と
のバランス‥‥‥‥‥‥‥‥‥‥‥‥‥‥‥‥‥‥‥‥‥‥‥‥‥ 359

2. 普通の運用担当者と役員とが理解、管理、引き継ぎできる範囲に
運用内容をとどめることの重要性‥‥‥‥‥‥‥‥‥‥‥‥‥‥‥ 360

巻末付録①

1. 運用規程例‥‥‥‥‥‥‥‥‥‥‥‥‥‥‥‥‥‥‥‥‥‥‥‥‥ 364

2. 投資方針書例（日本国債等を除き、個別銘柄投資を実施しない
ケース)‥‥‥‥‥‥‥‥‥‥‥‥‥‥‥‥‥‥‥‥‥‥‥‥‥‥‥ 366

巻末付録②

核とならない資産‥‥‥‥‥‥‥‥‥‥‥‥‥‥‥‥‥‥‥‥‥‥‥‥ 373

1. 市場が生み出すリターン以外に依存する資産
（＝核となる資産の第2の条件をクリアしない資産)‥‥‥‥‥‥ 375

コラム巻末②-1　核とならない資産―仕組債（為替、クレ
ジットリンク、株価、その他インデック
スを参照）―‥‥‥‥‥‥‥‥‥‥‥‥‥ 379

コラム巻末②-2　核とならない資産―個別銘柄の株式・
REIT（母体企業株式を含む）―‥‥‥‥ 380

コラム巻末②-3　核とならない資産―アクティブ運用、ア
クティブ運用ファンド、ヘッジファンド

など―‥‥‥‥‥‥‥‥‥‥‥‥‥‥‥‥‥‥‥ 382

コラム巻末②-4　核とならない資産―環境、社会、道徳、慈
善的な要素を前面に打ち出した商品―‥‥‥ 383

2. 分散できる種類・範囲に乏しい、市場規模・流動性に乏しい、歴
史のある市場が存在しない資産（＝核となる資産の第3の条件を
クリアしない資産)‥‥‥‥‥‥‥‥‥‥‥‥‥‥‥‥‥ 385

コラム巻末②-5　核とならない資産―私募REIT、インフラ
ファンド、未公開株ファンド（流動性に
乏しい資産、市場価格がない資産) ―‥‥‥ 388

推薦図書‥‥‥‥‥‥‥‥‥‥‥‥‥‥‥‥‥‥‥‥‥‥‥‥‥‥ 391

【編集部注】

本文内の「コラム」は月刊『公益法人』誌の連載「法人資産の運用を考
える」から、抜粋したものです。

内容は執筆当時のままです。

序章
非営利法人の資産運用について

序章　非営利法人の資産運用について

1.　はじめに

（1）資産運用アンケートと本書

　2023年、公益法人協会では、資産運用アンケートを実施した。534法人を抽出し、2023年11月20日より2023年12月15日までを調査期間とし、ウェブアンケートおよび電子メールにて実施したものである。公益法人協会によるこの資産運用アンケートは、これまでも実施してきており、一般法人・公益法人等の資産運用の実態を知る貴重な資料となっている。

　本書は、この資産運用アンケートの結果分析を踏まえ、一般法人・公益法人等のより効果的な資産運用・管理に役立てていただくことを目的に刊行してきており、2007（平成21）年11月の『新版公益法人の資産運用』、2017（平成29）年12月の『新しい公益法人・一般法人の資産運用』に続くものである。

　今回の『非営利法人のための資産運用入門』では、前回調査（2017年）以降の環境変化を踏まえ、公益法人および一般法人の資産運用の実態や考え方がどのように変化したのかとの観点から分析を行った。この結果、「法人の投資行動、運用体制、運用手続き等についてポジティブな動きが見られている」と判断している。調査内容等の詳細は、第1章「法人資産運用の現状」をご覧いただきたい。

（2）2017年以降2023年までの6年間の経済金融環境の変化

　前回調査では2007年と2017年の変化を分析したが、この期間は2008年9月のリーマンショックなどによって長期間の低迷を余儀なくされた時期であった。

　一方、今回の2017年以降2023年までの6年間はというと、まずは、2020年から3年間、新型コロナウイルス感染症による厳しい状況の影響を大き

く受けた点が挙げられる。その後経済は、コロナ禍を乗り越え、改善しつつあるが、ロシアによるウクライナ侵略などの影響など世界規模で不確実性が高まっており、またインフレリスクの高まりにより、景気が回復しているとは言い難い状況にある。

一方で、金融環境面で特筆すべき点は、日本銀行による「大規模な金融緩和の時代」が継続していた点である。「長短金利操作付き量的・質的金融緩和」および「マイナス金利政策」は、ようやく2024年3月になり見直しがなされるに至ったが、今後、2％の「物価安定の目標」が安定的に持続するかどうかが焦点となりつつある。

（3）2023年調査結果にみる資産運用の動向

2023年調査結果（全体、金額ベース運用割合、母体企業株式を除く）をみると、債券（公債、社債（劣後債を含む）、仕組債等）の運用比率は42.5％、短期資産の運用比率は36.5％と、大きな割合を示している点は、従来通りである。公益目的保有財産を短期資産（預貯金など）で保有している法人、公社債で運用しその運用益で公益活動を行っている法人が多い。しかしながら、今回の調査結果では、いずれも、頭打ち傾向あるいは漸減傾向となった。低金利の環境下において、一定程度の運用利回り確保を目指して、元本保証のない金融資産を含めて、分散投資の動意がみられはじめたのではないかと思われる。

なお、従来と同様に、資産多様化度別に三つ、①「資産管理型法人」、②「準・資産運用型法人」、③「資産運用型法人」にグループ化して、金融資産の構成等の分析を行っている。詳細は、第1章「法人資産運用の現状」をご覧いただきたい。

2. 一般法人・公益法人と資産運用

（1）2006年公益法人制度改革以前

1898（明治31）年以来110年間続いた改正前民法による社団・財団法人

制度（旧公益法人制度）は、2006（平成20）年の公益法人制度改革関連三法施行により、抜本的に改正された。

改正前民法時代は、主務官庁の長（大臣または都道府県知事）が、その設立を許可し、設立後も「法人の業務は主務官庁の監督に属す」（改正前民法67条1項）とされ、解散や事業譲渡はもとより、定款の変更や基本財産の処分なども主務大臣等の認可が必要であった。事業の一部始終についても担当官の裁量により指導監督するという制度であった。

また、資産の運用については、「公益法人の設立許可及び指導監督基準」（平成8年制定）に基づく「運用指針」が、公益法人の資産運用を規制していた。すなわち、「基本財産の管理運用は、安全、確実な方法、すなわち元本が確実に回収できるほか、固定資産としての常識的な運用益が得られ、または利用価値を生ずる方法で行う必要があり、次のような財産又は方法で管理運用することは、原則として適当でない」として、「価値の変動が著しい財産……株式、株式投資信託、金、外貨建債券等」を挙げていた。また、「基本財産以外の資産、すなわち、運用財産の管理運用に当たっても、安全、確実な方法で行うことが望ましい。しかしながら、その時々の経済・金融情勢にかんがみ、一定のリスクはあるが、高い運用益の得られる可能性のある方法で管理運用し、公益事業の安定的・積極的な遂行に資することが望まれる」として「株式投資又は株式を含む投資信託等による管理運用も認められる」としていた。

（2）2006年公益法人制度改革以降

これに対して、2006年制度改革では「（前略）民間の団体が自発的に行う公益を目的とする事業の実施が公益の増進のために重要となっていることにかんがみ（中略）もって公益の増進及び活力ある社会の実現に資することを目的」（公益社団法人及び公益財団法人の認定等に関する法律1条、以下公益認定法）として誕生したものであり、民間の法人であることの大前提である法人自治（定款自治）及び自己責任経営を原則

とされた。

そして、公益法人の資産運用を規制していた「公益法人の設立許可及び指導監督基準」（平成8年制定）に基づく「運用指針」は撤廃されることとなった。

したがって、法人資産の運用についても、のちに述べるいくつかの留意事項はあるものの、ポートフォリオとしての資産運用割合や運用対象を直接細かく規制するような規定はなくなり、資産運用は基本的に法人が自主的に判断しその投資方法を決めるべきものとなっているのである。その反面、自己責任として、その投資判断、投資決定手続き、投資結果が問われるということになったのである。

（3）2024年公益法人制度改革

その後、公益法人制度は、2024年に制度改革がなされた。2024年第213回国会（常会）において、「公益社団法人及び公益財団法人の認定等に関する法律の一部を改正する法律」及び「公益信託に関する法律」が成立し、当該二法は2024年5月22日に公布された。施行日はそれぞれ2025年4月、2026年4月（予定）となっている。

このうちの公益法人制度改革は、「①財務規律等を見直し、法人の経営判断で社会的課題への機動的な取組を可能にするとともに、②法人自らの透明性向上やガバナンス充実に向けた取組を促し、国民からの信頼・支援を得やすくすることにより、より使いやすい制度へと見直しを行い、民間公益の活性化を図る。」ものである。資産運用を巡る規制では、大きな変更はないが、資産運用でも使いやすくなる制度となることが期待されている。

3. 一般法人・公益法人が運用に関して留意すべき事項

（1）一般法人法の規定　－基本財産を定款で定めた場合－

一般法人法には、第172条第2項に「基本財産」に関する規定がある。

すなわち、「理事は、一般財団法人の財産のうち一般財団法人の目的である事業を行うために不可欠なものとして定款で定めた基本財産があるときは、定款で定めるところにより、これを維持しなければならず、かつ、これについて一般財団法人の目的である事業を行うことを妨げることとなる処分をしてはならない。」とある。公益法人も法人としての根拠法は、一般法人法であるから、その規律に従う必要がある。

　この規定は、一般財団法人・公益財団法人が自ら自主的に事業目的を遂行するために不可欠な財産としてこれを定款で「基本財産」と定めた場合には、事業遂行が困難な事態になるような処分をしてはならないという趣旨である。したがって、基本財産として定款で任意に定めた場合は、理事はその基本財産を滅失してしまう（維持できなくなる）ような、また目的事業ができなくなるような、処分（管理、運用も含むと解される）をしてはならないということになる。

　しかし、基本財産を滅失してしまうおそれがある、目的事業の遂行が困難になるおそれのあるような運用とはどのようなものか、具体的に規定されているわけではないが、決して一般的に資産運用の世界で認められている運用手法や運用対象を指しているわけではなく、高利高配当を謳い文句とする詐欺的商法紛いの商品や投機的な色彩の強い商品、返済見込みがない貸付、使用収益不可能な不動産などの固定資産の取得に、基本財産を費消することを禁じていると解されている。

　したがって、公益法人や一般法人の資産運用は基本的には法人の自主的判断に委ねられ、その執行過程に問題があれば、最終的には理事の損害賠償責任として裁判所の判断に俟つということになろう。

　この第172条2項の規定は財団法人に適用されるものであり、社団法人には直接適用されるものではないが、社団法人も基本財産としてある財産を定款で定めることは自由であり、その場合における基本財産の維持について財団法人同様の義務が理事に対して、善良なる管理者の注意義務の一

環として求められるものと考えられる。

　なお、公益認定基準の一つとして「公益目的事業を行うために不可欠な特定の財産があるときは、その旨並びにその維持及び処分の制限について、必要な事項を定款で定めているものであること」（公益認定法第5条16号）が規定されているが、このいわゆる「公益目的不可欠特定財産」は再生不能の美術品・歴史的資料や再建築不可能な歴史的建造物などを指し、金融資産は含まないとするとの解釈があるので、資産運用には直接の関係はない（「公益認定等ガイドライン」1－15）。

（2）公益認定法の規定　－投機的な運用について－

　公益法人の場合には、「投機的な取引、高利の融資その他の事業であって、公益法人の社会的信用を維持する上でふさわしくないものとして政令で定めるもの又は公の秩序若しくは善良の風俗を害するおそれのある事業を行わないものであること」（公益認定法第5条5号）が公益認定の要件の一つとなっている。

　「投機的な取引」とは、一般的な運用手法・運用対象として社会的に認知されている運用について禁ずる趣旨ではないが、常識的に見てあまりにもリスクの高い運用商品（例えば証拠金の何十倍にもなるレバレッジを効かせた金融・商品信用取引など）は、ここでいう投機的取引と判断される可能性があると考えられる。

（3）公益認定法の規定　－法令上の財産区分について－

　公益法人は、公益認定法等に基づき資産の保有についても留意する必要がある。

　公益認定法、認定法施行規則では、「使途不特定財産額」（旧「遊休財産額」）から控除される財産「控除対象財産」を規定している。さらに、2024年の公益法人制度改正では「公益充実資金」が創設されたほか、公益法人会計基準の見直しにおいて、「公益充実資金をはじめ、使途の拘束を行うことにより法的効果が生じる財産（使途不特定財産に該当せず保有制

限規制の対象から除外される「控除対象財産」）については、「使途拘束資産」として、財務諸表において一定の情報開示（注記または附属明細書）がなされる方向で検討されている。

以下で例を示す（認定法施行規則は、本稿執筆時点では（改定案）である）。

●「公益目的事業財産」：認定法施行規則第36条第3項第1号【1号財産】

「継続して公益目的事業の用に供する公益目的事業財産」である。「公益目的事業財産を支出することで得た財産」・「不可欠特定財産」・「法人自ら公益目的に使用すると定めた財産」が該当する（現行FAQⅤ-4-②）。運用益を公益目的事業に充てている金融資産、公益目的事業に使用している土地、建物、設備等である。

なお、1号財産としての金融資産については、原則としてこれを取り崩すことなく果実を継続的に公益目的事業の財源とする必要がある。なお、剰余金の解消のために公益目的保有財産として金融資産を保有することについては、合理的な理由が必要であるため、留意が必要である。（現行FAQⅤ-2-⑦）

また、金融資産については、「基本財産」または「特定資産」として計上されるものが該当する（現行FAQⅤ-4-②）。なお、今般の公益法人制度改革に伴う会計基準の見直しが検討されており、基本財産・特定資産の区分については、貸借対照表の本表ではなく、「必要に応じ注記で開示すること」が検討されている。（「令和5年度公益法人の会計に関する諸問題の検討状況」）

●「法人活動保有財産」：認定法施行規則第36条第3項第2号【2号財産】

公益目的事業を行うために必要な収益事業等その他の業務または活動の用に継続して使用する財産である。運用益を収益事業等や管理費に充てている金融資産、収益事業等に使用している土地、建物、設備等である。また、管理業務に充てるために保有する金融資産は、合理的な範囲におい

て、「基本財産」又は「特定資産」として計上されるものが該当する。

●「公益充実資金」：認定法施行規則第23条、第36条第3項第3号【3号財産】

「公益充実資金」は、改正公益認定法において創設された。公益目的事業に係る従来の「特定費用準備資金」及び「資産取得資金」を包括する資金とし、法人の実情や環境変化に応じた柔軟な資金管理が可能となるような「大括りな設定」「いまだ認定されていない将来の新規事業のための資金の積立て」も可能とされている。詳細は改正が予定されているガイドライン等によることとなる。

●「資産取得資金」：認定法施行規則第36条第3項第4号【4号財産】

法人活動保有財産の取得または改良にあてるために法人が保有する資金。一定期間後には積立金を取り崩して特定の資産の取得・改良に充当するため、金融資産では、期間に応じた運用となる。

●「特定費用準備資金」：認定法施行規則第18条、第36条第3項第5号【5号財産】

将来の特定の活動の実施のために特別に支出する費用に係る支出に充てるために保有する資金。一定期間後には積立金を取り崩し費用支出に充てるため、金融資産では、期間に応じた運用となる。

なお、将来において見込まれている収支の変動に備えて法人が自主的に積み立てる資金（基金）や専ら法人の責に帰すことができない事情により将来の収入が減少する場合に積み立てる資金（基金）も特定費用準備資金となりうる。

●「指定寄附資金」：認定法施行規則第36条第3項第6号【6号財産】

寄附その他これに類する行為によって受け入れた財産であって、当該財産を交付した者の定めに従って保有している資金。一般的には、寄附者等の定めた使途に充てるため、いわば待機しているような資金が、主として想定されている。

10　序章　非営利法人の資産運用について

なお、「6号財産は、当該資金から生じた果実を除く」とされている。

4. 資産運用の考え方

　一般法人や公益法人等の資産運用の考え方については、公益法人協会のESG投資研究会において議論されたものがあるので、ここでその一部を紹介しておきたい（同研究会では2022年10月から2023年3月まで1年半にわたる研究会活動を実施。詳細は2023年4月「公益法人のためのESG投資研究会（第二フェーズ）報告書」を参照いただきたい）。

【法人と資産運用についての考え方】

①法人が自立して永続的に活動するためには、長期的な展望とそれを支える財務基盤が必要である。

②長期的な展望を持つことは、法人運営で不可欠である。公益活動を長期的に続けていくことは、社会的に大いなる意味合いがある。

③日本の法人の課題は財務基盤にあり、自立する必要がある。資産運用を長期で考え、事業支出を担うキャッシュフローの創出と、インフレ等も加味した上での長期的な財産の成長の、両立を目指す。

④国内外の分散投資と長期運用を基本として、過度な債券偏重や自国通貨バイアスはむしろ好ましくないと考える。また、リスクとリターンを勘案した上での価格変動は受容しないといけない。そのうえで、ESG的要素も考慮する。

【法人の資産運用　米国のエンダウメント・モデルから学ぶ】

①非営利組織はミッションのために存在するが、ミッションはそもそも永続的なものである。その永続性を担保するために、資産運用を超長期で考え、財産であるB/S自体を成長させることが重要になる。この議論は既にこの研究会で指摘されているとおりである。

②基金の財産等は、そのインカム収入を、現在だけでなく、未来のステークホルダーにも使われるべきであるというのが「世代間公平性」の考え

方である。そのために、将来使うときの購買力を維持する必要がある。

③従って、a. 毎期のインカムを創出する、b. 将来の資産の購買力を維持する、c. 長期的な元本の保全・成長という、運用上の3つのゴールがある。

④欧米の財団が大学基金で用いている「エンダウメント・モデル」の特徴は、3つあり、1点目は投資理論の実践により資産配分を決め・時間をかけ・資産を成長させること、2点目は日本にはない概念であるが「支出政策」の策定（トータルリターンを追求する中での適度な支出）、3点目が超長期にわたる運用の一貫性の担保である。

⑤米国でも小さい財団があり、やはり何十年かけて資産を積み上げていっている。30、40、50年かけてというところかと思う。小さいところから始めて少しずつ積み上げて今の形になって大きくなっているのを認識いただければと思う。小さいところから、時間を味方に付けている、ということが重要である。

【法人と資産運用　＜メッセージ＞】

①将来の事業資金や活動資金のためには、「元本の保全と成長」が必要である。「元本の保全」とは「元本保証」ではない。購買力の維持をするためには、「長期投資」と「分散投資」による運用が必要である。

②「分散投資」には資産分散、地域分散、銘柄分散、時間分散等様々あり、これは理解しやすく実践されてきている。一方で、「長期投資」はなかなか継続して実践されにくい。

③現状、リスクのある運用に対して否定的な法人もあるが、何もしないのではなく、まずは自分たちの体制を整えた上でどう取り組もうかと考えてほしい。

5. 資産の管理・運用にあたって留意すべき事項

資産の管理・運用は、法人の自治とはいっても、財産の管理運用に関し

12　序章　非営利法人の資産運用について

て、留意しておかなければならない点がある。

（1）適切なガバナンス

まずは、適切なガバナンスである。適切なガバナンスとは、組織における意思決定、業務執行、及びその監査の3機能が3つの異なる機関に適切に分配され、相互に有効な牽制関係にあり、そしてその仕組みが透明・公正であることである。

これは、公益性の高い非営利組織、特に公益法人等において重要となる。

例えば、公益法人の意思決定は社団法人の場合は社員総会に財団法人の場合は評議員会に、業務執行の決定及び職務執行は理事会・理事に、理事の職務執行の監査は監事に、分配され、それぞれの相互牽制機能が働くことが期待されている。

特に、公益法人の資産は、寄附金、会費、公益目的事業対価などはもちろんのこと、収益事業等による資産であっても、関係者への分配は禁じられており、解散時の残余財産は公益法人や国等に帰属する性格のものであることから、資金の根源を問わず最終的に公益目的事業のために保有されているものである。したがって、公益法人の資産の間接的な受益者は、社会一般の人々ということとなる。

（2）役員等の義務と責任

また、役員等（理事、監事、評議員）と法人の関係は「委任」関係にあるものと規定されており（一般法人法第64条、第172条第1項）、役員等は民法に定める委任に関する規定に従って職務を行う必要があるため、役員等は「善良なる管理者の注意義務」（民法第644条、善管注意義務）を負う。

この善管注意義務とは自己の財産に対する注意義務では足りず、その職業や地位に応じたより重い注意義務が課せられていると解されており、公益法人の役員等は社会の不特定多数の人々という第三者のための財産を管理運用するという重要な社会的責任の大きさから鑑みて、一般的な注意義

務に比べより重く厳しい注意義務が課せられていると考えられている。

　また、委任における受任者の義務には、本人の承諾なくして他人に復代理することができないいわゆる自己執行義務（民法104条）が適用されると解されている。

　さらに、理事の場合は、法令及び定款及び社員総会（財団法人の場合は評議員会）の決議を順守し法人のために忠実に職務を執行しなければならないという「忠実義務」が課せられている（一般法人法第83条）。この忠実義務は、常に法人そしてその先にある社会一般の利益のために職務を行うべきで、かりそめにも自己や第三者の利益を図ってはならないということである。また、理事が法人の事業と同じような事業を自らが行うこと（競業避止義務）並びに自己や第三者のために法人と取引をする場合など法人の利益と理事の利益が相反する取引（利益相反取引）は、理事会の承認を得なければならない（一般法人法第84条、第92条、第197条）。

（3）資産管理・運用におけるPDCAサイクル

　以上のガバナンスの仕組みや役員等の義務と責任を、資産の管理・運用に当てはめて整理すると、次のとおりとなる。資産の管理・運用を、事務局任せとすることは論外であるが、担当理事だけに判断を一任してしまうこともあってはならない。要は理事会として、資産の管理・運用に関して善管注意義務を果たすことが求められていると考えるべきである。

①定款

　資産の管理・運用に関する基本事項は、定款に規定する。その承認を通して社員総会（財団法人の場合は評議員会）が意思決定を行うことになる。

②資産運用規程

　資産の管理・運用手続き等に関する詳細を定める「資産運用規程」などの制定、改廃は理事会で行う。従来よく見られた「この法人の資産は理事会の定めるところにより理事長が管理する」式の規程では不十分である。

③運用方針・運用計画書等の策定

運用方針・運用計画書等は、運用目標（目標利回り）、想定リスクを含め、理事会で審議決定する。もちろん、法人の規模や許容できるリスク等により、具体的な運用対象や運用期間等が異なる。ある程度の規模の資産を運用する法人の場合は、運用機関等外部の専門家を交えた資産運用委員会を設置し、各年度の運用基本方針について助言を求めることが望ましい。

④運用の執行

年度ごとに運用基本方針に基づく実際の運用執行は、代表理事・業務担当理事等の指揮のもと、事務局が執行する。

⑤運用の報告・監査

年度ごとの運用結果については、理事会に報告することはもちろん、適宜、社員総会（評議員会）においても報告することが望ましい。

また、一連の運用手続きが、法令、定款、諸規程に従って適切に行われたか否か、投機性の高い金融商品に運用していないか等を監事が監査するということとなる。

（4）フィデュシャリー・デューティー（Fiduciary duty）の概念とプルーデントマン・ルール（Prudent man rule）

役員等は、公益のために財産を託され、管理・運用する受任者（いわゆるフィデュシャリー、Fiduciary）としての義務があることを認識するべきである。

このフィデュシャリー（Fiduciary）としての義務という用語は、信託において用いられてきた概念であるが、受任者が負うべき義務である。近時は、広く捉えられており、ステークホルダー（利害関係者）からの信任を得て、社会的に必要なそして専門性の高いサービスを提供すべきと理解されている。公益性の高い非営利組織、特に公益法人等においても重要となる。

そして、このフィデュシャリー・デューティー（Fiduciary duty）を、

資産の管理・運用においてどのように考えたらよいか、というと「プルーデントマン・ルール」（Prudent man rule）が参考になる。

受託者が委託者から託された資産の管理・運用を行う場合の注意義務である。「プルーデントマン・ルール」は、資産の管理・運用において、「プルーデンス」すなわち、「思慮深さ」「慎重さ」が求められるというものである。資産の管理・運用における善管注意義務、忠実義務は、この種の「思慮深さ」「慎重さ」が必要というのは、世界共通の理解である。

ちなみに、米国では、非営利組織のファンドの慎重な運用に関する統一法（UNIFORM PRUDENT MANAGEMENT OF INSTITUTIONAL FUNDS ACT（以下 UPMIFA）が制定されており、各州では、この統一法を参考に、州法が制定されている。州ごとの法律としては、例えばUPMIFAのニューヨーク版は、New York Prudent Management of Institutional Funds Act（NYPMIFA）がある。

日本でも、同様の内容を、コード（Code）・行動基準、あるいは運用指針等々の形で、文書化することが望ましい。少なくとも、代表理事・業務執行理事は、資金運用に関する法令、定款、諸規程の内容はもちろんのこと、金融経済の環境と運用商品の内容（リターンとリスクの所在など）を十分に理解した上で、運用の執行に当たることを認識すべきであろう。

序章部分：（公財）公益法人協会　理事長　雨宮孝子

（前著　同理事・会長　太田達男）

（加筆・編集　同理事・業務部長　竹井豊）

コラム

☆コラム序－1☆　フィデュシャリーとは

　フィデュシャリー（Fiduciary）の語源は、ローマ神話の信頼（trust）ないし信義（good faith）の女神Fidesであるとされ、一般的には信任（信認）を受けた者という意味で用いられる。信託制度は、委託者からの全人格的な信頼を受けて、その財産を一定の目的のために受託者に所有権を譲渡するものであるが、この信託の受託者は典型的なフィデュシャリーである。しかし、フィデュシャリーは信託受託者にとどまらず、遺言執行者、後見人、投資顧問会社など他人の財産管理・運用・処分を委託される者や、医者、弁護士など高度な専門知識を持つ者は専門知識のないその患者や依頼人から、全面的に信頼された者という意味でフィデュシャリーであるという考え方もある。

　フィデュシャリーには、フィデュシャリー・デューティー（fiduciary duty）と呼ばれる、高度な善管注意義務、忠実義務、公平義務などが課せられる。

　「20世紀は身分から契約へ」の時代であったが（英国の法学者Maine）、岩井克人教授（東京大学名誉教授、国際基督教大学特別招聘教授）は、高度に専門化された社会において専門家と専門知識を持たないものとでは情報格差が隔絶しており、対等で自由な契約法理で律することは相応しくなく、フィデュシャリーの法理により律するべきという意味で「21世紀は、契約から信任とフィデュシャリーへ」の時代と説いた（1998年1月1日、日本経済新聞「経済教室」）。

　その岩井教授は、公益法人やNPO法人の理事は、二重のフィデュシャリーであるという。すなわち公益法人等は社会から信任を受けた法人であり、理事はその法人から信任を受けた者という意味である（2002年11月25日、公益法人協会30周年記念シンポジウム「21世紀市民社会と公益法人」における発言（『公益法人』（（公財）公益法人協会）2003年1月号収録））。

第1部　現　状

第1章　法人資産運用の現状

　まず初めに、2023年に（公財）公益法人協会が実施した資産運用アンケートを取り上げたい。

　このアンケートは2023年11月20日~2023年12月15日に実施された。任意抽出の（財団法人451件、社団法人82件、学校法人１件）を対象とし、計239件（回収率44.8％）の有効回答を得ている。質問項目は、①資産運用の現状、②運用管理体制・手続きの現状、③今後の資産運用に関連した対応、④今後の見通しと課題など、公益法人の資産運用の現状について幅広く聞いているものである。

　また、回答法人を（１）資産規模別（注１）、（２）運用収入依存度別（注２）、（３）運用内容の多様化度別（注３）にグループ化しクロス集計も行っている。さらに、同様のアンケート内容で行われた、前々回2007年、前回2017年のアンケートの結果との比較分析もしている。

（注１）資産規模別グループ

　①資産規模10億円未満

　②資産規模10億円~20億円未満

　③資産規模20億円~50億円未満

　④資産規模50億円~100億円未満

　⑤資産規模100億円以上

（注２）運用収入依存度別グループ

　⑥総収入に占める運用収入の依存度10％未満の法人グループ

　⑦総収入に占める運用収入の依存度10％~70％未満の法人グループ

　⑧総収入に占める運用収入の依存度70％以上の法人グループ

（注３）運用内容の多様化度別グループ

　⑨短期資産（預貯金など）、公債（国債、政府保証債、地方債など）以外での運用比率10％未満の法人＝**資産管理型法人**

⑩短期資産（預貯金など）、公債（国債、政府保証債、地方債など）以外での
　運用比率10%〜70%の法人＝**準・資産運用型法人**

⑪短期資産（預貯金など）、公債（国債、政府保証債、地方債など）以外での
　運用比率70%以上の法人＝**資産運用型法人**

　この資産運用アンケートを通して見えてきたことは、事業や資産運用についてのポジティブなマインドの変化が、多くの法人（資産規模、運用が収入に占める割合、運用内容が異なる様々な法人）で起こっていること、そして、このような変化は今後も続きそうであることである。

　具体的には、①過去のデフレ時代から、今後のインフレ時代にも負けないで事業を維持・拡大していきたいという意識と意欲の高まり、②そのために必要な、より高い水準の運用収益追求、③それを支えるための運用内容と運用体制の改善、である。今回のアンケートからは、法人の具体的な投資行動、運用体制・運用手続きについてのポジティブな変化が随所にみられる。

　しかしながら、同時に、これらの変化は始まったばかり、道半ばであり、未だ十分ではない。今後の課題はまだまだ多い状態である。

1. 法人資産運用の現状

1－1　投資行動にみられるポジティブな変化

（1）資産配分の変化

　アンケートでは、預金、国債、社債、仕組債、外債、株式、ファンド（投資信託・ETF）など、どのような種類の金融商品で運用しているか？また、それぞれの運用金額はいくらか？　を詳細に聞いている。

　結果174法人（運用金額合計2兆586億円）から回答を得た。**図表1－1**は金融資産ごとに金額を集計し、保有割合を求めている。なお、母体企業株式は法人の裁量で運用できる資産ではないと見なし、集計から除外して

第1章　法人資産運用の現状

図表 1-1　金融資産の運用割合

法人グループ	I. 全体 運用金額(商品別)	比率(商品別)	カテゴリー	比率(カテゴリー別)	II. 資産管理型法人 (預金・公債以外の運用割合10%未満) 運用金額(商品別)	比率(商品別)	カテゴリー	比率(カテゴリー別)
回答法人（件数） 単位：億円 カッコ内：前回(2017年)	174 (191)				37 (69)			
預貯金	7,171 (4,678)	34.8% (43.8%)	短期資産	36.5% (44.3%)	4,763 (3,771)	65.1% (87.8%)	短期資産	66.7% (88.0%)
金銭信託他	342 (59)	1.7% (0.5%)			118 (12)	1.6% (0.3%)		
国債	1,237 (1,226)	6.0% (11.5%)	公債	18.5% (15.0%)	468 (319)	6.4% (7.4%)	公債	31.0% (11.7%)
地方債・その他公債	2,567 (380)	12.5% (3.6%)			1,800 (184)	24.6% (4.3%)		
普通社債	1,426 (1,386)	6.9% (13.0%)	社債	12.9% (17.6%)	2 (10)	0.0% (0.2%)	社債	0.1% (0.2%)
劣後債	1,231 (492)	6.0% (4.6%)			5 (0)	0.1% (0.0%)		
仕組債 為替	1,693 (1,025)	8.2% (9.6%)	仕組債・仕組預金	11.1% (13.0%)	0 (1)	0.0% (0.0%)	仕組債・仕組預金	2.1% (0.0%)
仕組債 金利	209 (141)	1.0% (1.3%)			1 (0)	0.0% (0.0%)		
仕組債 株価	48 (68)	0.2% (0.6%)			0 (0)	0.0% (0.0%)		
仕組債 その他	339 (154)	1.6% (1.4%)			150 (0)	2.1% (0.0%)		
債権流動化商品	0 (69)	0.0% (0.6%)			0 (0)	0.0% (0.0%)		
外債（個別銘柄）	613 (339)	3.0% (3.2%)	外債	3.0% (3.2%)	1 (0)	0.0% (0.0%)	外債	0.0% (0.0%)
REIT（個別銘柄）	208 (47)	1.0% (0.4%)	REIT	1.0% (0.4%)	0 (0)	0.0% (0.0%)	REIT	0.0% (0.0%)
株式（個別銘柄）	938 (176)	4.6% (1.6%)	株式	4.6% (1.6%)	6 (0)	0.1% (0.0%)	株式	0.1% (0.0%)
国内株式ファンド	465 (55)	2.3% (0.5%)	ファンド	12.1% (3.8%)	0 (0)	0.0% (0.0%)	ファンド	0.0% (0.0%)
外国株式ファンド	758 (46)	3.7% (0.4%)			0 (0)	0.0% (0.0%)		
外国債券ファンド	449 (105)	2.2% (1.0%)			0 (0)	0.0% (0.0%)		
為替ヘッジ債ファンド	155 (0)	0.8% (0.0%)			0 (0)	0.0% (0.0%)		
国内債券ファンド	146 (83)	0.7% (0.8%)			0 (0)	0.0% (0.0%)		
内外REITファンド	121 (60)	0.6% (0.6%)			0 (0)	0.0% (0.0%)		
ファンドラップ・SMA・バランスファンド	385 (0)	1.9% (0.0%)			0 (0)	0.0% (0.0%)		
その他ファンド	3 (57)	0.0% (0.5%)			0 (0)	0.0% (0.0%)		
その他	83 (44)	0.4% (0.4%)	その他	0.4% (0.4%)	0 (0)	0.0% (0.0%)	その他	0.0% (0.0%)
合計	20,586 (10,690)	100% (100%)		100% (100%)	7,314 (4,297)	100% (100%)		100% (100%)

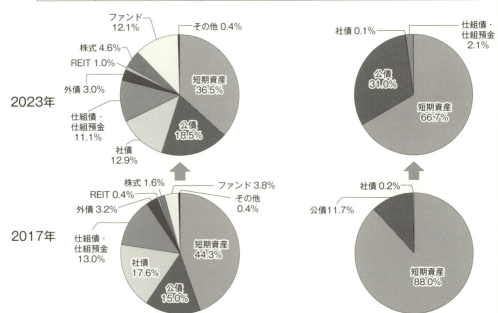

＊表内、端数の関係で合計値に一部差異が生じています。
((出所)「資産運用アンケート2023」((公財)公益法人協会) 以下、同。)

第1部 現 状　21

Ⅲ. 準・資産運用型法人 (預金・公債以外の運用割合10%〜70%未満) 52 (60)						Ⅳ. 資産運用型法人 (預金・公債以外の運用割合 (70%以上)) 85 (62)			
運用金額(商品別)		比率(商品別)	カテゴリー	比率(カテゴリー別)	運用金額(商品別)		比率(商品別)	カテゴリー	比率(カテゴリー別)
1,981	(457)	37.8% (20.0%)	短期資産	40.8% (20.6%)	427	(450)	5.3% (11.1%)	短期資産	6.2% (12.0%)
157	(14)	3.0% (0.6%)			67	(33)	0.8% (0.8%)		
564	(715)	10.8% (31.2%)	公　債	24.1% (37.4%)	205	(193)	2.6% (4.8%)	公　債	3.4% (6.1%)
701	(142)	13.4% (6.2%)			66	(54)	0.8% (1.3%)		
742	(449)	14.1% (19.6%)	社　債	18.8% (22.4%)	682	(926)	8.5% (23.0%)	社　債	20.7% (33.6%)
242	(63)	4.6% (2.8%)			983	(429)	12.3% (10.6%)		
304	(244)	5.8% (10.7%)	仕組債・ 仕組預金	8.5% (14.3%)	1,389	(779)	17.3% (19.3%)	仕組債・ 仕組預金	21.1% (26.3%)
15	(19)	0.3% (0.8%)			193	(122)	2.4% (3.0%)		
5	(19)	0.1% (0.8%)			42	(49)	0.5% (1.2%)		
120	(44)	2.3% (1.9%)			68	(109)	0.9% (2.7%)		
0	(0)	0.0% (0.0%)			0	(0)	0.0% (0.0%)		
83	(6)	1.6% (0.3%)	外　債	1.6% (0.3%)	528	(333)	6.6% (8.3%)	外　債	6.6% (8.3%)
82	(9)	1.6% (0.4%)	ＲＥＩＴ	1.6% (0.4%)	125	(38)	1.6% (0.9%)	ＲＥＩＴ	1.6% (0.9%)
81	(80)	1.5% (3.5%)	株　式	1.5% (3.5%)	851	(96)	10.6% (2.4%)	株　式	10.6% (2.4%)
9	(1)	0.2% (0.0%)	ファンド	3.2% (1.0%)	457	(54)	5.7% (1.3%)	ファンド	28.9% (9.5%)
37	(0)	0.7% (0.0%)			721	(45)	9.0% (1.1%)		
53	(12)	1.0% (0.5%)			396	(94)	4.9% (2.3%)		
29	(0)	0.6% (0.0%)			126	(0)	1.6% (0.0%)		
0	(0)	0.0% (0.0%)			146	(83)	1.8% (2.1%)		
24	(9)	0.5% (0.4%)			97	(51)	1.2% (1.3%)		
14	(0)	0.3% (0.0%)			371	(0)	4.6% (0.0%)		
0	(0)	0.0% (0.0%)			3	(57)	0.0% (1.4%)		
0	(6)	0.0% (0.2%)	その他	0.0% (0.2%)	83	(38)	1.0% (1.0%)	その他	1.0% (1.0%)
5,245	(2,291)	100% (100%)		100% (100%)	8,027	(4,033)	100% (100%)		100% (100%)

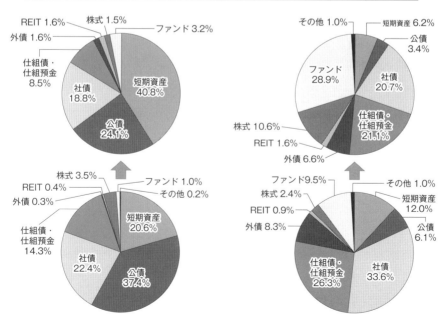

いる。

　まず、縦の列Ⅰは全ての合計である（金額の単位は億円）。残りの縦の列Ⅱ、Ⅲ、Ⅳは全体をグループに分けて集計したものである。預金、国債等以外での運用割合の大きさを基準にして以下の様に区分した。

　Ⅱ．短期資産（預貯金など）、公債（国債、政府保証債、地方債など）以外での運用比率10%未満の法人＝資産管理型法人（以下、管理型法人）

　Ⅲ．短期資産（預貯金など）、公債（国債、政府保証債、地方債など）以外での運用比率10%～70%未満の法人＝準・資産運用型法人（以下、準運用型法人）

　Ⅳ．短期資産（預貯金など）、公債（国債、政府保証債、地方債など）以外での運用比率70%以上の法人＝資産運用型法人（以下、運用型法人）

　そして、全く同じ基準で集計した2017年のアンケート結果とも比較できる。最下段の円グラフおよび（　　）の数字は2017年の集計結果である。

Ⅱ．管理型法人の運用内容は短期資産（預金など）と公債（国債、地方債、その他）だけでほとんどが構成される超消極的なものである。その構成比率は、短期資産が88％から67％に減り、公債が12％から31％まで増えている。しかしながら、前回調査までは決して含まれることのなかった仕組債・仕組み預金と外債（個別銘柄）が、ごくわずかではあるが、初めて登場したことは注目される（図表１-３）。

一方、Ⅲ．準運用型法人、Ⅳ．運用型法人では、社債、劣後債、仕組債はもちろんだが、特に外債・株式・REIT（不動産投資信託）の個別銘柄と、ファンド（ETF/投資信託など）での運用割合が確実に増えている。例えば、準運用型法人がそのような資産で運用する割合は7.8％（2007年２％未満、2017年５％）（図表１-４）。さらに、運用型法人に至っては47.3％にも及ぶ（2007年7.6％、2017年22％）。いわゆる"元本保証でない"金融商品が全資産の約50％を占めた（図表１-５）。

特に、ファンド（ETF/投資信託など）については目を見張るものがある。準運用型法人においては、2017年比較で、その他のリスク資産の増加

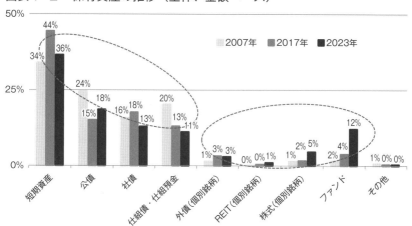

図表１-２　保有資産の推移（全体、金額ベース）

図表1-3　資産管理型法人の保有資産の推移（金額ベース）

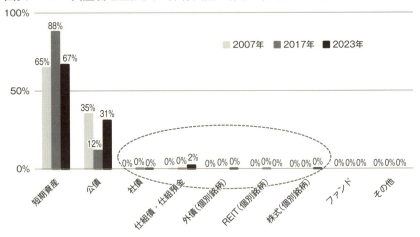

図表1-4　準・資産運用型法人の保有資産の推移（金額ベース）

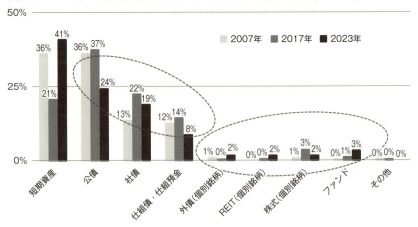

率を上回った。資産運用型法人においてはいわゆる"元本保証でない"リスク資産の約6割を占めるまで増えている。また、社債（劣後債含む）、仕組債等については明らかな減少傾向であることも興味深い。

図表1-5 資産運用型法人の保有資産の推移（金額ベース）

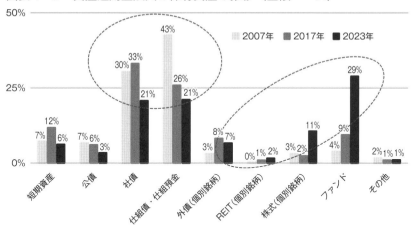

　ただし、金額ベースの集計のみでは一部の大量にファンドを保有する法人の影響などで歪みが生じている恐れがあるので、念のため、件数ベースの保有割合についても調べてみた。

　結果、資産運用型法人の36％が何らかのファンドを保有している（その他、外債（個別）26％、REIT（個別）13％、株式（個別）35％となっている）（図表1-9）。

　また、準・資産運用型法人でも外債（個別）29％、REIT（個別）15％、株式（個別）23％、ファンドは15％となっている（図表1-8）。

　ちなみに、資産管理型法人も、金額ベースの集計には表れないが、既に8％の法人が外債（個別）と、5％の法人が株式（個別）を保有していることが分かった（図表1-7）。

　また、全体の件数ベースの保有割合でみても、社債（劣後債含む）、仕組債等は減少傾向である。

図表1-6 全体の保有資産の推移（件数ベース）

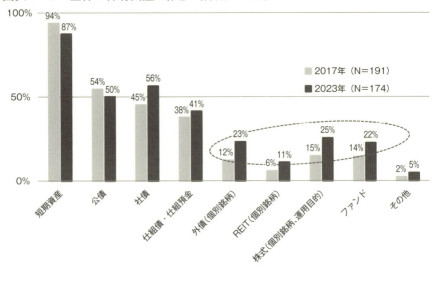

図表1-7 資産管理型法人の保有資産の割合（件数ベース）

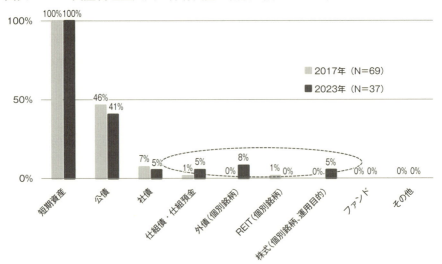

第1部 現状　27

図表1-8　準・資産運用型法人の保有資産の割合（件数ベース）

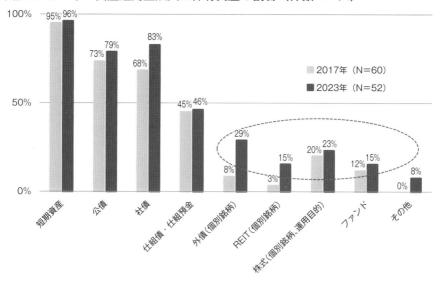

図表1-9　資産運用型法人の保有資産の割合（件数ベース）

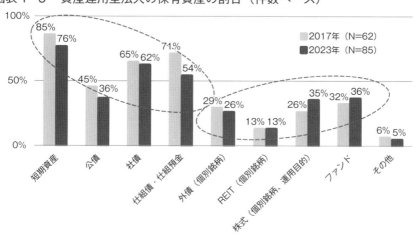

28　第1章　法人資産運用の現状

図表1-10　運用利回り実績の変化

40%

凡例:
- 2007年（N=216）
- 2017年（N=213）
- 2023年（N=209）

0.5%未満: 18%、26%、23%
0.5～1.0%未満: 14%、13%、12%
1.0～2.0%未満: 25%、36%、30%
2.0～3.0%未満: 17%、15%、20%
3.0～4.0%未満: 11%、6%、10%
4.0%以上: 15%、5%、5%

　このように、①資産管理型法人＝「短期資産（預金など）と公債（国債、地方債、その他）」からの分散投資の兆し、あるいは、②準・資産運用型法人＝「それらに社債（含む劣後債）、仕組債を含めた広義の債券運用」からのその他のリスク資産への分散投資、さらに、③資産運用型法人＝「リスク資産の中での分散投資の充実」が観察される。保守的な法人グループから積極的な法人グループに至るまで、これまでになかった変化がみられる。

（2）運用実績の変化

　また、このような資産配分の変化は、徐々にではあるが、運用実績にも表れはじめている（**図表1-10**）。

　今回はこれまでと異なり、利回り実績1～2％未満の最大グループが▲6％減少となる一方、より高い利回り2～3％未満のグループが＋5％増加、3～4％未満のグループが＋4％増加している。つまり、比較的低い利回りのグループの割合が減少する一方、高い利回りのグループの割合が増加している結果となった。

　そうなった要因として、自由記述には円安や増配などを示唆するものが多い。①為替系債券での円安や、母体企業株式の増配などで、予期せぬカ

図表1-11 将来の運用利回り目標の変化

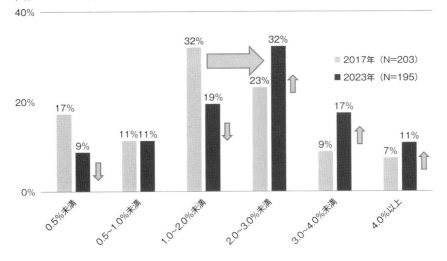

タチで運用益増収がもたらされた法人と、②あらかじめ円安や増配の恩恵も享受できるよう意図的に（国際）分散投資ポートフォリオで運用を続けてきた洗練された法人とに区別される（ただし、後者タイプは未だ少数）。

また、同じ自由記述の中には、「利回りが低い」「もう少し引き上げたい」「物価上昇インフレに負けない水準を目指す」などの記述が多数あった。このような記述は実績利回りの高い法人から低い法人までの全体に見られた。

(3) 運用目標の変化

また、現時点あるいは将来の利回り目標についても多くの法人はポジティブな姿勢をみせている（図表1-11）。

利回り目標についても、2017年調査よりも分布の山が上方にシフトしている（ボリュームゾーン2017年目標1～2%⇒2023年目標2～3%）。同時に0.5%未満、0.5～1%未満という低い利回りの分布が減り（合計▲8%減）、3～4%未満、4%以上という高い利回りへの分布が増加（合計＋12%増）している。

利回り目標2～3%未満（全体の32%）のボリュームゾーンの中には、

図表 1-12 目標利回りの推計

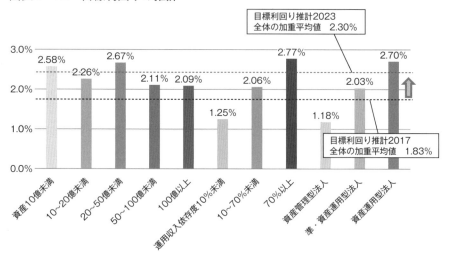

　様々な資産規模、運用収入依存度、運用多様化度（管理型法人も含む）、利回り実績（実績1％未満の法人も少なくない）の法人が含まれる。ちなみに、利回り目標3〜4％未満（全体の17%）のゾーンでも様々なタイプの法人、管理型法人や利回り実績2％未満の法人などがかなり含まれる。

　また、利回り目標0.5％未満＝0.25%、0.5％〜1％未満＝0.75%、1％〜2％未満＝1.5%、2％〜3％未満＝2.5%、3％〜4％未満＝3.5%、4％以上＝4.5％と、一律に仮定した場合、各セグメントの加重平均目標利回りの推計は**図表1-12**のとおり。2017年調査1.83％と今回調査2.30%とでは、約0.5％程度、運用目標の期待値は上がっていると推計できる。

　このように、全般的に、2017年調査時点での利回り目標、あるいは現時点での利回り実績に比べて、今後はもっと高い利回りを志向している法人が多いことが分かる。

（4）運用可能な資産の変化

　現在、運用可能な資産とその変化にも同様の姿勢がうかがわれる（**図表**

図表1-13 運用可能な金融資産分布

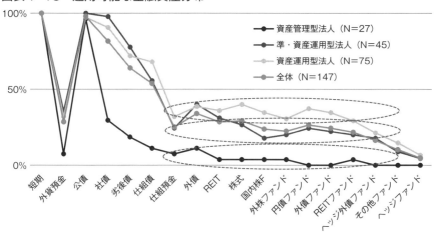

1-13、図表1-14、図表1-15、図表1-16)。

　全体の20%～30%の法人が株・外債・REITの個別銘柄、ファンドでの運用可の状態になっている（**図表1-13**）（準・資産運用型法人では概ね20%～30%、資産運用型法人では概ね30%～40%、資産管理型法人では5％前後)。

　資産管理型法人において、(短期資産（預金）や公債以外の資産である)普通社債、劣後債、仕組債、株式（個別）、外債（個別）、REIT（個別）、ファンド（投資信託、ETFなど）に注目して、前回2017年調査と比べると、僅かな変化ではあるが、普通社債、劣後債、仕組債、株式（個別）、外債（個別）、REIT（個別）、ファンド（投資信託、ETFなど）は概ね漸増傾向である。特に、劣後債、外債（個別）を運用可とする法人は約10%増えている（**図表1-14**）。

　準運用型法人において、(短期資産（預金）や普通社債、劣後債、仕組債以外の）株式（個別）、外債（個別）、REIT（個別）、ファンド（投資信託、ETFなど）注目してみると、やはり、株式（個別）、外債（個別）、REIT（個別）、ファンド（投資信託、ETFなど）は概ね漸増傾向である。特に、

図表1-14 運用可能資産の推移（資産管理型法人、2017vs2023）

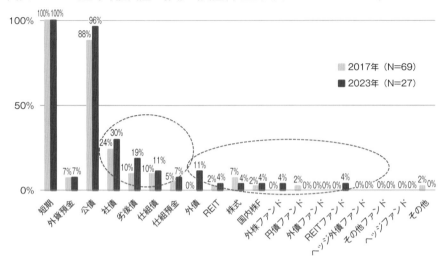

図表1-15 運用可能資産の推移（準・資産運用型法人、2017vs2023）

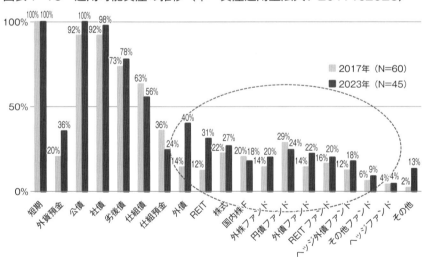

図表1-16 運用可能資産の推移（資産運用型法人、2017vs2023）

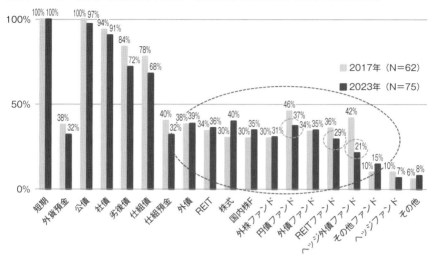

　外債（個別）、REIT（個別）で約20〜30％、外債ファンドやヘッジ外債ファンドで約10％増えている（図表1-15）。

　資産運用型法人においても、（短期資産（預金）や公債、普通社債、劣後債、仕組債等以外の）株式（個別）、外債（個別）、REIT（個別）、ファンド（投資信託、ETFなど）に注目してみると、株式（個別）（前回比＋10％）をのぞき、概ね横ばい傾向であるが、総じて高い割合で、いわゆる、元本保証でない資産を取得できる状態を維持しているのが分かる。

　よく見ると、円債ファンド、ヘッジ外債ファンド、REITファンドについては漸減の結果となった。しかしながら、これらは規則上で運用不可となっているというより、回答当時の円債やヘッジ外債やREITの市況の不調が、回答者にバイアスを与えた可能性も十分に考えられる。なぜなら、法人規則の多くでは運用可能資産を投資信託やETFと記載するまでのことが多く、投資信託やETFの中身の投資対象までを規定していることは一般に少ないからである。

図表1-17 増加を見込む資産分布

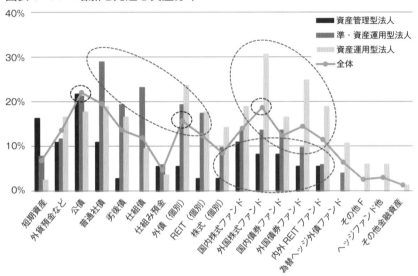

(5) 今後増えると思う資産の変化

このような取得可能な資産に見られるような変化は今後も続く可能性が高い（図表1-17）。

まず、全体を示した折れ線グラフで、今後の運用割合が「増えていくと思う」金融商品として多いのは公債、普通社債、外国株式ファンド、外債（個別）、外国債券ファンドの順に盛り上がっている。

資産管理型法人（図表1-17、黒の棒グラフ）では、全体を示した折れ線グラフに対して、短期資産、公債の部分が突出しており、依然、保守的なスタンスである。

しかしながら、注目したいのは、全体平均は下回る中で、株式（個別）、外債（個別）等よりも、ファンドでの投資の方に関心が高い（ファンドの部分に2つ目の山がある）ことである。2017年調査では預金と公債以外にはほとんど関心がなかった（図表1-18）。

一方、準・資産運用型法人（図表1-17、濃グレーの棒グラフ）では、

図表 1-18 増加を見込む資産の推移（資産管理型法人）

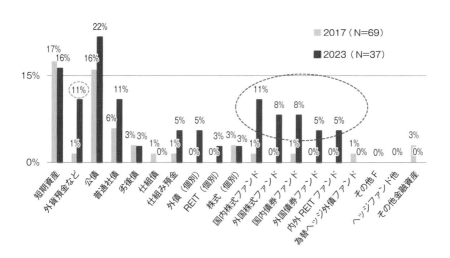

 全体を示した折れ線グラフに対して、普通社債、仕組債が突出しており、次いで公債、劣後債、外債（個別）、REIT（個別）が、全体を示した折れ線グラフをかなり上回っている。準・資産運用型法人は、管理型法人と比べると幾分、収益志向である。
 このグループは、ファンドでの投資よりも、個別の株式・外債等の方に関心が高い。しかしながら、内外株式ファンド等にも高い関心を持っている。2017年調査では国内債券ファンドと為替ヘッジ外債ファンドの順に関心が高かったので、今回は以前と異なる結果となっている（図表1-19）。
 さらに、資産運用型法人（図表1-17、薄グレーの棒グラフ）では、全体を示した折れ線グラフに対して、外国株式ファンド、外国債券ファンドに非常に強い関心を持っているだけでなく、外債（個別）はもとより国内株式ファンド、内外REITファンド、それ以外の種類のファンドにも幅広く関心を寄せている。
 このグループは、個別の株式・外債等よりも、ファンドの方に関心が高

36　第1章　法人資産運用の現状

図表1-19　増加を見込む資産の推移（準運用型法人）

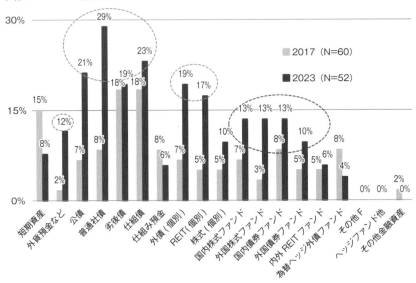

い。

2017年調査では、現在の準・資産運用型法人のように、ファンドよりも個別の株式・REIT・外債等を選好していた。また、前回の調査では、仕組債、個別株式、個別REIT、内外REITファンドの順に関心が高かった（図表1-20）。

1-2　運用体制・手続きにみられるポジティブな変化

ポジティブな変化は前述の投資行動（投資内容を含む）だけに留まらない。今回の調査では、運用体制・手続きの側面からもポジティブな変化が随所にみられる。

（1）運用計画書等の変化

運用規程とは別に運用計画書等（基本方針書、ガイドライン、運用計画書など）を作成している法人の割合は、2017年調査の27%⇒2023年調査の

第 1 部　現　状　37

図表 1-20　増加を見込む資産の推移（運用型法人）

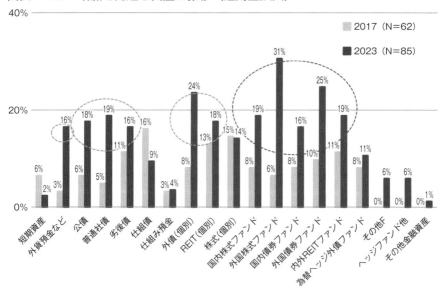

図表 1-21　運用計画書の作成比率（規程作成比率との比較）

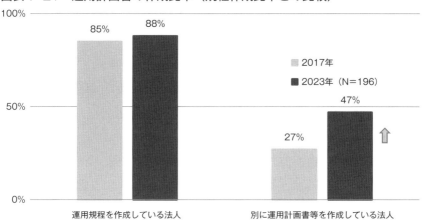

47%と大幅に増加した（**図表1-21**）。

　自由記述からも様々な資産規模、運用収入依存度、運用多様化度、運用利回りの法人が計画書等（基本方針書、ガイドライン、運用計画書など）を作成し、具体的に活用していることが分かる。

　また、2017年調査までは、ほとんどが法人の収入予算とリンクしたアバウトな年度計画のようなものを指していた。しかし、今回の自由記述では、毎年度の役員会等でより丁寧に資産運用について説明・報告にそれらを活用していることが伺われる。

　以前よりも、事務局⇔役員等の間での、資産運用コミュニケーション、ディスクロージャー、ガバナンス、リスクマネジメント意識が高まっているといえる。

　同時に、このような背景として、①事務局⇔役員等の双方の説明責任、リスクヘッジ意識の高まり、②預金公債運用以外を運用対象とするより高度な運用のために、運用業務の柔軟性、後任への引き継ぎも意識した継続性、業務オペレーション、判断基準の明確化の必要性、などに対するニーズが高まっていることを伺わせる自由記述も多かった。

（2）運用委員会の変化

　また、委員会ありという回答割合は37%（前回調査では28%、＋9%）。約4割の法人が運用委員会を設置している。このうち3割以上が、資産50億円未満の比較的規模の小さな法人であった（**図表1-22**）。

　また、委員会メンバーの構成が内部役職員のみであろうが、外部有識者であろうが、運用委員会の設置と資産運用の積極姿勢とは相関があることが分かっている。特に、外部有識者が入る場合は、より強い相関がみられる。今回の調査では、内部役職員のみで構成は2017年57%⇒2023年52%と▲5%減、一方、外部識者も交えて構成が2017年36%⇒2023年42%と＋6%増と、委員会に外部識者も交える割合が増えた（**図表1-23**）。より積極的な法人の割合は増加傾向であることを示唆している。

図表1-22 運用委員会の有無

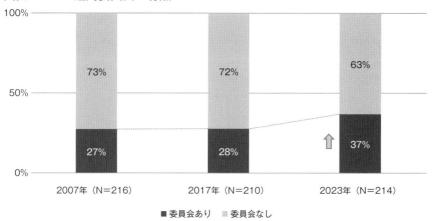

図表1-23 運用委員のメンバー構成

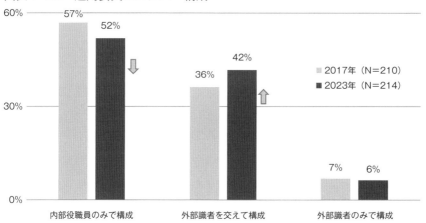

（3）理事会の付議・報告内容の変化

　資産運用についての理事会への付議・報告内容についても改善がみられた（図表1-24）。特に、より丁寧に「基本方針書、ガイドライン、運用計画書等を付議すると共に、運用状況を随時報告」すると回答した法人割合の増加が著しい（2017年15%⇒2023年33%、+18%増）。このように回答

図表1-24　理事会への付議・報告

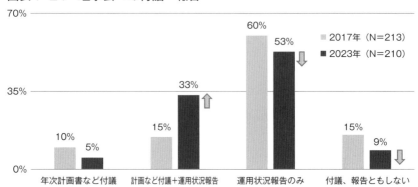

した法人は、全ての資産規模、収入依存度、運用多様化度のセグメント全体に幅広く分布している。先の「運用規程とは別に、運用計画書等（基本方針書、ガイドライン、運用計画書など）を作成しているか？」という設問への回答とそこでの自由記述とも符合する。

この点でも、事務局⇔役員等の間での、資産運用コミュニケーション、ディスクロージャー、ガバナンス、リスクマネジメント意識の高まりが裏付けられる。

（4）今後の問題意識の変化

今後の課題として、「リスク商品への投資」「運用体制の強化」という前向きな課題を挙げる法人が大幅増加した。資産規模、運用収入依存度、運用多様化度、運用利回りの偏りなく、様々な法人が今後の課題として挙げている（図表1-25）。

一方、2017年調査では比較的多かった「（財産）取り崩し」や「事業縮小」というネガティブな課題を上げる法人は大幅に減少した。

図表1-25　今後の課題

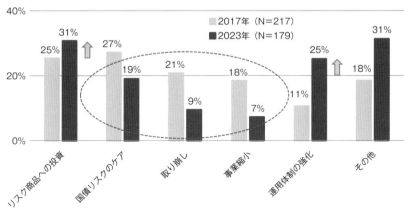

1-3　その他のポジティブな変化

（1）運用収益の予実差とその対応（取り崩し、事業縮小）についての変化

　前回調査に比べ、「予実差は一度もない（運用収益が事業予算を下回ったことはない）」と回答した法人が大幅増加した一方、「資産取り崩し」「費用削減・事業縮小」を挙げる法人の割合は減少傾向だった（**図表1-26**）。全体的には、資産運用の環境や法人運営の環境について、5年前の苦しい状況と比べて、少なくとも、ネガティブではなくなってきている。

（2）事業は拡大傾向か、縮小傾向か、という認識についての変化

　前回調査に比べ、「拡大」「どちらかというと拡大」と答える法人が増えた（**図表1-27**）。事業拡大グループでは、①法人が担う社会的ニーズに対して、インフレにも負けないような事業の維持拡大を志向するグループと、②株式配当の増配など予期せぬ収入増に見合う支出増をしなくてはいけないので、事業拡大の必要性に迫られているという法人グループに分かれる。

　一方、「縮小」「どちらかというと縮小」と答える法人は減少した。前回

図表1-26　運用収益の予実差とその対応

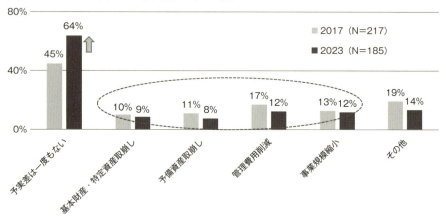

図表1-27　事業規模の見通し

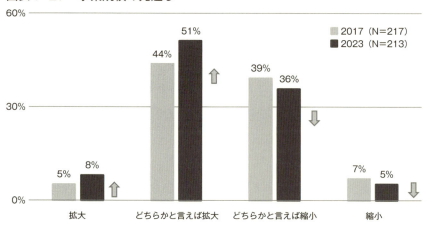

　調査では多かった運用難による事業縮小を上げる自由記述は、今回あまり見られなかった。かわりに、少子高齢化による会費会員数の減少や、事業が対象とする業界の縮小などに伴う公益サービスの受益者の減少など、社会構造のマクロ的な変化を事業縮小（収縮）の理由とする記述が非常に目立った。

しかしながら、法人運営や事業遂行の面でも、全体的に、かつてのネガティブさは薄れ、どちらかといえばポジティブ、前向きな法人が増えているという結果となった。

我々は、長らく続いたデフレ時代から今後インフレ時代を迎える転換点に立っているかもしれない。資産運用アンケートでは、「インフレ」「物価上昇」などのキーワードが自由記述にも非常に数多く見られた。「インフレにも負けないで事業を維持拡大していかなくてはいけない」「そのために必要な運用収益は確保していきたい」「そのためであれば、必要なリスクは取っていく」というような趣旨の自由記述が非常に多かった。「インフレにも負けない事業の維持拡大を遂行する」という強い意思・使命感というものが感じられた。そのような意思・使命感が、具体的な投資行動や運用体制・手続きなどにポジティブな変化として表れはじめたことが分かった調査結果でもあった。

2. 法人資産運用の今後の課題

しかしながら、同時に、まだまだ改善すべき課題も浮かび上がらせた。以下、4つほど、今後の課題を提起したい。

2−1　課題その1　分散投資はいまだ不十分

そもそも、デフレ時代が来ようとインフレ時代が来ようと、そのことに関係なく、事業の維持拡大に努めなくてはいけないのが法人の本分である。そのような本分の法人が目指すべき資産運用とは、デフレ、インフレ、その他の環境変化にも左右されにくい全天候型のものでなくてはいけない。

このような環境変化に左右されにくい全天候型の資産運用のためのキーワードが「分散投資」である。今回調査では、預金公債からそれ以外への分散投資「管理型法人」、債券運用からそれ以外への分散投資「準運用型

44 第1章 法人資産運用の現状

図表1-28 法人資産に占める預金債券運用と個別銘柄投資の割合

	全体	管理型法人	準運用型法人	運用型法人
（1）預金等・債券運用の割合（仕組債等までを含む）	79.0%	99.9%	92.1%	51.4%
（2）それ以外への分散投資の割合	21.0%	0.1%	7.9%	48.6%
（3）　↑（2）のうち、株式、REITへの投資割合	12.1%	0.1%	4.4%	28.0%
（4）　　↑（3）のうち、個別銘柄の株式・REITへの投資割合	5.6%	0.1%	3.1%	12.2%
（5）　　↑（3）のうち、ファンドを通じた株式・REITへの投資の割合	6.5%	0.0%	1.3%	15.9%
（6）預金公債を除く運用割合	45.0%	2.3%	35.1%	90.5%
（7）　↑（6）のうち、個別銘柄の社債、仕組債、外債、株式、REITへの投資割合	32.6%	2.3%	31.9%	60.6%

（（公財）公益法人協会資産運用アンケート2023より、筆者作成）

法人」、分散投資のさらなる充実「運用型法人」、というポジティブな変化の兆しは確認できた。しかしながら、全天候型の資産運用と言えるほど十分に分散投資していない法人がほとんどである。ごく僅かな例外法人を除けば、資産配分（運用収入の源泉、運用元本の価値の源泉）はまだ十分には分散されていない。

　図表1-28は、図表1-1の保有割合（％）を抜き出したものである。全体的にみても預金等・債券運用の割合が未だほとんどを占める（全体で79%）。一方、対インフレ予防策となり得る比較的期待リターンの高い株式やREITでの運用割合はまだまだ低く（全体で約12%）、もしも、インフレが顕在化した場合には非常に脆弱であると言える。

　また、株式やREITへの投資の約半分は個別銘柄に直接、投資している（約6％）。このような個別銘柄投資を選好する行動は、預金公債以外で運用する割合が多くなるほど、運用資産全体に占める個別銘柄投資の割合が増える傾向がある（運用型法人で運用資産の12%を個別の株式、REITに投資）。

　さらに、社債（含む劣後債）、仕組債、外債などを含めると、上記の傾向はより顕著になる（運用型法人で運用資産の約60%を個別の社債、仕組債、外債、株式、REITで運用）。個別の銘柄固有の業績変動などの影響を受けやすい運用手法であると言える。一般に、個別銘柄を取捨選択する運

用はプロのファンドマネージャーの仕事である。同時にプロでも頻繁に選択を誤っている。

このように、合理的に考えて、インフレや円高、減配、その他不測の事態にも対応できるような事業財源としては、多くの法人の財産の分散投資の状態はまだまだ不安定・未熟な状態であると言える。預金・債券中心の運用、個別銘柄投資への傾倒、また、昨今の円安・株高ブームなどの相場に大きく影響された投資行動では、まだまだ事業財源としての安定性を欠いているのである。

2-2 課題その2（許容）リスクの考え方、管理の仕方がまだまだ合理的でない

事業の維持拡大を法人として譲れない本分と考え、環境変化に左右されにくい全天候型の分散投資を志向するのであれば、合理的なリスク許容やリスク管理は必須となる。つまり、簿価会計などの会計処理とは切り離して考え、全て時価ベースで投資成果を合理的かつ適正にモニター、評価しないといけない（時間的なロス＝機会損失も考慮して）。

しかしながら、今回調査でも、資産運用のリスク管理については、発展途上であり、未だほとんどの法人が手探り状態であるように思われる（図表1-29）。

特に、前々回調査2007年、前回調査2017年、そして今回もあまり改善していないと思われたのが、「債券運用だから、満期保有だから、元本保証だからリスクは幾らでも許容できる、時間的なロス＝償還するまでの長期の機会損失もいとわない」という趣旨の自由記述が一向に減らないことである。

本当の意味で、法人事業やその裏付けとなる財産を守ろうとするのであれば、さらなる分散投資と併せて、時価ベース、時間的なロス＝機会損失も考慮した、合理的なリスクの考え方・管理への進化が必須となる。

46　第1章　法人資産運用の現状

図表1-29　許容リスクの推計

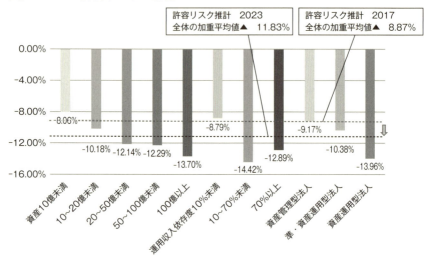

2-3　課題その3　①環境変化に左右されにくい全天候型の分散投資、②合理的なリスク管理を支える運用人材の不足（確保、育成の課題）

　いかなる環境の中でも事業の維持拡大を法人として譲れない本分と考えるのであれば、①環境変化に左右されにくい全天候型の分散投資、②合理的なリスク管理の方向に早晩向かわざるを得ないと考える（法人としての本分を達成するには、①②の他にもっと合理的な良い方法が見つからないと言った方が正しいかもしれない）。そのためには、①②の運用・管理体制に近づけていく、あるいは①②を運営していく、①②を支えられる合理的な運用知識を備え、その知識に基づいた実務経験を経た人材の確保・育成が必要となる。

　現状では、ごく一部の法人を除き、証券会社などからの提案を情報源、参考とし、熟練者がいない法人が圧倒的に多い（105件、50％）。これに熟練者がいるという法人（48件、23％）を加えると、証券会社などを情報源、

図表1-30　運用の意思決定・判断の材料となる情報源

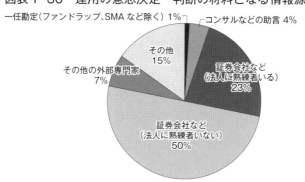

参考として意思決定している法人は、153件、全体の73％に上る。2017年調査と比べても、これらの割合はほぼ変化がない（**図表1-30**）。

　特に、法人に熟練者がいないと回答した法人であるが、自由記述からその実態を垣間見ることができる。これらの法人の記述には「元本保証」「満期保有」「債券運用」「規程・運用方針・ルールに沿って判断・手続き」「複数社から情報提供・提案」「複数人で内部協議」などのキーワードが非常に多い。恐らく、多くの法人では熟練者がいないという弱点を、債券運用という格付けや年限、クーポン、発行体など数値化・記号化、イメージしやすい投資対象を中心とし、規程・運用方針・ルール、複数社情報・提案、複数人内部協議などのフィルターをかけることで回避しようと試みているようである。

　法人に熟練者がいないと回答した法人は、預金国公債でほとんどを運用する管理型法人ではもちろんだが、劣後債、仕組債等までの債券で90％以上を運用しているという結果が出ている準運用型法人において最も割合が多いこととも符合する。

　さらに、現在の運用担当者のほぼ全員は、他の仕事と兼務されている法人役職員であることが判明した。最も多いのが、「管理・事務局・総務、業務執行など」の総務系の役職員、次に「会計・経理・財務・資金・出納

など」の経理系の役職員、さらにその次に「代表理事・理事長・会長・館長など」のトップ系が運用担当を兼務している順に続く。

一方で、資産運用専任の担当者はごく僅かである。

担当者以外の資産運用スタッフについても聞いているが、スタッフ業務のほとんどは運用責任者の補助であり、資産運用の計画立案・意思決定にはほとんど関与しない。つまり、金融資産取引、インカム、残高・時価の記録を含む資産運用関連の事務処理、資料作成をメインに取り扱う業務であるケースを多く含むようである。また、彼（彼女）らの多くも他の業務と兼務している状態であることは想像に難くない（総務、経理、その他のメイン業務との兼務状態）。

また、自由記述では運用人材の確保、育成（業務引き継ぎを含め）の困難さを指摘する声が、これまでの調査ではなかったほど多かった。

この人材問題は、法人が、①環境変化に左右されにくい全天候型の分散投資、②合理的なリスク管理に到達するためには、避けては通れないものである。ゆえに、法人としては、今後もずっと取り組み続けていくしかない（繰り返すが、①②の方法が絶対的に一番良い方法だと言っているわけではない。もっと良い合理的な方法が他に見つからないという相対的な現実問題ということである）。

外部の専門家・有識者や、法人資産運用の関連書籍・記事、関連セミナーから、知識やアドバイスを得る機会を活用するなどが有力であろう。
（また現在では、NISAなどを契機に合理的な（分散）投資の知識を勉強したり、それに基づいた投資を経験したりできる機会が世の中に溢れている。このような社会的な環境変化もこの問題解決の一助になるかもしれない。個人的な投資で培った合理的な運用知識とその知識に基づいた投資経験を法人の資産運用実務に応用できる人材が、いつか現れるかもしれない。）

2-4 課題その4　市況や価格変動からのバイアス（先入観・相場観）に基づいた意思決定

今般の調査結果では、デフレからインフレへ、超低金利から金利上昇へ、横ばい為替からどちらかと言えば円安へ、回答者の認識がほぼ180度転換している（**図表1-31**）。

たった5年で、現在とは真逆の状態がずっと続くと認識していた前回調査とは様変わりである。

株式、為替、金利などのマーケットが短期間で変化してしまうことは良く起こることであり、それ自体は良いものでも、悪いものでもない。ごくごく当たり前によく起こる現象である。

しかしながら、問題はそのようなマーケットの変化が、法人投資家にバイアス（先入観・相場観）を植え付け、それを元に偏った投資行動をさせることにならないか、という点である。

具体的には、ある資産の過去これまでの価格変動（上がっている・下がっている）によって、法人投資家に増やしたい・買いたい（あるいは減らしたい・売りたい）という感情的なバイアス（先入観・相場観）が芽生

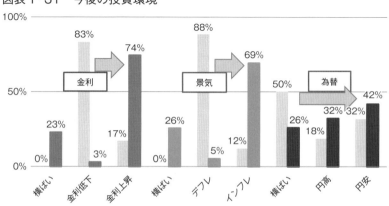

図表1-31　今後の投資環境

え、それに基づいて合理的でない意思決定をし、結果、偏った投資行動をしてしまうことである。

例えば、今回のケースでは、外貨預金、外債（個別）、外債ファンド、外国株式ファンド、国内株式ファンドが今後増加すると思うという声が非常に多かった（すべて近年価格が上がっている資産）。それに対して、為替ヘッジ外債や内外REITなどは相対的に今後減少すると考えられているようである（どれも調査時、価格は下落している資産）。

また、今までのメインだった預金・債券と異なり、株式やREIT、ファンド（ETF／投資信託等）には満期償還がなく、かつ、価格変動を繰り返し続ける性質の資産である。往々にして、その価格変動に投資判断が引っ張られがちになる。つまり、価格が上がれば、未だ保有していない投資家は保有したくなるし、既に保有している投資家はその全てをも売却して利益確定したい誘惑に駆られることも少なくない。逆に、価格下落が続いた場合は、既に保有している投資家などは全てを売却して苦痛から逃れたいとしばしば考えてしまうものである。

繰り返すが、事業の維持拡大を法人として譲れない本分と考えるのであれば、デフレ、インフレ、その他の環境変化にも左右されにくい全天候型の資産運用が望ましい。そのためのキーワードは「分散投資」以外により合理的な手段は見当たらない。

つまり、時の好調な資産や好きな資産を追いかけるだけでは十分な「分散投資」にはたどり着けない。十分な「分散投資」とは、不調な資産、好みでない資産、居心地の悪い資産にも分散して初めて達成される。くれぐれも、マーケットの短期的な上がり・下がりによって感情的で、偏った意思決定をするのではなく、合理的な分散投資を貫き続けられるよう志向していただきたい。

3. まとめ

　ここまで見てきたように、2023年度実施の資産運用アンケート結果からは、公益法人の投資行動ならびに運用体制・手続きについてのポジティブな変化が伺える。

〈投資行動〉

　まず、投資行動については、①資産配分、②運用実績、③運用目標、④運用可能資産、⑤今後増加を見込む資産の主に5点について、ポジティブな変化が見える。

①資産配分では、従来、預金や公債などで保守的な運用を行ってきた管理型法人グループに、資産の投資先を分散するような兆しがうかがえた。さらに、準・資産運用型法人が株式や不動産などのリスク資産へと投資対象を拡大する様子や、資産運用型法人がリスク資産内でのさらなる分散を図る様子が見られた。

②運用実績については、その要因は様々あるようだが、前回と比較して全体的な利回りの上昇が見られた。同様に、③運用目標についても、各法人が目標設定している利回りは、前回と比べ全体として上昇傾向にあるようだ。ただし、目標とする利回りを実績として達成していない法人も多く、今後の目標達成に向けて各法人が試行錯誤をしている様子が推察できる。

④運用可能資産では、短期資産や公債よりもリスクの高い資産を運用可能な状態としている法人が、管理型法人でわずかながら、準運用型法人でも一定程度の増加する様子が見られた。一方、運用型法人ではそれほど大きな変化が見られなかったものの、前回調査に引き続き、元本保証のないリスク性資産を取得可能とする状態を維持しているようである。

⑤今後増加を見込む資産では、資産管理型法人および資産運用型法人が

個別銘柄よりもファンドの増加を見込む傾向にあるのに対して、準運用型法人はファンドよりも個別銘柄の増加を見込む傾向にあり、それぞれの今後の関心についての特色が出た形である。

〈運用体制・手続き〉

次に、運用体制・手続きに関しては、①運用計画書等の作成、②運用委員会の設置、③理事会への付議・報告の有無とその内容、④今後の問題意識について、ポジティブな変化があったと考える。

①運用計画書等の作成では、運用規程とは別に運用計画書等を作成する法人が大幅に増加する結果となった。さらに自由記述からは、計画書等を理事会などへの運用内容の丁寧な説明に活用する様子も散見された。

②運用委員会の設置については、設置していると回答した法人が微増した。

③理事会への付議・報告の有無とその内容については、年度ごとの計画書等に加え、運用状況の報告までを行うと回答した法人が増加し、資産運用に関するより綿密なコミュニケーションを図る法人の姿勢が見られた。

④今後の問題意識については、「リスク商品への投資」「運用体制の強化」といった前向きな課題を挙げる法人が大幅に増加した結果となり、「財産の取り崩し」や「事業縮小」といった、ある種後ろ向きな課題を挙げる法人が多かった前回調査とは対照的であった。

加えて、運用収益の予実差の有無とその対応についての回答も、「資産取り崩し」「費用削減・事業縮小」を挙げる法人の割合は前回比で減少し、「予実差が生じたことは一度もない」と回答した法人が増加する結果となった。さらに、今後の事業規模の見通しについても、「拡大」「どちらかというと拡大」と答えた割合の法人は、前回比で増加した。

一方、アンケート結果からは、資産運用にあたっての課題点が浮かび上がったとも考えている。

〈公益法人の資産運用における課題〉

　第1に、依然、運用資産の分散が不十分であると考えられる。少なくない法人が、引き続き預金・債券中心の運用や個別銘柄投資に傾倒している状態は、法人の事業財源の手段として安定的に資産運用を行っているとは言い難いと考えている。環境の変化に左右されにくい全天候型の資産運用のためには、資産の分散が重要である。

　第2に、「リスク」の考え方およびその管理の方法が、合理的であるとは言い難い状況が続いている。運用についてのリスクを合理的に評価するためには、簿価会計などの会計基準とは切り離し、時価ベースでの投資成果を適切に把握・評価する必要がある。その際、償還等を待たなくてはならなくなるような、時間的なロスによる機会損失を考慮することは非常に重要である。

　第3に、法人の資産運用における専門人材が不足しているという点である。多くの法人が、専任、かつ熟練の運用担当者を置けない状況にある。それに加え、証券会社からの提案を、投資判断における主たる情報源とする法人が大半である現状は、法人が主体的に事業の裏付けとなる資産運用の管理を行うという理想とは距離があると考える。中長期的に法人の立場に立って運用を行えるような内部人材の確保・育成や、外部専門家との健全な連携は、今後も法人の資産運用に恒久的について回る課題であろう。

　最後に、バイアスに影響された非合理的な意思決定がなされている可能性が高い点が挙げられる。目まぐるしく変化する市況は、投資家（運用担当者や役員、つまりは法人）の投資対象についての選好等の投資行動にバイアスを与えることがしばしば見られ、今回の調査結果でもその可能性を指摘しうる点が散見された。しかし、こうしたマーケットの短期的変化の先読みや後追いによって右往左往している限りにおいては、事業の維持・

拡大に安定的に資する分散投資にたどり着くことは困難である。法人の事業運営を安定的に維持・拡大していくためには、幅広い資産にあらかじめ分散して投資し、短期的な市場のイベントに影響されずにそれを堅持することが肝要であると考えている。

第2部　問題点

第2章　法人資産運用の課題
―何が問題なのか、問題解決の方向性―

さて、資産運用アンケート2023では、「インフレにも負けないで事業を維持・拡大していきたいという意識と意欲の高まり」が顕著だった。しかしながら、「インフレにも負けないで事業の維持・拡大を遂行するための資産運用」とはどういうことか？　また、それを実現するためには現状の何が問題なのか？　本章で掘り下げてみたい。また問題解決の方向性についても探っていく。

1. インフレにも負けないよう事業の維持・拡大を遂行するための資産運用とは？

1−1　法人資産運用の構造

まず、法人が実施する資産運用の基本構造について整理しておきたい。資産運用の成果＝運用元本＋運用元本からの果実、である。シンプルに理解していただくために、運用元本からの果実＝運用収益＝利子配当などのインカム収入とする。

現時点における、法人とその事業を支える原資は、運用元本から生み出された運用収益（インカム収入）である。また、この基本構造は将来にわたって連続していく。常に、運用収益（インカム収入）を合わせた総収益≧事業支出の状態を維持できれば良いわけである。

1−2　法人資産運用の目標

このように、法人資産運用の究極の目標とは、シンプルに、現在から未来永劫の事業支出をファイナンスし続けることだといえる（あるいは、将来予定されている設備投資支出のファイナンスを含む）。そのためのより具体的な目標としては、①総収益≧事業支出となるような安定した運用収

益と、②安定収益を未来永劫生み出すことができるように運用元本を適切に保全する運用管理を続けていくことに帰着する。①と②、あるいは、現在と未来の受益者サービスの源泉を両立、バランスさせないといけないのである。ゆえに、目先の運用収益を追求するあまり、長期的にみて運用元本の質が怪しくなり得る投資対象に法人資産を晒してはいけない。また逆に、運用元本の（形式的な）安全性に固執するあまり、健全なかたちでの運用収益の獲得を放棄してもいけない。一見、安全第一のようにみえる運用手法も、時間の経過と共に、事業の維持が困難な状況に追い込まれ、結果、将来の法人経営を危うくしたり、受益者に不利益を被らせたりすることにつながりかねないのである。

1－3　運用元本の適切な保全、運用管理とは

（１）架空の法人Aの運用シミュレーション

　運用元本の適切な保全、運用管理とは、どういうことか？　単純化した、架空の法人Aの運用ケースで説明したい。A法人は毎年３億円を事業支出のために必要としている。運用財産は100億円保有している。この法人は他の収入源は持っていないものとする。「国債利回りが３％もあれば良いのだが…」と、今、多くの読者の皆さんもそう思っているかもしれない。そして正に、この架空の設定では20年国債の利回りを３％と仮定してみる。

　つまり、100億円全てを３％の20年国債で運用すれば、毎年３億円の運用益が得られる。先に述べた収益≧事業支出の状態が少なくとも20年間は続くことになる。20年後に額面の100億円は、民間社債とは異なり、ほぼ確実に償還金として戻ってくる。運用元本も保全されるというわけである。

　しかしながら、このやり方が適切な保全、運用管理であると言えるためには絶対的な条件がある。それは、デフレか、もしくは、インフレ率が限

図表2－1　A法人の20年国債投資の実質価値推移

（0年後＝運用開始時、20年後＝償還時　単位：億円　債券の価格変動はないものと仮定）

		0	1	2	3	4	5	6	7	8	9	10	11	12	13	14	15	16	17	18	19	20 年後
インフレ 年率=0%	運用益（実質的な使用価値）	3.0	3.0	3.0	3.0	3.0	3.0	3.0	3.0	3.0	3.0	3.0	3.0	3.0	3.0	3.0	3.0	3.0	3.0	3.0	3.0	3.0
	運用元本（実質的な使用価値）	100	100	100	100	100	100	100	100	100	100	100	100	100	100	100	100	100	100	100	100	100
インフレ 年率=1%	運用益（実質的な使用価値）	3.0	3.0	2.9	2.9	2.9	2.9	2.8	2.8	2.8	2.7	2.7	2.7	2.7	2.6	2.6	2.6	2.6	2.5	2.5	2.5	2.5
	運用元本（実質的な使用価値）	100	99	98	97	96	95	94	93	92	91	90	90	89	88	87	86	85	84	83	83	82
インフレ 年率=2%	運用益（実質的な使用価値）	3.0	2.9	2.9	2.8	2.8	2.7	2.7	2.6	2.6	2.5	2.5	2.4	2.4	2.3	2.3	2.2	2.2	2.1	2.1	2.0	2.0
	運用元本（実質的な使用価値）	100	98	96	94	92	90	89	87	85	83	82	80	78	77	75	74	72	71	70	68	67
インフレ 年率=3%	運用益（実質的な使用価値）	3.0	2.9	2.8	2.7	2.7	2.6	2.5	2.4	2.4	2.3	2.2	2.1	2.1	2.0	2.0	1.9	1.8	1.8	1.7	1.7	1.6
	運用元本（実質的な使用価値）	100	97	94	91	89	86	83	81	78	76	74	72	69	67	65	63	61	60	58	56	54

りなくゼロに近い状態が、償還までの20年間も続いた場合のみ、適切な保全、運用管理であったと結果的に言えるのである。

　図表2－1は、同じインフレ率が20年間継続した場合の運用益と運用元本の実質的な使用価値の推移である。インフレ年率が0％であれば、実質的な使用価値で見ても、運用益は3億円であり、運用元本も100億円のままである。しかしながら、インフレ年率が0％⇒1％⇒2％⇒3％と高くなるに従って、A法人の資産運用における実質的な使用価値は、運用益で3億円⇒1.6億円~2.5億円に、運用元本で100億円⇒54億円～82億円にまで減価してしまう（ちなみに、インフレ年率2％という水準は、政府、日銀がずっと以前から現在に至るまで掲げ続けている誘導目標でもある）。

（2）インフレとは？

　このように、インフレとは、世の中の物価やサービス価格が上昇をつづけ、法人の購買力が、インフレと同等か、それ以上に強くなっていかないと、徐々に事業が立ち行かなくなっていくことである。つまり、購入できるモノやサービスの量を減らさざるを得なくなったり、奨学金や助成金、その他提供しているサービスなどの利用価値が受益者に対して十分ではなくなったり、法人が保有する全ての本源である財産の実質的価値を減価させたりするのである。

しかも特に、普段から留意していないといけないのは、このインフレというシロモノは、いつも目に見えるカタチで顕在化するわけではないという点である。また、いつインフレになるか（突然、高いインフレになる場合もある）、どれぐらいのインフレ（率）になるかは（世の中の予想より高くなる場合もあれば、低くなる場合もある）、全く不確実で、決して誰にも分からない、目に見えない、掴みどころがないシロモノということである。

（３）インフレにも負けないよう事業の維持・拡大を遂行するための資産運用とは？

だから、「インフレにも負けないで事業の維持・拡大を遂行するための資産運用」とは、インフレでダメージを被ってしまう前、インフレが顕在化する前の常日頃から「予防策」を打っておく以外に方法がないのである。「第６章　基本ポートフォリオの核となる資産」でも解説するが、インフレ進行にぴったりと連動して運用成績が上がっていくような都合の良い「対応策」は、残念ながら存在しないのである。

さて、その「予防策」とは何か？　結論から言えば、資産運用で長期的なインフレに予防的に備える選択肢は一つしかない。（期待リターンの低い資産での運用はほどほどにして、）できるだけ期待リターンの高い資産で運用を続ける以外に方法がない（インフレが顕在化されてからよりも、なるべく、デフレの期間を含む長期間、そのような運用をずっと続けるのが望ましい）。

これは、投資リターンが高い方が、万が一インフレになっても、運用実績が物価上昇などを上回っている可能性は、リターンの低い資産に比べれば、高くなるからである。

図表２-２は、主要資産の市場平均インデックス（利子配当金累積＋元本）の、1984年12月末を「１」とした場合の実績推移である。つまり、期待リターンの低い資産とは、預貯金や債券である（1984年12月〜2024年３

図表 2-2　主要資産の市場平均インデックスの推移

＊1984年12月末から2024年 3 月末まで、利子配当を含む円ベース
＊図表右側、資産名の後に記載の数字は、各資産1984年12月末の価格を 1 とした場合の2024年 3 月末時点の値
＊不動産は長期間のインデックスデータが存在しないため、2003年 3 月以前については、FTSE世界国債（除日本）のデータを便宜上代用。

（主要資産の市場平均インデックスデータより著者作成）

月の利子配当金込みの運用実績は、短期預金：約54％、円債券：約234％、外債：約491％）。一方、期待リターンの高い資産とは、株式（市場）の他に見当たらない（同期間の利子配当金込みの運用実績は、先進国株式市場：約3464％、新興国株式市場：約2942％。ちなみに、日本株式市場にしか分散していないと約429％にしかならない）。このような預金債券類＝低、株式類＝高という性質は、資産運用についての多くの学術研究や実証研究でも裏付けられている。

　留意しなくてはならないのは、こうした性格が裏付けられているのは「各種資産市場全体」についてであるという点だ。つまり、個々の預金、個別銘柄としての債券・株式・不動産や、その他の個別性の高い投資対象については、先述のような性格を持つ裏付けとなるほどの充分な学術・実証研究はないのである。事実、この期間中、各種資産市場全体を上回る実

図表２-３　消費者物価指数「総合」（年率）の推移

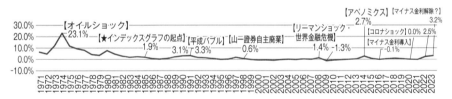

績を記録した個別の株式や預金・債券が存在する一方で、市場全体を下回る、あるいは淘汰され消えていった個別の株式や預金・債券も数多く存在する。

　ここまで、期待リターンの観点から各種資産市場の性格を見てきた。ここからはさらに一歩踏み込み、「インフレ」に照らしながら資産運用を考えてみたい。先の**図表２-２**の期間における消費者物価指数は、起点である1984年12月末を「１」とした場合、2023年12月末では、「1.28」である（総務省　消費者物価指数「総合」より）。**図表２-３**は、その年率の推移グラフである。

　オイルショック時に20％超を記録して以降は低下を続け、**図表２-２**の起点である1985年には1.9％まで下がった。その後、不動産・株式バブルのピークである1990年付近でもインフレ率は3.2～3.3％程度と、不動産・株式インフレを除けば、情勢は比較的落ち着いていたことが分かる。そのあとはご存知の通り、山一證券自主廃業をはじめとする多くの金融機関破綻、リーマンショック、マイナス金利導入、コロナショックと続き、今日に至る。一時的で終わったアベノミクス時と直近での情勢を除けば、インフレ率は、期間中、ほとんどゼロか、マイナスで推移したことが分かる。つまり、38年間で「１」が「1.28」へと累積変化したとは言え、この期間中のほとんど、インフレらしい事象はなかったことには留意が必要である。

　さて、**図表２-４**は**図表２-２**の起点である1984年12月末を「１」とした

62　第2章　法人資産運用の課題―何が問題なのか、問題解決の方向性―

図表2-4　主要資産の名目リターンと実質リターン（1984年12月末を「1」とした場合）

		1984年12月末	2023年3月末
預金	名目リターン	1.00	1.63
	実質リターン①（消費者物価指数控除後）	1.00	1.35
	名目リターン（2％定額支出控除後）	1.00	0.83
	実質リターン②（2％定額支出＋消費者物価指数控除後）	1.00	0.55
債券	名目リターン	1.00	3.42
	実質リターン①（消費者物価指数控除後）	1.00	3.14
	名目リターン（2％定額支出控除後）	1.00	2.27
	実質リターン②（2％定額支出＋消費者物価指数控除後）	1.00	1.99
日本株式	名目リターン	1.00	3.75
	実質リターン①（消費者物価指数控除後）	1.00	3.47
	名目リターン（2％定額支出控除後）	1.00	2.13
	実質リターン②（2％定額支出＋消費者物価指数控除後）	1.00	1.85
外債	名目リターン	1.00	5.14
	実質リターン①（消費者物価指数控除後）	1.00	4.86
	名目リターン（2％定額支出控除後）	1.00	3.16
	実質リターン②（2％定額支出＋消費者物価指数控除後）	1.00	2.88
不動産（＊）	名目リターン	1.00	10.73
	実質リターン①（消費者物価指数控除後）	1.00	10.45
	名目リターン（2％定額支出控除後）	1.00	6.99
	実質リターン②（2％定額支出＋消費者物価指数控除後）	1.00	6.71
新興国株式	名目リターン	1.00	24.6
	実質リターン①（消費者物価指数控除後）	1.00	24.32
	名目リターン（2％定額支出控除後）	1.00	20.22
	実質リターン②（2％定額支出＋消費者物価指数控除後）	1.00	19.94
先進国株式	名目リターン	1.00	24.9
	実質リターン①（消費者物価指数控除後）	1.00	24.62
	名目リターン（2％定額支出控除後）	1.00	18.94
	実質リターン②（2％定額支出＋消費者物価指数控除後）	1.00	18.66
消費者物価指数「総合」（＊）		1.00	1.28

＊不動産は長期間のインデックスデータが存在しないため、2003年3月以前のデータについては、FTSE世界国債（除日本）を簡便的に代用している。

＊総務省　消費者物価指数「総合」より

場合、2023年12月末時点での、主要資産の市場平均インデックスの実績からインフレを控除した実質リターン（①消費者物価指数のみ控除の場合の実質リターンと、②①を控除すると共に毎年年末に定額で運用元本の２％を運用収入＝事業支出として控除し続けた場合に残った実質リターンを示している。

　当初運用元本から定額で毎年２％ずつを運用益として支出するという設定が、多いか少ないかは別として、実際のインフレ（消費者物価指数を目安）に対して、預金・債券類では長期的に事業・経営を安定遂行するための余裕のマージンが小さい、あるいは不足に陥る。一方、株式類は長期的に大きな余裕のマージンを確保できたことが分かる。

　つまり、運用元本の適切な保全、運用管理、すなわちインフレにも負けないような「予防策」としての資産運用とは、（期待リターンの低い預金・債券類は必要最低限とし）なるべく沢山の銘柄、すなわち市場平均インデックス並みに分散投資して、期待リターンの高い株式類も相応の割合で取得・保有し続けておく以外にないのである。

2. 現状の法人資産運用の何が問題なのか？

　さて、これまで説明してきた「インフレにも負けないよう事業の維持・拡大を遂行するための資産運用」「運用元本の適切な保全、運用管理」の考え方を踏まえ、改めて、第１章の資産運用アンケートで提起した４つの今後の課題について、現状の法人資産運用の何が問題なのか？　を突き合わせてみたい。

2−1　分散投資はいまだ不十分（全天候型の分散投資には不十分）

（１）期待リターンの低い資産である預金債券類が多い

　図表２−５は図表１−28を再掲載したものである。改めて見てみると、まだまだ、期待リターンの低い資産である預金債券類（劣後債、仕組債等

64　第2章　法人資産運用の課題─何が問題なのか、問題解決の方向性─

図表2-5　法人資産に占める預金債券運用と個別銘柄投資の割合（再掲）

	全体	管理型法人	準運用型法人	運用型法人
（1）預金等・債券運用の割合（仕組債等までを含む）	79.0%	99.9%	92.1%	51.4%
（2）それ以外への分散投資の割合	21.0%	0.1%	7.9%	48.6%
（3）↑（2）のうち、株式、REITへの投資割合	12.1%	0.1%	4.4%	28.0%
（4）↑（3）のうち、個別銘柄の株式・REITへの投資割合	5.6%	0.1%	3.1%	12.2%
（5）↑（3）のうち、ファンドを通じた株式・REITへの投資の割合	6.5%	0.0%	1.3%	15.9%
（6）預金公債を除く運用割合	45.0%	2.3%	35.1%	90.5%
（7）↑（6）のうち、個別銘柄の社債、仕組債、外債、株式、REITへの投資割合	32.6%	2.3%	31.9%	60.6%

（（公財）公益法人協会　資産運用アンケート2023より著者作成）

までを含む）の保有割合が多いことが分かる（全体79%、うち特に、管理型法人99.9%、準運用型法人92.1%）。これではインフレ時には大ダメージを被ってしまうリスクが高い。一方、デフレ時には運用元本の実質価値は減価しないかもしれないが、デフレ時とは金利が低い時期を指すので、経常的な運用益（インカム収入）は諦めざるを得ない。つまり、インフレとデフレのどちらに対しても脆弱である。環境の変化に左右されにくい全天候型の資産運用を行っているとはまだまだ言い難い状態なのである。

（2）個別銘柄投資に傾倒

また、**図表2-5**を見ると、預金と公債を除いても、個別銘柄投資の割合が高いことが分かる（準運用型法人で31.9%、特に運用型法人は個別銘柄の社債、仕組債、外債、株式、REITへの投資割合が60.6%にもなる）。このうち、株式やREITと言った比較的インフレに弱くないと言われる資産への投資でも、それらを個別銘柄で投資している割合が大きい（準運用型法人3.1%、特に運用型法人は12.2%）。

以下、個別銘柄投資の問題点を列挙したい。

第1に、1つの個別銘柄当たりの投資金額が比較的大きくなってしまうため、投資可能額の制約から十分な分散投資ができないことである（先の**図表2-2**主要資産の市場平均インデックスに含まれるような何十〜何千銘柄に幅広く分散投資することは現実的に不可能になる）。

第2に、個別銘柄で取得保有できる資産には制約があり、事実上の偏り、集中投資が生まれてしまうことである。個別銘柄で取得しがちなのは（取得が容易であるのは）、円建て債券、日本REIT、日本株式となる。これらはいずれも国内資産、日本を本源とする資産となってしまう。また、円建て債券を活発に発行する業種、企業に投資が偏ってしまうことも起こりがちである（例えば、金融業やその他債券発行を繰り返す一部の発行体への偏り）。外債投資においても個別銘柄で取得容易であるのは、米国国債や一部の本邦金融機関が発行するドル建て社債ぐらいのものであろう。

つまり、気が付いた時には、上記のような偏り、集中投資に陥りがちで、その如何によっては、投資結果の当たり外れがとても大きくなってしまう。発行体・発行業種、それらの帰属する国などの、景気悪化、業績悪化・低迷、格下げ、デフォルトなど影響を直接受けてしまうのである。

ゆえに、その他環境の変化に左右されにくい全天候型の資産運用を行えているとはまだまだ言い難いのである。保有する個別銘柄の如何によっては、インフレ、デフレ時などでも期待した効果が得られるかは、結果が出てみるまで分からない。先の**図表2-2主要資産の市場平均インデックス**に含まれるような何十~何千銘柄に幅広く分散投資している場合と比べても、その不確実性は高いと言える。

同時に、このやり方では、個別の業績悪化・低迷、格下げ、デフォルトについて、常にケアをしながら、取得時の意思決定と取得後のモニターを継続しなくてはいけないという業務責任が生じる。決してプロのファンドマネージャーとは言えない普通の法人の担当者にかかる業務オペレーション的、精神的な負荷はとても大きくなる。しかも、プロのファンドマネージャーでさえも、個別銘柄の判断というものは頻繁に間違えているのである。のちの第4章でも説明するが、結果的にプロであるはずの彼（彼女）らが運用するファンドのほとんどが**図表2-2主要資産の市場平均インデックス**やそれを再現するインデックス・ファンドに運用実績で負けて

いるという実証研究も繰り返し繰り返し報告されているのである。

（4）まとめ

一つ目の問題点である分散投資の不十分さについてまとめたい。「インフレ、その他の環境変化にも左右されないようにして事業の維持・拡大を遂行するための資産運用」に到達するには未だ十分な分散投資には至っていない。株式類への資産配分はまだまだ少ない。同時に、現状で株式類への資産配分も（他の債券投資も同様であるが）個別銘柄による投資割合が大きい。

これでは、配分比率的にもインフレ等に備えるには十分とは言えない。かつ、配分の中身的にも十分な銘柄数、業種、さらに国籍、通貨への幅広い分散投資は難しい。選択した個別銘柄の当たり外れが大きく、インフレ等に備えるという期待した効果が得られるかどうかの不確実性は高い。

つまり、株式類にも十分な割合を資産配分すると同時に、個別銘柄投資を避けて株式類の分散を図ることが、法人本来の運用目的に対して、より適合的と言える。

2－2　（許容）リスクの考え方、リスク管理の仕方がまだまだ合理的でない

このように預金債券中心の運用（劣後債、仕組債までを含む）や、個別銘柄投資への傾倒では、インフレやデフレ、その他の環境の変化に左右されないような事業の維持と拡大を志向する法人資産運用としては、まだまだ未熟な状態である。前項までで、そういう意味での運用リスクの考え方、管理の仕方がまだまだ合理的でない、甘いことがお分かりいただけたのではないかと思う。

（1）「満期保有だから」「元本保証だから」の危うさ

さらに、その他でも特に、多くの法人が実施している債券運用については、その（許容）リスクの考え方、管理の仕方の非合理性を大いに懸念

している。第1章の資産運用アンケート2023でも触れたが、2007年調査、2017年調査、そして今回調査でもあまり進歩していないと思われたのが、「債券運用だから、満期保有だから、元本保証だからリスクは幾らでも許容できる」などという趣旨の記述回答が数多いことである。しかも、過去から現在に至るまでこのような考え方が一向に減らないことである。

「満期保有だから」「元本保証だから」という理由付けからも分かるとおり、個別銘柄で債券投資して償還まで保有することが前提となっている（おそらく、それが先に述べた個別銘柄投資の割合が多くなってしまっている原因の一つでもあろう）。

何よりも一番の問題は、このような投資行動をすること自体で、その法人や運用担当者の認識・頭の中では、ほぼ全てのリスク管理は完結してしまっている、つまり本当の意味でやらなければいけないリスク管理からは目を背けているように思えて仕方がないことである。

この問題については、同じく資産運用アンケート2023で法人内部に資産運用の熟練者の有無を問うた設問があったが、熟練者の有無、あるいは、それが管理型法人・準運用型法人・運用型法人かにかかわらず、このような「満期保有」「（償還時の）元本確保」を目的に個別銘柄で債券運用する法人には、そのこと自体でリスク管理を完結させてしまっていることを伺わせる共通する特徴がある。それは、これら法人の記述回答には「元本保証」「満期保有」「債券運用」「規程・運用方針・ルールに沿って判断・手続き」「複数社から情報提供・提案」「複数人で内部協議」などのキーワードが非常に多いことである。

恐らく、これら多くの法人では、債券運用という格付けや年限、クーポン、発行体など「目に見える、数値化・記号化、イメージしやすい投資対象」しか、自ら理解・説明することができないのではないだろうか。そして、自分たち内部で定めた規程・運用方針・ルール、複数社情報・提案、複数人内部協議などの「それらしい一定の手続き」を経ることで、全ての

リスク管理は完結している（あるいは完結したものとしよう）と考えているように思えて仕方がない。

（2）満期償還までの時間的な損失・機会損失リスク

しかしながら、先に述べた通り、このような個別債券運用での（許容）リスクの考え方、リスク管理の方法では、インフレやデフレ、その他環境の変化に左右されずに法人事業の維持拡大を志向することはどんどん難しくなっていく。

図表2-1A法人のように、デフレあるいはインフレ率が0％であれば、運用元本の実質価値は守られるが、そうでない場合は大ダメージを被ることになる。また、運用元本の実質価値が個別債券運用をしていて守られるということは、（デフレあるいはインフレ率が0％の時期ということだから）A法人の設定のように利回り3％ということは現実としてはなく、超低金利であることが普通であるので、運用益＝法人事業を犠牲にしていることになる。

それでも、準運用型法人、運用型法人のように、実際には、個別債券運用も続けながら、運用益＝法人事業も犠牲にはしたくないという法人も多いだろう。しかしながら、債券利回りを上げる手段は3つしかない。①償還期限を引き延ばして（超）長期債を買う。②発行体や債券種類の質、クオリティを落とす（社債、劣後債、仕組債など）、③①②の両方を同時に行う、のいずれしかない。そしてこれら3つを実際に行っているのが現在の多くの準運用型法人、運用型法人の実態でなかろうか。また、管理型法人にも同様のことが言える。少しぐらい日本国債などの利回りが上がったからと言って、今後、（超）長期債に傾倒していくと痛い目に合うかもしれない。これまでがそうだったように、5年10年後の経済環境など一変していても何の不思議もないからである。

図表2-1A法人の債券運用のシミュレーションでも分かるとおり、インフレになってしまった場合、個別債券を満期償還まで保有してしまう

と、実質的な運用成績は悲惨な結果に陥る可能性がある。加えて、**図表2－1**では債券の価格変動はないものと仮定しているが、通常インフレ進行時には金利は上昇し、皆さんもご承知のとおり、保有する債券の時価はどんどん下落していく。つまり、満期償還まで保有するなどしていたらインフレで大変なことになるが、途中の債券価格はどんどん下落を続けるので、抜け出そうにも抜け出せない、八方ふさがりの状態に陥ってしまうのである。「満期保有だから」「元本保証だから」「途中の下落リスク（評価損）は気にしない」などとは言っていられなくなるだろう。

　これは、大変な経済的損失であると同時に、重大な時間的損失・機会損失でもある（満期償還までの同じ投資期間なら、別のもっと良い運用方法・手段を持ちあわせていないとか、そのような方法・手段を試そうにも、債券の満期償還まで抜けるに抜け出せないとかで、大切な機会、時間を奪われてしまうという機会損失）。

　実は、資産運用において一番重要なファクターは時間（の使い方）である。時間をかけないで資産運用で良い結果が出るような旨い話はそもそも存在しない（運用元本の保全・成長も、そこから生み出される利子配当の蓄積も、運用を続けた時間に比例して良くも悪くもなる＝結果、とても大きな格差が生まれるのである）。ゆえに、資産運用においての時間的な損失・機会損失は、経済的損失と同じか、それ以上に重大なことなのである。

70　第２章　法人資産運用の課題─何が問題なのか、問題解決の方向性─

コラム

☆２－１☆　金利上昇リスクと債券投資

　先日、某法人より、保有する債券を売却して、別の債券を買い付けるという提案を証券会社から受けているので意見が欲しいという連絡をうけた。

　この法人は保有する債券とは、クーポン0.84％、残存13.15年の公益企業債券。一方、乗り換えを勧められている債券とは、クーポン1.3％、残存39.3年の40年国債であった。

　前者の債券単価は90.57円、後者のそれは88.18円であった。証券会社の提案の趣旨は、債券を売買することで、①0.84％⇒1.3％へと利金収入が増える、かつ、②90.57円⇒88.18円へとより安い単価の債券が取得できる、というものらしかった。また、法人事務局もこの提案に乗り気な様子だった。

　意見が欲しいと言われたからには、正直に思うところをお伝えせねばと思い、丁重に上記の提案に対しては、反対すると申し上げた。理由は、「日銀のゼロ金利解除リスク＝中長期的な金利上昇リスク＝債券価格下落リスクの渦中で、残存年数13.15年の債券から、39.30年の債券への切り替えは、超長期にわたる、一層の資産価格下落リスク＝塩漬けリスクを引き受けることになります。受取クーポンがわずかばかり多くなりますが、それを割り引いても、上記のリスクを引き受けることは、大きな機会損失リスクとなり、割に合わないように思います。」と添えた。

　さらに、小職の意見としては、（１）このまま残存13.15年の公益企業債を償還まで保有し続ける。（２）あるいは、別の資産に切り替えるのであれば、別にすでに保有されておられる高配当株式ETFなどに切り替えるほうが、配当収入UPにも寄与すると同時に、上記の13.15年間あるいは39.30年間という超長期間の機会損失リスクも回避できる可能性が高い、のいずれかの対応が賢明なように思います、と付け加えた。

　結果的には、この法人は債券の売買を見送り、当面は残存13.15年の公益企業債券を保有し続けることにしたと聞いている。

　上記のような提案は他の多くの法人に対してもなされていると聞いている。当たり前であるが、同じ債券どうしの乗り換えは、何かしらの、より

大きな追加的なリスクを引き受けないで、①クーポンUP、②単価の安い債券も取得できるはずがない。

　この事例の場合では、①②のメリットを享受するために、残存39.3年という超長期の機会損失リスク（一層の資産価格下落リスク＝塩漬けリスク）を引き受けているのだ。

　金利低下局面であれば、債券投資における機会損失リスクもある程度は緩和される。しかしながら、もしも金利上昇局面であるならば、20年間、30年間、40年間という機会損失の代償は、将来の法人運営にとって極めて大きくつく。

　（もちろん、債券投資を全否定するものではない。上記のような債券どうしの乗り換え提案に十分留意していただきたいのと、同時に、金利低下局面における、債券投資の割合を仮に100とした場合、金利上昇局面では、債券投資の割合を以前より控えめにしないと機会損失を被ってしまうリスクが高まると警鐘を鳴らすものです。）

（『公益法人』（（公財）公益法人協会）2024年1月号「法人資産の運用を考える (63)」より）

　すなわち、「満期保有だから」「元本保証だから」という考えは一旦全て捨て去り、常に見えないインフレリスクも視野にいれつつ、投資成果を全て時価ベースで合理的かつ適正にモニター、評価しないといけないのである（時間的なロス＝機会損失も考慮して）。

　「インフレにも負けないよう事業の維持・拡大を遂行するための資産運用」「運用元本の適切な保全、運用管理」のためのリスク管理とはそういうことである。インフレとは、「満期保有だから」「元本保証だから」「格付けが高いから」などには全く関係なく、投資家の運用収入や運用財産を容赦なく目減りさせるからである。

（3）債券運用以外への分散度合と価格変動、運用評価についてのリスクの考え方と管理

　これまで説明した通り、「インフレにも負けないよう事業の維持・拡大

72 第2章 法人資産運用の課題―何が問題なのか、問題解決の方向性―

を遂行するための資産運用」を志向するのであれば、預金債券類だけではなく、株式類にも相当の割合で分散投資することが必然となる。株式類は、預金債券類（特に、個別銘柄の債券運用）とは大きく異なり、満期償還というものがなく、元本保証という概念が通用しない。配当金を除いた元本はただ価格変動を繰り返すばかりである。

このような従来慣れ親しんだ預金債券類とは異なる、株式類についても合理的かつ適正にリスク管理ができていないといけない。

株式類のリスク管理のポイントを大別すると次の2つになる。①何を買うか、②運用資産全体のどれぐらいの割合まで買うか、の2つである。

まず、①何を買うかについては、個別銘柄で買うか、ファンドを通じて買うかによってできること／できないことに格差が生じる。つまり、株式類の中身をどれぐらい分散投資するか細分化される段階で差が出るのである（どれだけの銘柄数・業種、国内外の地域、通貨にまで分散するか⇔個別銘柄株式だと日本株式中心となり、そんなに多くの個別銘柄に分散投資してしまうと管理するのも難しくなる）。また、個々の銘柄の価格変動や業績・実績の巧拙についてのモニター、リスク管理、評価基準についても、個別銘柄投資の場合は個別銘柄ごとに、ファンド投資の場合はファンドごとに定め、全て時価ベースで適正にモニター、評価を続けないといけない。

次に、②運用資産全体のどれぐらいの割合まで買うかについては、インフレにも負けないような相応の投資割合の目安を決め、あとは全体の資産を全て時価ベースで評価した上で、そのうちの株式類が適正な割合（これも時価ベース）を維持するようモニター、リスク管理、評価基準を設け、調整を続けていくことになる（株式類をファンドで取得する場合は、それらすべての時価の合計。個別銘柄で取得する場合は、すべての個別銘柄の時価の合計）。

以上が、ざっくりではあるが、株式類にも分散投資する時のリスク管理

の基本的な考え方である。

　しかしながら、実際に個別の日本株式や個別の日本REITを買っているにも関わらず、個々の銘柄の価格変動や業績・実績の巧拙についての適正なモニター、リスク管理、評価基準も設けておらず、注意さえ払っていないという法人はかなり多いのではないだろうか。

　受取配当金の集計だけは必ずするが、それ以外は、プロのファンドマネージャーでもないのでジャッジできるわけでもない。従って、特段の注意も払ってもいない（他の兼務もあるので払う余裕もない）というのが正直なところではないだろうか。

　あたかも、潰れないと自分たちが勝手に思いこんでいる企業が発行した永久債券を買っているが如く、配当さえ支払われているのであれば、ずっと持っていれば、いつか何とかなるだろう、ぐらいの感覚で個別の日本株式や個別の日本REITを買っている法人は意外に多いと思われる。

　こういう法人は、そもそも、インフレにも負けないような相応な割合の目安とはどれぐらいか？　どれだけの銘柄数、国内外の地域、通貨にまで分散するか？　個別銘柄で買うか、ファンドを通じて買うか？　などについてあらかじめ思慮深い検討・議論を経ないで、何となく、なりゆきで個別の日本株式や個別の日本REITを買い始めた法人に多い。

　ちょうど、●●社債を買うぐらいなら、同じ●●社株式の配当利回りの方が高い、同じ●●社REITの配当利回りの方が高い、ぐらいの感覚である。

　このような甘いリスク認識、リスク管理は、恐らく個別の日本株式や個別の日本REITに限ったことではないだろう。ほんの一握りの法人を除いて、現在、個別の外債、各種ファンド（ETF/投資信託など）に投資を始めている法人のほとんども合理的なリスクの考え方・管理に基づいているとは言い難いと推察されるのである。

（4）まとめ

　ここまで見てきた、リスクに対する認識の問題点をまとめたい。「インフレ、その他の環境変化にも左右されないようにして事業の維持・拡大を遂行するための資産運用」に到達するには、現状の多くの法人におけるリスクの考え方・管理の仕方は非合理的であると言える。

　特に、個別銘柄での債券運用における「満期保有だから」「元本保証だから」ということを基準としたリスクの考え方・管理は、そのキーワード自体で他の全てのリスク管理を完結させている（あるいは完結したものとしよう）と考えているようで危険に思える。このような法人の言動には、インフレや金利上昇による債券価格の下落、発行体の業績悪化などによる経済的損失、時間的な損失（機会損失）という、重要なリスクに対する意識への希薄さ（これらのリスクに対する意識の遮断）が感じられる。法人本来の運用目的に対してより適合的な運用管理を志向するためには、インフレ、その他の環境変化、時間的なロス＝機会損失であることの可能性も考慮して、簿価や額面額ではなく、常に時価ベースで投資成果を合理的かつ公正にモニター、評価しないといけない。

　同様に、個別銘柄債券以外でも、特に、株式、REIT、外債などの個別銘柄のリスク管理についても合理的に意思決定・リスク管理をしているかは疑わしい。なぜその銘柄を保有しているのか？　なぜ今の割合で保有しているのか？　どのように個々の銘柄のリスク管理を行っているのか？　などについて合理的な根拠・基準を持たず、何となくなりゆきで株式、REIT、外債などの個別銘柄を取得してしまっている法人は多い。これらの株式、REIT、外債などへの投資に対しても、法人本来の運用目的に対してより適合的な運用管理を志向するためには、合理的かつ適正にそれらのリスク管理できるような運用管理の枠組みへシフトしていく必要がある。

第2部　問題点　75

2−3　運用専門人材の不足（確保、育成の課題）

　このように、インフレを含む、その他いかなる環境の中でも事業の維持拡大を法人として譲れない本分と考えるのであれば、①環境変化に左右されにくい全天候型の十分に分散された投資、②より合理的なリスクの考え方・管理の方向に早晩向かわざるを得ないことと、それらについての現状の問題点とを突き合わせて説明してきた。

　これらを頭の中で理解するだけでは不十分で、実際に①②を法人の資産運用として実行し、その運営を長期間にわたって続けることができなくては何も結実しない。つまり、これを実行できる人材が必須となる。

　しかしながら、資産運用アンケート2023、前々項2-1、前項2-2などで指摘したように、実際の法人資産運用においてやっていること（保有資産とその配分の状況）、考えていること（リスクの考え方についての記述回答など）を見ても、ごく一部の法人を除いて、十分な知識と経験を備えた資産運用人材はずっと不在の状態であると言わざるを得ない。

（1）資産運用人材を確保しづらい、育成しづらい労務人事環境

　資産運用アンケート2023からも、現在の運用担当者のほぼ全員は、他の仕事を兼務する法人役職員であることが分かる。最も多いのが、「管理・事務局・総務、業務執行など」の総務系の役職員、次に「会計・経理・財務・資金・出納など」の経理系の役職員、さらにその次に「代表理事・理事長・会長・館長など」のトップ系が運用担当を兼務している順に続く。一方で、資産運用専任の担当者はごく僅かである。以上は第1章で説明した通りである。

　この状態が本当に意味していることは、資産運用人材の確保・育成、資産運用（運用内容）の引継ぎに対する大きな障害が、そもそもの法人の労務人事環境の中に存在していることである。

　つまり、彼（彼女）らは、およそ合理的な資産運用の知識も経験も必要としなかった前職から事務職キャリアとして着任し、成り行きで資産運用

担当も兼職するようになるのである。在任期間中はその法人のそれまでの資産運用状況をもとにした法人内レクチャー、（取引）金融機関の担当者や外部セミナーなどから情報知識を得て、実務経験を重ねていく。ただし、法人内や（取引）金融機関からのレクチャーといっても体系的なものではなく、その法人での過去の資産運用の延長線上の金融商品取引に関連する断片的な知識と実務経験に触れるので精一杯というのが一般的であろう。他の兼務もあるので必要以上の時間は割けないのである。

　しかも彼（彼女）らは数年周期で異動していき、また新しい担当者が前任者と同じプロセスで「法人内でのコンセンサスが得られる資産運用を中心に、必要最低限の知識と実務経験」を蓄積していく。これを延々繰り返しながら、少しずつバージョンアップを始めたのが今日の法人資産運用の実態である。

（2）前任者が行った資産運用（運用内容）などの引き継ぎの難しさ（特に、個別銘柄投資）

前々項2-1、前項2-2などで指摘したように、債券（特に社債、劣後債、仕組債等）、外債、株式、REITの個別銘柄での投資の引き継ぎは、特に後々問題になるケースも少なくない。

　個別銘柄投資であろうが、ファンドを通じた投資であろうが、市況の良い時は法人内のほとんど誰もリスクを認識していないので、問題が顕在化することは少ない。しかしながら、インフレ⇔デフレ、円高⇔円安、金利低下⇔金利上昇、株高⇔株安など市況は目まぐるしく変化を続ける。個々の銘柄も良い時ばかりではない。価格下落する時もあれば、業績悪化、格下げ、デフォルト、減配、無配転落することも往々にして起こる。

　ファンドを通じた投資であれば元々ある程度の分散投資はファンド内でされているので、ファンドを運用するファンドマネージャーの運用の巧拙についても、暫くの時間的な余裕を持って改善の可否について猶予を与えることができる。なぜなら、ファンド内での分散（投資）と個別銘柄の判

断はファンドマネージャーに委ねているのだから。

　しかしながら、運用担当（法人）が直接、債券（特に社債、劣後債、仕組債等）、外債、株式、REITの個別銘柄に投資している場合はその前提が全く異なる。運用担当（法人）自らが分散投資と個別銘柄の判断の責任を負うのである。そして、なぜその個別銘柄に投資したのか？　保有を続けて良いのか？　それとも売却すべきなのか？　その判断基準は何で、基準を満たしているかどうかのモニター、リスク管理はどのように行っているのか？　などについて、市況や個別銘柄の状況が悪化した時に限って問われるのである（良い時はこのようなことは問われることはほとんどない）。

　そもそも前任者もそこまでの投資判断やモニター、リスク管理をおこなってきたかどうか疑わしい。仮に前任者がそのようなプロのファンドマネージャーのマネゴト的な作業ができる人物だったとしても、個別銘柄の良し悪しの判断とはほぼ個人的な見方・見解であって、プロのファンドマネージャー同士でさえも運用資産の引継ぎはほとんど不可能である（そして、ほとんどのケースでうまくいかない）。ましてや、普通の法人の資産運用の引き継ぎで、前任者がどんなに一生懸命、個別の銘柄について説明しても、後任者が腑に落ちることはまずないだろう。同様のことは、運用担当者が役員に個別銘柄を提案・説明する際にも起こる。著者も他の誰かから個別銘柄の詳細について説明されても、それが腑に落ちること、共感することはまずない。

　要するに、個別銘柄の投資を後任者に「カタチ」だけ引き継ぐことはできても、発行体の中身まで詳細に引き継ぐことは不可能なのである。そもそも前任者や他の役員でさえも発行体の中身まで詳細に理解・管理できていたかどうか怪しい。

　債券の場合では、引き継ぐことができる情報とは、クーポン（変動クーポンの計算式）、格付け、年限（早期償還などの条件）、あと発行体の名前ぐらいの表面的な情報くらいまでであろう。わざわざ引き継ぎ説明されな

くても、後で見れば分かることばかりでもある。

　個別の株式やREITにまでなると、引き継げる情報はさらに少なくなる。おそらく、発行体の名前と、引き継ぎ時点の配当利回りぐらいではなかろうか。

コラム

☆2-2☆　運用担当業務の変質

　50年前の法人の担当者が、今日の資産運用業務にタイムスリップしたとしたら、非常にショックを受けるに違いない。それは、現在の金利が異常に低いということだけではない。判断すべき金融商品の選択肢が驚くほど多く、しかもころころと変わり続けることに、である。

　保守的な法人運用において、上場株式を投資対象とすることは難しいので、預貯金や日本国債などしか残らなかったのである。預貯金や日本国債など以外にないのであれば、金利が高くなったり、低くなったりすることには甘んずる他ない。さらには、預入金融機関や日本国債などの信用リスク、発行体リスクについて、法人の担当者は注意を払う必要すらなかったのである。

　さて、今日、現役の資産運用担当者やこれから着任する担当者が当たり前のように携わる業務は、50年前と比べると、まったく異質なものである。まず、金融商品や発行体の種類は比べ物にならないほど膨大である。正に、金融商品ビックバンである。しかも、どの金融商品や発行体を選ぶかで結果が決まる。さらに、一旦、金融商品や債券を選んだ後も、発行体の業績や格付けなどの信用リスク、為替、株価、金利など世の中の変動・変化に注意していないと、途中で結果が異なってくる可能性が有る（いずれも預貯金や日本国債では結果にそんな差は生まれない）。

　つまり、今日の運用業務は、「何を買うか」「いつ買うか」「買った後どのように管理するか」という責任の一端を担わせる業務へとすっかり変わってしまったのである。もっと言えば、それらを今日、業務としているのは、法人の運用担当者とプロのファンドマネージャーぐらいのものであ

る。今日、対処することが当たり前に思われている業務に50年前の担当者がタイムスリップしたとしたら、非常にショックを受けたとしてもまったく無理はない状況なのである。

このように、運用のプロでもない法人の担当にファンドマネージャーまがいの業務まで担わせるのは、早晩、持続できなくなるであろう（しかも、法人の会計や決算という制約の中で行わざるを得ない資産運用は、プロのファンドマネージャーのそれよりも自由度が低く、非常に難しい業務である）。

個々の金融商品、発行体の業績や格付けなどの信用リスク、為替、株価、金利など世の中の変動・変化について、その時々の「当てっこ」を運用担当に求め続ける業務はもはや持続するのが難しい。その時々の「当てっこ」に依存しない、より普遍的で一貫した土台の上に築かれた運用業務への転換が、法人にとっての急務になってきたのである。

今日の法人資産運用は、会計・決算の制約に対して整合的な運用目標、すなわち、財産の損切りや取り崩しを避けて、保守的な運用内容を保つ、事業・法人運営に必要な期間収益は運用元本からの利子配当収入のみによって安定的に確保していく、そのためには従来の考え方や"手段"についても再考せざるを得ない状況に置かれているのである。

（『公益法人』（(公財) 公益法人協会) 2019年5月号「法人資産の運用を考える（7）」より）

（3）まとめ　資産運用人材の育成・確保についての改善の方向性

以上、現状の運用担当の労務人事環境や業務引き継ぎとそれらに関連する制約条件、問題点について整理した。

その上で、各々の法人が、①インフレ、デフレ、その他環境変化を想定した全天候型の十分に分散された投資ポートフォリオを実際にデザイン・構築し、そのデザイン通りにワークさせられるか、②より合理的なモニター、リスク管理、評価を実行していくにはどうしたら良いか、改善の方向性について考えてみたい。

ポイントは、まず素人がファンドマネージャーの真似事をするのをやめて、「一般的な人が常識を働かせることで、その仕組みを理解・管理でき

る範囲に留められるような運用管理の枠組み」にシフトしていくことである。これが実現できれば、組織内で運用管理についての情報がより共有できるようになる＝ガバナンスもより向上する。また、役職員の異動に伴う業務引き継ぎもより容易になる。さらに、育成カリキュラムも内容がより理解されやすいものとなる。

　現在の労務人事の制約を全て撤廃あるいは大幅に改革することは現実的ではないだろう。多くの法人で資産運用専任の担当者を置くのは非現実的である。引き続き、他の業務と兼務しながら運用管理業務にあたるのが最も現実的であろう。また異動をなくすであるとか、資産運用の知識と経験のある者だけを選んで後任に据えるというやり方も難しいだろう。

　以上のような制約条件下で、唯一改善できるとすれば、債券（特に社債、劣後債、仕組債等）、外債、株式、REITの個別銘柄での投資をやめることである。そして、別の運用手段、別の運用管理の枠組みにシフトしていくことだろう。そうすれば、個別銘柄投資が原因で現在引き起こされている問題（現実的、物理的に分散投資やリスク管理が十分に行き届いていない点、組織内の情報共有・ガバナンスが難しくなってしまう点、後任への引き継ぎが難しくなってしまう点）が一度に改善できる。

　そして、育成についても、「普通の人が常識を働かせることで、その仕組みを理解・管理できる範囲に留められるような運用管理の枠組み」なのであれば、未経験の後任の運用担当でも常識を働かせることで運用管理の要諦を習得しやすくなる。ファンドマネージャーのように個々の銘柄・発行体ごとに細々とした詳細情報をモニター、リスク管理しなければいけない責任から解放されるので、育成も比較的容易になると思われる。

　これからの育成に必要な内容は、膨大な数の個別の発行体や金融商品についての知識よりも、①理論と事実とデータに基づいた体系的な運用管理に必要な知識の習得に絞り込める。また、膨大な数の個別の発行体や金融商品を取捨選択する能力ではなく、①分散投資されたポートフォリオ全体

の資産配分をデザイン、マネジメントする能力の習得に絞り込める。

　育成方法としては、外部の専門家・有識者や、法人資産運用の関連書籍・記事、関連セミナーから、知識やアドバイスを得る機会を活用するなどが有力であろう。

　このようなソースから知識やアドバイスを得る際に特に注意していただきたい点がある。それは、法人に個別銘柄（債券、外債、株式、REIT）での投資を奨励しない、これらを避ける方が望ましいと考えている情報ソースからのみ、知識やアドバイスを得ることである。間違っても、個別銘柄（債券、外債、株式、REIT）での投資を奨励、推奨、是認する情報ソースを頼ってはいけない。

　より確度を上げるためには、運用計画、運用開始の初期時点で、上記のような情報、アドバイスを提供してくれる信頼できるコンサルや投資顧問の助言を利用して、法人の資産運用管理の改善をサポートさせるのも良い。おそらく資産規模20億円前後からそれ以上の法人であれば、費用対効果が十分期待できるコンサルや投資顧問も存在するはずである。

コラム

☆2−3☆　それは組織として持続可能な運用対象か否か？

　経済・投資環境が絶えず変化していくことを大前提として、未来永劫、公益事業支出のファイナンスを続けられる資産運用内容を構築する手法を考察してみたい。

【運用対象1】

　法人の運用対象であるが、利子配当金という経済的な付加価値を生むことが一般的に期待できる債券、不動産（REIT）、株式を中心としたい。そのような付加価値を生まない資産、金や原油、その他の商品などを含めることは避けるであろう。

　さて、ここからがポイントであるが、経済・投資環境が絶えず大きく

変化していくことを大前提として、法人が超長期間、持続可能な運用内容であることが必須となる。つまり、途中で利子配当収入が途絶える・大きく減少する、運用元本の質が劣化して、毀損・復元困難な価値の減少（下落）に陥ってしまうことは極力避けなくてはいけない。当初は好調に見えても、長い時間の経過とともに、質が劣化してしまうリスクを有する資産や運用戦略、それらを内包する金融商品には、初めから極力近づかないことが望ましいと考えるだろう。

【運用対象２】

　すなわち、債券、不動産（REIT）、株式の個別銘柄への直接投資は、厳に慎むだろう。個別銘柄＝個々の発行体の劣化は、利子配当収入や運用元本の毀損・復元の困難な価値の減少（下落）に直結する。個別の社債、劣後債、仕組債、上場・私募REIT、（高配当）株式などの取得・保有などは、上記のリスクを構造的に抱える。たとえ、現時点で、それらがどんなに盤石、魅力的に見えたとしても、先々のことを考えた場合、法人の運用責任者としては、謙虚に構えて、運用資産には含めない。

【運用対象３】

　同様のことが、外部のファンドマネージャーなど、他の誰かの個別銘柄の選択能力や投資タイミング選択能力、運用モデル、運用戦略の有効性に依存したファンドや金融商品の利用も避けるであろう。法人の運用責任者としてのある程度の知識と経験があれば、次のことを知っている。「経済・投資環境が絶えず大きく変化していく中で、誰かプロの個別銘柄の選択能力や投資タイミング選択能力、運用モデル、運用戦略でさえ、有効であり続けることはほとんどない。」個別銘柄への直接投資の場合と同様、しばらくの間、好調に見えても、時間の経過とともに、有効性がなくなり、のちのち見直さざるを得なくなるリスクを内包しているのである。例えば、ESGファンドなどのアクティブ運用、未公開株ファンド、インフラファンド、高配当戦略、低リスク戦略など、さまざまなファンドマネージャーや運用戦略モデルの秀逸さを掲げるファンドや金融商品は数多いが、法人の運用責任者だったら、やはり運用資産には含めないだろう。

【運用対象４】

　では、経済・投資環境の変化に耐えうる、組織として、なるべく持続可能な運用対象として何が残るか？　各種債券市場、不動産（REIT）市場、株式市場など、「金融市場全体の時価総額加重平均指数」ベンチマーク・

インデックス）と同様の銘柄数とその構成比率で分散投資されたETF（上場投資信託）を法人の運用資産の中心とし、そこから生じ続ける利子配当収入によって、なんとか公益事業支出をファイナンスしていけないものか？　もしも、小職が法人の運用責任者だったら、ここを出発点として考えてみることだろう。

（『公益法人』（（公財）公益法人協会）2021年8月号「法人資産の運用を考える（34）」より）

2－4　感情的なバイアス（先入観・相場観）による偏った意思決定のリスク

　最後に、感情的なバイアス（先入観・相場観）による偏った意思決定のリスクの問題について指摘したい。

（1）先入観が法人の資産運用とガバナンスにもたらすリスク

　これは、例えば、預金債券類の方が安全・安心であるとか、個別銘柄で投資する方が良い、良く分かっているとか（ような気がしているとか）という、合理的な理論や実証研究やデータに基づかない、個々の法人や担当者などの個人的な好き嫌いや長年の慣例、その他の先入観のことである。これに基づいて下してしまっている意思決定が、デフレ、インフレ、その他の環境変化にも左右されない法人事業の維持と拡大に合目的とは言えないことはこれまで指摘してきたとおりである。このような感情的とも言えるバイアス（先入観）は、運用目的に対してはもとより、法人の資産運用としてのガバナンス、運用の引き継ぎ、運用人材の確保・育成などにも悪影響を与えている。

（2）相場観が法人の資産運用とガバナンスにもたらすリスク

　また、この金融商品は買いか（売りか）、このタイミングで買いか（売りか）というバイアス（相場観）にも十分留意が必要である。

　特に、個別の株式やREITや外債及びそれらに分散投資するファンド（ETF/投資信託など）にも運用内容を拡張するとなると、しばしばこの

ような感情的なバイアス（相場観）が、個々の法人や担当者個人の意識の中に芽生えはじめる。そして、法人の（長期的な）運用目的や法人としてのガバナンスに適合しているか怪しい非合理的な意思決定を下し、結果、偏った投資行動をしてしまう。具体的には、過去これまでに、ある資産の価格が上がっているか、下がっているかによって、法人投資家に増やしたい・買いたい（あるいは減らしたい・売りたい）といった感情が芽生えることである。

　投資規律に無関心な個人投資家の場合、ある資産の価格が上昇して、それが続いていれば、買いたい、あるいはもっと増やしたい（あるいは一部または全部売って利益確定してしまって楽になりたい）と思いがちである。逆に、ある資産の価格が下落して、それが続いていれば、一部または全部売って損失確定してしまって楽になりたい（あるいは単純に下がっているからといって無規律に買い向かったりする）。

　個人のお金であれば、それでも良いだろう。彼（彼女）の個人的な将来予想に基づいた判断が間違っていたとしても、それによる経済的な損失は持ち主である彼（彼女）個人に帰属することで完結する（自己責任＝自らが全ての最終責任をとることで、他から責任を問われることはない）。

　しかしながら、法人のお金は違う。誰か個人の持ち物ではない。お金の寄付者（ドナー）が特定の運用方法を指定する場合を除いて、法人の関係者の誰に帰属するお金でもない。全く他人のお金である。そのお金は法人が目的とする事業（その法人の受益者に対するサービス）のためのものである。このお金について、誰かの将来予想（相場観）に基づいた判断が間違っていた場合は、他から責任を問われる可能性がある。

　こういう事例がある。ある法人で株高や円安で大幅な含み益ができた。今後は株安、円高だと思われるので、一旦全てを売却して利益確定をしたいという。しかも取り置いた売却資金は、また数年かけて売却した資産と同じ資産を買い直すという。さらに、取り置いて待機資金としている期間

は運用収入が減少するという。

　つまり、今よりも株安や円高が（売却した同じ資産を買い直すまで）続いていれば経済的な損失はないということである。その相場観、予想が的中すれば損しないが、もしも外れた場合は、法人のお金は実質的に損失を被ることになり、法人が目的とする事業にもマイナスとなることを意味する。

　では、仮にこの相場観、予想が的中したら結果OKかというと、全くそうではない。既にその意思決定の時点において、その予想が外れた場合（その場合の損失）も熟慮した上で合理的に決定されたものであるかどうかというプロセス責任が問われ、それを免れることはできない。その意思決定が正当であることについて合理的に説明する責任は既に現時点において生じているのである。

　もちろん、一旦全て売却して、買い直しすべき法人事業運営上の合理的な理由がある場合、話は別である。また誰かの相場観に基づいていたとしても、その相場観を説明（それが外れた場合のリスクと併せて説明）して、現職の役員のほとんどが賛同するのであれば、それも話は別である（外から見れば、リスキーな賭けに賛同する意思決定であることに変わりないが、それも各法人の団体自治とも言えるので仕方がない）。

　この法人以外でも、これまで何となく、成り行きで個別の日本株式や個別の日本REIT、個別の外債およびそれらを投資対象とするファンド（ETF/投資信託など）を買い始めたケースの場合、株高や円安が進行するに連れ、いつまで保有しようか、そろそろ利益確定しようかを考える法人も今後増えてくるのではないだろうか（一方、母体企業株式の場合は、良くも悪くも、別の意味での規律があるので、どんなに時価評価が上がろうと下がろうと、このような問題は起こりにくい）。

　もともと組織としての基準、規律が曖昧なまま投資対象を広げていればいるほど、このようなバイアス（相場観）が芽生えてきやすい。

資産運用アンケート2023のケースでは、外貨預金、外債（個別）、外債ファンド、外国株式ファンド、国内株式ファンドが今後増加すると思うという声が非常に多かった（すべて近年価格が上がっている資産）。それに対して、為替ヘッジ外債や内外REITなどは相対的に今後減少すると考えられているようである（どれも最近価格は下落している資産）。もともと組織としての基準、規律が曖昧なまま投資対象を広げてしまっている法人が多いだけに、過去の価格変動などに投資判断が引っ張られがちになっているのではないかと危惧している。

繰り返すが、事業の維持拡大を法人として譲れない本分と考えるのであれば、デフレ、インフレ、その他の環境変化にも左右されにくい全天候型の資産運用が望ましい。そのためのキーワードは「分散投資（の貫徹）」以外より合理的な手段は見当たらない。

つまり、法人内の誰かの合理的とはいえない感情的なバイアス（先入観、相場観）に引っ張られて、その時の好調な資産や好きな資産を追いかける、あるいは合理的でない売買をしていては十分な「分散投資」にはたどり着けない。

十分な「分散投資」とは、不調な資産、好みでない資産、居心地の悪い資産にも幅広く分散し、価格変動などに惑わされた売買を自制しつつその分散投資ポートフォリオをじっと維持し続けることで初めて達成される。くれぐれも、マーケットの短期的な上がり・下がりによって感情的で、偏った売り買いの意思決定をするのではなく、合理的な分散投資を貫き続けられることが法人にとって大事なのである。

第2部　問題点　87

コラム

☆2−4☆　受託者責任とは資産運用の結果責任を問うものではない

　前回は、法人が資産運用について外部から招聘、外部リソースの力を借りる場合の適任者の条件について触れた。彼（彼ら）の提案する資産運用が、①他の役職員にも理解、管理可能な範囲内にずっと留まること、②他の役職員にも理解、管理に関与できるよう、粘り強くコミュニケーションできること、の2つだと申し上げた。

　さて、上記の適任者の条件では、結果としての「運用成果」については触れていない。なぜであろう？　一般的に法人が、資産運用について外部から招聘、外部リソースの力を借りようとする場合、第一に、彼らの資産運用プロとしての「専門性のみ」や「実績のみ」を基準に審査しようとするのに、である。

　なぜなら、そもそも法人がその資産運用について負っている（受託者）責任とは、厳密な結果責任にはなりえないからである。将来のことなど、誰にも分からない。これは他の経営判断にも共通する。だとすれば、成果・結果に至る意思決定のプロセスとその質についてでしか、（受託者）責任は問えないからである。

　平たく言えば、法人の資産運用を、（外部から招聘した）法人内部の誰かに、あるは外部の誰かに、"実質的に丸投げ＝意思決定・チェックを放棄"して安心している状態では、組織としては、本質的なことは何も理解、管理できていないし、説明責任も、公金の受託者責任も全然果たせていない状態がずっと続くのである。

（1）法人は組織としての受託者責任を免れることはない。

（2）受託者責任とは、資産運用の結果責任でなく、そこに至るプロセス責任である。

（3）プロセス責任とは、運用管理体制というハードをどれだけ整備しても、それだけでは不十分である（規程・ガイドライン等の整備、運用委員会の設置、外部からの専門家の招聘、外部の専門家のリソースの活用などに留まる場合）

（4）プロセス責任とは、組織が実施している資産運用について、組織と

して、本質的なことを理解、管理できている、自ら説明できる状態を維持し続けることである。

（5）プロセス責任を果たすためには、ハード面の整備と同等かそれ以上に、ソフト面（人間、人材面）を重視しないと、ハードを機能させることは難しい（ハードは形骸化してしまう）

（6）外部からの専門家の招聘、外部の専門家のリソースの活用を検討するのであれば、運用目標を見据えての専門性や実績は当然のことであるが、それだけでは不十分で、彼（彼ら）の提案が①他の役職員にも理解、管理可能な範囲内にずっと留まること②他の役職員にも理解、管理に関与できるよう、粘り強くコミュニケーションできること、の2つも伴っていることが必須である。そうでないと、法人組織として逃れることができないプロセス責任をスキップさせる。いくら法人がハード面を整備しても機能しないで、形骸化してしまう。

（『公益法人』（（公財）公益法人協会）2021年2月号「法人資産の運用を考える（28）」より）

（3）まとめ　感情的なバイアス（先入観、相場観）に引っ張られないために

　最後に、感情的なバイアス（先入観、相場観）に引っ張られて、法人にとって合目的でないかもしれない意思決定をしないための考え方について触れたい。

　なぜ、感情的なバイアス（先入観、相場観）に引っ張られるのかといえば、もともと投資主体である法人が自らの運用管理について確固たる基準・規律がないからである。何となく、成り行きで投資対象を広げてきた歴史から、運用管理や運用資産の全体を俯瞰して、未来永劫継続する法人の事業目的に適合するように、「全体最適化」という視点から検討する、デザインするというプロセス、作業が欠落したままだからである。

　多くの法人が投資対象を広げてきた歴史は、「部分最適」「対症療法」の歴史でもある。預金国債の利回りが低下したから、社債、劣後債、仕組債

等まで対象を広げざるを得なくなった。社債、劣後債などの債券利回りよりも、同じ発行体企業の株式やREITの配当利回りが高いからそれらも取得保有するようになった。仕組債投資も難しくなり、インカム収入を維持・増やすには、その他の元本保証でない株式やREIT、外債およびそれらを投資対象とするファンド（ETF/投資信託など）も考えざるを得なくなった。このような「部分最適」「対症療法」を繰り返しながら、今日の運用管理の姿に至っている法人がほとんどである。

　「部分最適」「対症療法」の方からスタートすると、全体的にはなりゆきでできあがった寄せ集めポートフォリオにしかならない。そもそも寄せ集めポートフォリオができあがってしまったのは、過去に不都合や問題が起こる都度（あるいはイケると思った都度）に、その時ごとに「対処」を繰り返してきたからである。だから今後将来も、不都合や問題が起こる（あるいはイケると思う）ことがいつ起こるかわからない。したがって、長期を見据えた運用管理の基準・規律は考えたことがない、決められない、いざという時、定めた基準・規律が自分達の手足を縛る恐れがあるので決めたくない、とこのような法人は考えていると言えるかもしれない。

　問題解決のためには、未来永劫継続する法人の事業目的に適合する「全体最適化」された運用管理、分散投資ポートフォリオとはどんな姿なのか、立ち止まって考えてみる、試行錯誤を開始してみる必要がある。

　インフレやデフレ、その他の環境変化を想定した場合、未来永劫継続する法人の事業がそれらに大きく左右されないような株式、REIT、外債、債券への資産配分比率はどれぐらいが適当と思われるか？　その上で株式、REIT、外債、債券は個別銘柄で分散投資するのが法人にとって合目的か、それとも、ファンド（ETF/投資信託など）を使って分散投資するのが合目的か？　ポイントは、未来永劫継続する法人の事業に合目的なように、必ず「全体最適」⇒「部分」の順に考えることである。

　つまり、市況・価格変動に影響された相場観・感情的な意思決定を極力

排除し、法人資産運用が本来あるべき姿、「インフレ、その他の環境変化にも左右されないようにして事業の維持・拡大を遂行するための資産運用」を実施していくためには、それに合目的な「全体最適」な株式、REIT、外債、債券への資産配分比率から考え、デザインすることである。そして、考え、デザインされたその資産配分比率を法人ごとの政策的な基本ポートフォリオとして運用規律とすることである（勿論、資産配分比率は未来永劫不変というわけではない。運用環境や法人事業などの変化に応じて微調整・変更を重ねていくので構わない）。

　政策的な資産配分比率という運用規律は、株式、REIT、外債、債券の時価ベースでの保有比率である。このように「全体最適」から考え、デザインされた配分比率は、法人が永続的な事業を遂行するための（例えば現時点においての）暫定目標となる。まず、このバランスが概ね維持されているかが重要となるので、もしも時価ベースの保有比率に過不足が生じた場合には調整を続ける（リバランスに伴う保有資産の加減、一定割合の売買など）。そうすれば、個々の資産が取得金額に対して上がっているか、下がっているかという誰かのバイアス（相場観）に基づいた、合理的な説明が困難な売買は防ぐことができる。

　このようなリバランスに伴う保有資産の加減、一定割合の売買であれば、あらかじめ決められた規律・基準に基づいて行われており、その全ては法人事業に対して合目的であるということになるのである。

コラム

☆2−5☆ 不完全・不確実を大前提として、全ての辻褄が合っていること、矛盾なく法人自ら説明できること

前回は、法人がその資産運用について負っている受託者責任とは、厳密な結果責任にはなりえない、成果・結果に至る意思決定のプロセスとその「質」でしか、問えないことを説明した。

今回は、法人の資産運用と受託者責任との関係、構造について説明し、まとめとしたい。

一言で言えば、どんな資産運用においても避けることのできない不完全性・不確実性を大前提として、全ての辻褄が合っていること、矛盾なく法人自ら説明できることである。全てとは、法人の運用目的から、そのための運用施策、運用実施後の管理までの、一連の整合性である。

まず、①将来については、「誰も分からない、コントロールできない」「どんどん移り変わっていく」「完璧・完全な運用など存在しない」という常識的な前提に立てることが、受託者責任を果たす上での出発点となる。だから、これらの基準に対して常識的に考えて矛盾するような、外部のプロ・専門家からの提案・金融商品・分析あるいは、内部担当者などの思い込みに、盲目的に依存してしまうと、スタートからつまずくことになる、②①の基準・制約条件のもとで、法人は運用目的・目標に近づけていかなくてはいけない宿命を負う。どうすれば法人事業の受益者の利益になるべく反しないような資産運用が行えるか？　また、長期的な視野からも、より法人に適した資産運用の姿とはどんなものか？（＝現在の受益者の利益だけでなく、将来の受益者の利益にも貢献できるよう、超長期にわたって法人が継続・説明できる資産運用でなくてはいけない）③①の基準・制約条件と②の運用目的・目標とを整合させうる、具体的な資産運用施策と実施後の管理施策とは、どのようなカタチか？

つまり、①の基準・制約条件のもとで、②の法人として目指さなくてはいけない運用目的・目標に対して、③の完全・完璧ではないが（そもそもそういうこと自体が世の中には存在しないが）、かかる制約条件のもとで、どのような考慮・配慮を元に具体的な施策を選択・実施したか（しているか）。このような一連の全ての意思決定の辻褄が合っていること、そ

れらを矛盾なく法人自ら説明できることこそ、受託者責任の「本質」なのである。

　だから、このような「本質」を理解しようとしないまま、法人の担当者や外部のプロ・専門家に、運用計画や運用執行・管理、その説明まで、一切を "丸投げ" することは、法人としての責任放棄なのである（一連の辻褄に整合性がある資産運用とその管理の考え方については、拙著『新しい公益法人・一般法人の資産運用』や、弊社ホームページに掲載のコラムをご参照されたい）。

　そして、これら全ての辻褄が合っているか、矛盾なく法人自ら説明できるかどうかは、誰もが備えている一般常識を働かせることで判断・チェックできるものでないといけない。さらに、このようなチェック基準は、法人の普通の役職員が、内部の担当者や外部のプロ・専門家についてチェック／監督責任を果たそうとする時も全く同じなのである。

（『公益法人』（（公財）公益法人協会）2021年3月号「法人資産の運用を考える（29）」より）

2−5　第2章まとめ

　本章前段では、「法人の運用目標とは？」「インフレに負けずに事業を維持・拡大するための資産運用とは？」を主に説明してきた。すなわち、「法人の運用目標」とは、法人の総収入が事業支出を下回ることのないよう、安定的に運用収入を確保し、かつ、それを生み出す原資である運用元本を適切かつ恒久的に保全・管理することである。また、「インフレに負けずに事業を維持・拡大するための資産運用」とは、期待リターンの低い預金・債券類だけではなく、期待リターンの高い株式類へも相応の配分を行うことで、常日頃から予防的にインフレに備える観点を含めた全天候型の運用である。

　さらに本章後段では、上記に対する現状の法人資産運用の課題・問題とそれらの解決策の方向性について述べた。

　第一に、環境変化に左右されにくい全天候型の分散投資は多くの法人で未だ不十分なようである。大きく棄損したり、無価値になるリスクを抱え

る個別銘柄投資を避け、分散された形で株式類にも相応な割合を資産配分することが、法人本来の運用目的に対して、より適合的と言える。

　第二に、（許容）リスクの考え方、管理の仕方がまだまだ合理的でない。資産運用においては、投資成果を常に時価ベースで合理的かつ公正にモニター、評価しないといけない。同時に、「なぜその銘柄を保有しているのか」、「なぜ今の割合で保有しているのか」、「どのように個々の銘柄および全体のリスク管理を行っているのか」などについて合理的な根拠・基準を定め、適正にリスク管理できるような運用管理の枠組みへシフトしていく必要がある。

　第三に、①環境変化に左右されにくい全天候型の分散投資、②合理的なリスク管理を支える資産運用人材の不足（確保、育成の課題）が明らかであり、従来の個別銘柄投資を適切かつ充分に管理するようなファンドマネージャー的人材の育成・確保は、人事労務環境的な制約からも不可能に近い。ゆえに、「大多数の人が、常識を働かせることで運用の仕組みを理解・管理できる範囲に留まる運用管理の枠組み」にシフトする必要がある。個別銘柄投資を回避し、先述のような運用管理の枠組みへとシフトすることができれば、①運用管理についての情報が組織内でより共有されることによるガバナンスの向上、②役職員の異動に伴う業務引き継ぎの易化を見込むことができる。さらに、③（新任）運用担当者などの育成カリキュラムの内容もより理解されやすいものとなるだろう。

　第四に、市況や価格変動に影響を受けた感情的・非合理的なバイアス（先入観・相場観）に基づく意思決定を下してしまい、法人の事業・運用目的と相反してしまう恐れがある。

　ゆえに、未来永劫続く法人の事業遂行に合目的な運用資産全体の「全体最適」から考え、デザインされた運用管理の枠組みにシフトする必要がある。より具体的には、時価ベースで運用資産全体の資産配分比率を定め、それを運用管理の規律・基準とすることで、感情的・非合理的なバイアス

（先入観・相場観）に基づいた投資行動に歯止めをかけられる運用管理にシフトしていく必要がある。

　続く第3章では、上記の問題・課題解決の具体的な方策について、さらに探っていきたい。

第３部　解決策

第3章　法人資産運用の問題解決の方策
―資産運用事例と問題解決との整合性―

　第2章では、「法人の目標とは？＝①総収益≧事業支出となるような安定した運用収益と、②そのような安定収益を未来永劫生み出すことができるように運用元本を適切に保全する運用管理を続けていくことに帰着すること」、「インフレにも負けないで事業の維持・拡大を遂行するための資産運用とは？＝預金債券類だけではなく、株式類にも相応の割合で資産配分して、常日頃のインフレに対する予防策とする以外にないこと」などについて説明した。

　さらに、上記に対する現状の法人資産運用の課題・問題とそれらの解決の方向性について述べた。

　第一に、環境変化に左右されにくい全天候型の分散投資は未だ不十分であり、株式類にももっと十分な割合を資産配分するべきである。と同時に、個別銘柄投資を避けて株式類の中での十分な分散投資を図ることが、法人本来の運用目的に対して、より適合的といえる。

　第二に、（許容）リスクの考え方、管理の仕方がまだまだ非合理的であるため、投資成果を常に時価ベースで合理的かつ公正にモニター、評価しないといけない。同時に、なぜその銘柄を保有しているのか？　なぜ今の割合で保有しているのか？　どのように個々の銘柄および全体のリスク管理を行っているのか？　などについて合理的な根拠・基準を定め、適正にリスク管理できるような運用管理の枠組みへシフトしていく必要がある。

　第三に、①環境変化に左右されにくい全天候型の分散投資、②合理的なリスク管理を支える資産運用人材の不足（確保、育成の問題）が明らかであり、従来の個別銘柄投資をマネージするようなファンドマネージャー的人材の育成・確保は、人事労務環境的な制約からも非常に困難である。

　ゆえに、「普通の人が常識を働かせることで、運用の仕組みを理解・管

理できる範囲に留められるような運用管理の枠組み」にシフトする必要がある。

つまり、そのような運用管理の枠組みへとシフトすることができれば（個別銘柄投資をやめて）、①運用管理についての情報が組織内でより共有できるようになり、ガバナンスもより向上する。また、②役職員の異動に伴う業務引き継ぎもより容易になる。さらに、③（新任）運用担当者などの育成カリキュラムの内容もより絞り込むことができ、より理解されやすいものとなる。

第四に、市況や価格変動に基づいた感情的、合理的でないバイアス（先入観・相場観）に基づいた意思決定を下してしまい、法人の事業・運用目的と相反してしまう恐れがある。

ゆえに、未来永劫続く法人の事業遂行に合目的な運用資産全体の「全体最適」から考え、デザインされた運用管理の枠組みにシフトする必要がある。つまり、時価ベースで運用資産全体の資産配分比率を定め、それを組織の運用管理の規律・基準とすることで、感情的、合理的でないバイアス（先入観・相場観）に基づいた投資行動に歯止めをかけられる運用管理にシフトしていく必要がある。

本章では、上記の課題・問題解決の具体的な方策について探っていきたい。

1. Ｘ法人ポートフォリオ運用事例
―現状の法人資産運用の課題・問題解決のヒント―

まず、インフレ、デフレ、その他環境変化にも左右されないよう事業の維持・拡大を遂行するための資産運用、現状の法人資産運用の課題・問題を解決できそうな運用管理の枠組みとはどのようなイメージか、ある法人の運用事例をヒントに考えてみたい。

図表 3-1　X法人のポートフォリオ運用実績
（X法人の政策ポートフォリオ（資産配分比率）（2024年度））

ポートフォリオ元本

入金元本金額累計
34,085,359,414

政策ポートフォリオ（資産配分比率）

アセットクラス	基本資産配分	上限	下限
日本株式	0.0%	0.00%	0.00%
先進国株式	12.0%	15.60%	8.40%
新興国株式	11.5%	14.95%	8.05%
不動産（国内）	4.5%	5.85%	3.15%
不動産（海外）	6.0%	7.80%	4.20%
外債・適格債	1.2%	1.44%	0.96%
外債・新興国国債（現地通貨）	10.0%	12.00%	8.00%
外債・ハイイールド債	4.8%	5.76%	3.84%
円債・為替ヘッジ外債・円預金	50.0%	55.00%	45.00%
計	100.0%		

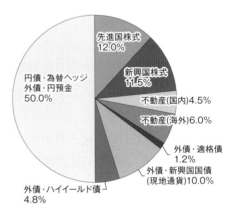

1-1　X法人のポートフォリオ運用【運用事例】

　X法人の事例は、GPIF（年金積立金管理運用独立行政法人）もホームページで公表している分散投資、長期投資、基本ポートフォリオというオーソドックスな基本原則を約16年間の資産運用において実践してきたものである。

（1）基本ポートフォリオ（基本となる資産配分比率）

　図表3-1は、X法人の2024年度の基本ポートフォリオ（基本となる資産配分比率。以下、ポートフォリオ）である。構成資産の50%は価格変動が比較的小さいと考えられる日本国債、為替ヘッジ外債が占める。残り50%の部分は、世界の各種外貨建て債券が16%（投資適格債、新興国国債、ハイイールド債）、世界のREIT（不動産）が10.5%（国内REIT、外国REIT）、世界の株式が23.5%（日本を含む先進国株式、新興国株式）に幅広く分散投資するというものである。

日本の国債のみならず、内外の株式、REIT（不動産）、各種債券にまで分散していることには明確な意図がある。①法人のポートフォリオ全体で世界経済を構成する普遍的と考えられる主要資産に可能な限り分散投資する、②ポートフォリオ全体としての価格変動が大きくなりすぎないように各種債券も相応の比率で保有すると同時に、利子配当収入の源泉、運用元本の価値の源泉の偏りをできるだけ避けるために、内外の株式、REIT（不動産）、外貨建て債券にも相応な割合で分散投資する、以上の2つである。

　このような株式、REIT（不動産）、債券への分散投資は、それぞれの資産がポートフォリオ全体に寄与すると期待される役割に応じて相応な割合で配分を行い、バランス良くなるよう考えられている。すなわち、株式＝期待リターンが高いので長期的なインフレへの予防的な役割、REIT（不動産）＝株式ほど期待リターンは高くないが同じく長期的なインフレへの予防的な役割、債券＝期待リターンは比較的低いが金融ショック時などにポートフォリオ全体の価格変動のクッションの役割（日本国債やその他先進国国債、投資適格社債だけではインカムも低くなるので、一部は新興国国債やハイイールド債にも投資して債券種類も分散している。それぞれの債券種類ごとに価格変動も異なるためポートフォリオ全体でみて価格変動リスクの相殺効果も期待している）。

　以上、このポートフォリオはあらかじめこのような戦略的な意図に沿ってデザインされ、法人の政策・方針として決められているものである。

（2）投資対象

　加えて、このポートフォリオでは、日本国債を除き、個別銘柄での債券（外貨建て債券も同様）、REIT（不動産）、株式の取得保有は法人の投資方針書で禁止していると同時に、各構成資産の中での偏りが生じることを、排除することを別途作成する投資方針書という文書の中で明記している。代わりに、組み入れることのできるものを、**図表3−2**に例示されるよう

100 　第3章　法人資産運用の問題解決の方策―資産運用事例と問題解決との整合性―

図表3-2　様々なベンチマーク・インデックスの一例（2023年11月末現在＊印を除く）

金融市場種類（資産種類／アセットクラス）	ベンチマーク・インデックス名称	構成銘柄数	時価総額	構成国数	摘要
株式					
日本株式	TOPIX（東証株価指数）	2,157	451兆円（浮動株ベース）	1	日本
先進国株式（除く日本）	MSCI コクサイ・インデックス	1,273	7,962兆円	22	米国／カナダ／英国／スイス／スウェーデン／デンマーク／ノルウェー／ドイツ／フランス／オランダ／ベルギー／オーストリア／イタリア／ポルトガル／スペイン／フィンランド／アイルランド／オーストラリア／香港／ニュージーランド／シンガポール／イスラエル
新興国株式	MSCI エマージング・マーケット・インデックス	1,437	994兆円	24	中国／インド／タイ／インドネシア／韓国／マレーシア／台湾／フィリピン／ブラジル／チリ／コロンビア／ペルー／メキシコ／南アフリカ／エジプト／トルコ／アラブ首長国連邦／カタール／サウジアラビア／クウェート／ポーランド／チェコ／ハンガリー／ギリシャ
REIT（不動産）					
日本REIT	東証REIT指数＊	58	14兆円	1	日本
先進国REIT（除く日本）	S&P先進国REIT指数（除く日本）	303	184兆円	16	米国／カナダ／オーストラリア／香港／ニュージーランド／シンガポール／韓国／英国／ドイツ／フランス／オランダ／ベルギー／イタリア／スペイン／アイルランド／イスラエル
新興国REIT	S&P新興国REIT指数	59	5兆円	9	タイ／インド／マレーシア／メキシコ／南アフリカ／サウジアラビア／他
債券					
日本債券	NOMURA-BPI　総合	16,007	1,111兆円	1	日本
先進国国債（除く日本）	FTSE世界国債インデックス（除く日本）	980	3,279兆円	23	米国／カナダ／オーストリア／ベルギー／デンマーク／フィンランド／ドイツ／フランス／アイルランド／イタリア／オランダ／スペイン／スウェーデン／英国／ポーランド／ノルウェー／オーストラリア／シンガポール／マレーシア／中国／メキシコ／イスラエル
新興国国債	Bloomberg Barclays EM Local Currency Government Diversified Index	351	229兆円	20	タイ／インドネシア／マレーシア／フィリピン／中国／ポーランド／ハンガリー／ルーマニア／チェコ／セルビア／ブラジル／チリ／コロンビア／ペルー／メキシコ／ウルグアイ／ドミニカ共和国／南アフリカ／トルコ

＊2023年10月末時点のデータ
（三井住友トラスト・アセットマネジメントホームページより弊社作成）

な各種、主要な金融市場（何十～何千という銘柄、何十という国・通貨が含まれ、数十兆円～数千兆円という時価総額を有する）に限定し、それらを組み合わせて、ポートフォリオ全体を構築することを基本方針としている。

何か（特定の個別銘柄、業種・国・通貨）に偏ってしまったり、誰か（個別的な能力・有効性・優位性）に依存してしまったりするのでは、将来、時間の経過とともに、利子配当利回りや運用元本保全、運用の継続性の不確実性、当たりはずれのリスクが極めて大きくなってしまう。一方、このように非常に広範囲に分散投資された、より普遍的な投資対象と考えられる金融市場全体で捉えた方が、利子配当利回り、運用資産保全（運用資産の継続性）は、相対的に考えて、より安定性、より予見性に優れるとは言えないだろうか。

ゆえに、X法人では、日本国債を除き全て、このような各種金融市場全体を複製・再現することを目指すETF（上場投資信託）をポートフォリオ構成ツールとして活用しているのである。法人の運用成果を、各種金融市場全体（世界の株式市場、REIT（不動産）市場、各種債券市場）と同等の価格変動に保ち、それらから発生を続ける平均的な利子／配当利回りが**図表３-３**とほぼ同じ程度のインカム収入を安定的に享受できるという戦略である。

（３）ポートフォリオ運用による安定収益と基金価値の増大の実績

以下、X法人の約16年間の運用実績について振り返っておく。先述のポートフォリオ運用がどのように、運用収益フローのボリュームを安定させる、金融資産（基金）の厚みを膨らませていくことに寄与し続けているか確認していただけるだろう。

図表３-４は、X法人のポートフォリオ運用の利子配当金込みの運用実績の推移である。リーマンショックから最近のマイナス金利解除までの動きが分かる。運用開始直後にはリーマンショック～世界金融危機に遭遇

102　第3章　法人資産運用の問題解決の方策―資産運用事例と問題解決との整合性―

図表3-3　主要な金融市場（ベンチマーク・インデックス）の平均的な利子／配当利回り（2024年3月末時点）

金融市場種類（資産種類／アセットクラス）		ベンチマーク・インデックス名称	構成銘柄数	利回り	PER	PBR	金融市場種類（資産種類／アセットクラス）		ベンチマーク・インデックス名称	構成銘柄数	利回り	平均残存年数
株式	日本株式	東証プライム市場	1832銘柄	2.3%	16.8	1.3	債券	日本債券	NOMURA-BPI総合	16009銘柄	0.7%	8.93年
	先進国株式	MSCI ACWI IMI	9181銘柄	1.9%	19.3	2.57		先進国国債	FTSE世界国債インデックス（除く日本）	997銘柄	3.8%	9.12年
	新興国株式	MSCI Emerging Markets IMI	3429銘柄	2.8%	14.1	1.6		米国国債（超長期）	Bloomberg Long U.S. Treasury Index	82銘柄	4.0%	22.62年
REIT（不動産）	日本REIT	東証REIT指数	58銘柄	4.4%				米国投資適格社債（中期債）	Bloomberg U.S. Intermediate Corporate Bond Index	4955銘柄	4.7%	4.67年
	外国REIT	S&P Developed Ex-Japan REIT	298銘柄	3.8%				米国投資適格社債（長期債）	Bloomberg Long U.S. Corporate Index	2983銘柄	4.9%	23.2年
								米国ハイイールド社債	Bloomberg Barclays High Yield Very Liquid Index	1091銘柄	7.0%	4.88年
								新興国国債	Bloomberg EM Local Currency Government Diversified Index	648銘柄	4.9%	8.7年

（JPX、野村金融研究所、MSCI、FTSE、S&P、三井住友トラスト・アセットマネジメントホームページより著者作成）

　し、一時的ではあったが約▲20％もの時価の落ち込みに耐えた。また、最近のコロナショックでも約▲10％超の下落を経験している。その他にも、ギリシャショック、東日本大震災、ユーロ危機、マイナス金利誘導、トランプ政権の誕生、コロナショック、ロシアによるウクライナ侵攻（ロシア資産（株式・債券）の価値がゼロになる（国際市場からの排除））など、たくさんの危機、予想外の出来事が連続した。また同時に、社会・経済・金融環境が一変してしまったこの間の約16年という時間にも耐え、対応できてきたことが分かる。

第3部　解決策　103

図表3-4　X法人 ポートフォリオ運用実績
　　　　　（ポートフォリオ時価（利子配当込み、運用コスト控除後）の推移
　　　　　2024年3月末）

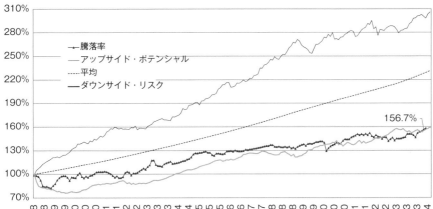

コラム

☆3-1☆ （コロナ）パニック時における資産運用チェック
　　　　　―対照的なパニック時の対応（A法人とB法人）―

　A法人は、世界の主要な金融市場と市場平均利子利回り、配当利回りを複製するETF（上場投資信託）を使って、グローバル株式市場、グローバルREIT（不動産）市場、グローバル債券市場に分散投資している。政策的な資産配分比率は、株式市場15%、REIT（不動産）市場10%、債券市場（外貨建）15%、債券市場（日本国債あるいは為替ヘッジ外債）60%、とあらかじめ定めている。

　今般のコロナパニックでは、株式市場が平均で約▲30%、REIT（不動産）市場で約▲40%、その他国債を除く社債市場は約▲10%～▲20%も下落した。一方で日米の国債は著しく上昇したのである。A法人のポートフォリオ運用も全体で一時▲10%を超える価格下落に見舞われている（2020年3月29日時点）。

しかしながら、市場平均価格が下落したとはいえ、何十〜何千銘柄から構成される市場平均利回りや市場平均配当利回りの支払いが停止・激減してしまうわけではない。A法人が事業に必要とする利子配当の運用収益見込みは、2020年度も変更する必要はないと考えている。また、金融市場の平均価格は、リーマンショック時も含めて、浮沈を繰り返しているが、最終的には回復・復元している。今回の価格下落も長い目で見れば、一時的なものと考えている。したがって、世界の主要な金融市場と市場平均利子利回り、配当利回りを複製するETF（上場投資信託）を使ったA法人のポートフォリオについても、長い目でみれば、連動して回復・復元するものと構えている。

さらにA法人では、大きく下落して資産配分比率の小さくなった株式やREITなどを増やし、そうでない国債やその他債券を減らして、元々決めた資産配分比率まで均衡させるリバランスを始めている。リバランスは相場観に基づくものではなく、政策的に決められている資産配分比率に基づいたポートフォリオ運用におけるリスク管理のルールであると同時に、リバランスは、結果的に、価格上昇して利回りの低くなった国債等の保有比率を一定まで減らし、価格下落して利回りの高くなった株式、REIT（不動産）、その他外債などの保有比率を一定まで増やす、ということでもある。

一方のB法人。仕組債、高配当利回りの個別株式や個別REIT、劣後債を含む個別社債で運用していたが、既に、仕組債などでは、市況パニック＝利払いの停止あるいは激減が顕在化している。今後の景気、個々の企業業績・信用リスクの行方しだいでは、個々の株式、REIT、債券などの発行体にも回復困難な深刻なダメージが出てくるかもしれない。しかしながら、既に、打つ手はなく、息を殺して成り行きを見守るしかない。もはや、脱出困難な、抜き差しならない状況に陥ってしまっているのである（どうしようもないので、"思考停止"の状態と言ってもよいかもしれない）。

（『公益法人』（（公財）公益法人協会）2020年5月号「法人資産の運用を考える（19）」より）

第3部　解決策　*105*

コラム

☆3－2☆　１年前のコロナ・パニックを振り返る
―対照的なパニック対応だったA法人とB法人のその後―

　コロナ・パニックの渦中に、対照的な対応だった＜A法人とB法人＞の
当時と１年後の現在の状況について、各法人における今後の知恵としてい
ただけるよう、振り返ってみたい。

【A法人のコロナショック時の対応】

　A法人は、世界の主要な金融市場と市場平均利子利回り、配当利回りを
複製するETF（上場投資信託）を使って、グローバル株式市場、グロー
バルREIT（不動産）市場、グローバル債券市場に分散投資していた。

　政策的な資産配分比率は、株式市場15％、REIT（不動産）市場10％、
債券市場（外貨建て）15％、債券市場（日本国債あるいは為替ヘッジ外債）
60％、とあらかじめ決めていた。

　コロナ・パニックで、市場平均価格が下落したとはいえ、何十～何千銘
柄から構成される市場平均利回りや市場平均配当利回りの支払いが停止・
激減してしまうわけではない。金融市場の平均価格は、リーマンショッ
ク時も含めて、浮沈を繰り返しているが、最終的には回復・復元してい
る。今回の価格下落も長い目で見れば、一時的なものと考えている。した
がって、世界の主要な金融市場と市場平均利子利回り、配当利回りを複製
するETF（上場投資信託）を使ったA法人のポートフォリオについても、
長い目でみれば、連動して回復・復元するものと考えた。

　A法人では、大きく下落してポートフォリオの資産配分比率の小さく
なった株式やREITなどを増やし、そうでない国債やその他債券を減らし
て、元々決めた資産配分比率まで均衡させるリバランスを行った。結果的
に、価格上昇して利回りの低くなった国債等の保有比率を一定まで減ら
し、価格下落して利回りの高くなった株式、REIT（不動産）、その他外債
などの保有比率を一定まで増やすことになった。

【A法人の１年後】

　2020年度も運用収入は安定的なものとなった（市場価格の利回りが上昇
していた時に、株式やREIT、社債などを買い増したことも寄与した）。加
えて、その後の市況回復もあり、運用資産の価値自体も大きく回復、既に

コロナ前の水準を上回っている。2021年度の運用収入も安定を見込む（再び市況が落ち込んでも同じオペレーションを繰り返すだけである）。

【B法人のコロナショック時の対応】

　仕組債、高配当利回りの個別株式や個別REIT、劣後債を含む個別社債で運用していたが、仕組債などでは、市況パニック＝利払いの停止あるいは激減が顕在化していた。今後の景気、個々の企業業績・信用リスクの行方しだいで、個々の株式、REIT、債券などの発行体が回復困難な深刻なダメージを受ける可能性もあったが、息を殺して成り行きを見守るしかなかった。

【B法人の1年後】

　2020年度の運用収入は、仕組債利息の減少や個別株式や個別REITの減配で、かなりのダメージを受けた。為替市場や株式市場全体の回復にかかわらず、個別の仕組債、株式、REITの利子配当や資産価格の回復は、共にまちまちに推移している。2021年度の運用収入も不確実性が高い状況である。

（『公益法人』（（公財）公益法人協会）2021年6月号「法人資産の運用を考える（32）」より）

　図表3-5は、X法人の事業年度別の期初／期末のポートフォリオ時価の騰落率、利子配当利回り（投入元本ベース）の実績である。リーマンショック（2008年）以来、ポートフォリオ時価は上がったり、下がったり、横ばいが続いたり、全くランダムな動きである。短期間で見れば、全く予測不可能、コントロール不可能なことが分かる。

　しかしながら、年度ごとの利子配当利回りについては、比較的安定した実績であることがお分かりいただけると思う。これは各金融市場の利子配当利回りとほぼ同程度、支払われ続けるETFからの運用収入が、市場価格に左右されにくく、比較的安定しているからである。

　図表3-6は、累積でみた投入金額に対する損益額、同じく利子配当金込み損益額の推移である。世界の株式市場、REIT（不動産）市場、各種債券市場を合計したポートフォリオ全体が、長期的なキャピタルゲインを

図表3-5　X法人ポートフォリオ運用実績
（年度ベースの運用元本の値動きと利子配当利回りの推移）

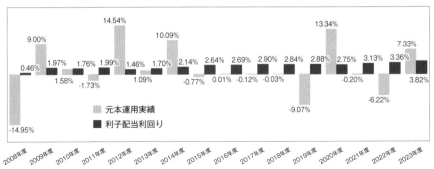

元本運用実績：期末時価÷(期初時価＋期中追加元本)-1、利子配当利回り：受取利子配当÷期末純投下元本
年度ベース、2008年度については年度途中での運用開始により10か月間の実績

も生み出していることが分かる。このような金融資産（基金）自体を膨らませる効果は、株式市場、REIT（不動産）市場の寄与によるところが大きい。

　統計、実証研究でも裏付けられているが、短期的にはキャピタルゲイン／ロスのどちらが出現するかは、確率的に半々であることが知られている。しかしながら、投資期間が長くなればなるほど、キャピタルゲインに転じる確率はどんどん上がっていく。

　さらに、長期の投資期間は、それだけ沢山の利子配当を受け取り続けられることを意味する。年率1〜2％の差であっても馬鹿にはできない。10年〜20年という期間で見れば、利子配当金込み損益額を正の値に持ち上げ、さらに、それを引き上げ続ける強力な力として働くことが確認できる。

（4）インフレに対する運用実績

　2007年12月末時点の消費者物価指数（総合）を「1」とすると、2023年12月末時点では「1.11」となっている。一方、X法人の2023年12月末時点

108　第3章　法人資産運用の問題解決の方策―資産運用事例と問題解決との整合性―

図表3-6　X法人ポートフォリオ運用実績
　　　　　（損益の推移　2008年6月～2024年3月）

でので運用実績は投下元本を「1」とすると、利子配当金を除く運用元本は「1.21」、利子配当金込みだと「1.54」になる。

　X法人のポートフォリオ運用は、2008年6月末から約5年かけて追加投資を行ってきているので、2007年12月末時点からの消費者物価指数（総合）との単純な比較はできないが、それでも、結果として今のところインフレを十分に上回っている。

（5）ポートフォリオ運用による運用業務、リスク管理、組織ガバナンスの改善の実績

　次に、ポートフォリオ運用における運用業務オペレーション、リスク管理、組織ガバナンスの様子について紹介しておく。ポートフォリオ運用は、運用実績の面だけではなく、運用担当らの運用業務、リスク管理、役員らも含めた組織ガバナンスの改善についても寄与していることが確認していただけるだろう。

　図表3-7は、X法人ポートフォリオの各資産の保有一覧と資産配分比率である。各資産の代表的なベンチマーク・インデックスを複製・再現す

図表3－7　X法人ポートフォリオ運用実績
（運用財産ポートフォリオ明細一覧および資産構成比率　2024年3月末）

※評価損益は簿価比

アセットクラス	銘柄	預入機関	簿価	2023年3月末時価	2024年3月末時価	評価損益	時価/簿価比率	構成比率	2024年度 目標比率		
									政策比率	上限	下限
リスク資産			2,979,762,466	4,697,369,081	6,293,073,692	3,313,311,226	211.2%				
	先進国株式 <中計>				6,293,073,692			14.84%	12.00%	15.60%	8.40%
			644,812,560	888,316,524	1,046,056,729	401,244,169	162.2%				
			1,348,876,020	1,661,306,819	1,991,325,830	642,449,810	147.6%				
			530,745,325	636,564,216	751,488,192	220,742,867	141.6%				
			121,355,710	217,346,976	210,017,808	88,662,098	173.1%				
			101,837,630	136,003,189	131,054,838	29,217,208	128.7%				
	新興国株式 <中計>				4,129,943,396			9.74%	11.50%	14.95%	8.05%
			884,048,206	1,800,452,500	1,795,776,000	911,727,794	203.1%				
	国内不動産 <小計>							4.24%	4.50%	5.85%	3.15%
			2,115,575,750	2,297,833,950	3,137,274,700	1,021,698,950	148.3%				
			205,961,190	189,180,000	185,220,000	△ 20,741,190	89.9%				
	海外不動産 <小計>							7.84%	6.00%	7.80%	4.20%
	不動産 <中計>				5,118,270,700			12.07%	10.50%	13.65%	7.35%
			589,000,000	493,600,000	554,300,000	△ 34,700,000	94.1%				
	適格債 <小計>							1.31%	1.20%	1.44%	0.96%
			4,227,695,720	3,336,400,000	3,776,440,000	△ 451,255,720	89.3%				
	新興国国債（現地通貨）<小計>							8.91%	10.00%	12.00%	8.00%
			1,791,432,906	2,017,638,300	2,338,296,660	546,863,754	130.5%				
	ハイイールド債 <小計>							5.52%	4.80%	5.76%	3.84%
	外債 <中計>				6,669,036,660			15.73%	16.00%	19.20%	12.80%
安定資産			10,253,960,110	11,145,607,000	10,853,354,000	599,393,890	105.8%				
	円建て債券 <小計>							25.60%			
			3,617,386,500	2,691,900,000	2,448,900,000	△ 1,168,486,500	67.7%				
			3,614,625,810	2,563,400,000	2,454,200,000	△ 1,160,425,810	67.9%				
			3,546,112,950	2,905,500,000	2,761,500,000	△ 784,612,950	77.9%				
	円ヘッジ外債 <小計>							18.08%			
			1,669,703,020	1,669,703,020	1,669,703,020	0	100.0%				
	円建て預金 <小計>							3.94%			
	円債・円ヘッジ外債・円預金 <中計>				20,187,657,020			47.61%	50.0%	55.0%	45.0%
	運用財産ポートフォリオ総計		38,242,891,873	39,348,121,575	42,397,981,468	4,155,089,595	110.9%	100%	100.0%		
	運用開始以来の正味投入金額		34,085,359,414		42,397,981,468	8,312,622,054	124.4%				

受取利息・配当金	1,292,775,276
有価証券売却損益	0
運用収益計	1,292,775,276

るETF（上場投資信託）を、それぞれ1～3銘柄程度保有し続けている。全体でも管理すべきETF銘柄数は非常に少なくて済んでいる。このように管理すべき銘柄数が少なく済むことは、法人の運用担当にとっても望ましいのではないだろうか。

さらに、各ETFは、それらが複製・再現している金融市場と同様に原則として無期限なので、償還⇒再投資の業務が発生しない。X法人でも10年以上、保有し続けているETFも沢山ある。

加えて、各資産の代表的な金融市場ベンチマーク・インデックス自体、どんどん新しいものが生み出されるわけではない。オーソドックスで普遍的なものである（ただし、金融市場ベンチマーク・インデックスの中に含まれる構成銘柄とその構成比率は時代に合わせて自動的に変化していく）。したがって、それらを複製・再現するETFも同様である。新しい商品を検討しなければならない機会は非常に限られている。ゆえに、年度運用計画の執行は、大体の場合、すでに保有しているETFと同じものを、あらかじめ決められている資産配分比率程度までを目途に買い増しすれば、運用計画の執行は全て完了である。

つまり、償還⇒再投資の業務が繰り返し発生しない。次に何に再投資するかにあまり悩まなくてもよくなる。既保有ETF銘柄への買い増し、再配分で執行業務がほぼ完結できるという簡素な業務オペレーションで済ませられるのである。

ところで、個々の資産ごとには、大きく含み益のものもあれば、含み損のものもあることが分かる。X法人はこのような個々の含み損益は重視しない。代わりに、重視しているのは資産配分比率である。決められた資産配分比率に対して、時価で見た資産配分比率が大きくなりすぎていないか、小さくなりすぎていないか、常にモニターしている（許容乖離幅の上限を上回った状態でないか、下限を下回った状態でないか）。そして、資産配分比率が大きくなりすぎた資産は減らし、小さくなりすぎた資産は買

い増すというリバランスを行い、全体の資産配分比率を決められている水準にまで整える（あるいは、資産売却は行わずに、他の債券の償還金などの別資金を使って買い増して、リバランスする場合もある）。

このような意思決定は個々の金融市場・ETFの上がった下がった（上がりそうか下がりそうか）によってではなく、法人事業などに合目的になるようあらかじめデザインされた全体の資産配分比率を基準に、恣意性を排除して行われる（例えば、リーマンショック時やコロナショック時には、株式やREITのETFを買い増しするリバランスが行われたが、運用担当者や他の誰かの相場観に基づくものではない）。

言い換えると、何を、いくらまで取得保有するかについてもそうであったが、さらに、いつ買うか、いつ売るかというタイミングについても、組織の誰かの恣意的な判断を必要とせずに、全てポートフォリオ（基本となる資産配分比率）を基準として、運用の執行、モニターとリスク管理が全て行えるのである。

また、ポートフォリオ運用はリスクの予見可能性にも優れる。**図表３－８**はX法人が許容する価格変動の大きさの目安を示している。リーマンショックから世界金融危機の空前の暴落時に、X法人の現在の資産配分比率と同じポートフォリオを保有していたとしたら、一時的ではあるが、全体で▲22.16%（金額で▲93億円）下落したことが過去の統計データから確認できる。

過去と将来が全く同じとは言うことはできないが、最悪の事態の想定材料としては妥当ではないかと考えている。全体で▲22.16%（金額で▲93億円）という数字は、運用委員会や理事会のたびに参考値として周知している。

このように金融市場の統計データの数字を使って、リスク量についても組織の役職員一同が一つの共通認識を持つことができるのも、このポートフォリオ運用の利点である。組織の役職員の間のコミュニケーション、ガ

112　第３章　法人資産運用の問題解決の方策―資産運用事例と問題解決との整合性―

図表3-8　X法人ポートフォリオ運用実績
　　　　　　（想定する最大下落のおおよその目安　2024年度）

政策ポートフォリオ時価総額 (2024.3.31)

42,397,981,468 （円）

（ご参考）

	政策 資産配分	×	変動率① 金融危機	=	リスク量①	×	変動率② ITバブル	=	リスク量②
日本株式	0.00%	×	-56.2%			×	-52.7%		
先進国株式	12.00%	×	-61.7%			×	-34.8%		
新興国株式	11.50%	×	-61.1%			×	-36.9%		
REIT（日本）	4.50%	×	-63.3%			×	8.6%		
REIT（海外）	6.00%	×	-73.1%			×	69.9%		
外貨建て債券（先進国）	6.00%	×	-15.1%			×	49.8%		
外貨建て債券（新興国）	10.00%	×	-25.9%			×	44.6%		
円建て債券	50.00%	×	6.0%			×	10.6%		
政策ポートフォリオ合計	100.00%	×	騰落率ベース　　-22.16% 評価損益ベース　-9,395,816,673（円）			×	騰落率ベース　　8.91% 評価損益ベース　3,777,448,159（円）		

変動率①=世界金融危機の期間（リーマンショックの期間を含む）：　2007年7月-2009年2月（20か月）
変動率②=ITバブル崩壊～同時多発テロの期間：2000年3月-2003年3月（37か月）
＊変動率は各資産の代表的なベンチマーク・インデックスの過去の変動率

バランスの改善にも大きく寄与している。

　一方で従来のような、特定の何かに偏った、個別性が強い誰かに依存した資産運用においては、このような金融市場の過去の統計データの数字を当てはめたリスク管理が通用しづらくなる（そもそも、このような統計データすら存在しないことも多い）。なぜなら、特定の要因、個別の要因が運用結果に与える影響が大きすぎて、過去と将来では全く異なったリスク量を示す可能性が高くなるからだ（最悪、デフォルトする可能性もある）。一方、非常に広範囲に分散投資された普遍的な投資対象と考えることのできる（超長期間にわたってのリターンの再現性が統計データからも確認できる）金融市場と、それを再現するポートフォリオ運用であるために、このような数字を用いたリスク管理の有効性は高まるのである。

（6）X法人における"合目的な資産運用"とは

　X法人の運用事例のエッセンスを一言でいえば、特定の何かへの偏り、あるいは誰かへの依存の排除である。なぜそのような偏り・依存を排除す

るのかと言えば、投資環境や経済・社会が移り変わっていく中で、一時的には有効だった運用方法や運用商品が効力を失い、廃れ、回復・復元しなくなる事態を避けるためである。法人経営にとって大切であるはずの運用収入や運用資産の減価、毀損へと直結するリスクからなるべく遠ざかるためである。

　ゆえに、X法人はなるべく特定の何らかへの偏り、誰かへの依存のないよう、普遍的な投資対象を金融資産（基金）のコア、核として保有し、そこから生じる利子配当収入を運用収入の基礎とするというアイデアに行き着いたのである。それこそが世界経済（世界の株式市場、世界のREIT市場、世界の債券市場）であり、それら全体から生じ続けている利子配当収入なのである。

　また、それらの果実を、組織の共通理解をもとに、適切に享受し続けるための重要な方針・計画として、基本ポートフォリオ（基本となる資産配分比率）が策定されている。同時に、基本ポートフォリオ（資産配分比率）が組織の資産運用とその意思決定の中心的な基準に据えられていることで、運用担当者などの業務オペレーション、リスク管理、組織ガバナンスの改善にまで大きく寄与しているのである。

　ETF（上場投資信託）の役割とは、そのような機能・効果を再現、享受するための最終的なツール、手段に過ぎない。

　繰り返すが、法人事業にとって合目的な資産運用とは、運用収益フローのボリュームを安定させ、かつ、金融資産（基金）の厚みを持たせる、膨らませていくことで、現在から未来永劫続く法人事業・経営に資するものである。そうして、インフレ、デフレ、その他の環境変化、また法人事業・経営の変化という不確実性に対応できる余力を保持しつつ、受益者への公益サービスの提供者という本分、存在意義を守っていくためである。そのための法人独自の財源を生み、育てるためである。そこに到達するためには、超長期間にわたって持続可能な資産運用でなければいけない。つ

まり、法人自らが理解、管理が可能で、超長期に継続可能な投資対象での運用管理でなくてはいけない。そうでなければ、未来永劫続く法人の目的・目標の達成には決して到達できない。

以上の基準をできるだけクリアしようと考えた場合に、資産運用を特定の何かへの偏り、あるいは誰かへ依存して、投資対象やファンドマネージャー（個別銘柄で運用する法人の運用担当者を含む）の交代を続けなくてはならないやり方では、超長期間にわたる法人資産運用の目的・目標に到達することが極めて困難な道になることがご理解いただけよう。

そして、それに比べると、消去法的な選択であるかもしれないが、X法人のような考え方、運用管理の枠組みの上に乗っかった方が、期待可能な運用成果の面でも、組織としての業務オペレーション、ガバナンスの面でも、さらにそれらの「超長期的な持続可能性」の面でも、ベターな運用管理の枠組みであると言えないだろうか。

1−2　投資方針書（さらに資産運用の「一貫性」「持続可能性」を強固にするためのノウハウ）

当たり前であるが、いずれ資産運用責任者・担当者、法人の役員も交代していく。それも繰り返し繰り返し交代する。X法人のような「合目的な資産運用」「適切な資産運用」が一時構築できていたとしても、後任の資産運用責任者・担当者、法人の役員が十分に理解でき、引き継げるものでなければ、その「超長期的な持続可能性」は一気に低くなってしまう。例えば、「もっと超保守的な運用に変更してしまうべきである」とか、「もっと大胆かつ積極的な運用に舵を切るべきである」という、彼（彼女）らの個人的、感情的な意見によって、組織の資産運用方針や内容が、いとも簡単にコロコロと変わってしまう危険が高まる。事実、法人の財務やその裏付けとなる資産運用の理解については、「初心者マーク」を付けた資産運用責任者・担当者、役員に交代するたびに、一貫性のない、思いつきの資

産運用を繰り返すだけの法人も非常に多いのである。

このような法人にとってのリスク、ロスを回避するための重要な役割を果たすものが、「投資方針書」であり、さらに、定期的にその方針書のチェック、見直しを組織のイベントに繰り返し繰り返し組み込み、内部に周知を図るよう働きかけ続けるのが「運用担当者」なのである。

例えば、X法人の投資方針書には、「資産運用の目的、考え方」、「目的達成のための基本ポートフォリオ（資産配分比率）」、「基本ポートフォリオの背景となる考え方」、「組み入れ可能な資産／組み入れできない資産」、「運用モニター／リスク管理の方法」などが具体的に明記されている（図表3-9）。

つまり、投資方針書とは、法人の実施している資産運用について「文字」と「数字」で明記し、組織内で資産運用とその管理の意味、具体的な手法を説明、共有するツール、ノウハウなのである。

X法人では、このような投資方針書（ガイドライン、運用計画書と呼んでいる法人もある）を書面で策定、これを少なくとも毎年度、運用委員会や理事会などで、報告や審議することになっている。また、カタチだけの投資方針書を一度だけ策定して、しまっておいたのでは意味や効果はない。繰り返し、組織のイベントのたびに、参加者達にさらし、周知するのである。加えて、口頭でこの方針書の意味するところを補足説明するのである。そうして初めて、運用委員会や理事会メンバーも記載されている共通基準の理解や関与が少しずつ深まっていく。

結果として、この投資方針書の内容を理解、共有することで、組織の資産運用についての健全なガバナンスが形成されていくのである。これが最終的には、「合目的な資産運用」「適切な資産運用」の一貫性の維持、その超長期的な持続可能性の向上につながる。同時に、方針書は、新旧の運用担当者や事務局、他の役員にとって、一貫した運用業務を継続するための引き継ぎ資料として大変役立つことは言うまでもない。投資方針書の整備

116　第3章　法人資産運用の問題解決の方策—資産運用事例と問題解決との整合性—

図表3-9　X法人の投資運用方針書（記載されている事項とその骨子）

1．資産運用の目的、考え方
　　・価格変動の抑制にも考慮した運用を志向する（円建て債券にも相応に
　　　資産配分、為替ヘッジ外債はこれに含める）
　　・財産の一部は、世界の外債、不動産（REIT）、株式に投資し、収益補
　　　完、リスク分散する。
　　　など
2．政策とする資産配分比率と許容乖離幅（乖離幅を逸脱した場合はリバラ
　　ンスを行う）
3．ポートフォリオに組込める金融商品の条件・基準／組込めない金融商品
　　の条件・基準
　　・日本国債、その他公債
　　・為替ヘッジ外債（為替ヘッジ100%、投資信託・ETFを通じた分散に限
　　　る）
　　・ETF等を通じた外債、不動産（REIT）、株式の投資に限る（ローコス
　　　ト、透明性の高い投資信託）
　　　⇒個別銘柄に投資は禁止。
4．リスク管理（継続モニターや資産売却、資産組み換え、リバランスの基準）
　　・有価証券ごとの時価推移を毎月モニター（個々のETFごとのモニター）
　　・資産配分比率の推移を毎月モニター（過度な資産集中、価格変動リス
　　　クの監視と対応法）

とは、「組織として共有可能な意思決定の基準（規律）」を整備することな
のである。

　複数の人が共有可能な意思決定基準の有無は、組織の資産運用の持続可
能性を大きく左右する（と同時に、中長期的な運用目標の達成の如何まで
も大きく左右する）。また、「組織として共有可能な意思決定基準」となる
ためには、

　①運用目的、目的達成のための投資戦略の考え方、実務オペレーショ

第3部　解決策　　*117*

ン、効果（期待される効果）との辻褄が合っている、合理的かつ現実
的であること、

②運用担当者だけでなく、金融・資産運用の専門知識・経験を経ていな
い一般的な法人役職員にとっても納得性の高いこと（常識的なレベル
でも納得・説明性が高いこと）、

③さらに、たとえ運用担当者を含む役職員が交代しても、一貫して継
続・持続可能なもの、

という3つの条件をクリアしていないといけないのである。

そして、そのような3つの条件をクリアするための背骨となるのが、運
用管理に際してX法人のGPIF（年金積立金管理運用独立行政法人）も則っ
ている、分散投資、長期投資、基本ポートフォリオという3原則につい
て、どれくらい深く理解しているか、ということである。

コラム

☆3-3☆　もしも小職が法人内部の運用責任者だったら
―法人の役員の交代を大前提として、いかに運用管理の持続可能性を確保するか―

法人役員の交代を大前提として、超長期にわたる、運用管理の持続可能
性を確保するかについて、法人内部の運用責任者としての仕事、振るまい
について考察してみたい。

法人の役員（理事、評議員）は交代を繰り返す。それも数年ごとに代
わっていく。小職の経験でも、10年も法人の運用責任者を担っていれば、
少なくとも2回転〜3回転ぐらいは、理事長、専務理事、常務理事らは総
入れ替えになるのが普通である。つまり、法人の財務やその裏付けとなる
資産運用については、「初心者マーク」である役員らが次々とやってくる。

運用責任者は、彼らに対して、実施している資産運用について説明し、
決済を仰がなくてはいけないのである。その際に、運用責任者がしっかり

していないと、彼らの交代のたびに、法人の資産運用の一貫性、継続性が損なわれてしまう重大なリスクが伴う。つまり、「もっと超保守的な運用に変更してしまうべきである」とか、「もっと大胆かつ積極的な運用に舵を切るべきである」など、彼らの個人的、感情的な意見によって、法人にとって大事な運用方針が、いとも簡単に変わってしまう可能性がある。

　そうならないために、運用責任者が果たすべき役割は極めて大きい、つまり、（1）基本ポートフォリオと、（2）投資方針書のありなしが決定的な役割を果たす。それらは前任の役員（会）によって承認済みのものでもある。既に組織でオーソライズされている配分比率と方針書は、数字と文字とによって、新人役員とも簡単に共通の意思決定基準として共有することができるのである。

　これらのツールを使って、ブレないで説明し、行動する。また、合理的かつ常識人であれば理解できる平易な言葉で、（新任の役員、他組織内に向けて）粘り強くコミュニケーションを続ける。ここに、法人の運用責任者としての真価の一つが問われるのである。

（『公益法人』（（公財）公益法人協会）2021年10月号「法人資産の運用を考える（36）」より）

2. 法人資産運用の課題・問題解決策として適合するか？

　X法人のような資産運用管理の枠組みにシフトすることで、アンケート結果でも指摘した現状の法人資産運用の課題・問題の解決に近づくことができるのだろうか？　第1章、第2章で指摘した4つの課題・問題ごとに検証してみたい。

2−1　分散投資について

【課題・問題】

　環境変化に左右されにくい全天候型の分散投資は未だ不十分であり、株式類にももっと十分な割合を資産配分するべきである。と同時

に、個別銘柄投資を避けて株式類の中での分散を図ることが、法人本来の運用目的に対して、より適合的といえる。

（1）金融市場全体の複製を目標とするETF（上場投資信託）の活用

まず、X法人のように、日本国債を除いては、金融市場全体の複製を目標とするETF（上場投資信託）を組み合わせてポートフォリオ全体を構築すれば、個別銘柄には投資しないことになる。

また、株式、REIT、外貨建て債券、債券ETFの中で間接的に保有する銘柄数≒それぞれの種類の金融市場全体のインデックスに含まれる銘柄数となるので、各数十銘柄〜数千銘柄にも及ぶ。それらが属する、業種、通貨、国籍についても容易にグローバルな分散投資をすることができる。

特に、インフレに対する予防的対応としての株式類への投資について、法人ごとのポートフォリオで具体的な配分比率は異なってくるが、株式ETFやREIT（不動産）ETFを買い増しするだけで、相応の割合まで株式類に投資することが容易になる（逆に、減らすことも容易）。株式類の中での各数十銘柄〜数千銘柄への分散投資も上記のように全世界にまで容易に分散投資でき、それらの加減も容易に行うことができる。

つまり、X法人の運用管理のように、金融市場全体の複製を目標とするETF（上場投資信託）を活用することで、十分な分散投資は飛躍的に容易に可能になる。

2-2　リスク管理について

【課題・問題】

（許容）リスクの考え方、管理の仕方がまだまだ合理的でなく、投資成果を常に時価ベースで合理的かつ公正にモニター、評価しないといけない。同時に、なぜその銘柄を保有しているのか？　なぜ今の割合で保有しているのか？　どのように個々の銘柄および全体のリスク管理を行っているのか？　などについて合理的な根拠・基準を定め、適正にリスク管理で

きるような運用管理の枠組みへシフトしていく必要がある。

（1）時価ベースでの管理

　X法人のようなETFの会計上の評価は時価となる（学校法人会計を除き）。ETFの市場価格には誰でもアクセスできるため、常に適正なモニター、リスク管理も容易となる。

　ETFは金融市場全体の複製を目標としているため、ETFの中身の個別銘柄の数・種類、保有割合は金融市場インデックスと概ね同じに決まっている。そのため、個別銘柄で保有する個々の銘柄とその保有割合についての合理的な理由・基準を説明準備して、個別銘柄のモニター、リスク管理を継続する必要はなくなる。

　つまり、金融市場全体に連動して動くETFの価格だけを見ていれば良いことになる。

（2）基本ポートフォリオ（資産配分比率）の管理

　ただし、ETFごと、あるいは株式ETF、REIT（不動産）ETF、外貨建て債券ETF、その他債券ETFのポートフォリオ全体に対する資産配分比率については合理的な理由・基準を説明準備して、それらのモニター、リスク管理を継続する必要はある。

　ゆえに、X法人では、必要とする運用収入（利子配当）の水準や、インフレ・デフレ・その他の環境変化に影響されにくい株式、REIT、外貨建て債券、その他債券の保有割合を基本ポートフォリオ（政策的な資産配分比率）として定め、作成した投資方針書にその旨を明記して組織に周知している。運用途中では、決められた配分比率にズレが生じていないかを時価ベースでモニター、リスク管理することを継続しているのである（必要に応じて、配分比率の改定変更も所定の手続きを経て行う）。

　つまり、金融市場全体に連動して動くETFの資産配分比率（保有する日本国債も含めて時価ベース）だけを中心に見ていれば良いことになる。

　そうすることで、リスク管理は時価ベースで、（法人事業に対して合目

的な）基本ポートフォリオ（資産配分比率）だけをモニター、必要であれば調整することで、合理的かつ適正に行うことができるのである。

2－3　運用人材の確保・育成について
【課題・問題】
　十分な分散投資や合理的なリスク管理を支えられる運用人材の不足（確保、育成の課題）が顕著である。特に、従来の個別銘柄投資をマネージするようなファンドマネージャー的な人材の育成・確保は人事労務環境的な制約からも不可能に近い。

　ゆえに、「一般的な人が常識を働かせることで、運用の仕組みを理解・管理できる範囲に留められるような運用管理の枠組み」にシフトする必要がある。

　つまり、個別銘柄投資をやめ、そのような運用管理の枠組みへとシフトすることができれば、

①運用管理について組織内での情報共有が容易になり、ガバナンスがより向上する。

②役職員の異動に伴う業務引き継ぎがより容易になる。

③（新任）運用担当者の育成カリキュラムの内容がより絞り込まれ、より理解されやすいものとなる。

（1）ファンドマネージャー的な業務からの脱却
　金融市場全体に連動して動くETFと、それらで構成される基本ポートフォリオ（資産配分比率）だけをマネジメントするX法人の運用管理の枠組みであれば、ファンドマネージャー的な業務は必要なくなる。したがって、法人内でファンドマネージャー的な運用人材の確保や育成の必要もなくなる。

（2）仕組を理解・管理することが比較的容易な運用管理
　X法人のような運用管理の枠組みを実行するに当たっての基礎となる知

識は、ETFの複製を目指す金融市場、資本市場についての体系的な知識である。これらは数々の理論や実証研究、データにも裏打ちされているものである（第4章で詳しく解説）。と同時に、一般の人でも、一般常識を働かせて考えれば、その概要が理解・説明がしやすいレベルのものでもある。

その結果、できあがったX法人の基本ポートフォリオの趣旨は前述の通り、「日本の国債のみならず、内外の株式、REIT（不動産）、各種債券にまで分散していることには明確な意図がある。①法人のポートフォリオ全体で世界経済を構成するより普遍的と考えられる主要資産に可能な限り分散投資する、②ポートフォリオ全体としての価格変動が大きくなりすぎないように各種債券も相応の比率で保有すると同時に、利子配当収入の源泉、運用元本の価値の源泉の偏りをできるだけ避けるために、内外の株式、REIT（不動産）、外貨建て債券にも相応の割合を分散投資する。」の2つである。

さらに、「このような株式、REIT、債券への分散投資は、それぞれの資産がポートフォリオ全体に寄与すると期待される役割に応じて相応な割合で配分を行い、バランスが良くなるよう考えられている。すなわち、株式＝期待リターンが高いので長期的なインフレの影響への予防的な役割、REIT＝株式ほど期待リターンは高くないが同じく長期的なインフレの影響への予防的な役割、債券＝期待リターンは比較的低いが金融ショック時などにポートフォリオ全体の価格変動のクッションの役割（日本国債やその他先進国国債、投資適格社債だけではインカムも低くなるので、一部は新興国国債やハイイールド債にも債券種類を分散している。また、それぞれの債券種類ごとに価格変動も異なるためポートフォリオ全体でみて価格変動リスクの相殺効果も期待している）。」というようなごくごく常識的なものである。一般の人でもおおよその理解・説明が比較的容易である。

（3）万人が理解・説明がしやすい運用管理の枠組みのメリット

第一に、運用管理についての情報が組織内でより共有しやすくなった結果、組織のガバナンスもより向上することである。X法人ではさらに、金融市場全体の複製を目標とするETF投資やそれらを組み合わせた基本ポートフォリオ（資産配分比率）の考え方と具体的な目標を明記した投資方針書を策定し、組織内に周知を図っている。

第二に、役職員の異動に伴う業務引き継ぎもより容易になる。個別銘柄投資の詳細（それらに含まれる前任者などの銘柄観・相場観）を引き継ぐ必要のないX法人の引き継ぎは、投資方針書に記載された事項を中心に後任の役職員に引き継ぐことが比較的容易である（そもそも運用担当者の個別銘柄についての銘柄観・相場観などを組織内で共有したり、後任に引き継いだりするのは不可能である）。事実、この約16年間の間に、担当者も役員も全て入れ替わっているが、一貫した運用管理を続けられている。

第三に、（新任）運用担当者が押さえないといけない知識（あるいは知識習得カリキュラム）も彼（彼女）らにとって、より理解、会得されやすいものになる。個別銘柄投資の詳細を学び、それらに含まれる担当者個人ベースの銘柄観・相場観を養う必要はない。

学ぶべきことは、「そもそも金融市場・資本市場・資産運用とはどのような構造か？」「それらはどのように機能しているのか？」「実際にそこにお金を投じる際の留意点とは何か？」「そのような金融市場・資本市場を利用して個々の法人にとって合目的な基本ポートフォリオをデザイン、メンテナンスしていくにはどうしたら良いか？」だけに絞り込まれるのである。

X法人の運用担当もこれらを中心に押さえ、これらをベースにして日々の運用業務をこなしている。また、このような知識の理解、会得のしやすさは、他の役員に運用管理について周知、説明、提案する際にも大いに役に立っている。

124　第3章　法人資産運用の問題解決の方策—資産運用事例と問題解決との整合性—

2−4　合理的でない、感情的なバイアス（先入観・相場観）に基づいた意思決定の排除について

【課題・問題】

　市況や価格変動に基いた感情的、合理的でないバイアス（先入観・相場観）に基づいた意思決定を下してしまい、法人の事業・運用目的と相反してしまう恐れがある。

　そのため、未来永劫続く法人の事業遂行に合目的な運用資産全体の「全体最適」から考え、デザインされた運用管理の枠組みにシフトする必要がある。つまり、時価ベースで運用資産全体の資産配分比率を定め、それを運用管理の規律・基準とすることで、合理的でない、感情的なバイアス（先入観・相場観）に基づいた投資行動に歯止めをかける運用管理にシフトしていく必要がある。

（1）合目的にデザインされた基本ポートフォリオ（資産配分比率）という規律

　未来永劫続く法人事業に対して合目的にデザインされたX法人の基本ポートフォリオ（資産配分比率＝時価ベース）は、合理的でない無秩序な投資行動に対する規律（歯止め）としても働く。基本ポートフォリオを逸脱する売買はルール違反、組織のガバナンス違反となる。

　したがって、売買によって従来の基本ポートフォリオ（資産配分比率）を逸脱しそうな場合は、先に基本ポートフォリオの変更手続きを組織内で通過させないといけない。

　その際、最も重要なのは、基本ポートフォリオを変更した方が法人本来の目的により適っているという合理的な説明、誰もが納得できる説明が付いていることである。その上で、投資方針書も書き換えるなど、所定の手続きを経てからでないと、基本ポートフォリオ（資産配分比率）を逸脱する売買は一切できないのである。

　また、X法人で過去何度か実施しているリバランスとは、組織として決

めている資産配分比率に戻すという規律に基づく売買であって、売買に運用担当者や他の誰かのバイアス（先入観・相場観）が影響しているものとは全く異なる。

このように、合目的にデザインされた基本ポートフォリオ（資産配分比率＝時価ベース）を基準・規律として運用管理することで、売買に誰かのバイアス（先入観・相場観）が入り込むのを排除（防止）する枠組みとなっているのである。

（2）まとめ

ここまで、第2章にて確認した法人の資産運用にまつわる4つの主だった問題点に対して、本章前段のX法人の採用する方策が、有効な解決策として機能することを確認してきた。4つの問題点、①運用資産の分散、②リスク管理、③運用人材の確保、④恣意的な意思決定のいずれに対しても、基本ポートフォリオの策定と運用方針の明文化は改善に向けた一手だと考えている。

2−5　その他の制約条件との整合性

また、X法人の運用管理の枠組みは、前節で述べたアンケート結果からの4つの課題・問題解決以外の面でも、ほかの考え方、方法よりもベターと言える。法人資産運用を取り巻く様々な制約条件に対しても整合していると言える。

（1）人的制約との整合性

人事労務環境の理由から、資産運用に特化した人材、あるいは資産運用に精通した人材の配置、育成が困難であるという、法人が抱える制約条件については、これまで説明してきた通りである。

そして、X法人のような運用管理の枠組みであれば、普通の人でも理解、運用管理、引き継いでいける可能性が高まるであろうことも、これまで本章で説明してきた通りである。

（2）会計・決算的な運用制約との整合性

　資産運用は法人本体の中で行われるため、運用にかかる損益が本体の会計基準で処理され、決算にも反映される。最終的に運用に係る収益として認識されるのは利子配当収入と実現した売却益のみとなる。一方、損失として認識されるのは実現した売却損のみということになる。

　ここで、時価会計で処理している財団法人・社団法人などでは評価損益も年度中の増減を決算には反映しないといけないが、評価損益は最終的に確定した損益ではないので、ここでは除外して考える。

　また、簿価会計である学校法人などは、期末時点で有価証券が簿価（取得価額）から▲50%以上下落した場合の強制評価減、あるいは▲30%〜50%未満下落した場合の各学校独自に定めた評価減ルールが適用されるが、これも最終的に確定した損益ではないので、それもここでは除外して考える（この問題の対応については第8章でふれたい）。

　つまり、ここで言う会計・決算的な制約とは、法人本体の中で資産運用が行われるため、本体の会計基準に沿って運用収益として認識されるのは利子配当収入と実現した売却益のみということになる。売却益（キャピタルゲイン）の実現は不確実性が高く、年度ごとの運用収益として予算化するのは現実的ではないため、運用収益は利子配当収入を中心として据えざるを得ないのである。

　すなわち、法人はなるべく運用元本の取り崩し、売却損は避けて、毎年毎年安定した利子配当収入を追求する運用管理のカタチが、会計基準や、結果としての法人決算に整合的であると言えるのである。

　このことは、多くの法人がこれまで個別銘柄での債券運用を中心としてきた理由・背景でもある。元本保証でない株式やREIT（不動産）、外貨建て債券を保有してしまうと、業績悪化や価格下落などで売却損の計上に追い込まれるリスクはより高いと考えられるからである。しかしながら、前述のとおり、今日では債券の個別銘柄投資の方が、法人の運用管理として

合目的だとは言えなくなってきている。

　ではX法人のような主要な金融市場全体を複製することを目標とするETFと、それらで構成される基本ポートフォリオ（資産配分比率）による運用管理ではどうだろうか？　第5章で詳しく説明するが、ETFは内包する数十銘柄～数千銘柄という株式やREIT（不動産）、債券から生じる利子配当金を原資として分配金として支払う仕組みの金融商品である。このETF分配金は債券や株式の利子配当と同様、財団法人・社団法人・学校法人などでも収益としてみなされ、法人の会計基準に整合的といえる。

　また、このようなETFの構造により、概ね市場平均利回り程度を分配金として支払われることがあらかじめ期待できるので、比較的予算化もしやすい。さらに、原則、満期償還がなく無期限なので、主要な金融市場を複製した状態でずっと保有することが可能である。前述のリバランス、資産配分比率を元に戻す調整売買を除けば、半永久的に保有できる。金融市場を複製して、売買しないで持ち続ける意味・意義については、第4章で詳しく説明する。

　一方、一般向けの投資信託の分配金は普通分配金（収益としてみなされる）として支払われたり、特別分配金（収益としてみなされない＝元本の取り崩しと見なされる）として支払われたりするため、法人の収益源として予算化が難しい。また、一般向けでない私募投信の場合、分配金は会計上の収益としてみなされるが、10年間などの償還期限が付いているため、償還時の市況・価格変動の如何によっては元本割れで償還される可能性がある（私募投信を組成する条件として投信に償還期限を設けないといけないというルールになっているため）。

　以上、会計・決算に関連した法人の運用制約の点からも、X法人のようなETF、基本ポートフォリオ（資産配分比率）による運用管理は整合的であると言える。

コラム

☆3－4☆　会計・決算の制約

　拙著『新しい公益法人・一般法人の資産運用』でも問題提起しているが、現在、本邦法人の資産運用において、財産の損切りや取り崩しを何の抵抗もなく許容できるだろうか？　財産の損切りや取り崩しは避けて、保守的な運用内容を保ちたいと考えているのではないだろうか？　では、それは、なぜだろう？

　米国の大学基金が積極的な運用を行っているのに比べて、本邦の公益法人や学校法人の運用は保守的であるという比較がよくある。しかし、詳しく調べると全く構造から違うことが分かる。米国の大学は法人本体の中では一切運用していないのだ。大学本体の会計、決算から完全に分離した寄付基金で自由な運用を行い、基金の時価総額の一定割合を元本も含めて取り崩し、それを大学側は、基金から「寄付金収入」として受け取っているのである。寄付基金の側では利子配当収入はもちろん、売買損／益、さらに取り崩し支出まで会計処理されるが、大学の側では毎年「寄付金収入」として計上するだけで済んでいるのである。

　一方、本邦の公益法人や学校法人が米国大学基金のような運用を行えば、たちまち本体において、利子配当収入はもちろん、売買損／益、さらに取り崩し支出まで会計・決算処理しなくてはいけないのである。つまり、本邦法人は本体内部で資産運用するため、本体の会計・決算に全て反映される構造となっている（財産の損切りや取り崩しを含め）。会計・決算処理にあたって、例えそれが意図的なものであったとしても、資産運用に伴う売買損失や取り崩し支出の計上や説明を進んで行いたいと思う運用担当者や、それらを許容できる役員はどれだけ存在するだろうか？　そして、このような取り崩し支出などは避けたいとすれば、事業・法人運営に必要な期間収益は、運用元本からの利子配当収入のみによって安定的に確保したいという運用目標へと帰着する。

　債券運用は長年、このような法人本体の会計・決算にダイレクトに反映されるという制約の元で、運用目標を達成するための一つの有効な"手段"だったのである。まず、安定した利子収入が見込め、約束された期日になれば償還が約束されている（あくまで名目的な金額である。もちろん、発

行体の信用リスク、デフォルトリスクが顕在化しない限りという条件付きでもある）。さらに、会計や決算にも完全に一致させて処理、説明することができる。利子収入 ≒ 計上収益であり、保有額面 ≒ 計上資産である。

しかしながら、このような会計・決算と法人資産運用が整合したのは、日本国債の利回りが2％～3％あった時代までであろう。今日では、発行体の格下げ・デフォルト、為替や株式市場の急変などの仕組債投資への影響など、本来の意図とは裏腹に、安定した利子配当収入を犠牲にしたり、会計・決算に損失の汚点を残したりすることも珍しくなくなった。

要するに、今日の法人資産運用は、会計・決算の制約に対して整合的な運用目標、すなわち、財産の損切りや取り崩しを避けて、保守的な運用内容を保つ、事業・法人運営に必要な期間収益は運用元本からの利子配当収入のみによって安定的に確保していく、そのためには従来の考え方や“手段”についても再考せざるを得ない状況に置かれているのである。
（『公益法人』（（公財）公益法人協会）2019年3月号「法人資産の運用を考える（5）」より）

（3）「収支相償」との整合（公益法人のみに適用）

「収支相償」とは公益法人だけに適用される考え方である。平たく言えば、公益法人が得た収入（資産運用で得られた運用益を含む）は全て公益目的事業に使いなさい、ということである。

最も重要なことは、このことの解釈と実際の対応を間違えないために、「収支相償」を支出面から考えてみることである。

つまり、「収支相償」という考え方・精神の本質は、「得た収入については、健全な公益目的事業以外の、不相応な支出、不適切な支出をしてはいけません」ということである。不相応な支出、不適切な支出とは、①単年度の黒字をなくそうとして不必要な費用を拠出すること（＝無駄遣い）、②単年度の黒字をなくすために、外の業者に対するいわゆる預け金（＝非常に厳しい処分となる）などである。また、公益目的事業費、法人会計費用の費用配賦を頻繁に操作し、公益目的事業費用の黒字をなくそうとする

こと（＝会計操作）もしてはいけないことになる。

　であるから、もともと「（単年度ベースで）黒字を出してはいけません（あるいは黒字を続けてはいけません）」ではなく、「公益目的事業の収入はすべて＜適正な費用＞に使ってください（条文そのもの）」、「安心して＜公益の増進＞のために活動してください」ということである。

　もしも収入に余剰が出た場合は、公正に、特定費用準備資金に積み立てるか、法人の本源的な財産（基本財産や運用財産）に繰り入れるなどして、将来の公益事業の増進を図ればいいのである。もともとこのような考え方・精神である収支相償を曲解して、誤った実務対応に陥ってはいけない。

　さて、X法人のポートフォリオ運用では、インフレなどにもダメージを被らないよう、長期的に運用元本の実質価値の維持増大（運用元本の価値を成長・膨らませる）を図るのと同時に、長期的な運用収入（利子配当収入）も実質的な使用価値が減価しないようにそれが徐々に増加することを目指す（また、今般のように、円安や世界的な金利上昇や増配などの市況要因によって短期的にも運用収入が増加することもある）。しかしながら、これらは全て、例えインフレが到来しようとも、公益法人が健全な公益事業支出を維持、増大するために実施する資産運用施策の結果である。したがって、収支相償の誤った解釈に基づいて、運用収入の増加を恐れるのではなく、運用収入に余剰が生じた場合には、適正に、特定費用準備資金に積み立てるか、法人の本源的な財産（基本財産や運用財産）に繰り入れるかすれば良いだけである。

　以上、公益法人に独特の収支相償の点についても、X法人のようなETF、基本ポートフォリオ（資産配分比率）による運用管理はそれを妨げるものではないことが分かる。

コラム

☆3－5☆ 運用益が事業費を上回ってしまった場合の対応について考える

著者が経営している投資助言会社ではクライアントに対して、外貨建て資産を含んだ、株式ETF、REIT ETF、債券ETF、その他日本国債などでポートフォリオ運用を長期継続し、それらから払い出される各市場平均水準のインカム収益を法人の運用収益として受け取り続けてもらっている。

最近、ある財団法人からご連絡を頂いた。それは、「昨年度、本年度と、想定外に、運用益が大幅に事業支出を上回っている。昨年度については遊休財産上限に余裕があったので、それに繰り入れて処理した。本年度分の余剰については、新たに公益目的事業財産の区分を設け、それに繰り入れようと思案している。しかしながら、次年度以降の事業支出予想も鑑みれば、今のままでは運用収入超過の状態が継続してしまう。そこで、保有するポートフォリオの一部を売却して、ゼロ金利の銀行預金にでも暫くの間、置いておこうかと、迷っている」というものだった。

結論的には、「ポートフォリオは、なるべく変更せずに、もしも運用収入が超過するのであれば、遊休財産や公益目的事業財産として一時的な対応をするのも良いが、余った期だけ、基本財産などの財団の本源的な財産に繰り入れできた方がベターではないか」とアドバイスした。

理由はこうである。まず、昨年度、本年度と運用益が嵩上げされてしまったのは、積極的に運用益増加を追求した結果ではない。たまたまの市場要因である。つまり、①企業の増配、②（米国）金利上昇による債券利子の増加、②円安による外貨建て資産からの利子配当金の円ベースでの受取額増加、などがETFの分配金増加要因となる。その全てが昨年度、本年度、たまたま起こったのである。

特に、③の円安は、直ちにETFの受け取り分配金の増加に直結する。円ドルの年間平均レートは、2021年109.8円⇒2022年131.43円⇒2023年140.56円と、30％近く動いた。

つまり、裏返せば、（1）企業の減配、（2）（米国）金利低下による債券利子の減少、（3）円高による外貨建て資産からの利子配当金の円ベースでの受取額減少などがおこれば、正反対のことが起こる。ETF分配金

も減少し、財団の運用益が大幅に事業支出を上回ることもなくなるのである。

　事実、3年前の2020年コロナショック直後、景気不安から世界中が金利を引き下げた。この財団の運用益は現在よりも、およそ▲20%少なかったのである（当時から現在まで、ポートフォリオの売買はほとんど行っていない。当時の円ドルの年間平均レートは106.82円）。このように、似たようなことが起これば運用益は再び減るのである。それゆえ、弊社では、次年度の運用収益予想については、あらかじめ、前年実績を約▲20%割り引いてクライアントに提示して、事業予算を下回る可能性が極めて低くなるように配慮している。

　本来、事業費に対して運用益が足りないことこそ死活問題である。しかしながら、（たまたま）運用益が多くなったことで、運用方針をコロコロ変更したり、アタフタ対応したりしなければいけない現状は大問題である。現制度上では、仕方がないと言うのであれば、余った期だけ、基本財産などの財団の本源的な財産に繰り入れできた方がベターではないかと考える。

（『公益法人』（（公財）公益法人協会）2024年3月号「法人資産の運用を考える（65）」より）

（4）金融ビジネス的制約との整合性

　証券会社、（信託）銀行、運用会社・投資顧問会社、（年金）コンサルティング会社などに至るまで、投資家に金融商品や資産運用サービスを提供しているビジネスは多岐にわたる。

　もしも、それらが存在しなかったら、法人の資産運用は大変不便になることは間違いないだろう。法人の担当者が資産運用に熟練していると自認していようが、あるいは、熟練していないと自認していようが、証券会社など金融機関からの情報や商品提案を受けられなくなると大変である。

　アンケート調査でも、これら金融機関からの情報や商品提案を参考にして資産運用をしているとする法人は少なくとも7割にのぼることは第1章で説明したとおりである。運用会社・投資顧問会社がなければ、気軽に分

散投資できるETFや投資信託、その他の委託運用や投資助言サービスも利用できない。法人の担当者が自らインターネットなどで情報収集して、ネット証券などを使って法人自らだけの情報収集と判断によって、個別の債券、REIT、株式などを取得・管理する姿などを想像できるだろうか?

このように、証券会社、（信託）銀行、運用会社・投資顧問会社、（年金）コンサルティング会社などがいてくれるおかげで、法人の意思決定は、直接的あるいは間接的に、随分と助けられているのは否めないのである。

と同時に、彼らが提供している投資家サービスの根底には動かしがたい制約があり、それらが悪く作用すれば、投資家の利益を不当に損ねるリスクがあることを常に心に留めておくべきだと考える。

一言でいえば、金融ビジネスの側の制約とは、証券会社、（信託）銀行、運用会社・投資顧問会社、（年金）コンサルティング会社の提供する投資家サービスの収益の源泉は全て、投資家側が支払う運用コストで成り立っているという構造であることである。

A. フィデュシャリー・デューティー（fiduciary duty　受託者責任）とは

図表3-10は平成28年10月に金融庁が発表した平成28事務年度の行政指針の抜粋である。金融商品の販売、助言、商品開発、資産管理、運用等を行う金融機関等の側における顧客本位の業務運営（フィデュシャリー・デューティー）の確立と定着を指針としている。

裏返せば、金融機関等においては顧客本位の業務運営（フィデュシャリー・デューティー）は未だ確立、定着していないと金融庁が認めているのである。

なぜなのか？　それは先に述べた金融ビジネスの側の制約に由来すると考える。つまり、証券会社、（信託）銀行、運用会社・投資顧問会社、（年金）コンサルティング会社の収益＝投資家側が支払う運用コストであるという基本的かつ本質的な構造に由来すると考える。

図表3-10　フィデュシャリー・デューティーとは？

■金融機関等による「顧客本位の業務運営」（フィデュシャリー・デューティー）の確立と定着

　……資金提供者と資金調達者との間に立って金融商品の販売、助言、商品開発、資産管理、運用等を行う金融機関等の側においても顧客本位の業務運営が行われることが重要である。すなわち、金融機関等が……顧客の利益に適う金融商品・サービスを提供するためのベスト・プラクティスを不断に追求することが求められる。

　フィデューシャリー・デューティーの概念は、しばしば、信託契約等に基づく受託者が負うべき義務を指すものとして用いられてきたが、近時ではより広く、他者の信任に応えるべく一定の任務を遂行する者が負うべき幅広い様々な役割・責任の総称として用いる動きが広がっており、我が国においてもこうした動きを広く定着・浸透させていくことが必要である。すなわち、金融商品の販売、助言、商品開発、資産管理、運用等のインベストメント・チェーンに含まれる全ての金融機関等において、顧客本位の業務運営（最終的な資金供給者・受益者の利益を第一に考えた業務運営）を行うべきとのプリンシプルが共有され、実行されていく必要がある。

　　　　　　　　　‥‥‥‥‥‥‥‥‥‥‥

　　　　運用機関：顧客本位の活動を確保するためのガバナンス強化、運用
　　　　　　　　　力の向上（運用人材の確保・育成）等、顧客のニーズや
　　　　　　　　　利益に適う商品の提供等
　　　　販売会社：顧客本位の販売商品の選定・提案、顧客本位の経営姿勢
　　　　　　　　　と整合的な業績評価、顧客本位の取組みの自主的な開
　　　　　　　　　示、商品のリスクの所在等の説明（資料）の改善、顧客
　　　　　　　　　が直接・間接に支払う手数料率（額）及びそれがいかな
　　　　　　　　　るサービスの対価なのかの明確化、これらを通じた顧客
　　　　　　　　　との間の利益相反や情報の非対称性の排除（情報提供の
　　　　　　　　　充実）等
　　　　＊金融庁　平成28事務年度行政方針（平成28年10月）P10〜P11より抜粋

B. 金融ビジネスの側の制約とは

　証券会社、（信託）銀行は金融商品の販売会社である。すなわち自社の取り扱う金融商品を投資家に販売（あるいは売買）することから利益が発生している。あるいは投資信託の信託報酬やSMA、ファンドラップの口座料などの、金融商品・金融サービスの勧誘販売をきっかけとした、それらの自社への預かり資産から発生している。また、運用会社・投資顧問会社は自社が運用管理する投資家の委託資産から利益が発生している。投資助言会社や（年金）コンサルティング会社は投資家に請求する助言報酬やコンサルティング報酬によって利益を得ている。

　これらを総称した金融機関等は皆、投資家の利益を最優先して行動することが求められる（受託者責任、フィデュシャリー・デューティー＝fiduciary duty）。

　しかし、同時にこれらの金融機関等は全て、投資家が直接的／間接的および明示的／非明示的に支払っている運用コストで業が成り立っている。このような基本構造がゆえに、どうすれば金融機関等の側の利益が増やせるかというインセンティブ、バイアス、投資家との利益相反が誘引されやすい。

C. 利益相反、不当な投資家コストを負わせるインセンティブ、バイアスが生まれる構造

　投資家の運用コスト＝金融機関等の利益という基本構造は、本来、金融サービスを必要とする投資家と、必要とされるサービスを提供する金融機関等がバランスして共存していくためには不可欠であり、この構造自体が問題なわけではない。

　問題なのは、金融機関側が極めてビジネス・ライクな考え方でこの構造を利用してしまうと、投資家側にとっては不利益となり得るサービスの提供へと、金融機関を向かわせるインセンティブ、バイアスが働く可能性があるという点である。

つまり、金融機関側が投資家に対するサービスを商売として考えた場合に、商品・サービスが売れるか／売れないか、儲かるか／儲からないか、投資家のお金を集めるか／集めないか、投資家との長期契約か／短期契約か、それぞれについてどちらが良いかと聞かれた時、経営者や営業部門はどちらの方を選ぶだろうか？　単純に想像してみるとよい。

すなわち、運用コストを、なるべく多く、なるべく長く、なるべく気づかれないよう投資家に支払わせようとするインセンティブ、バイアスをいとも簡単に引き起こしてしまうのである。

金融庁が指摘している金融機関等の利益を優先し、顧客（投資家）の利益をあまり顧みない金融商品やサービス、利益相反、エージェンシー問題などの本源は全てここにあると考える。

D. ビジネス・ライクな金融サービスにおける関係式

ビジネス・ライクなインセンティブ、バイアスに支配されてしまっている金融機関およびそれらが投資家に提案・提供している金融商品・金融サービスには、ほぼ共通する、ある顕著な特徴があり、かつ、金融機関側はそれに固執する傾向がみられる。

金融商品や金融サービスで、(a) 単純なもの、透明性の高いものよりも、(b) 複雑なもの、不透明、中身や仕組みが分かりにくいもの（提案者である金融機関の専門性・専売性を誇示できるもの）の方を推奨されるケースが多いことはないだろうか？

また、(α) 明示されている／明示されていない運用コストが安いものよりも (β) 明示されている／明示されていない運用コストが高いもの（自社の専門性の高さや他社では利用・購入できないことを理由として高い運用コストを投資家にチャージできるもの）の方を推奨されるケースが多いことはないだろうか？

一般に、だいたいの金融商品、金融サービスにおいては、(a) 単純なもの、透明性の高いもの＝(α) 明示されている／明示されていない運用コ

ストが安いものという関係性が多く成り立つ。

逆に、(b) 複雑なもの、不透明、中身や仕組みが分かりにくいもの(提案者である金融機関の専門性・専売性を誇示できるもの)＝(β) 明示されている／明示されていない運用コストが高いもの(自社の専門性の高さや他社では利用・購入できないことを理由として高い運用コストを投資家にチャージできるもの)、であるという関係性が成り立つことが多い。

例えば、国債やETF、インデックスファンドは構造が単純でコストが安く、だいたいどの金融機関でもそれらの情報や商品にアクセスできる。一方、仕組債やSMA、ファンドラップ、アクティブファンド、私募ファンドなどは、より複雑、自社の専門性の結集、他社では情報や商品にアクセスしづらいなどの理由付けによって、明示されている／明示されていない運用コストが高いという分かりやすい関係が、他のあらゆる金融商品、金融サービスでも、ほぼ共通する。

ビジネス・ライクなインセンティブ、バイアスに支配されてしまっている金融機関およびそれらが投資家に提案・提供している金融商品・金融サービスが、(a) 単純なもの、透明性の高いもの、であることは少ない。代わりに、(b) 複雑なもの、不透明、中身や仕組みが分かりにくいもの(提案者である金融機関の専門性・専売性を誇示できるもの)の方を、断然優先して投資家に提案・提供しようとする傾向が顕著に表れる。なぜならシンプルに、(b) の方が業者側は儲かるからである。つまり、(b)【＝(β)】＞(a)【＝(α)】というシンプルな業者側から見た優先順位の関係式が成り立つのである。この関係式に基づいて、お客様である投資家に対する業者の言動、誘導、固執が至るところで繰り返し繰り返し表れるのである。

E. 専門性・プロフェッショナルという権威の利用(情報の非対称性、情報格差の利用)

Aのフィデュシャリー・デューティー(fiduciary duty 受託者責任)とは？ で示した**図表3-10**、金融庁の平成28事務年度行政方針の最後の

138　第3章　法人資産運用の問題解決の方策―資産運用事例と問題解決との整合性―

部分に、「情報の非対称性の排除」という下線を引いた文言があった（下線は著者）。

　情報の非対称性とは、金融機関側が知っていることを投資家側が知らない状態、情報格差があることを指す。

　投資家側が知り、理解できる状態まで金融機関側が歩み寄らない状態は、金融庁も今日に至っても問題視を続けているところである。しかしながら、そのような情報の非対称性、格差を堂々と作り上げ、維持することに非常に効果的で良く使われるやり方がある。しかも、そうすることが投資家の利益に寄与するのだという“建前”で、金融庁が指摘・問題視する情報の非対称性、格差を正当化すらできるのである。

　それが金融商品やサービスについて自社提供する情報、金融商品、その他金融サービスの優位性、権威、専門性を投資家に対して誇示、アピールすることなのである。それによって常に、専門・プロフェッショナルである金融機関サイド vs 専門・プロフェッショナルではない投資家サイドという非対称性、格差を堂々と作り上げ、その状態を維持することができるのである。

　投資家側が金融機関側の言うところの専門性と同等にまで自らの知識を高めるまで非対称性、格差はずっと埋まらない。しかしながら、自らを専門家レベルにまで引き上げようとする投資家と、専門家を信じ、お任せしようと思う投資家とでは、どちらが多そうか考えてみるとよい。

　卓越した実績を誇るプロのファンドマネージャーによるアクティブ運用・オルタナティブ運用、アナリストが厳選、モニターするファンドの推奨、最新のテクノロジーから生まれたデリバティブを組み込む債券、最適ポートフォリオ、金融工学を駆使して生まれた金融商品などから始まり、大手金融機関であるという立場そのものから、信用格付け、ファンド・レーティングなどに至るまで、金融サービスの世界は自社の優位性、専門性とプロフェッショナルの権威の誇示に溢れているのである。

コラム

☆3-6☆ （年金）コンサルティング会社

　（年金）コンサルティング会社のアドバイスによく見かけられるケースであるが、彼らは優れた運用会社の優れたファンドマネージャーなどが運用するファンドを投資家に推奨したがる傾向がある（つまり、優れたファンドマネージャーなどのスキルによって好成績を狙うというアクティブ運用、オルタナティブ投資を推奨したがる）。

　なぜなら、自社は、そういった運用会社やファンドマネージャーなどを見極められるとアピールすることが、投資家に対しての、彼らの専門性を引き立たせることを知っているからである。

　投資家は優れた運用会社やファンドマネージャーなどを見極めることなどできない。だから、コンサルティング会社の言うことに依存することになり、以降、運用モニター、評価（A、B、Cなどの記号でレーティングされる）に至るまで、コンサルティング会社がいないと何も判断できなくなる。このような依存関係ができあがれば、投資家とコンサルティング会社との契約は長期になりやすい（契約解除されにくくなる。推奨したファンドがうまくいかなかった時の"言い訳"も、彼らは非常に上手に用意してくれるので、組織に対して説明しなければいけない運用担当者は大助かりなのである）。

　一通りの説明と定期的なフォローは行われるが、運用会社やファンドマネージャー個々の運用哲学や運用手法などの細部の情報・専門知識は、投資家が聞いてもほとんど理解できないし、以後もずっと、理解できるようになることはまずない。投資家が認識できるのは、運用実績の数字と彼らが評価するA、B、Cというレーティング記号ぐらいであろう。

（前著『新しい公益法人・一般法人の資産運用』より抜粋）

140 第3章 法人資産運用の問題解決の方策―資産運用事例と問題解決との整合性―

F. ETF（上場投資信託）

これまで指摘した金融ビジネス側の制約条件、より正確には、法人資産運用を取り巻く環境としての金融ビジネス側と付き合う時の留意すべき点に対して、X法人のようなポートフォリオ運用の枠組みはどのように評価できるだろうか。

まず主要な金融市場全体を複製し、それらの市場価格と市場平均利回りに連動することを目指すETFは、商品構造がシンプルで運用内容の透明性が高い。

しかもETFは運用コストが相対的に廉価である。運用中にかかるコストは、同じ投資対象、同様の資産配分比率で運用する一般的な投資信託、SMA、ファンドラップの約1/2～1/10以下になることも珍しくない。その他には、株式と同レベルの証券会社手数料が売買時に生じるが、それは廉価なものである。ETFは一般的な投資信託、SMA、ファンドラップと異なり、運用中に証券会社等に支払うコスト（信託報酬に含まれる証券会社等取り分である代行報酬やSMA、ファンドラップのフィー、口座管理料など）は発生しない金融商品であるので運用コストは比較的廉価である。

さらに、ETFは、一般の上場株式と同じように公開市場に上場し、常に市場価格で取引されているので、ほとんど、どの証券会社でも情報（ネットや運用会社ホームページを通じて簡単に調べられる）や商品に容易にアクセスできる。そのため、国債の取引と同様、複数社にETFの売買手数料を同一商品、同一条件で照会して、比較検討することもできる。特定の証券会社等だけが取り扱える専売性の高い金融商品ではないので、売買手数料などの取引条件について競争原理を効かせやすいのである（ETF取引の詳細については第5章を参照）。

つまり、ETFとは、前述した(a) 単純なもの、透明性の高いもの、(α) 明示されている／明示されていない運用コストが安いもの（金融機関の専

門性・専売性を誇示することも難しいもの）、に区分され、金融ビジネス的な弊害を回避できる金融商品といえる。

　ただし、留意点として、実際に、①このようなETFを証券会社等に照会、発注したり、②それらを組み合わせて基本ポートフォリオを作ったりするためには、法人投資家の側も本書の第4章から第9章の内容ぐらいの予備知識は事前に勉強、理解し、ある程度プランしておく必要がある。

　なぜなら、①②について投資家側のプランをある程度決めた上で、証券会社等に対して強くETF購入の意思を示し、取引条件についても照会を求め、指示してやらないと、証券会社等の側は"ETFはリスクが高いですよ""他にもっと確実で、有利な商品、方法がありますよ"と言ってくる可能性も高いからである。そういわれて、グラつく法人はETF取引やそれらを組み合わせた基本ポートフォリオにはたどりつけない。投資家側が、無知、受け身なスタンスのまま、証券会社等に対して、ETFやそれらを組み合わせたポートフォリオ運用プランについて、一から照会・相談することはやめておかれた方が良いかもしれない。

　以上、金融ビジネス的制約に突き合わせて考えた場合でも、X法人のようなETF、基本ポートフォリオ（資産配分比率）によるシンプルで低コストの運用管理は、法人にとってメリットが大きいと考えられる。ただし、実際にそれらを実現するためには、投資家の側も予備知識は事前に勉強、理解し、ある程度プランしておく必要がある。

　最後になるが、誤解を招くことがないよう断っておきたい。(b) 複雑なもの、不透明、中身や仕組みが分かりにくいもの（提案者である金融機関の専門性・専売性を誇示できるもの）、(β) 明示されている／明示されていない運用コストが高いもの（自社の専門性の高さや他社では利用・購入できないことを理由として高い運用コストを投資家にチャージできるもの）を全否定しているわけではない。数は非常に少ないが、その中には長期間にわたって、比較的高い運用コストにも見合うリターンを投資家に還

元している金融商品、サービスは存在する。ただし、過去と将来は異なる。投資を行う前の段階で、将来もそのような金融商品、サービスであり続けるかどうかを見極めることはとても難しい。

また、金融機関等の経営者や営業部門、コンサルティング会社の全てがここで指摘したような振る舞いをしているわけではない。中には顧客本位の業務運営（フィデュシャリー・デューティー）を常に実践している営業担当者やコンサルタントも存在する。ただし、そのような営業担当者やコンサルタントに出会うことは、法人投資家が思っているほど、実際問題として簡単なことではない。

コラム

☆3－7☆ 投資アドバイス業とフィデュシャリー・デューティー

50年前は法人資産運用の手段として預貯金と国債ぐらいしか存在しなかった。それが、1980年代、金融商品の種類はどんどん増え続け始めた。やがて、1990年代後半、本邦金利の低下に伴い、膨大な種類の金融商品の中から、個々の発行体の業績や格付けなどの信用リスク、為替、株価、金利など世の中の変動・変化について、その時々の「当てっこ」を運用担当者に求め続ける業務へと完全に変質してしまった。これが今日までの歴史である。

預貯金と国債ぐらいであれば普通の運用担当者でもマネジメントできる。ところが、今日では「どの金融商品を買うか」「いつ買うか」「買った後どのように管理するか」ということまで法人側が責任を持たなくてはいけない。情報収集、判断、管理の業務を普通の運用担当者だけで「do it yourself流」に完結させることはだんだん困難になってきている。

だから、多かれ少なかれ他の誰かの情報提供などの力を借りていることになる。つまり、証券会社など外部からの情報提供・提案を参考にせざるを得ないのである。

第3部　解決策　*143*

　しかしながら、ここに法人資産運用を取り巻く動かしがたい制約条件の一つが存在する。法人側はこれに十分に留意していく必要がある。拙著『新しい公益法人・一般法人の資産運用』で詳しく触れているが、金融ビジネス（銀行、証券会社、コンサル、運用会社など全て）は投資家が負担するコスト（手数料、管理料など）の上に成り立っているという事実である。

　だから、金融ビジネス側は往々にして彼らの収益がなるべく多くなるように、投資家を誘導するバイアスがかかる。投資家側の高コスト負担を正当化できるように、シンプルなものより複雑なもの、流動性の高いものより低いもの、公で価格競争原理の働くものより彼らの独自性・専売性の強いもの、さらに彼らの専門性やリサーチ力をアピールできる商品やスキームに投資家を誘導したがる傾向がある。

　しかしながら、金融の統計によれば、高コストの商品や複雑なスキームの商品は投資家側の高いリターンとは一致しない。それどころか、高コストは確実に投資家利益を損ない続け、複雑なスキームの商品は投資家の理解や管理することが難しいので長期投資することが困難になる。その多くが、長期的にはシンプルで低コストの商品やスキームでの運用さえも下回るという実証研究の結果もたくさん存在するのである。

　昨今、金融庁が各金融機関にフィデュシャリー・デューティー（FD　受託者責任）を指導しているのには上記の背景が存在している。法人に対する投資アドバイス業がFDをクリアするためには、

　①投資アドバイザーの質（手数料・管理料収入や所属会社の人事評価を全く意識しないでよいとしたら、投資家のために、どんなアドバイスができるか？）

　②投資家負担コストの妥当性（投資家の利益とバランスするか？　高すぎないか？　投資家の利益を損なわないか？）

　③上記①②の要件を満たした上での金融機関側のビジネスの持続可能性（顧客へ継続サービスが可能か？　廉価なアドバイス料金でも事業が維持可能か？）

が求められる。

　しかしながら、①②③をクリアする投資アドバイスを提供する会社と出会うことは非常に難しい。残念ながら、そもそも①の核心に真剣に向き合ったことのない人材が金融業界には未だ多いように思われる。

（『公益法人』（（公財）公益法人協会）2019年6月号「法人資産の運用を考える（8）」より）

144 第3章　法人資産運用の問題解決の方策—資産運用事例と問題解決との整合性—

コラム

☆3−8☆　顧客の立場に立った「認定」投資アドバイザー／投資アドバイスという議論

　2022年12月16日に決定した与党（自民党と公明党）の2023年度／令和5年度税制改正大綱が大きな話題となっている。中でも、大きいのは資産所得倍増プランの目玉と言われる「NISAの抜本的拡充・恒久化」だ。また、「顧客本位の業務運営を推進する制度整備、消費者に対して中立的で信頼できる助言サービスを促進するための仕組みづくり、金融教育等の充実により、「資産所得倍増プラン」を着実に推進する。」（2022年12月16日決定「予算編成大綱」）とも明記されている。

　2022年12月21日付日本経済新聞電子版では「抜本改革されるNISAは、同時に実施される個人への投資アドバイス体制の抜本改革と併せて、日本の「投資の風景」を大きく変える潜在力を持っている。…（略）…。あまり知られていないが、NISA抜本改革と並行して、金融庁内では投資や金融の個人へのアドバイス体制に関する非常に重要な改正論議が進んでいる。官邸から金融庁へかなり早い段階で「NISA拡充は、顧客本位のアドバイザーづくりや金融教育の強化とセットだ」という指示が来ていたからだ。NISAの抜本改革による変化は、個人の資産形成へのこうした幅広い支援策と合わせた全体像で考えるべきだ。…（略）…。金融庁は顧客本位の「認定アドバイザー」をリスト化し公表する方針。認定の条件としては①金融商品を販売していない②金融機関から手数料などをもらっておらず報酬は顧客だけから受け取る——などが検討されている。これは販売と実質的に切り離し「利益相反のないアドバイス」をするアドバイザーを『見える化』するという、これまでなかった非常に重要な取り組みだ。…（略）…。はるかに強力になる総合NISAと、顧客本位のアドバイス体制や継続的な金融教育がセットになれば、日本の投資の風景は大きく変わる可能性がある。」と報じている（2022年12月21日付日本経済新聞電子版「NISA抜本改革、日本の「投資の風景」変える潜在力」より）

　今のところは、この議論は個人投資家のNISA、iDeCoなどの非課税投資、資産形成投資に限定した議論のようである。

　長年、法人投資家に対して、①金融商品を販売しない、②金融機関から

手数料などをもらわず報酬は顧客だけから受け取って、投資アドバイスを提供してきた著者から見ても、この議論は核心をついていると思う。

つまり、政府、公的な見解も、①金融商品を販売する行為、②金融機関（金融商品のメーカーや販売会社）から手数料を受け取る行為は、顧客である投資家に対して業者側の利益を優先してしまうバイアス、利益相反を醸成する温床になりやすいことに、既に気が付いているのである。

法人投資家も、取引先は専ら証券会社（金融商品の販売会社）であろう。しかも、その証券会社の担当者からの何らかのアドバイスや情報提供をしてもらって投資判断しているのではないだろうか。法人の資産運用業務を円滑に推進し続けるためには、そうせざるを得ない業務環境、制約であることは十分に理解できる。しかしながら、同時に、法人の自己防衛のためにも、彼らのいうことを鵜呑みにするばかりでなく、自ら投資判断・説明できる金融リテラシーの研鑽に励んでいくことが求められる。

（『公益法人』（（公財）公益法人協会）2023年4月号「法人資産の運用を考える（54）」より）

（5）金融・資産運用の本質的な制約との整合性

最後に、あらゆる資産運用と切っても切り離せない制約について解説したい。どれも当たり前で常識的ではあるが、運用担当者という立場になったとたん、これらの制約を無視した、合理的でない、感情的な行動、意思決定に流されてしまう。

A. 何が起こるかは誰にもわからない（資産運用の世界の制約　その1）

地震などの自然災害は、いつ、どこで起こるか全く分からない。これは素人、一般市民も、その道の権威と言われる高名な地震学者や研究者も殆ど条件は同じである。プロであろうが、誰であろうが地震予知がズバリ的中することはまずない。頻発する地震の全てを的中させるなどあり得ないだろう。

また、一旦、地震などの自然災害が起こると、我々の期待や願望を全く顧みない非情、冷徹な結果を引き起こす。被害を軽減したり、自分の身を

守ったりする為の唯一の方法は、常日頃からそれに備えておく以外にない。これも素人、一般市民であろうが、その道の専門家であろうが、皆同じである。

資産運用の世界で繰り返される現象も、地震などの自然災害での我々の見識がそのまま当てはまる。いつ、どの銘柄（発行体）、市場で何が起こるか誰も決して判らない。何事も起きないか／デフォルトするか、上がるか／下がるか／横ばいか、暴騰するか／暴落するかなどは何人も絶対に判らない、予測不可能である。

それらを洞察する能力は、資産運用の熟練者だと自認していようが／自認していまいが同じである。それが権威ある専門家と言われるアナリスト／エコノミスト／大手金融機関／格付け会社／評論家／新聞／ニュース／その他のメディアであろうが、全て"地震予知"程度の価値しかないと思った方が良い。一つの意見として参考にするのは構わないが、それらを妄信、依存して、法人資産運用の成否まで重ねる投資行動を取るのは軽率であり、賢明とはいえない。

コラム

☆3－9☆　東京電力他の電力会社、金融機関が発行した債券の事例

2010年10月にある法人から東京電力株式の公募増資の株式の購入を相談されたことがある。今はやりの高配当利回り株式、割安株投資のような案件である。結論は、その企業に何かあった場合のリスクに対して、せいぜい２％ちょっとぐらいの配当利回りでは見合わないとアドバイスし、法人も購入を見送った。その後の顛末は、皆さんもご存じのとおりである（株価は2024年３月末現在でも東日本大震災直前の時の半値以下で低迷し続けている）。

2010.10.12	東京電力株式公募価格1,843円に決定
2011. 2.23	公募増資後の最高値2,197円を記録
2011. 3.11	東日本大震災、大津波に伴う原発事故が発生 東電株式終値2,121円（前日比　▼32円）
2011. 3.14	終値1,621円（前日比　▼500円）
2011. 3.15	終値1,221円（前日比　▼400円）
2011. 3.16	終値921円（前日比　▼300円）
2012. 7.18	終値140円（上場来最安値）
2024. 3.29	終値944円（現在）

　東京電力株式はもちろんのこと、他の全ての電力会社株式が大暴落、安定高配当株から無配株に転落した。そればかりか、全ての電力債も大暴落した。結果的には、倒産、会社整理には至らず、電力債も何とか償還を迎えることができた。しかしながら、当時の対応が異なれば、結果は全く異なっていたに違いない。

　また現在、債券運用する多くの法人のポートフォリオをみても、発行体のほとんどが金融機関に大きく偏った状態ではなかろうか。個別金融機関の信用リスクは言わずもがなであるが、債券発行を繰り返さざるを得ない発行体の状況、仕組債等の発行体になりやすい業種の状況などを鑑みて、同業種、似たような発行体の塊になっている法人も多いのではないだろうか。

　これまで幾度も周期的に繰り返してきた金融危機が、もしも次にめぐってきた時には、きっと肝を冷やすに違いない。

（前著『新しい公益法人・一般法人の資産運用』より抜粋）

B. X法人のポートフォリオ運用のスタンス①（何が起こるかは誰にもわからない前提で備える）

　結局、地震などの自然災害に備えた防災、減災の取り組みと同様、資産運用について投資家ができる最善の対応は、金融危機などの非常時を想定して、可能な限りダメージを小さくするよう平素から備えておくぐらいである。残念ながら、それが唯一残された、最も現実的かつ賢明なやり方である。いつ何が起こるか誰も知り得ないのであれば、その時に慌てなくて

済むよう平素から準備しておく。自らの投資判断はもちろん、専門家、メディアの情報も絶対的な基準となり得ないのなら、相対的により強固な基準で資産運用を行えばよいのである。

　X法人のポートフォリオ運用のスタンスは、いつ何が起こるかは誰にもわからないという前提が出発点となる。だから、X法人では、国債等を除き、個別銘柄投資は行わない（組織のルールとして、公債を除く個別銘柄投資は禁止している）。代わりにETFなどを利用して徹底的に分散投資を行う。ポートフォリオ全体で"世界経済"に近似させて分散投資しておけば、金融危機や経済恐慌などが起こり、最大級の下落に見舞われるかもしれないが、資産運用の全てを失う、継続できなくなる、回復・復元しないという最悪の結果に陥る確率は極めて低いと考えている。個別銘柄や特定業種への偏重運用と異なり、決定的な敗北に陥る確率は極めて低いと考えているのである。

　最悪の事態についても平素から具体的にイメージしている。過去最大級の価格下落に見舞われたリーマンショック時に、同様の資産配分比率のポートフォリオがどの程度下落したかを一つの目安としている。運用中のポートフォリオの時価総額にそれを当てはめて、具体的な下落率や含み損の金額の目安を平素から確認しておくことで、万が一の最悪の事態にも備えているのである。

C. 資産運用の世界の制約　その2　時間の経過と共に簡単に陳腐化してしまう

　法人資産運用の歴史は、金融商品（有価証券の発行体を含む）や資産運用サービスの種類や数の爆発的な増加の歴史である。と同時にそれらの栄枯盛衰、はやりすたれ、淘汰の歴史でもある。また、法人資産運用における様々な汚点の歴史でもある。

　特に、2000年ぐらいを境に、円建て外債（サムライ債）、劣後債、仕組債、デリバティブ取引などの金融商品の種類と、それらを発行する政府

系、民間系（うち内外金融機関が多数を占める）の発行体の数は、爆発的に増加した。資産運用サービスとしてのSMAやファンドラップ、先進的なテーマ、コンセプトの流行に乗ったソーシャルボンド、グリーンボンドやESG投資なども次々と考案され、利用した法人投資家も少なくないだろう。

　問題は、これらの金融商品（有価証券の発行体を含む）や資産運用サービスは、決して普遍的なモノではなく、そのほとんどは栄枯盛衰、はやりすたれ、淘汰を繰り返すことである。例えば、法人資産運用ではポピュラーな仕組債。金融機関にはハイリターン（明示していない受取手数料が高い）にも関わらず、投資家にとってはローリターン＋ハイリスク＋高コストという構造的な問題を抱える仕組債はやがて消えていくだろう。また、投資家の道徳意識には訴求するが、投資リターンへの貢献が怪しいソーシャルボンド、グリーンボンドやESG投資なども今のままの姿で存続すると思えない。

　余談であるが、法人はあまり投資していないと思うが、この他にも投資信託で、毎月分配型投信、デリバティブを使った通貨選択型投信（2階建て、3階建て投信とも呼ばれた）、IT関連、BRICS・中国関連、シェールガス・新エネルギー関連、環境関連、AI、自動運転、フィンテックなど様々な投資スキーム、投資テーマがかつて大流行し、その後すたれていった。

　中には、法人資産運用の歴史に汚点を残すものも少なくない。アルゼンチン国債などその他途上国の政府系発行体の円建て外債（サムライ債）、ダイエー、マイカル社債、リーマンブラザーズ社債、為替デリバティブ、クレディスイスTLAC債（劣後債の一種）、仕組債（特に為替、独自インデックスを参照するもの）、その他も挙げればキリがない。

　上場株式は昔から存在しているが、時代と共に花形企業、業種では栄枯盛衰、淘汰が繰り返されている。これは社債の発行体も同じである。消え

てなくなった発行体、凋落した発行体も数知れない。

　つまり、金融商品（有価証券の発行体を含む）や資産運用サービスおよび、はやりの投資テーマは栄枯盛衰、はやりすたれ、淘汰を繰り返す。そのほとんどが簡単に陳腐化してしまう。

　常に"何かより良い商品"を探している（探す必要があると思っている）法人投資家は、次々に現れる商品の情報収集、精査にいそしみ、時間と労力を割く。その中から自ら取捨選択、あるいは誰かと相談して決める。ただし、取得した金融商品が時代を超える普遍的な価値があるかどうかまではよく考えない。目先をしのげれば、それで良いのである。そんな目先しのぎ、成り行き、行き当たりばったりの運用を行っているうちに、陳腐化に陥る金融商品を最後にいくつも掴んでしまう。

　本当に考えるべき問題は、こんな状況の中で、法人は何をより普遍的な拠りどころとして資産運用に当たるべきかということである。

コラム

☆3－10☆　金融商品ビッグバンの歴史

　もしも、今日の法人運用担当者が50年前にタイムスリップしたとしたら、さぞかし驚かれることだろう。単に、当時の金利は高かったということでなく、利用できる金融商品の種類が驚くほど限られていたことに、である。なにしろ、預貯金や日本国債、上場株式以外には運用手段が存在しなかったと言っても過言ではないのだから。

　もしも上記に追加するとすれば、電力債、電電債、専売公社債、長期信用銀行など、債券発行による資金調達が政府によって許可されていた特別な企業による特別な債券ぐらいであった。発行量も限られている。その他の民間企業の資金調達は、銀行借り入れに依存しており、今日のような社債はほとんど存在すらしなかったのである。したがって、進んで上場株式で運用しようとする法人があれば話は別だが、ほとんどの法人の運用内容

は預貯金や日本国債となるのは自明だったのである。

その後、1980年代の株式市場の活況（いわゆる"バブル"）とともに、ようやく民間企業による転換社債やワラント債などの発行が旺盛となる。法人運用担当者にも、これらの"新しい運用手段"が提案され始めるが、ほとんどの法人は当時、投資を見送った（一部の投機好きの法人はこれらに乗ったが、バブル崩壊で痛手を負うことになる）。

しかしながら、1990〜2000年代に入ると、それ以前とは比較にならないほど多種多様な金融商品が法人運用担当者の前に登場する。普通社債、劣後債、サムライ債、ユーロ円債、2通貨債（元本は円、利払いは外貨。のちの為替仕組債の原型）、リンク債（元本や利払いが株価水準などで変わる）である。同時に、これらの金融商品の発行体も爆発的に増加する。国内外の金融以外の数多の民間企業から、国内外の数多の民間銀行など、海外の数多の政府・公的機関まで、正に"金融商品ビッグバン"である。

しかも、この頃に至っては、バブル崩壊によってすでに預貯金や国債の利回りが急低下を始めていたため、多くの法人担当者も動かざるを得なくなっていた。そして、この"金融商品ビッグバン"の歴史は、ダイエー社債、マイカル社債、アルゼンチン国債ほかサムライ債などのデフォルト、仕組債やデリバティブ投資の失敗など、現在に至るまでの法人資産運用における数々の汚点の歴史とも重なってしまうのである。

同時に、"金融商品ビッグバン"の歴史は栄枯盛衰の歴史でもある。かつて唯一、債券発行を許されていた銀行である長信銀をはじめ、有価証券の発行体の"品質"は時代とともに栄枯盛衰を繰り返し続けている。さらに、かつての転換社債、ワラント債、MMFやCRFなどがそうであったように、金融商品のスキーム自体も栄枯盛衰を続けるのである。劣後債や仕組債も昔から存在したスキームではない。これらの発行条件、発行内容も昔に比べ変化し続けている。

要するに、法人投資家として、今一度、再考してみるべきは、「金融商品の発行体や発行のスキームが爆発的に増え続け、かつ、それらが栄枯盛衰を繰り返し続けるなかで、一体、何に基準を置けば、一貫した資産運用を続けていけるのか」ということなのである。

（『公益法人』（（公財）公益法人協会）2019年4月号「法人資産の運用を考える（6）」より）

D. X法人のポートフォリオ運用のスタンス②（なるべく普遍性のある資産内容に保つ）

　X法人のポートフォリオ運用はなるべく普遍的な資産を運用の中核とすることを常に念頭に置く。容易に、はやりすたれしてしまう個々の発行体、運用スキームや、短期的な為替、株価、金利などの変動などを超越したいと考える。そのために、世界の債券市場、REIT市場、株式市場全体を運用資産として保有したいと考えている。そして、その市場全体から生じ続ける利子配当を期間収入として安定的に受け取りたいと思っている。

　だから、X法人は国債などと共に、オーソドックスなETFを使って世界の債券市場、REIT市場、株式市場全体を複製して保有しようとしているわけである。

　さらに、政治、経済、金融市場の動向の変化（時には大変動）、それらに伴う様々なニュース、専門家の意見などを注視、参考にはするが、それに基づいた予測で投資行動はしない。あくまで、法人事業に対して"合目的な"基本ポートフォリオの維持と規律に従って、運用管理を続けていくだけである。

E. 資産運用の世界の制約　その3　（決してコントロールできない）

"「自分にコントロールできることと、できないことを分ける。コントロールできないことに関心を持ってはいけない」。ルーキーイヤーの松井の言葉だ。"
"ヤンキース入団直後に不振だったころ、厳しいニューヨークのメディアについて聞くと、松井は「気になりません。記者が書くことは僕にはコントロールできません。コントロールできないことには関心を持ちません」と答えた。"
"イチローも、打率争いについて尋ねたとき「愚問ですね。他の打者の成績は僕には制御できない。意識することはありません」と話した。"
（朝日新聞「EYE　西村欣也／田中にバトン　超一流の処世術」（2014年1月28日）より）

一流のアスリートの言う "コントロールできること、できないことを区別する。コントロールできないことに関心を持たない（コントロールできることだけに焦点を当てる）。" という教訓は、資産運用の世界にもそのまま当てはまる。

　相場が上がるか、下がるか、個々の発行体が期待通りの業績、格付け、利払い、償還を維持してくれるかについて、投資家の側からコントロールできることは何もない。はっきり言えば、投資家側のどんな "精緻な見通し" "慎重な監視・管理" もほぼ無意味である。結果は当たるかもしれないし、外れるかもしれない、それだけである。

　投資家としてできることは、投資するか（続けるか）／投資しないか（やめるか）だけである。自分あるいは誰かの見込みが間違った場合には、資産運用が復元困難なダメージに陥るリスクはとても大きい。運良く間違わなかった場合のリターンを上回るようなダメージを被る可能性は、投資する前の段階で排除しなくてはいけない。わずかなリターンのために、大きなリスクを引き受けることは釣り合わないのである。

　第1章、第2章の感情的なバイアス（先入観・相場観）に基づいた資産運用のリスクでも述べたが、バイアス（先入観・相場観）に基づいた運用をうまく続けるための条件は2つしかない。相場が上がるか、下がるか、個々の発行体が期待とおりの業績、格付け、利払い、償還を維持してくれるかについて、①コントロール（予測を的中）できるか、あるいは②たまたま幸運が起こり続けるか、のどちらかである。これまでうまく行っているとすれば、それは①の運用担当者等の能力・実力が原因でなく、②のたまたまの運だったと思った方がよい。

　当たり前のことであるが、そもそも相場が上がるか、下がるか、個々の発行体がどうなるかを投資家の側がコントロール（予測を的中）できるものかどうか、冷静に考えてみればよい。

　しかし、運用担当者という立場になったとたんに、このようなことを無

154 第3章 法人資産運用の問題解決の方策—資産運用事例と問題解決との整合性—

視した意思決定をしてしまう。あるいは、自分の能力を過信するように
なってしまう。

F. X法人のポートフォリオ運用のスタンス③（コントロールできることだけに集中）

　X法人のポートフォリオ運用では最初から、相場が上がるか、下がる
か、個々の発行体が期待通りの業績、格付け、利払い、償還を維持してく
れるかは、決してコントロールできないというスタンスである。予測の当
たり外れで成否が決まる資産運用とは最初から決別したいと考える。だか
ら、コントロールできないことには一切関わらないで、コントロールでき
ることだけにフォーカスして運用を組み立てる。

　コントロールできることは2つしかない。①あらかじめ資産を十分に分
散することと、②あらかじめ基本ポートフォリオ（資産配分比率）を決め
ること、だけである。

　X法人がETFを使って世界の債券市場、REIT市場、株式市場全体に分
散投資して、あらかじめ決めた資産配分比率に従って運用管理を行ってい
る理由は、コントロールできることだけにフォーカスするためである。

コラム

☆3-11☆　パニック時における資産運用チェック

　世界的な新型コロナウィルスの感染拡大 ⇒ 経済・企業活動への影響
懸念から、世界的に株式、REIT、債券金利、為替が大きく動き始めてい
る。パニック時の資産運用チェック項目について触れてみたい。
　第一に、過去も将来も、資産運用には、必ずパニックはついてまわる、
切り離すことのできないものである。何人も、パニック時だけを都合よ
く避けて、資産運用を続けることはできない。甘んじるしかないのであ
る（運用収入を年度事業のサポート、あるいは中長期的な事業基盤と位置
付けている公益法人の場合は、特に、である）。今回のパニックのきっか

けが、コロナウィルスだっただけの話であり、過去の記憶に新しいもので
は、リーマンショック、東日本大震災、ギリシャショック、ユーロ危機な
ど、様々なきっかけでパニックは繰り返されている。

　第二に、誰にも予測できないことである。コロナウィルスの感染拡大が
どこで止まるか？　金融市場のパニックはどこまで行けば止まるか？　な
どは、プロ／アマ、評論家、メディアを含めて誰も分からない状況である
ことは、毎度のパニックでの共通点でもある。

　第三に、いずれは終わることである。今回についても、予測できること
は、いつかこの混乱も終息を迎え、おそらく、人類の滅亡や世界経済の終
焉には至らないのでは、ということである。

　次に、以上の前提で、各法人が実施する資産運用が以下のチェック項目
をクリアするか、検証してみてほしい。

（1）今後、パニックが続いたとしても、運用収入は安定的か？

　　株式やREITの下落、金利の低下、円高などが続いたとしても、年
　度事業をサポートする運用収入が比較的安定していれば、パニックが
　過ぎ去るまで、やりすごすことができる。

　　ただし、今のところ運用収入に影響がなくても、パニックが長引い
　た場合、徐々に業績悪化⇒減配や格下げ・デフォルト、あるいは金利
　低下⇒再投資利回りの低下、などの影響を大きく受ける資産内容・偏
　りになっていないかのチェックも必須である。

（2）パニックによる、資産価格の下落は一時的なものであると、客観
　　的に言えるか？

　　パニックが過ぎ去れば、復元・回復する"一時的な落ち込み"であ
　れば、法人の中長期的な事業基盤は、依然として守られていると言え
　る。

　　ただし、それが単に市況に連動した一時的な落ち込みなのか、個々
　の株式やREITの業績悪化あるいは個々のファンドマネージャーの運
　用失敗による"復元しない恐れのある落ち込み"なのか、では大きく
　異なる。後者であれば、中長期的な事業基盤は毀損してしまうことに
　なる。また、円安などの為替変動のみに期待したクーポン・価格の回
　復は、個々の株式やREITの場合と同様の"運"を必要とすることに
　も留意が必要である。

以上の（1）（2）のチェック項目について概ね「イエス」であれば、

どんなパニックが来ようとも、嵐が過ぎ去るのを待つだけである。

また、（1）（2）のいずれか、あるいは両方が「ノー」の法人には、今後の改善策を考えるための問題点を全てあぶりだしてくれるのが、今の「パニック」という機会なのだと捉えてほしい。

（『公益法人』（（公財）公益法人協会）2020年4月号「法人資産の運用を考える（18）」より）

（5）まとめ

例え様々な運用課題を解決する手段としては有用なものであっても、実務上課される様々な制約を満たすことができなければ、法人が実際に活用することはできない。しかし、本節でご覧いただいたとおり、基本ポートフォリオの策定と投資方針の明文化がなされた法人の資産運用は、法人を取り巻く様々な制約条件にも整合するのである。

3. 第3章まとめ

ここまで、本章では、法人の資産運用を取り巻く様々な問題点を解決するための方策を具体的に検討してきた。

章の前段では、X法人の事例を引用し、まず全世界の主要な資産全てに分散投資を行うポートフォリオ運用を用いることで、インフレに負けずに事業の維持・拡大を遂行するための資産運用を目指すことができることを、実際の運用実績も交えながら確認した。さらに、その際、運用資産の配分や管理方法といった規律を明文化する投資方針書を併せて作成することで、現役の役職員の中での資産運用に関するガバナンス強化はもちろん、交代していく次の役職員との情報共有も容易になることがお分かりいただけただろう。

章の後段では、第2章で検討した法人の資産運用を取り巻く様々な問題点に照らしたときに、X法人が採るような方策が実際に有効であるか否か、適合するか否かを検討した。結果として、主な問題点とし

て述べた以下の4点、①不十分な分散投資、②非合理的なリスク管理、③人材の不足、④バイアスに基づく意思決定の問題について、X法人のようなモデルが有効な解決策として寄与する可能性が高いことを確認した。同時に、その他公益法人に係るいくつかの制約に対しても、従来の運用方法と比べて、本書が提示する運用モデルがより適合し得ることも確認してきた。著者は、ここまで説明してきた基本ポートフォリオと投資方針書を用いる法人の資産運用が、多くの法人にとってより良い選択肢であると考えている。

さて、続く第4章は、X法人のような運用の枠組みを目指す、これからの運用担当者が会得するべき、常識的かつ体系的な運用知識のダイジェスト的位置づけとして記していく。

第4部
運用担当と役員が
押さえるべき
運用基礎知識

第４章　基礎的かつ体系的な運用知識・意思決定基準

　第３章では、まず、第１章、第２章で指摘した法人資産運用の４つの課題・問題点の一つの解決策として、X法人のETF（上場投資信託）をツールとした、基本ポートフォリオ（法人事業に合目的な資産配分比率）による運用管理の事例を解説した。

　さらに、それらの課題・問題点の解決に本当に適合しているか否か、また、法人資産運用のその他の制約条件についても整合しているか否か、について確認した。

　さて、ここでクリアにしておかないといけない重要なポイントがある。X法人のような運用の枠組みが機能するために必須の前提条件があることに、読者の皆さんはお気づきだろうか？

　すなわち、X法人のような運用の枠組みが機能するためには、「金融市場のほぼ全体を複製し、それに連動するETF（上場投資信託）を、ただ持ち続けることで相応のリターンは期待できる」、という前提条件が成り立つ必要がある。

　金融市場全体に含まれる発行体には良いものも、悪いものも、さらにはデフォルトしてしまうもの、金融市場から消えていくものも含まれるだろう。しかしながら、それらの良し悪しの銘柄選別を一切しないで、それらが市場に占める構成割合（株価×発行株数、あるは債券単価×発行額面）の状態のまま、ただただ保有し続けることを良しと考えられなければ、そもそも成り立たない運用管理の枠組みなのである。

　第４章では、なぜ、X法人のような金融市場のほぼ全体を複製し、それに連動するETF（上場投資信託）×それらを組み合わせた基本ポートフォリオ（法人事業に合目的な資産配分比率）による運用管理が機能し続けると言えるのか。さらに、なぜ、今後についても普遍性を持って、機能し続けることが確からしいと言えるのか。あるいは、なぜ、これ以外の資産運

用の考え方、やり方に比べて、消去法的ではあるが、優位性・持続性が高いと言えるのか、について解説したい。

　本章の内容は、第1章、第2章でふれた法人内での運用人材の育成や育成カリキュラムの問題のところで申し上げた、これからの運用担当者が会得するべき常識的かつ体系的な運用知識のダイジェストである。また、運用担当者だけではなく、法人の意思決定に関わる役員も是非、理解、押さえておいてほしい重要な知識である。

1.　常識的アプローチからの理解

　資産運用や金融の仕組みを正しく理解し、失敗しない道を歩むには、高度な知識や複雑さは必要ない。必要なのは誰もが備えている常識的な見方、考え方だ。

　金融市場全体を複製してただ保有を続けることを、なぜ良しと考えることができるのか？　まず、普通の人でも常識を働かせることで理解できるように説明したい。

1−1　金融市場全体≒経済全体を保有するという意義
（1）リスク・リターンの源泉
A.　そもそも資産運用とはなにか？　預金、債券、株式、不動産、商品

　貯金箱にお金を入れておいても利息は付かない。でも銀行に入れておくと利息が付く。なぜだろう？

　この問いは、あらゆる資産運用の本源的な仕組みを理解するための出発点であり、リスクやリターンを整理・理解するための出発点なのである。分かり切ったことと思わずに、少しお付き合いいただきたい。

a.　預貯金

　図表4−1のとおり、貯金箱にお金を入れても、ただそこに現金が留まり続けるままである。一方、預貯金として銀行や郵便局に預けたお金は、

図表4-1　金融・資金運用の構図

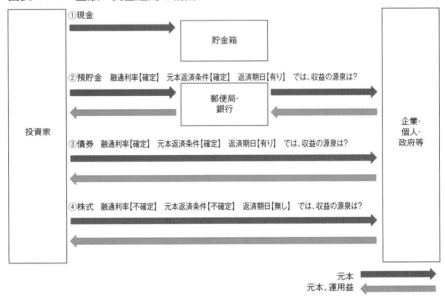

企業・個人・政府などの他の経済主体へと融資に回される。単純化すれば、銀行や郵便局は企業・個人・政府などから利子を含めた返済を受け、仲介者としての手数料や預金者リスクの肩代わり費用（一般の預貯金はいつ途中解約しても金融機関のリスク負担によって元本割れしない仕組み。これに対する費用など）を差し引いた残りを、預金者に払い戻している。このような、金融・資金融通の関係が成り立っているからこそ、預貯金は利子を生むのである。

b. 債券

預貯金の場合には、銀行や郵便局などの仲介者が存在、預金者のリスクのほとんどを肩代わりしていたが、そのような保証者が存在しない金融・資金融通の形態もある。例えば、国債を購入するという行為は、債券という有価証券と引き換えに政府に直接お金を融通している。そして、お金を

借りた政府は一定の条件で元金と利子を返済してくれる。

　証券会社などが、国債の売買時の仲介者として介在するのが普通だが、預貯金のように保証する金融機関が元金と利子の返済リスクを負うことは決してない。あくまでも元金と利子の返済リスクは、投資家側が直接負う。しかも、債券の発行体は、期日での元金と利子の返済を約束するだけである。期日以前での投資家が回収できる元本はその時点の債券の取引時価に委ねられる。つまり、購入した債券を途中換金すれば、売却益がでることもあれば、売却損がでることもある。これは地方債、普通社債、サムライ債、ユーロ円債、劣後債、仕組債など、他の全ての債券でも同じである。

　また、一般的に債券は預貯金よりも利子が高い。それは、預貯金では金融機関が保証している途中換金の元本割れリスクを、投資家が直接負担する仕組みだからである。以上が、預貯金と債券の仕組みの違いである。

　一方で、債券と預貯金には非常に特徴的な共通点がある。それは、両者とも、融通した資金の返済条件や利得条件が事前に取り決められているということである。「いくらの利息が貰えるかわからない、満期がいつかもわからない」という預貯金や債券を保有したいとは普通は思わないだろう（受取利子が容易に変わり得る仕組債や仕組預金、早期償還を投資家側が安易に期待しての超長期の預金や債券（仕組債、仕組預金や劣後債など）への投資は、一般の預金債券投資とは性質の異なる特殊なもの、構造的に普遍的な預金・債券投資とは呼べないものであると整理できる）。

c. 株式

　ところが、金融・資金融通の中には、最初から「満期はいつで、利子はいくら貰える」ということを全く定めない、まるで「信用貸しのある時払い」のような形態も存在する。それが株式を通じた金融・資金融通である。

　株式の出資者／保有者は営利企業に資金を融通していることになる。満期償還というものは存在しないので、資金回収の方法は、通常、証券を転

売（売却）する以外にはない。つまり、その企業の好業績や将来の良い見通しが株価に反映されればキャピタルゲインを得られるが、その逆であればキャピタルロスを被る。また、配当があらかじめ約束されているわけではないので、増配・安定配当を続ける（利得条件が良くなる）ような株式もあれば、逆に無配に転落してしまう株式もある（預金債券と異なり、発行日や償還日がない株式を市場で買った株主は営利企業に資金を融通している実感がないかもしれない。しかしながら、元々の出資者が負うリスクとリターンを得る権利を、市場で転々としていたものを、譲り受けたのだから、現在の株主が実質的な出資者である）。

B. 資産運用のリターン、リスクの源泉

a. 資産運用のリターンの源泉　〜預貯金・債券・株式・その他〜

以上の金融・資金融通の経路・仕組みの整理から重要なことが分かる。

第一に、そもそも資産運用とは、預貯金・債券・株式などの手段を使って、個人・企業・政府など、他の経済活動に資金融通する行為であり、それらを通じて利殖を目的とする行為である。どの手段を使おうが、結局、行き着く先は同じ。つまり、あらゆる資産運用において収益として認識されている利子、配当、キャピタルゲインのおおもとを辿れば、全て他人・他の主体の経済活動という源泉に行き着くのである。

第二に、預貯金・債券と株式との違いは、資金を融通する時、あらかじめ満期（返済時期と返済金額）を定めるのか／定めないのか、あらかじめ利率（支払い利息）を提示するのか／提示しないのか、の違いだけなのである。

第4部　運用担当と役員が押さえるべき運用基礎知識　*165*

図表4-2　資産運用のリターン、リスクの源泉

資　産	負　債
現金（貯金箱のお金など）	－
預貯金　⬅➡	銀行・郵便局など
債　券　⬅➡	企業・政府等
株　式　⬅➡	企　業
保険（貯蓄型）　⬅➡	保険会社
貸付金　⬅➡	個人・企業・政府等
不動産	－
貴金属・骨董など	－

　また、あなたが"資産"と考えているものは、誰かの"負債"である。つまり、資産運用における基礎的な付加価値といえる利子配当を生む"資産"は、基本的に誰か他の人の"負債"であるという関係で成り立っている。

　株式は返済を前提としないので、一般的な定義では負債ではない。しかしながら、株主に対してリターンで報いることを前提として株式は存在する。だから、本質的にはそれを発行する企業にとっては広義でみれば負債（貰いっぱなしでは済まされない資金）ともいえる。

　すなわち、資産運用の収益の源は全て他人・他の主体の経済活動に依存して成り立っているのである（一方、誰の負債でもない現金、不動産、貴金属、骨董、最近の仮想通貨（ビットコインなど）は、それ自体"もの"に過ぎない。だから、そのままでは、利子配当などの基礎的な付加価値は生まない。ただし、不動産が他の人に貸し出される場合は、賃料・使用料という付加価値を生む（REIT不動産投資信託も同じ仕組み）。また、農地や森林や鉱山など不動産から生じる産出物がある場合は、付加価値を生む。貴金属、骨董・美術品などの"もの"も貸し出される場合は、賃料を生む）。

　さて、リターンについて、ここまで理解ができれば、そのリスクを理解するのはとてもやさしいはずである。

b. 資産運用のリスクの所在　〜預貯金・債券・株式・その他〜

　預金利子、債券利子、株式配当、株式キャピタルゲインは全て資金融通の先の他の経済活動から生み出される。とすれば、当たり前だが、唯一のリスクはお金がリターンと共に回収されないことである。そのような期待を裏切られる原因、それが発生する原因もただ一つ。資金融通先である他の経済活動が「劣化」、おかしくなってしまうことしかない。

　2000年前後、本邦銀行の預金ペイオフ制度がクローズアップされ、預金の安全性が社会問題化した。これもバブル崩壊以降、個々の銀行の最終的な貸出先の状況が悪化、元利の返済が滞る不良債権化したことが原因だった。

　また、その後の、ダイエー社債、マイカル社債、クレディスイスTLAC債（劣後債の一種）などの社債のデフォルト、アルゼンチン国債など他いくつかの円建て外債（サムライ債）の国債・政府系債券デフォルト、東電債をはじめとする電力債、東芝債、リーマンショック時やギリシャショック時の欧米の大手金融機関の社債が被ったのもすべて同様である。最終的な資金の借り手である個別の債券の発行体が「劣化」してしまったのだ。

　個別の企業が発行する株式も同様である。先述のダイエー、東電、東芝の株主は同社の債券保有者以上の損害を被っている。リーマンショック時では、リーマンブラザーズ株式などが紙クズになってしまっただけでなく、シティ銀行やAIG他の大手金融機関の株式も、公的資金の注入を受けたことでようやく、かろうじて生き残ることができた。ギリシャショック、ユーロショックの時はギリシャをはじめ、多くの欧州の銀行株が消滅してしまっただけでなく、イタリアやスペインの大手金融機関の株式も紙クズ同然の価格で取引された。あれ以来、それらの金融機関の状況はたいして改善していない。

　このように、預貯金、債券、株式の問題は全て個々の企業・発行体の「劣化」に起因するのである。資産運用に共通するリスクの所在が分かっ

ているなら、それを回避するにはどうしたら良いだろうか？

　誰もが考える安易な回避方法はこうである。「劣化」しないものだけ選べばよい。ただし、そのためには、個々の銀行（その経営や貸出先）、個々の債券の発行体の経営・財政状況、個々の株式の発行体の経営・財政状況などを分析、モニター、判断を続けなくてはいけない。

　理屈はそうかもしれないが、普通の法人とその一担当者が（間違えずに）そんなプロのファンドマネージャーと同様のことができるだろうか？しかも、プロのファンドマネージャーでさえもそのような投資判断は頻繁に間違っているのに、である。

　特に、近年では、高格付けだった債券が突然デフォルトしたり、投資不適格まで格下げされたり、世界屈指の企業、金融機関でさえも突然破たんしてしまうようなことが絶えない。一部の運が良い者を除けば、プロでも事前に予測、的中を続けられる人などいない。

c. 資産運用の大命題

　このように、預貯金・債券・株式など全ての資産運用は、他人・他の主体の経済活動への資金融通に等しく、基本的にリターンはそれらの経済活動を源泉としている。同時に、そのリスクの所在はそれら個々の経済活動の「劣化」に起因している。

　ここで資産運用における２つの大命題が浮かび上がる。まず、①そのような資金融通先、個々の経済活動の「劣化」をいかにリスクマネジメントできるかということである。次に、②資金融通先個々の経済活動から生まれる利子配当収入やキャピタルゲインをいかに効率よく獲得することができるかということである。

　さきほども述べたように一つの方法は、「劣化」しないものだけ選んで資産運用をすればよい。個々の銀行（その経営や貸出先）、個々の債券の発行体の経営・財政状況、個々の株式の発行体の経営・財政状況などを間違えずに分析、モニター、判断するのである。

しかしながら、普通の法人やその一担当者がそんなことを続けることは現実的には不可能である。

C. 分散投資

a. 分散投資　～その恩恵～

実は、分散投資こそが、資産運用における①リスクマネジメントと②リターンの獲得、この2つの命題を同時に解決する考え方なのである。

b. リスク　～分散投資は致命的なリスクを回避できる～

投資を分散すれば、致命的なリスクを回避できることは、誰もが直感的に理解できるのではないだろうか。これが分散投資の第一の恩恵である。

例えば、ある投資家が、日本株への投資として、世界に冠たるトヨタ自動車株式の投資を検討しているとする。

「トヨタであれば、GMやフォードはもちろん、フォルクスワーゲンなど世界の名だたる自動車メーカーをも凌ぐ。今後もその地位を固めそうだ。」と予想する一方、

「待てよ、GMやフォード、フォルクスワーゲンもかつては現在のトヨタのように繁栄していた時期があったよな。トヨタの成長だって、いつかは下り坂にならないとも限らない。」

「ホンダ、日産、スバル、マツダなどほかのメーカーにも投資しておこうか。」

「いや、成長するインドや中国などの新興自動車メーカーも加えよう。」

「いやいや従来の自動車組み立てメーカーに限定するのは視野が狭い。これからは電気自動車や自動運転の時代である。米国の新興電気自動車メーカーのテスラや自動運転研究のグーグルなどにも範囲を広げて考えるべきではないか。」

「そもそもなぜ、自動車とその関連産業に特定、限定して考える必要があるのだろうか？」

第4部　運用担当と役員が押さえるべき運用基礎知識　*169*

　「ソフトバンクなど広くIT分野をカバーしそうなほかの企業にも拡大
　　して考えたり、武田薬品や三菱商事などのほかの企業・業界にも投
　　資を分散したりする方が、投資先を“決め打ち”するよりもハズレ
　　るリスクは少なくなる。」

　と、このように思考、ロジックを進めていけることについて、ほとんど
の方が抵抗なく理解できるのではないだろうか。つまり、投資を分散して
いけばいくほど、より致命的なリスクを回避できる確率を上げることがで
きるのである。

　また、預貯金、債券、REIT（不動産投資信託）などについても、全く
同じロジックで整理することができる。

c. リターン

　　〜分散投資を進めていけばリターン獲得の確率を上げられる？〜

　それでは、分散投資を進めていけば「リターン獲得の確率を上げられ
る」と言ったらどうだろうか。こちらの方は違和感を覚える読者も少なく
ないのではないだろうか。しかしながら、このことが分散投資の第二の、
そして極めて重要な恩恵なのである。

　例として、先ほどの日本株投資についての思考、ロジックをさらに進め
ることで説明を試みたい。

　「そもそもなぜ、自動車とその関連産業に特定、限定して考える必要
　　があるのだろうか？」

　「ソフトバンクなど広くIT分野をカバーしそうな他の企業にも拡大し
　　て考えたり、武田薬品や三菱商事などの他の企業・業界にも投資を
　　分散したりする方が、投資先を“決め打ち”するよりもハズレのリ
　　スクは少なくなる。」

　「日本株への分散投資を突き詰めると、東証プライム市場上場の約
　　1,800銘柄、東証スタンダード市場上場の約1,400銘柄、東証グロース
　　市場上場の約500銘柄の全てに分散することになる。」

「待てよ、これって日本の株式市場全体≒日本経済に投資することになるんじゃないか。」

「何千という銘柄から生じる配当金の全部、値上がりと値下がりの全部、それらの合計が投資の結果ということになる。」

「日本の株式市場全体は消えてなくなることはあるだろうか？」

「日本の株式市場全体の配当金、値上がりと値下がり、全ての合計が、未来永劫マイナスだとしたらどうなるだろうか？」

「誰も株式投資したいとは思わないどころか、株式市場の存在価値が否定されることになる。そんなことはあり得るのだろうか？」

「もちろん、何事にも絶対ということはあり得ない。株式市場だって消えてなくなることもあるかもしれない。未来永劫リターンがマイナスということも絶対的に否定はできない。でも、それは、どれくらいの確率で起き得るのだろうか？」

　さて、上記について読者の皆さんのお考え、直感はいかがであろうか？このような考え方、ロジックの進め方は、我々一般人の常識とも矛盾しないのではないだろうか？　分散投資を進めていけば「リターン獲得の確率を上げられる」という意味が少しお分かりいただけたのではないだろうか？

　預貯金、債券、REIT（不動産投資信託）への投資も全く同じである。つまり、分散投資は、様々な経済活動が生み出している利子配当、キャピタルゲインという付加価値の総和（リターンの総和、金融市場平均リターン）の獲得に近づいていくことなのである。

　もちろん、特定の個別企業・発行体、特定の業種が破たんしたり、復元困難な長期低迷に陥ったりすることは金融市場の中では絶えず繰り返されている。

　しかしながら、預金利息と元本の総和、債券利息と償還元本の総和、株式配当とキャピタルゲイン・株価の総和でみたリターンが、最終的にいく

らかのプラスの値を示していなければ、だれも他人に資金融通しようとは思わなくなり、我々の周りの日常で当たり前のように営なまれる経済・金融の仕組みがひっくり返っているはずである。

　さらに、預金＜債券＜株式の順にリスクが高いことも誰でも直感的に理解できるであろう。中には個別の預金でも、債券でも、株式でもデフォルトするものも含まれるであろう。ただし、預金利息と元本の総和や、債券利息と償還元本の総和で考えて、それよりも、株式配当とキャピタルゲイン・株価とを総和したリターンがずっと低かったら、誰が高いリスクをとって、株式投資などするだろうか？　皆、預金債券にお金を預けるので十分であろう。株式市場が存在する必要はない。ゆえに、恐らく、全ての総和のリターンでは、預金＜債券＜株式の順に高くなっているはずである。そうでなければ、やはり、我々の周りの日常で当たり前のように営なまれる経済・金融の仕組みがひっくり返っているはずである。

　これは、日本の株式市場や債券市場だけに限定される見方、考え方ではない。世界の株式市場、債券市場、REIT市場などにも当てはまり、分散投資の選択肢は、世界経済、世界の金融市場にまで拡張して考えることが可能なのである。

コラム

☆4－1☆　プラスの値（正の値）は、どこから来る？

　"ところで、そもそもその正の値とはどこから出てくるのであろうか？それは、経済の成長そのものから生まれるものであり、その成長の果実はいつか、どこかにいる、誰かに帰属することになるのである"

（ピーター・L・バーンスタイン『証券投資の思想革命』より）

172 第4章 基礎的かつ体系的な運用知識・意思決定基準

コラム

☆4−2☆ なぜ日銀は指数連動型ETFに投資できるのか？

　日銀によるETF買い入れによる金融緩和（株価テコ入れ？）が実施されて久しい。2019年1月末時点で日銀が保有するETFの残高は時価ベースで27兆円にのぼる（TOPIXに連動するETFが15兆円、日経225に連動するETFが10兆円を占めると試算される）。

　では、なぜ日銀は、損失が許されない公金で、このような指数連動型ETFに投資することができるのだろうか？　その理由について日銀から改まった説明がこれまであったわけではないが、「分散投資はリスクとリターンを均衡させる」という常識的な見方に基づいて、日銀は指数連動型ETFを「選択」しているものと思われる。

　つまり、金融市場を代表するような指数連動型ETFを「選択」しておけば、①金融市場や指数が消滅してしまわない限り、投資を継続できる（倒産という最悪のリスクを軽減できる）、②ほとんどの金融市場や指数は、理論的にも統計的にも、長期的にはプラスの値を示す（長期的にはリターンが期待できる）、という考え方に沿って、日銀は指数連動型ETFを「消去法的に選択」しているものと思われるのである。

　「分散投資はリスクとリターンを均衡させる」というアイデアは、1950年代の米国の博士論文に始まる。それまでの資産運用は、リターンを得るには「正しい銘柄」を「正しいタイミング」で的中させなければならないという"勘""経験""運"が支配する世界だった。ところがその論文では、リターンを生み出すような「正しい分散投資」による「正しい（合理的な）リスクの取り方」が重要であると唱えたのである。しかしながら、当時はコンピューター技術も発達しておらず、膨大な数の有価証券の価格や利子・配当を情報処理して分散投資の効果を検証・実証することはできなかった。

　今日では、S&P500指数やTOPIXなどをはじめ、世界中の株式市場、債券市場、REIT市場を代表する膨大な種類の金融市場指数が日々計算、公表されているが、これらの金融市場指数が生まれたきっかけは、実は「分散投資はリスクとリターンを均衡させる」というアイデアは本当なのか、という検証・実証のためだったのである。そして、それを可能にしたのは、

コンピューターの進歩だったのである。

　さらに、このような検証・実証の成果は、後に、インデックスファンドやETFという様々な金融市場指数に単純に連動することを目標とする金融商品の登場につながっているのである。

　資産運用や金融の仕組みを正しく理解し、成功への道を歩むには、高度な知識や複雑さは必要ない。必要なのは誰もが備えている常識的な見方、考え方だ。

　資産運用のリスクとリターンを均衡させるには、正しい対象や正しいタイミングを選ばずとも、ただ単純に金融市場や経済全体に「分散投資」して、それを保有し続ければよいのである。

（『公益法人』（（公財）公益法人協会）2019年9月号「法人資産の運用を考える（11）」より）

コラム

☆4－3☆　利子配当収入と運用元本のクオリティという視点

　指数連動型ETFへの投資について考察してみたい。

　それは、法人が必要とする、利子配当収入とそれを生み出す運用元本のクオリティ（普遍性と継続性）が備わっているか？　という視点である。

　例えば、一般的な預金や国債は、利子配当収入と、それを生み出す運用元本とのクオリティは強固かつ安定的であるといえる（ただし、目に見えないインフレを加味した場合、話は異なるが…）。つまり、約束された利子収入と償還金が支払われる源泉、構造を考慮した場合、それらが"反故"にされる確率は極めて低いと考えられる。もしも市場金利が3％程度あれば、資産運用の専門家ではない担当者を置いている公益法人や学校法人では、預金や国債を選好する方が間違いなくセーフであろう。しかし、残念なことに、現在、預金も国債もゼロ金利になって久しい。

　このような環境下で、運用益を必要とする場合の法人の対応は概ね2通り考えられる。

　1つめは、預金や債券などという「形式」を最優先して、運用収入の追求を続ける方法。仕組預金、社債、劣後債、仕組債など、特殊な預金・債

券などへと傾倒する運用がこの部類に入る。しかしながら、このやり方
は、利子配当収入とそれを生み出す運用元本の長期的なクオリティ（普遍
性と継続性）を著しく落とすことになる。金利・為替・そのほか市況や発
行体の業績の変化、運用担当者の選択によっては、利子配当収入の金額や
運用元本の質は大きくぶれる、あるいは復元が困難になるほど劣化して
しまうリスクと表裏一体の運用になる（担当が個別で外債・REIT・株式
で運用する場合や、銘柄選択や投資タイミングの秀逸性を売り物にする
ファンドマネジャーなどによく分からないまま運用委託する場合も、これ
と同様の問題を抱える）。

　２つめは、利子配当収入とそれを生み出す運用元本のクオリティ（普遍
性と継続性）を最優先して、シンプルな枠組みで考える方法である。株式
市場、REIT市場、債券市場から生み出されている利子配当金の総和を運
用収入、それらを生み出している市場を運用元本とする方法である。前者
の方法に比べて、クオリティ（普遍性と継続性）に勝るのは、一般常識で
考えても自明ではないだろうか（利子配当収入の源泉は、市場に含まれる
様々な業種の何十〜何千銘柄という有価証券であり、運用元本はそれら全
てだから）。

　指数連動型ETFを「選択」することは、利子配当収入と運用元本のク
オリティ（普遍性と継続性）を最優先するという意味では、かつての預金
や国債の運用とも相通じるものがある。

　もちろん、元本保証とは言えなくなる。また、金融市場全体と同じぐら
いの価格変動の大きさに甘んじなくてはいけない。しかし、利子配当収入
と運用元本のクオリティを健全に保つには、運用財産の内容を金融市場
（≒経済全体）の縮図にしておく方が理にかなっている。

（『公益法人』（（公財）公益法人協会）2019年10月号「法人資産の運用を考える（12）」より）

コラム

☆4-4☆ "大数の法則""確率"と資産運用

コイン投げをする場合、表が出るか、裏が出るかはやってみないと分からない。これは、私たち一人一人が、いつ死ぬか、病気や事故に見舞われるかについても同様である。将来のことなど誰にも分からない」のである。

資産運用についても全く同じことが言える。特定の債券の利払いや償還金が最終的に支払われるか？　特定の外債やREIT、株式への投資が最終的に回収できるか？　ということは、やってみないと分からないのである。このように不確実性に満ち溢れた世の中で、我々はどのように、組織として、資産運用の意思決定を下していくべきであろうか？

そのためのキーワードは"大数の法則""確率"なのである。例えば、いつ死ぬか、病気や事故に見舞われるか分からないので、私たちは保険に加入したりする。それらを引き受ける保険会社は平均余命や平均事故率という統計データを基準にして各保険加入者の適正な保険料を算定している。また我々は、コイン投げの回数を重ねていけば、表の出る確率は1／2に近づいていくことを知っている。つまり、個々の事象では不確実性が極めて高く予見不可能であっても、数多くのサンプルデータ全体でみれば、一定の確率や傾向が把握できる。それらの確率や傾向に基づいて意思決定することができるのである。

書籍『新しい公益法人・一般法人の資産運用』でも詳しく解説しているが、資産運用の意思決定についても同様に、"大数の法則""確率"を用いる方が賢明と言える。例えば、特定の発行体の債券、REIT、株式では、利子配当が消えてなくなることも十分起こり得る。しかしながら、債券市場、REIT市場、株式市場全体の利子配当では、そういった事態には陥りにくくなることはすぐ理解できよう。確定した利回りではなくなるが、連続性（安定性）もある程度は予見できるようになる。

また、特定の発行体の債券、REIT、株式では、デフォルトしてしまう、あるいは復元困難な下落に陥ることも珍しくない。一方、債券市場、REIT市場、株式市場の全体での価値も一時的に落ち込むことは避けられないかもしれない。しかし、それは特定の発行体のそれとは本質的に異な

る理屈であることは、常識を働かせれば分かるのではないだろうか。市場全体（≒経済全体）の回復に伴なって、復元する可能性の高いものであると考えられるのである（事実、世界中の金融市場の長期間にわたる統計データが、実証的にそれを物語っている）。

　念押しではあるが、以上のような "大数の法則" "確率" は、特定の発行体の債券、REIT、株式には当てはまらない。だから、「元本保証」「信用格付け」「世の中の評判」「誰かの見立て」などに基づいて、特定の発行体の債券、REIT、株式などを、運用担当者等が選択するスタイルの法人では、"大数の法則" "確率" の代わりに、彼らの "勘" "運" "手腕" に依存し続けるほかにないのである（"手腕" というよりは、彼らの在任中、たまたま市況が良かったなどの "運" であることがほとんどである）。

（『公益法人』（(公財) 公益法人協会) 2019年11月号「法人資産の運用を考える (13)」より）

D.　まとめ　常識的アプローチからの理解

　今日の資産運用サービスの提供者（証券会社、(信託) 銀行、運用会社・投資顧問会社、(年金) コンサルティング会社）の多くからは、資産運用は非常に複雑だということや、自社のアドバイスやリサーチ、専門性こそが投資家の運用目標を達成するためには必要だと聞かされるだろう。

　しかしながら、資産運用や金融の仕組みを正しく理解し、失敗しない道を歩むには、高度な知識や複雑さは必要ない。必要なのは誰もが備えている常識的な見方、考え方だ。

　このように、預金、債券、株式など、利子配当、キャピタルゲインと言う "経済的な付加価値" を生み出す資産の特徴、仕組み、リスク・リターンの源泉をたどれば、①徹底的な分散投資こそが致命的なリスクの回避に有効であること、②分散投資こそが全体的なリターンを取りこぼさない確率を引き上げそうなことが理解できる。すなわち、投資家は、(世界の) 金融市場全体を複製してただ保有を続けることを良しと考えることができるのである。

第4部　運用担当と役員が押さえるべき運用基礎知識　　*177*

　このように、まずは誰でも持ち合わせているはずの常識的アプローチから、資産運用や金融の仕組みの本質と大枠を理解できたとしたら、あとはその理解を学術研究や実証研究の体系的な知識によって裏付け、肉付けして、さらにその理解を深めていけばいい。

　しかし、証券会社、（信託）銀行、運用会社・投資顧問会社、（年金）コンサルティング会社などからは、このような自明の理を表立って聞くことはないかもしれない。

2. 学術研究的アプローチからの理解

　金融市場全体を複製してただ保有を続けることを良しとする考え方は、学術研究によっても裏付けられている。

2−1　資産運用についての学術的アプローチの始まりと、そこから今日に至る資産運用の姿

（1）誰も何も分からない中での資産運用の「賭け」
　　　―何に賭けるか、どのように賭けるかという意思決定―

　当たり前であるが、我々人間の誰一人として、将来のことを言い当て続けることはできない。したがって、将来の価値保全や利子配当収入などの安定獲得を目指す法人の資産運用においても、条件は全く同じである。厳密に言えば、資産運用のプロ・専門家などが提案、推奨する投資戦略も、大なり小なり「賭け」の要素が必ず含まれる（その事実を投資家にきちんと説明しないプロ・専門家がほとんどなので困ったものである）。

　結論から言ってしまえば、どんな資産運用手段や投資戦略も、「賭け」の度合い＝不確実性の度合いが、相対的に大きいか、小さいかという程度の問題でしかない。これまで、金融のプロ・専門家とおぼしき人たちからの情報、提案、推奨を全面的に信頼・参考にしてきた法人の運用担当者の皆さんにとっては大変ショックかもしれないが、これが現実である。

178 第4章 基礎的かつ体系的な運用知識・意思決定基準

　しかしながら、法人経営や法人事業のためには資産運用のリターンを諦めるわけにはいかない。将来は何人にもわからないという大前提のもと、リターンを求めつつ同時にリスクを低減する確率をなるべく高くするにはどう考え、行動したらよいかという意思決定に常に直面しているのである。

（2）資産運用についての学術的アプローチの始まり

　このような局面での意思決定の仕方についての考察は、1952年の米国のハリー・マーコヴィッツ氏の博士論文「ポートフォリオ・セレクション」に始まると言われている。彼は、リターンを求めつつ同時にリスクを低減するためには、「正しい分散投資」でなくてはならず、それは「正しい理由」によるものでなくてはならないと考えた。つまり、リターンを生み出すような合理的な、「正しい理由」による「正しいリスクの取り方」をしなくてはいけないのだと提唱した。

　それまでの資産運用の常識では、リターンを得るためには、「どの投資対象を売買するか？　それらをどのタイミングで売買するか？」で、全てが決まると考えられていた。つまり、個々の投資家あるいはファンドマネージャーの"経験""勘""運"に頼るほかなかったのである。

　しかしながら、学者であったマーコヴィッツ氏は、「正しい理由による分散投資」、「正しいリスクの取り方」がリターンをもたらすと考えたのである。リターンを追いかけることばかりに注目してきた世の中に対して、リスクに注目すべきと唱えた彼の提唱は画期的であった（その後、1990年に彼はノーベル経済学賞を授与される）。

　将来は何人にもわからないという大前提のもと、リターンを求めつつ同時にリスクを低減しなければならないという意思決定に直面していることは、昔も今も、そして今後将来も未来永劫変わることはないだろう。

（3）学術的アプローチがもたらした今日の資産運用の姿

　例えば、2023年12月末現在、約226兆円の基金運用を行うGPIF（年金積

第4部 運用担当と役員が押さえるべき運用基礎知識　**179**

立金管理運用独立行政法人）もホームページに「基本ポートフォリオ」、「長期投資」、「分散投資」という資産運用の原則を掲げている。

　この資産運用の原則がどこに由来しているかといえば、1952年のマーコヴィッツ氏の論文「ポートフォリオ・セレクション」以降、数多くの学者、研究者、実務家によるアイデアと仮説の提唱、それらについての実証研究を積み重ねてきた歴史に由来しているのである。

2−2　リターンを生み出すような「正しい理由」による「正しいリスクの取り方」が重要

（1）ハリー・マーコヴィッツ氏の論文の洞察とその限界

　1952年、米国のハリー・マーコヴィッツ氏は、資産運用は「正しい分散投資」、「正しい理由」によるものでなくてはいけないと考えた。リターンを生み出すような「正しい理由」による「正しいリスクの取り方」、つまり、それまではリターン追求一辺倒だった考え方と異なり、リスクにも焦点を当てた点が画期的なものだったのである。

　彼の論文の趣旨はシンプルである。投資について昔から言われてきた2つの通説、

　　①虎穴に入らずんば虎子を得ず（リスクのないところに、リターンはない）

　　②ひとつのカゴに全部の卵を入れるべからず（投資は分散すべし）

について、理論的（数学的・統計学的）に確認する道筋を示したに過ぎない。

　ほとんどの投資家は株式、債券、預金、不動産など複数種類の資産を保有しているという現実がある。株式や不動産だけに集中投資して大当たりした場合の目の飛び出るようなリターンの可能性を諦める代わりに、本能的に、全体として平均的なリターンに甘んじることになっても、財産を大きく減らしてしまうリスクをなるべく低減したいと思っている。だから、

ほとんどの人の財産は既に分散されている状態なのである。

マーコヴィッツ氏はこのような投資家の意思決定の定石として、「投資家は分散を図らねばならないのと同時に期待するリターンを最大化すべきである」と説いた。つまり、インプット（条件＝リスク分散）とアウトプット（結果＝期待リターン）の組合せを調べ尽くし、そのなかで最小のインプットで最大のアウトプットを可能にする証券の組合せ（効率的なポートフォリオ）をみつけ、そしてある条件が増加または減少した場合にどのようなトレードオフの関係が現れるかを調べる線形計画法の手法を用いるというアイデアであった。

そのためには、まず個々の証券すべてについて、

① （将来の）期待リターン

② （将来の）リスク（標準偏差＝価格変動の大きさ）

③ （将来の）相関係数（たとえば、A証券とB証券の価格変動が連動するあるいは逆方向に動くなどの価格変動の相関性を数値化したもの）

のデータを揃える。

次に、全ての証券の①②③の組合せ（ポートフォリオ）について計算すれば、一定のリターンあるいはリスクで最も効率的な証券の組合せ（効率的なポートフォリオ）が導出できると唱えたのだった。

しかしながら、理論的にはそうかもしれないが、将来の①②③について正確な予測値を設定することは、今日においても不可能である（実は、今日の年金基金ポートフォリオでさえも過去データ値やそれらを人為的に修正したコンセンサス値などを仮定値として代用しているのが関の山である）。

さらに、全ての証券の組合せについての演算回数は、たった50銘柄のポートフォリオでも1,225回、2,000銘柄だと200万3,000回にもおよぶ。コンピューターが未発達の1950年代、60年代においては「机上の空論」に過ぎなかったのである。

第4部　運用担当と役員が押さえるべき運用基礎知識　*181*

しかし、今日では基金運用において常識・定石となっているアイデアとそれら実用への道筋を、初めて理論的に示した彼の功績は計り知れない。

2−3　最も効率的な分散投資とは、（株式）市場そのものにほかならない

（1）ウィリアム・シャープ氏　〜CAPM（Capital Asset Pricing Model 資本資産評価モデル）の生みの親〜

ハリー・マーコヴィッツ氏は、このような投資家の意思決定の定石として、「投資家は分散を図らねばならないのと同時に期待するリターンを最大化すべきである」と説いた。しかしながら、効率的な、最適なポートフォリオとは具体的にどんな姿なのか、ついに、彼は明示して見せるまでには至らなかったのである。

この命題に光を当てたのが、マーコヴィッツ氏の弟子のウィリアム・シャープ氏だった。彼はCAPM（Capital Asset Pricing Model 資本資産評価モデル）という学術的アイデア、仮説を発表する。このモデルの行き着く結論は、驚くべき、だが不可避のものであった。

・最適ポートフォリオ＝最適な分散投資、最も効率的なポートフォリオ＝最も効率的な分散投資とは、（株式）市場そのものにほかならない。

・同等のリスクを持つほかのどんなポートフォリオもこれより高い期待リターンは持ち得ない。

・また、同等の期待リターンを持つほかのどんなポートフォリオもこれよりリスクが低くなり得ない。

・そして、もしも（株式）市場そのものが最も効率的なポートフォリオ＝分散投資であるというこの仮説が正しいのであるならば、不必要なリスク（市場全体のリスクより大きなリスク）を取らずにこれに打ち勝つことは誰一人としてできないことになる。

さて、既に、お気づきの読者もいるかもしれない。もしも仮に、このモ

デルの行き着いた結論が正しいとすれば、最適、最も効率的なポートフォリオ＝最適、最も効率的な分散投資の姿とは、金融市場そのものになる。だから、投資家はそれを複製し、取得して持ち続ければよいということになる。

さらには、上記の説明は少し難解な表現と感じられるかもしれないが、このモデルの意味することを法人の運用担当者や役員がよく理解することができれば、その他のほとんど全ての投資対象・投資案件に対しても、共通に適用可能な基本的な意思決定・判断基準が体得できるのである。

今日、GPIF（年金積立金管理運用独立行政法人）を含む世界中の機関投資家の多くがこれを考え方の基礎として基金運用している。また、NISAでインデックスファンド積み立て投資などが日本の個人投資家の間でも爆発的に広がり始めている。これら全ての起源は彼のこのモデルなのである。

つまり、シャープ氏のCAPMによれば、

・株式、不動産（REIT）、債券などの個別銘柄の選別・取捨選択をしないで①金融市場全部に分散投資する、それらを売買しないで単に長期投資するという意思決定こそが最善ということになる。

・裏返せば、②積極的に有望そうな対象に選別投資しようとすること、利益が見込めそうなタイミングで積極的に売買することは、全く最適、最も効率的な投資行動ではないということになる（金融市場の平均より大きな追加的なリスクをとることになる「賭け」の要素がより強くなることを意味する）

（金融用語では、①はパッシブ（受け身）運用あるいはインデックス運用、②はアクティブ（積極）運用と呼ばれる）

第4部　運用担当と役員が押さえるべき運用基礎知識　*183*

2−4　CAPM（Capital Asset Pricing Model　資本資産評価モデル）が洞察した真理

（1）市場の全ての勝者と全ての敗者とを合計すると常に市場平均になる

　米国経済学者ウィリアム・シャープ氏が1964年に提唱したCAPM（Capital Asset Pricing Model 資本資産評価モデル）という学術的アイデア、仮説、モデルの行き着く結論は、驚くべき、だが不可避のものであった（後の1990年、彼もノーベル経済学賞を受ける）。

　マクロ的に金融市場全体をイメージしていただきたい。

　ある一定期間での全ての投資家の運用成績（手数料などの運用費用と税金を控除される前での運用成績）を足し合わせると、必ず、同じ期間での金融市場全体の運用成績と一致するということが常に成り立っているはずである。

　もちろん、金融市場全体の運用成績を上回る一定の投資家は常に存在するが、それは同時に、同じだけ金融市場全体の運用成績を下回っている投資家が存在しているという均衡、それらを合計するとゼロサムゲーム（金融市場平均と一致、それより多くもない、少なくも成り得ないという）、裏表一体の関係の上に成り立っている。

　　【重要】金融市場（投資収益）の均衡の方程式
　　　金融市場全体の運用成績＝全ての投資家の運用成績の総和
　　　（＝金融市場全体の運用成績を上回っている投資家、下回っている全ての投資家の総和）
　　　　＊手数料などの運用費用＋税金の控除前

　言い換えると、ある時点で金融市場全体の運用実績を上回っている投資家は、金融市場全体のリスク（全銘柄に分散して、売買しないで保有し続ける）よりも大きな追加的リスク（つまり、投資を市場全体に比べて特定

銘柄や業種に絞り込んだり（あるいは保有割合の加重を市場全体に比べて加減したり）、売買タイミングを計ったりするリスクを引き受けたことでもたらされた結果である。

　同時に、このような追加リスクを引き受けても金融市場全体の運用成績を下回っている投資家が必ず同じだけ存在することで成り立っている（全ての投資家の運用成績が、市場全体の運用成績を上回るようなことなど理屈上、絶対に有り得ない）。

　常識的に考えても、このような構造が金融市場の内部で常に成り立っていることは容易に理解できよう。

（2）市場平均に勝ち続けることができるのか？　〜それは疑わしい〜

　このように、全ての投資家の運用実績の総和が常にその金融市場全体の運用実績と一致するという、一種の均衡状態を維持しながら連続しているのが金融市場の姿なのである。

　とすれば、我々、投資家は次の問いに自問してみる必要がある。

　ある時点で、金融市場全体の運用実績を上回っている投資家Aがいたとして、

・「今後も常にAは金融市場全体の運用実績に勝ち続けられると言えるか？」

・「それはAの実力なのか、それとも、たまたま運なのか？」

・「仮に、Aが実力があると言われているファンドマネージャーだとして、我々は、優れた運用実績が判明する前に、ファンドAを選ぶことができるのか？」

・「さらに、手数料などの運用費用と税金などを控除した手取り運用実績でも、より大きな追加リスク（Aが銘柄を選別したり、投資タイミングを図る売買を行ったりすること）に見合う追加リターンは期待できるのか？」

という問いである。

第4部　運用担当と役員が押さえるべき運用基礎知識　*185*

　そして、ロジックや数学（確率統計）を重んじる学者達のこれらの問い
に対する洞察は、「それは極めて疑わしい」というものだった（これについ
いての実証研究は「3．実証研究的アプローチからの理解」で紹介した
い）。

2−5　CAPM（Capital Asset Pricing Model 資本資産評価モデル）から導かれる様々な資産運用スタイルの意思決定・判断基準の基本

　このように、理論的に積み上げられた学説と、積み重ねられた実証研究
（実証研究の例は「3．実証研究的アプローチからの理解」で紹介）に対
抗できるような反証（同じレベルの理論構造を有する対抗する学説と実証
証拠）は、今のところ、ほかに見当たらないのが現実である。

　誤解してはいけないのは、一連の学術・実証研究は「全ての投資家は、
金融市場全体を複製してただ保有し続けるべきだ」と強制するものでは決
してない。

　しかしながら、CAPMは様々なタイプの運用手法について、個々の投
資家にとって最適な意思決定を下すための示唆・留意点を提供する。つま
り、投資家としてどのように意思決定すれば、よりベターな結果が期待で
きそうか？　何に留意するべきか？　さらに、投資家側が自ら判断・対処
できる能力と覚悟は備わっているだろうか？　このような意思決定に直面
する投資家に対して判断基準を提供するのである。

（1）アクティブ運用（個別銘柄を法人運用担当者が取捨選択する自家運用を含む）についての意思決定・判断基準

　当たり前であるが、将来のことを言い当て続けられる人など、この世に
は存在しない。どんな資産運用においても絶対、完全、うまい話などはな
い。この点についてはアクティブ運用もパッシブ運用も厳密に言えば同様
である。相対的に確率が高いか、低いかの問題である。

しかしながら、この２つの選択肢が目の前にあり、それらにまつわる学術・実証研究についても知り、理解していた場合、個々の投資家にとってどちらを選択するのがベターか？　何に留意すべきか？　について、重要な示唆を我々に与えてくれるものである。

もしも、投資家がアクティブ運用（あるいは個別銘柄を法人運用担当者が取捨選択する自家運用を含む）の方を選択しようとするのであれば、CAPMは以下の留意点・チェックポイントを明示してくれる。

〔アクティブ運用（あるいは個別銘柄を法人運用担当者が取捨選択する自家運用を含む）の選択時の留意点・チェックポイント＝意思決定基準（＋実際にそれらに対応できる能力が投資家に備わっているか？）〕

①市場平均以上の追加的なリスクを引き受けることになること（市場の一部の銘柄の取捨選択やタイミング売買という追加的リスク）、それでも市場の平均的な運用成績を上回ること（超過収益を得ること）は確率統計的に難しいことを十分理解した上で選定に当たらなければならないことを承知、覚悟しているか？

②①のリスクを取ってまでアクティブ運用しなくてはいけない投資家側の理由とは何か？

③投資家が選択するアクティブ運用の成功率が高いと言える根拠は何か？

④見込み違いかどうかのチェック、モニターの基準はどうするのか？

⑤見込み違いだった際の対応策はどうするか、事前に考えているか？

⑥以上の全てについて説明＋実際に運用対応できる覚悟・能力を投資家自身は持ち合わせているか？

以上のような意思決定基準と留意点が明示できるようになったことも、過去の学術・実証研究の大いなる成果なのである（＊ESG投資やグリーン

投資なども含むアクティブ運用＝任意の条件・基準で特定の銘柄を市場全体の中からスクリーニング、取捨選択、売買する投資戦略についても全て当てはまる）。

　そのため、アクティブ運用（個別銘柄を法人運用担当者が取捨選択する自家運用を含む）をするか、しないかの意思決定については、他人の言っていることを鵜呑みにしたり、投資家自身を過信・過大評価したりしてはいけない。まずは、投資家自らがこのような資産運用や金融の仕組みについての学術研究や事実を理解した上で、熟慮して意思決定すべきなのである。

（2）非流動資産・オルタナ投資についての意思決定・判断基準

　流動性があり市場価格での取引が活発な市場においては、優秀なファンドマネージャーやアナリスト達の収益機会の争奪競争によって、あらゆる情報は短期間で市場価格に織り込まれる。収益機会が短期間で低減することで、長期的にわたり競争優位に立ち続けることが困難であるという数多くの実証が示されている（実証研究の例は「3．実証研究的アプローチからの理解」で紹介）。

　そうなると、流動性・市場価格がない投資マーケットに別の超過収益の機会を求めることも当然、もう一つの選択肢とする投資家も現れてくる。今日、私募REIT、未公開株ファンド、インフラファンド、そのほかのオルタナ投資などが生まれた元々の背景は、これまでの学術・実証研究があらわにした、あらがい難い事実に対する回避行動と新しいマーケットを求めた冒険・挑戦であったのだ。一方で、多くの投資家はそんなことは知りも理解もしないで、誰かに勧められるがままに、甘い言葉を信じて、オルタナ投資しているのである。

　しかしながら、流動性・市場価格のない投資マーケットでは、そもそも十分な分散投資をすることが技術的に難しい。だから運用成績の如何は、私募REIT、未公開株ファンド、インフラファンド、そのほかのオルタナ

投資に含まれる投資案件を取捨選択して、運用するファンドマネージャー個別固有の能力、手腕（ほとんど運）にほぼ依存することになる。

　ここでも学術・実証研究は投資家が意思決定する際の有効な示唆を与えてくれる。

　もしも、投資家が非流動資産・オルタナ投資の方を選択しようとするのであれば、以下の留意点・チェックポイントをクリアしなければならない。

〔非流動資産・オルタナ投資の選択時の留意点・チェックポイント＝意思決定基準（＋実際にそれらに対応できる能力が投資家に備わっているか？）〕

①流動性・市場価格がないというリスクを追加的に引き受けるということを承知、覚悟しているか？

②投資案件を取捨選択して、運用するファンドマネージャー個別固有の能力、手腕に依存することを承知、覚悟しているか？

③①②のリスクに見合う超過収益を得られることを示す一般的なロジックとそれを裏付ける十分な期間、量の実証データは存在しないことを承知しているか？

④①②③の追加的なリスクを取ってまで非流動資産・オルタナ投資に投資しなくてはいけない投資家側の理由とは何か？

⑤投資家の選択する非流動資産・オルタナ投資が成功する確率が高いと言える根拠は何か？

⑥見込み違いかどうかのチェック、モニターの基準はどうするのか？

⑦見込み違いだった場合の対応策はどうするか、事前に考えているか？

⑧以上の全てについて説明＋実際に運用対応する覚悟・能力を投資家自身は持ち合わせているか？

　非流動資産・オルタナ投資とは、上記の意思決定基準に明快に回答でき、かつ実際に運用対応できる覚悟・能力がある投資家だけがプレイでき

第4部 運用担当と役員が押さえるべき運用基礎知識 **189**

るゲームであることを、CAPMは我々に示唆してくれる（アクティブ運用投資や運用担当による個別銘柄自家運用もほぼ同様）。これも学術・実証研究が我々にもたらした最大の恩恵の一つなのである。

　そのため、非流動資産・オルタナ投資をするか、しないかの意思決定についても、他人の言っていることを鵜呑みにしたり、投資家自身を過信・過大評価したりしてはいけない。まずは、投資家自らがこのような資産運用や金融の仕組みについての学術研究や事実を理解した上で、熟慮して意思決定すべきなのである。

2−6　まとめ

　本節では、金融市場全体を複製してただ保有を続けることを良しとする考え方について、学術研究的アプローチから理解していただけるよう解説した。

　今日まで、マーコヴィッツ氏、シャープ氏、ほかの多数の学者が金融市場、資本市場、資産運用などについての学術研究に携わってきた。なかでもシャープ氏のCAPM理論は後のパッシブ運用（市場指数連動型ETFやインデックスファンドなど）の考え方、さらには、（パッシブ運用以外の）アクティブ運用や非流動資産・オルタナ投資の位置づけにも多大な影響を与えるきっかけとなった。と同時にアクティブ運用や非流動資産・オルタナ投資の意思決定基準を投資家に示唆するものでもあった。

　しかしながら、学術研究とは、それが本当に機能するものかどうか、確かめられるまでは、単なる理論的なアイデア、仮説にすぎない。

　以下の3.では、学術研究は本当に機能するのかどうか？　真実であるのかどうか？　金融市場全体を複製してただ保有を続けることを良しとして本当によいのか？　についての実証研究的アプローチからの理解を試みたい。

190 第4章 基礎的かつ体系的な運用知識・意思決定基準

3. 実証研究的アプローチからの理解

　金融市場全体を複製してただ保有を続けることを良しとするので本当に良いのか？

　1．で述べた、常識的アプローチからの理解は本当に機能するのか？ 預金、債券、株式など、利子配当の特徴、仕組み、リスク・リターンの源泉をたどれば、まずは徹底的な分散投資こそが有効であるといえるのか？ すなわち、（世界の）金融市場全体を複製してただ保有し続けることをなぜ良しと考えることが本当にできるのか？

　また、2．で述べた、学術的アプローチからの理解は本当に機能するのか？　最も効率的な分散投資とは、（株式）市場そのものに他ならないとは本当なのか？　やはり、（世界の）金融市場全体を複製して、ただ保有を続けることを良しと考えることが本当にできるのか？

　以上について、実証研究的アプローチからも検証してみたい。

3−1 （世界の）金融市場全体を複製してただ保有し続けることでリスク・リターンは均衡するか？

（1）市場ベンチマーク・インデックス

　金融市場全体への分散投資が本当にリスクを低減すると同時に、リターン獲得の確率を高めるということが本当に成り立つのだろうか？　そのような分散投資をした場合、本当に預金＜債券＜株式の順にリスク・リターンは表裏一体の関係が成り立っているのだろうか？　最も効率的な分散投資とは、（株式）市場そのものに他ならないとは本当なのか？　それらのことは本当なのか、実際に検証されてみて初めて確からしいといえるのである。

　実は、そもそも金融市場ベンチマーク・インデックスとは、それらアイデア、仮説を確かめる実証研究のために生まれたのである。

（2）最初の"本格的な"金融市場ベンチマーク・インデックスの誕生

最初の"本格的な"金融市場ベンチマーク・インデックスの誕生は、コールズ（Cowles Alfred, 3rd）が世界恐慌の時代に手掛けた、「米国で（株式に）投資した場合の平均的な成果を表す」ことを目指した株価指数であった。コールズはプロのファンドマネージャーやその他の投資家向けの投資情報の価値に疑念を持ち、それを検証するための基準、ベンチマークとして、「米国で（株式に）投資した場合の平均的な成果を表す」ことを目指した株価指数を考案したのである。その株価指数は、1933年当時でニューヨーク証券取引所の全銘柄の時価総額の97%をカバーしていた。今日、それはS&P500指数として受け継がれている。

なお、有名なダウ工業株平均はそれ以前から存在していたが、少数の銘柄のみで構成されているという特徴を持つため、必ずしも株式市場全体＝株式に投資した場合の平均的な成果を表すとは言い難かった。日経225平均株価なども同様の欠点を持つ。

（3）様々な主要金融市場のほぼ全体をカバーするベンチマーク・インデックス

今日では、金融市場ベンチマーク・インデックスは、S&P500指数を始め、TOPIX（東証株価指数）など資本市場を構成する全ての銘柄あるいはほとんどすべての銘柄をそれらの時価総額に応じて広くカバーし、その価格変動を指数化したものが日々集計、計算され公表されている（複数の市場と市場とを、あるいは、市場とそれをベンチマークとするファンドなどとを適正に比較するためには利子配当金も含めた指数が用いられる）。

また、株式市場だけではなく、債券市場、REIT市場、短期金融市場（預貯金）、さらには商品からインフレまで、先進国市場から新興国市場、投資適格債市場から非投資適格債市場にまで細分化された、ありとあらゆる金融市場ベンチマーク・インデックスが当たり前のように日々計算、公表されている。

192　第4章　基礎的かつ体系的な運用知識・意思決定基準

図表4-3　様々なベンチマーク・インデックスの一例（2023年11月末現在＊印を除く）

金融市場種類（資産種類／アセットクラス）		ベンチマーク・インデックス名称	構成銘柄数	時価総額	構成国数	摘要
株式	日本株式	TOPIX（東証株価指数）	2,157	451兆円（浮動株ベース）	1	日本
	先進国株式（除く日本）	MSCI コクサイ・インデックス	1,273	7,962兆円	22	米国／カナダ／英国／スイス／スウェーデン／デンマーク／ノルウェー／ドイツ／フランス／オランダ／ベルギー／オーストリア／イタリア／ポルトガル／スペイン／フィンランド／アイルランド／オーストラリア／香港／ニュージーランド／シンガポール／イスラエル
	新興国株式	MSCI エマージング・マーケット・インデックス	1,437	994兆円	24	中国／インド／タイ／インドネシア／韓国／マレーシア／台湾／フィリピン／ブラジル／チリ／コロンビア／ペルー／メキシコ／南アフリカ／エジプト／トルコ／アラブ首長国連邦／カタール／サウジアラビア／クウェート／ポーランド／チェコ／ハンガリー／ギリシャ
REIT（不動産）	日本REIT	東証REIT指数＊	58	14兆円	1	日本
	先進国REIT（除く日本）	S&P先進国REIT指数（除く日本）	303	184兆円	16	米国／カナダ／オーストラリア／香港／ニュージーランド／シンガポール／韓国／英国／ドイツ／フランス／オランタ／ベルギー／イタリア／スペイン／アイルランド／イスラエル
	新興国REIT	S&P新興国REIT指数	59	5兆円	9	タイ／インド／マレーシア／メキシコ／南アフリカ／サウジアラビア／他
債券	日本債券	NOMURA-BPI　総合	16,007	1,111兆円	1	日本
	先進国国債（除く日本）	FTSE世界国債インデックス（除く日本）	980	3,279兆円	23	米国／カナダ／オーストリア／ベルギー／デンマーク／フィンランド／ドイツ／フランス／アイルランド／イタリア／オランダ／スペイン／スウェーデン／英国／ポーランド／ノルウェー／オーストラリア／シンガポール／マレーシア／中国／メキシコ／イスラエル
	新興国国債	Bloomberg Barclays EM Local Currency Government Diversified Index	351	229兆円	20	タイ／インドネシア／マレーシア／フィリピン／中国／ポーランド／ハンガリー／ルーマニア／チェコ／セルビア／ブラジル／チリ／コロンビア／ペルー／メキシコ／ウルグアイ／ドミニカ共和国／南アフリカ／トルコ

＊2023年10月末時点のデータ
（三井住友トラスト・アセットマネジメントホームページより）

　ベンチマーク（benchmark）とは本来、測量において利用する水準点を示す語。転じて金融、資産運用における指標銘柄など、各種資産間あるいはファンド間の比較のために用いる指標を意味するようになった。学術理論の実証研究に利用されることからスタートして、今では投資家が、多

図表4-4 世界の株式市場の主な巨額損失期（インフレ控除後実質リターン、米ドルベース）

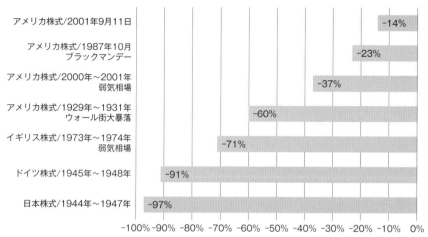

市場/期間	リターン
アメリカ株式/2001年9月11日	-14%
アメリカ株式/1987年10月 ブラックマンデー	-23%
アメリカ株式/2000年〜2001年 弱気相場	-37%
アメリカ株式/1929年〜1931年 ウォール街大暴落	-60%
イギリス株式/1973年〜1974年 弱気相場	-71%
ドイツ株式/1945年〜1948年	-91%
日本株式/1944年〜1947年	-97%

（出所）『証券市場の真実』（エルロイ・ディムソン、ポール・マーシュ、マイク・ストーントン著、東洋経済新報社、2003年）

種多様な資産のリスク・リターンの比較をしたり、ポートフォリオ（それらの集合体）を構築したりする際の意思決定には欠かせないものになっている。

（4）金融市場全体への分散投資の効果の検証

それでは、これまで述べてきた分散投資の効用は、このような金融市場ベンチマーク・インデックスを使ってどのように検証できるのだろうか？

A．金融市場全体への分散投資は本当にリスクを減じることができるのだろうか？

図表4-4、図表4-5は各市場を代表するベンチマーク・インデックスの歴史的な大暴落、また、リーマンショック〜世界金融危機における大暴落を示している。このような大暴落の数字を見れば、分散投資は全くリスクを減じていないように思われるかもしれない。確かに、分散投資していても、市場全体の価格変動リスクは避けることはできない。

図表 4-5　リーマンショック時の利子配当金込みリターン～世界金融危機2008年8月～2009年2月（利子配当金込みリターン、日本円ベース）

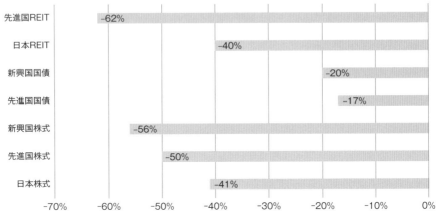

（出所）各資産を代表するベンチマーク・インデックスのデータより著者が作成

　しかしながら、それでも分散投資はリスクを減じていると言えるのである。例えば、各市場を代表するベンチマーク・インデックスがこのような大暴落に見舞われたとして、消えてなくなることはあるだろうか？　言い換えれば、分散投資していない個別銘柄投資の場合と比べても、投資が消えてなくなる、継続できなくなる、未来永劫回復しない損失に見舞われる可能性は比較にならないほど小さくできているのではないだろうか。

　数々の歴史的な大暴落やリーマンショックの後、これらのベンチマーク・インデックスがどのように推移してきたかを考えてみればよい。

B．金融市場全体への分散投資は本当にリターン獲得の確率を高めているのだろうか？

　図表4-6は先ほどと同じ時期2008年8月から、今度は2024年3月現在までの様々なベンチマーク・インデックスの上昇率である。途中2009年2月までは大暴落していたことは先ほど図表4-5でご覧いただいたとおりである。

　この間、リーマンショック、世界金融危機だけではない、ギリシャ

図表4-6　ベンチマーク・インデックスの上昇率～世界金融危機 2008年8月～2024年3月（利子配当金込みリターン、日本円ベース）

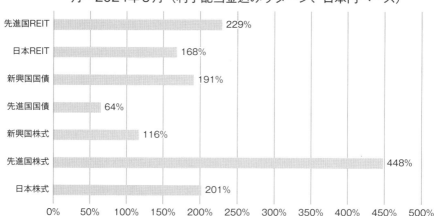

（出所）各資産を代表するベンチマーク・インデックスのデータより著者が作成

ショック、ユーロ危機、東日本大震災、コロナショック、ロシアによるウクライナ侵攻なども続いた。その渦中で、破たんしてしまったり、回復困難な経営危機に陥ってしまったりした金融機関などの民間発行体は数知れない。ロシアは国際金融市場から遮断されて株式、債券は突然ゼロ評価となってしまった。いくつかの国家でさえ債務カット（事実上のデフォルト処理）に甘んじ、IMFなどによる救済にかろうじて救われたのである。

また、米国株式は大恐慌時に大暴落してから、その後に当時の高値を超えるには25年間かかった（配当金を含めれば16年間）。日本株式の場合では、平成バブル後の史上最高値の更新には、日経225平均株価で34年（配当金を含めれば30年）かかった。TOPIXは34年を経過した2024年4月現在も未だ最高値は更新していない（配当金を含めれば31年間で更新済み）。

しかしながら、その他のベンチマーク・インデックスの推移を見ても、どんなに大暴落しようが、どんなに長期低迷しようが、結局、高値を更新してきた。しかも、同様の現象が世界中で繰り返し、繰り返し再現されているのである。

196　第4章　基礎的かつ体系的な運用知識・意思決定基準

　そのようなことを踏まえても、ベンチマーク・インデックス＝分散投資は、リターン獲得の確率を高めることは確からしいということは実証研究のデータからも反駁しがたい。

C.　金融市場全体への分散投資した場合、本当に預金＜債券＜株式の順にリターンは高いのか？

　これについても、金融市場全体の歴史的なデータを遡ってたくさんの実証研究が行われている。代表的な研究の一つは、エルロイ・ディムソン、ポール・マーシュ、マイク・ストーントンの著書『証券市場の真実』（東洋経済新報社、2003）にまとめられている。

　彼らは世界16か国の株式市場、債券市場、短期債券市場の1900年から2000年までの101年間のデータを調査している（図表4-7）。それによれば、調査した全ての国々に共通して、株式市場が最もリターンが高かったということが分かっている。また、ドイツ、ベルギー、デンマークを除けば、世界中で預金＜債券でリターンが高いという関係が成り立ったことも判明した。

　このような預金＜債券＜株式のリターンの差は、より大きな（価格変動）リスクを引き受けた代償としてのリターンの上乗せ＝リスクプレミアムによるものだと考えられている。

　しかしながら、リスクプレミアムは常に一定の値を計測できるというわけではない。ある一定期間では、預金の方が債券よりもリターンが高い、債券の方が株式よりもリターンが高いということはよく起こる（例えば、バブル崩壊以降、日本の株式のリターンが債券や預金のリターンを長期間にわたって下回ったことなど）。計測期間によっては、預金＜債券＜株式というリスクプレミアムが観察できないこともある。

第4部 運用担当と役員が押さえるべき運用基礎知識 **197**

図表4-7 全世界と16か国の株式市場・債券市場・短期債市場の収益データ

国	資産種類	名目収益率（年率）(1900-2000年)		国	資産種類	名目収益率（年率）(1900-2000年)	
全世界	株式	9.2%	(6,979倍)	カナダ	株式	9.7%	(11,435倍)
	債券	4.4%	(78倍)		債券	5.0%	(138倍)
	短期債	4.1%	(58倍)		短期債	4.9%	(123倍)
日本	株式	12.5%	(146,398倍)	フランス	株式	12.1%	(100,700倍)
	債券	5.9%	(326倍)		債券	6.8%	(773倍)
	短期債	5.4%	(207倍)		短期債	4.3%	(72倍)
アメリカ	株式	10.1%	(16,797倍)	ドイツ	株式	9.7%	(36,350倍)
	債券	4.8%	(119倍)		債券	2.8%	(114倍)
	短期債	4.1%	(57倍)		短期債	4.6%	(612倍)
イギリス	株式	10.1%	(16,160倍)	イタリア	株式	12.0%	(94,368倍)
	債券	5.4%	(203倍)		債券	6.7%	(691倍)
	短期債	5.1%	(149倍)		短期債	4.7%	(101倍)
オーストリア	株式	11.9%	(83,364倍)	ベルギー	株式	8.2%	(2,837倍)
	債券	5.2%	(166倍)		債券	5.1%	(152倍)
	短期債	4.5%	(85倍)		短期債	5.2%	(165倍)
デンマーク	株式	8.9%	(5,561倍)	アイルランド	株式	9.5%	(9,208倍)
	債券	6.8%	(737倍)		債券	6.0%	(377倍)
	短期債	7.0%	(938倍)		短期債	5.8%	(295倍)
オランダ	株式	9.0%	(6,131倍)	南アフリカ	株式	12.0%	(94,419倍)
	債券	4.1%	(60倍)		債券	6.3%	(481倍)
	短期債	3.7%	(40倍)		短期債	5.7%	(264倍)
スペイン	株式	10.0%	(14,513倍)	スウェーデン	株式	11.6%	(66,772倍)
	債券	7.5%	(1,433倍)		債券	6.2%	(416倍)
	短期債	6.5%	(590倍)		短期債	5.8%	(295倍)
スイス	株式	7.6%	(736倍)				
	債券	5.1%	(147倍)				
	短期債	3.3%	(27倍)				

※データは1900年～2000年。
※カッコ内の数字は1900年時点を“1”とした場合の2000年までの投資効果。
（前掲書『証券市場の真実』より）

198　第4章　基礎的かつ体系的な運用知識・意思決定基準

3−2　（世界の）金融市場全体を複製してただ保有し続けることが最適な分散投資、ポートフォリオといえるのか？

　では、シャープ氏の唱えた学説であるCAPM、「もしも（株式）市場そのものが最も効率的なポートフォリオ＝分散投資（≒市場に存在する全ての銘柄を保有して、売買しないで持ち続けること）であるという仮説が正しいならば、不必要なリスク（市場全体のリスクより大きな追加的リスク≒市場全体の中から一部の銘柄を選別投資したり、売買タイミングを図ったりすることに伴うリスク）を取らずにこれに打ち勝つことは誰一人としてできないことになる。」とは本当なのか？

（1）プロのファンドマネージャー達の運用成績

　シャープ氏の唱えた学説、CAPMを確かめるには、不必要なリスクを取っている投資家の運用実績を徹底的に検証してみるのである。

　その結果、不必要なリスク、追加的なリスクを負うことで、金融市場全体の運用成績に勝っているサンプルは常に存在するが、市場全体に劣後するサンプルも同時に存在する。例外的に長く勝ち続けている非常に少数のサンプルも存在するが、過去にさかのぼって、そのようなサンプルだけを投資家が事前に選択できたかどうか、あるいは将来について、それが実力なのか、運なのかを投資家が評価できるかどうかは「極めて疑わしいこと」、などが明らかにされていった。

　今日でもプロが運用するアクティブ運用ファンドの実績は検証され続けている。例えば、米国モーニングスター社が毎年集計・公表する「アクティブ／パッシブ・バロメーター」などが有名である。

　図表4-8は2023年6月時点において、米国モーニングスター社がアセットクラス別、運用経過年数別にアクティブファンドを集計した状況を示す。図表の項目は、左列から以下のとおりである。

　①ファンドのアセットクラス

　②経過年数

第4部　運用担当と役員が押さえるべき運用基礎知識　*199*

図表4-8　アクティブファンドの運用実績（米国モーニングスター社　2023年6月時点）

資産クラス	経過年数	計測開始時点でのアクティブファンド数	生き残ったアクティブファンド数	パッシブファンドの実績平均に対する差	パッシブファンドの実績平均を上回ったアクティブファンド数
米国大型株	10年	358	232	−1.7%	35
	15年	463	202	−1.6%	43
	20年	428	142	−1.0%	39
米国中型株	10年	114	70	−1.3%	16
	15年	138	69	−1.2%	23
	20年	115	51	−1.3%	10
米国小型株	10年	191	126	−0.8%	54
	15年	185	94	−0.7%	36
	20年	124	63	−0.5%	29
先進国（除く米国）大型株	10年	177	116	−0.4%	46
	15年	176	79	−0.4%	42
	20年	170	56	−0.4%	30
先進国（除く米国）中小型株	10年	22	12	−0.6%	7
	15年	13	8	0.8%	7
	20年	—	—	—	—
グローバル大型株	10年	60	50	−0.7%	6
	15年	35	30	−2.4%	4
	20年	—	—	—	—
新興国株	10年	162	101	0.1%	57
	15年	90	59	−0.4%	23
	20年	—	—	—	—
欧州株	10年	21	12	−0.2%	5
	15年	22	10	1.0%	9
	20年	46	10	1.1%	9
米国不動産	10年	68	45	0.8%	36
	15年	76	41	−0.3%	23
	20年	58	27	−0.1%	14
グローバル不動産	10年	52	31	1.0%	27
	15年	36	16	0.6%	12
	20年	—	—	—	—
中期投資適格債	10年	147	82	−0.1%	54
	15年	205	71	−0.1%	45
	20年	236	56	−0.3%	31
社債	10年	41	29	0.2%	17
	15年	28	21	0.2%	15
	20年	—	—	—	—
ハイイールド債	10年	159	118	−0.3%	45
	15年	—	—	—	—
	20年	—	—	—	—

※2023年6月時点。表内「実績」は全て費用控除後。
（米国モーニングスター社「アクティブ／パッシブ・バロメーター2023年6月」より著者作成）

③本データ計測開始時点でのアクティブファンドの総数

④経過年数時点で存続しているアクティブファンドの数

⑤同期間存続しているパッシブファンドの運用実績平均に対する、アクティブファンドの運用実績平均の差

⑥パッシブファンドの運用実績平均を上回ったアクティブファンドの数

　実際のアクティブファンドには運用コストもかかるので、運用コストを控除しない金融市場平均＝ベンチマーク・インデックスと実績比較したのではアンフェアである。ゆえに、比較に際しては、運用コストが同様に控除される実際のパッシブファンドを比較対象としている。

　数値を見るに、まずアクティブファンドが直面するのは、ファンド自体の存続というハードルである。「計測開始時点のアクティブファンド数」と「生き残ったアクティブファンド数」を見比べると、少なくない数のアクティブファンドが、それも期間を経るごとに姿を消していることが分かる（運用を停止。ファンドは閉鎖されている）。

　加えて、パッシブファンドの成績を上回るというハードルが、アクティブファンドを待ち受けている。「パッシブファンドの実績平均に対する差」を見ると、アクティブファンド全体の多くの資産クラス・経過年数において、パッシブファンドを上回る実績平均をあげられていないようである。「計測開始時点でのアクティブファンド数」の中から「パッシブファンドの実績平均を上回ったアクティブファンド数」にあたるアクティブファンドを見つけるのは至難の業であると言える。

　つまり、パッシブファンド（≒金融市場平均＝ベンチマーク・インデックス）を上回るためには、まずアクティブファンドは生き残らなければならず、さらに、生き残れたとしてもそれを凌駕することは並大抵ではないのである。

　これはプロのファンドマネージャーやアナリストが皆、優秀であるために起きる現象だとも言われる。情報が瞬時に伝わる金融市場の中で、他

図表4-9　ポートフォリオ①

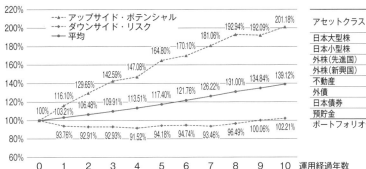

の誰にも気づかれずに、良い収益機会を長い間独占し続けるのは難しい。優秀な者同士、激しい利益獲得機会の争奪競争に常に晒されているからだ。

「アクティブ／パッシブ・バロメーター」にも確かにパッシブファンド（≒金融市場平均＝ベンチマーク・インデックス）を上回るアクティブファンドのサンプルは存在している。しかしながら、投資家の視点からすれば、過去に遡って、それを選ぶことができただろうか？　生き残れないアクティブファンドを回避できただろうか？　ということを自問してみないといけない。

3-3　その他、実証研究で分かったこと

（1）価格変動相殺効果

価格変動の関連性の低い資産を組み合わせて分散投資することで、各資産のどれよりもリスクの小さなポートフォリオは本当に実現するのだろうか？

ベンチマーク・インデックスを組み合わせて検証すれば、そのようなことが起こっているのか確認することができる。

図表4-9は代表的なベンチマーク・インデックスの利子配当金込みの

202 第4章 基礎的かつ体系的な運用知識・意思決定基準

約39年間の統計データ（ブラックマンデー、リーマンショック、世界金融危機、コロナショックなどを含む）を利用して、ポートフォリオのリスク・リターンを検証している。

約39年間に含まれる1年間運用〜10年間運用の各運用期間での全ての騰落実績のサンプルを調べ、一番リターンの高かった実績値を上方のアップサイド・ポテンシャル、一番リターンの低かった実績値を下方のダウンサイド・リスク、同運用期間での全てのサンプルの平均を中心にして、それぞれ折れ線グラフで結んでいる。つまり、39年間の中の任意の運用開始時期を100%とした場合、運用期間が経過するに従って、一番下方のダウンサイド・リスクと一番上方のアップサイド・ポテンシャルの間の範囲に、ベンチマーク・インデックスの全てのサンプルの騰落実績値が散らばっていることを示している。

まず、日本債券の代表的なベンチマーク・インデックスが100%の構成比率のポートフォリオの場合の全ての過去サンプルのリスク・リターンが散らばった範囲は図表4-9になる。下方の折れ線グラフ（ダウンサイド・リスク）は、短期的に一番下落した実績値と長期的に最低だったリターンの実績値を示している（短期的リスクは94%、長期的なリスクは102%。運用開始を100%）。

次に、日本債券50%に日本株式を50%加えたポートフォリオで検証してみると、リスク・リターンは悪化したことが分かる（図表4-10）（短期的リスクは75%、長期的なリスクは87%。運用開始を100%）。

ところが、株式の比率を日本株式30% ⇒ 日本株式25%、先進国株式25%へと分散投資の範囲を広げると、リスクは一変、改善しはじめる（図表4-11）（短期的リスクは74%、長期的なリスクは95%。運用開始を100%）。

さらに、日本債券50%は変えずに、日本株式25%、先進国株式25% ⇒ 日本株式20%、先進国株式20%、外債10%と分散投資を進めた場合にリス

第4部 運用担当と役員が押さえるべき運用基礎知識 203

図表4-10 ポートフォリオ②

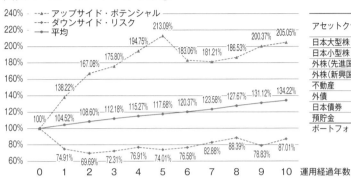

図表4-11 ポートフォリオ③

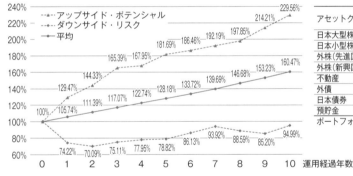

ク・リターンは一層の改善を見せる（**図表4-12**）（短期的リスクは78%、長期的なリスクは103%。運用開始を100%）。

最後に、それ単体では明らかにはハイリスク資産と考えられる日本小型株式5%、新興国株式5%、不動産10%を加えたポートフォリオ（資産の集合体）では、リスクはそれほど増えていないのに、リターンが著しく向上させることができたことを示している（短期的リスクは76%、長期的なリスクは120%。運用開始を100%）。

ポートフォリオ②〜⑤は同じ、日本債券50%の資産配分比率である。

図表4-12 ポートフォリオ④

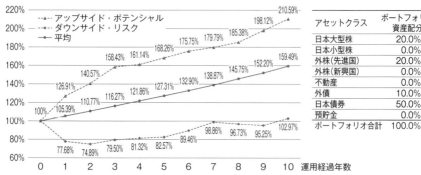

図表4-13 ポートフォリオ⑤

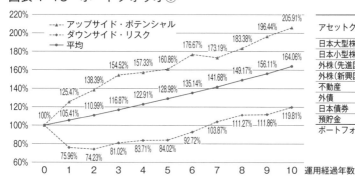

しかしながら、それ単体ではリスクの高い日本小型株式、新興国株式、REITまでを含む、より資産分散されたポートフォリオ⑤の方が、リスクは最も小さく、リターンは最も高いということになる。しかも、日本債券100%のポートフォリオに比べても、短期的な価格変動リスクは少し高くなるが、リターンの源泉は幅広い資産に由来し、長期的なリスクは小さくなる。金利低下や金利上昇、インフレのリスクなどに左右されてしまう脆弱さは大幅に改善されるのである。

図表4-14　ポート①〜⑤　リスクリターンプロット表
各アセットクラスの比較（2004年3月末〜2024年3月末）

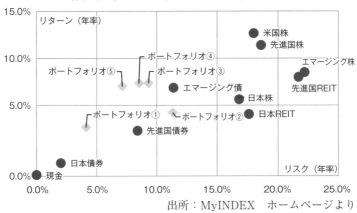

出所：MyINDEX　ホームページより

　このように、価格変動の異なる資産に幅広く分散投資することで、個々の価格変動が互いを打ち消し、相殺し合う機会が生まれる。ベンチマーク・インデックスを使えば、ポートフォリオ全体として、リスクを増やすことなくリターンを高めたり、リターンを低くすることなくリスクを減らせたりするような資産の組み合わせについて、検証、検討することができる。

　学術的な仮説や概念でしかなかった分散投資の効果を、ベンチマーク・インデックスを使うことで、具体的にイメージできる。そして投資家の様々な意思決定に幅広く利用され、彼らの投資行動にも大きな影響を与えるようになったのである。

（2）期待リターン　〜どれぐらいのリターンを期待するのが妥当か？〜

　各ベンチマーク・インデックスは過去から現在に至る長い間、日々価格変動している。それら超長期間の過去の騰落率を単純に年数で割るか、年率換算すれば、長期リターンの一つのたたき台は求めることはできる（図表4-15）。それらは利子配当金込みでも年数％がせいぜいである。

206　第4章　基礎的かつ体系的な運用知識・意思決定基準

図表4-15　各ベンチマーク・インデックスのリターン
（年率複利換算）

アセットクラス	年率平均リターン		
	10年	15年	20年
現金	0.0%	0.0%	0.1%
日本株	11.2%	11.3%	6.5%
米国株	17.1%	18.8%	12.1%
先進国株	14.5%	16.6%	11.1%
エマージング株	7.4%	10.1%	8.8%
日本REIT	6.0%	9.7%	5.7%
先進国REIT	9.5%	15.1%	8.4%
日本債券	0.4%	1.0%	1.1%
先進国債券	3.6%	4.3%	4.3%
エマージング債	6.8%	8.7%	7.5%

※データは2024年3月末時点、利子配当金含む。

（MyINDEX ホームページより）

　もちろん、キャピタルゲインを含めたトータル・リターンは全く不確実で、短期的な当てにはできない。また、過去と将来とは違う。もはや日本債券の利回りは低いし、株式もこれまでのような高い利回りがそのまま続くわけでもないかもしれない。ベンチマーク・インデックスが示す過去のリターン実績については割り引いて考えた方が無難だろう。

　しかしながら、債券や株式のリターンはどれぐらい違うのか？　長期的なインフレに負けないためにはそれらをどれくらいの割合でポートフォリオに組み込むのがよいか？　などについて投資家に指針を与えてくれる。

　同時に、ベンチマーク・インデックスは平均利子配当利回りというインカム収入の指標も示す（図表4-16）。こちらの方は、期間収益を予算化する投資家にとって、キャピタルゲイン／ロスに影響を受けにくいリターンとして参照に値するのではないか。

　ただし、こちらも将来は変動するので割り引いて考える必要があるが、例えば、日本債券や外債に投資した場合の平均的な利子収入の水準は？　REITや株式に投資した場合の平均的な配当収入の水準は？　などについ

第4部　運用担当と役員が押さえるべき運用基礎知識　*207*

図表4-16　ベンチマーク・インデックスの利回りの一例（2024年3月末現在）

区分	金融市場種類 （資産種類／ アセットクラス）	ベンチマーク・インデックス名称	構成 銘柄数	利回り	PER	PBR	PBR
株式	日本株式	東証プライム市場	1,832	2.3%	16.8	1.3	
	先進国株式	MSCI ACWI IMI	9,181	1.9%	19.3	2.57	
	新興国株式	MSCI Emerging Markets IMI	3,429	2.8%	14.1	1.6	
債券	日本債券	NOMURA-BPI　総合	16,009	0.7%			8.93年
	先進国国債	FTSE世界国債インデックス （除く日本）	997	3.8%			9.12年
	米国国債 （超長期）	Bloomberg Long U.S. Treasury Index	82	4.0%			22.62年
	米国投資適格社債 （中期債）	Bloomberg U.S. Intermediate Corporate Bond Index	4,955	4.7%			4.67年
	米国投資適格社債 （長期債）	Bloomberg Long U.S. Corporate Index	2,983	4.9%			23.2年
	米国ハイイールド 社債	Bloomberg Barclays High Yield Very Liquid Index	1,091	7.0%			4.88年
	新興国国債	Bloomberg EM Local Currency Government Diversified Index	648	4.9%			8.7年
REIT （不動産）	日本REIT	東証REIT指数	58	4.4%			
	外国REIT	S&P Developed Ex-Japan REIT	298	3.8%			

（東証、野村金融研究所、MSCI、FTSE、S&P、三井住友トラスト・アセットマネジメントホームページより）
2023年6月末時点のデータ。

て我々に教えてくれる。

　これらベンチマーク・インデックスの市場平均利回り程度の利子配当金を受け取れる金融商品であれば、インカム収入については、これらベンチマーク・インデックスの市場平均利回りからだいたいの目安を知ることができる。

（3）許容リスク　～どれぐらいの価格変動リスクを許容すべきか？～

　価格変動リスクについても、ベンチマーク・インデックスは我々に示唆を与えてくれる。もちろん、将来何が起こるかは誰も分からないし、過去と全く同じ出来事が起こるわけでもない。しかしながら、将来に対する想像力がなくても、過去に起きた最悪規模の価格変動リスクに当てはめて考えることは、ベンチマーク・インデックスを使えば容易にできる。

208 第4章 基礎的かつ体系的な運用知識・意思決定基準

　例えば100年に一度といわれたリーマンショック〜世界金融危機の大暴落に当てはめて、運用資産の最大下落の目安を考えてみるのである。先ほどの**図表４-５**や**図表４-９〜図表４-13**はリーマンショック〜世界金融危機時のデータを含んでいる。様々な金融市場の価格変動リスクはもちろん、それらを組み合わせたポートフォリオ全体の下落を確かめることは簡単にできる。

　その結果、検討中のポートフォリオに当てはめて、下落が大きすぎるという場合は、日本債券などへの配分比率を増やしたり、株式の割合を減らしたりして、価格変動リスクがより小さくなるかどうかも検証できる。逆に、価格変動が多少大きくても長期的なインフレに備えたいのであれば、株式やREITなどへの配分比率を増やしてみて、どこまでの下落を許容できるかを同様に検証すればよい。

　そして、これらベンチマーク・インデックスとほぼ同じ価格変動の金融商品を組み合わせれば、それを再現するポートフォリオを容易に作ることができる。

（4）運用コストの妥当性

　ベンチマーク・インデックスを知れば、様々な金融商品や金融サービスにかかる運用コストが妥当な水準か否かについても我々にヒントを与えてくれる。先の「（2）期待リターン　〜どれぐらいのリターンを期待するのが妥当か？〜」でも解説したように各ベンチマーク・インデックスのリターンは長期キャピタルゲイン込みでも年率数％、利子配当利回りだけだと年率0.●％から●.0％がせいぜいである。運用コストが年率0.●％〜●.0％かかる金融商品や金融サービスでは、運用コストを差し引いた投資家側の実質手取りリターンはどれくらい残りそうか目安、判断基準を提供してくれる。

　ベンチマーク・インデックスとほぼ同程度の長期キャピタルゲインと利子配当金が期待でき、運用コストも非常に安い金融商品であれ

ば、コスト控除後の投資家リターンも大きく損なわれることはない。

コラム

☆4－5☆　投資家リテラシーとインデックスファンドの台頭

　2023年2月7日付のモーニングスターによれば、「三菱UFJ国際投信が設定・運用する「e MAXIS Slim　米国株式（S&P500）」の純資産残高が2月6日に国内の全公募投資信託（ETF除く）でトップになった。残高は1兆8,065億円で、これまで1位だった「アライアンス・バーンスタイン　米国成長株投信Dコース予想分配金提示型」の1兆7,977億円を抜き去った。ETFを除くと公募のインデックスファンドが純資産残高でトップに立ったのは初めてのことだ。つみたてNISAの導入によって本格化した投信を使った積立投資が定着してきたことを示す象徴的な出来事になった。」とある（https://www.morningstar.co.jp/market/2023/0207/fund_01934.html）。

　続いて、「三菱UFJ国際投信が大手ネット証券5社にヒアリング調査した結果、2022年12月末時点で同ファンドを保有している投資家の人数は5証券合計で246万人を超え、21年12月末時点と比較して約90万人増加した。ネット証券には投資勧奨してくれる営業担当者がいないため自ら進んで投資を開始する必要があり、しかも、ネット証券の投信の取り扱い本数は多いにもかかわらず、同ファンドを選んで投資するという動きが継続している。従来の大規模ファンドが、大手証券など強力な販売力を持った販売会社が関わって、時には数千万円や数億円というまとまった資金を積み上げて販売した結果だったことと比較すると、毎月5,000円や1万円の積立投資が数百万人という規模で重なって1兆8,000億円を超える残高を実現したのは、時代の変化を感じさせる。」とある。

　ネット証券には投資勧奨してくれる営業担当者がいないため自ら進んで投資を開始する必要がある。ゆえに、この現象は、何百万人という個々の個人投資家、自らの意思決定の結果であり、彼らに現時点で備わった金融リテラシーの結果と言える。つまり、低コストのインデックス運用が超長期の資産形成に向いていると判断している結果である（筆者としては、分散投資という観点から、米国株式インデックスファンドに傾倒する現状は

210　第4章　基礎的かつ体系的な運用知識・意思決定基準

どうかと思う部分は否めない）。

　しかしながら、個人投資家のリテラシーは、大手証券など強力な販売力を持った販売会社の推奨販売を上回り始めている証と言える。

　さらに、今後予定されているNISAの恒久化で、この傾向は、一層、拍車がかかり、販売力に依存した旧来の大手販売会社（証券・銀行）を置き去りにし、後戻りしないとも思われる。

　さて、法人の資産運用の基礎として、ETFを使ったインデックス運用（様々なインデックス運用を組み合わせ、分散投資したポートフォリオ運用）を長年にわたり推奨してきた筆者としても、今後、法人の運用担当者や役員の皆さんの金融リテラシーも大いに向上していくのではないかと期待している。

　ただし、個人資産運用と異なり、法人資産運用は「自分のものでないお金」を扱うため、より責任が重く、毅然とした説明が求められる。

　多くの法人資産運用では証券会社などの営業担当者にその責任・説明の一端を転嫁せざるを得ない現状は理解できる。しかしながら、決して彼らの言うことを鵜呑みにせず、自ら判断・説明できる金融リテラシーの研鑽に励んでいかれることを期待している。

（『公益法人』（（公財）公益法人協会）2023年3月号「法人資産の運用を考える（53）」より）

（5）まとめ

　金融市場全体を複製してただ保有を続けることを良しとすることで本当によいのか？

　「1．常識的アプローチからの理解」で述べたことは本当に機能するのか？　預金、債券、株式など、利子配当の特徴、仕組み、リスク・リターンの源泉をたどれば、まずは徹底的な分散投資こそが有効であるといえるのか？　すなわち、（世界の）金融市場全体を複製してただ保有を続けることを良しと考えることが本当にできるのか？

　また、「2．学術的アプローチからの理解」で述べたことは本当に機能するのか？　最も効率的な分散投資とは、（株式）市場そのものにほかならないとは本当なのか？　やはり、（世界の）金融市場全体を複製してただ

第4部　運用担当と役員が押さえるべき運用基礎知識　*211*

だ保有を続けることを良しと考えることが本当にできるのか？

　以上について、実証研究的アプローチからの理解を試みた。結果、ベンチマーク・インデックスやファンドを使った多くの実証研究によっても「金融市場そのものが最も効率的なポートフォリオであることはある程度確からしい」というアイデアが裏付けられていき、投資家の様々な意思決定にもそのアイデアが普及・活用されていった。

　ついに1971年、米国ウェルズファーゴ銀行の機関投資家運用部門が世界初の米国株式パッシブ運用ファンド（米国株式市場全体の運用成績の再現を目指すファンド）を年金基金顧客向けに提供するに至ったのである。

　今日に至るまで、パッシブ運用ファンド自体も改良を重ねられ、様々な株式市場、不動産（REIT）市場、債券市場などを複製、トレースする投資戦略・手段として世界中の機関投資家に利用されている。日本の積み立て投資家の間にも浸透し、広がり続けていることは皆さんもよくご存じではないだろうか。

4. 第4章まとめ

　第4章では、なぜ、X法人の運用管理の枠組みのように、金融市場のほぼ全体を複製し、それに連動するETF（上場投資信託）×それらを組み合わせた基本ポートフォリオ（法人事業に合目的な資産配分比率）が機能を続けると言えるのか？　さらに、なぜ、今後についても普遍性を持って、機能を続けることが確からしいと言えるのか？　あるいは、なぜ、これ以外の運用の考え方、やり方に比べて、消去法的ではあるが、優位性・持続性が高いと言えるのか？　について解説した。

　常識的アプローチ、学術研究的アプローチ、実証研究的アプローチから「金融市場のほぼ全体を複製し、それに連動するETF（上場投資信託）を、ただ持ち続けることで相応のリターンは期待できる」ことについて、普通の法人の運用担当者や役員にも理解できるよう試みた。金融市場や市場の

212　第4章　基礎的かつ体系的な運用知識・意思決定基準

構造や仕組みから考えた場合、ベストではないかもしれないが、ベターな選択肢かも知れないことが理解していただけたなら幸いである。

　少なくとも、アクティブ運用（個別銘柄を法人運用担当者が取捨選択する自家運用を含む）や、非流動性資産・オルタナティブ投資（私募REIT、未公開株ファンド、インフラファンド、そのほかのオルタナ投資）よりも相対的に「賭け」の要素が少ないことが、学術研究や実証研究からも既に明らかなことをきちんと知ったうえで、その先の意思決定をしてほしい。

　1952年、米国のハリー・マーコヴィッツ氏は、投資家の意思決定の定石として、「投資家は分散を図らねばならないのと同時に期待するリターンを最大化すべきである。それは正しい理由から導かれた、正しい分散投資でなくてはいけない」と説いた。

　さらに、その弟子のウィリアム・シャープ氏はCAPM（Capital Asset Pricing Model 資本資産評価モデル）という学術的アイデア、仮説を発表した。

　このモデルの行き着いた結論は、最適＝最も効率的なポートフォリオ、最も効率的な分散投資の姿とは、金融市場そのものを取得して、売買しないで持ち続けることになる。市場全体のリスクよりも大きな追加的リスクを取らずに市場のパフォーマンスに打ち勝つことは誰一人としてできないことになる。

　そして、多くの実証研究はそれを裏付ける証拠を示している（ほとんどのアクティブ運用やオルタナ投資が時間の経過と共にパフォーマンスが劣後していく。精鋭のプロ集団と言われるGPIFでさえも、市場を上回る超過収益の達成は容易ではない。彼らの直近の2022年度業務概況書を見ても分かる）。

　しかしながら、これらの学説・実証研究は、なぜ金融市場がプラスのリターンを生み出し続けているのか？　将来もリターンを生み出し続けるのか？　それはどれくらいのリターンが期待できるのか？　などについては

何も証明していない。

おそらく、未来永劫、これらを証明できる学者も理論も登場しないだろう。自然科学と異なり、社会科学である経済学において完全な再現性を証明するのは不可能だからである。

通説として、金融市場のリターンは経済成長の果実に由来する、そうでないと経済・金融がひっくり返るからというような一般的、常識的な理解・解釈にもとづいて市場リターンを期待する以外に術はないのである。

ただ一つだけ確かなことは、アクティブ運用やオルタナティブ投資などで資産運用をした方が、「賭け」の要素は小さくなると、常識的、学術的、実証的に証明して見せることも不可能である。

このような事実を踏まえて、例え、証明できずとも、アクティブ運用やオルタナティブ投資などに「賭け」てみなければいけない投資家個々の事情・理由があるのかどうか、などについて慎重に思慮、検討することはできる。

どんな追加的なリスクを負うことになるのか、そのリスクに見合うリターンは得られているのか、アクティブ運用やオルタナ投資などの優位性を実証・説明する一般的な理論やデータは存在するのか存在しないのか、などの事実をきちんとよく理解、押さえた上であれば、最終的な意思決定・選択として、何に投資するかについては、個々の投資家の判断（能力、覚悟、責任）に委ねられるのである。

つまり、一連の学説・実証研究の成果とは、投資家にベストな投資方法・手段を提唱・提供するものではないかもしれない。しかしながら、これらの学説・実証研究の成果を踏まえて、投資家がどう意思決定するかについて、無視できない判断基準（ベンチマーク）に向き合わざるを得ないようになったのである。

第5章　金融市場連動型ETF（上場投資信託）*

　第4章では、なぜ、X法人の運用管理の枠組みのように、金融市場のほぼ全体を複製し、それに連動するETF（上場投資信託）とそれらを組み合わせた基本ポートフォリオ（法人事業に合目的な資産配分比率）による運用管理が機能し続けると言えるのか。さらに、なぜ、今後についても普遍性を持って、機能し続けることが確からしいと言えるのか。あるいは、なぜ、これ以外の他の考え方、やり方に比べて、消去法的ではあるが、優位性・持続性が高いと言えるのか、について、常識的アプローチ、学術研究的アプローチ、実証研究的アプローチそれぞれの観点から解説した。

　結果、「金融市場のほぼ全体を複製し、それに連動する金融商品を、ただ持ち続けることで相応のリターンは期待できる」ことは確からしい、同時に、ほとんどのプロのアクティブ運用（個別銘柄を法人運用担当者が取捨選択する自家運用を含む）などの運用成績は金融市場全体の平均的な成績を下回っているらしい、ということが判明してきた。

　特に、このような学術研究、実証研究の成果が認められて誕生したのが、インデックスファンドや金融市場連動型ETF（上場投資信託）という「金融市場全体を複製してただ保有を続けることを良しと考える」運用ツールなのである。第5章では、法人資産運用が法人事業に合目的な基本ポートフォリオを構築するためのツール、パーツとなる金融市場連動型ETF（上場投資信託）について説明したい。

　結論として、金融市場連動型ETF（上場投資信託）とは、世界の主要な各種金融市場のほぼ全体を複製し、その価格変動と利子配当利回りに連動することを目指す運用ツール、ポートフォリオのパーツであることをご理解いただけるはずである。

　「金融市場連動型ETFとは何か、どのような仕組みか？」「なぜ、金融市場≒ベンチマーク・インデックスを複製できるのか？」「なぜ、市場平

均利回り程度のインカム収入を受け取れるのか？」「なぜ、運用コストが安いのか？」「なぜ、億単位でもいつでも取引でき、流動性が高いのか（ETF取引方法と価格発見機能）？」など、法人資産運用の実務のポイントに沿って説明を進める。

＊金融市場連動型ETF（上場投資信託）（以降、ETFと表記。第5章で説明するETFとは複数の有価証券に分散投資して金融市場のほぼ全体を、あるいは金融市場の代表的な指標として認知されているベンチマーク・インデックスを、複製、連動を目指すものに限って議論、解説するものとする。

　したがって、アクティブ運用ETF（ESG投資ETFを含む）、ヘッジファンド指数・オルタナティブ運用ETF、商品ETF（原油、金、ビットコインなど各種コモディティETF）、デリバティブETF（レバレッジETF、リバースETF）、スマートベータETF（グロース、バリュー、高配当株式、最小分散ETFなど）は対象外とする。これらのETFを含む記述やデータの場合は、その旨を明記するか、「その他のETFを含む」と断るものとする。

1. ETFとは何か、どのような仕組みか？

1−1　ETFとは、パッシブ運用ツールの一種

（1）パッシブ運用とは

　パッシブ運用とは、株式市場全体、債券市場全体、REIT市場全体などの金融市場のベンチマーク・インデックスを模倣、トレースすることを目指す運用である。

　一方、アクティブ運用とはベンチマーク・インデックスを長期的に上回ることを目指す運用である。ファンドマネージャーなどによる銘柄選択や投資タイミングの選択の巧拙によって運用結果は大きく異なってくる。

　それまでの学術研究や実証研究の成果を受けて、1971年7月、米国のウェルズ・ファーゴ銀行が年金向けの米国株式インデックスファンドを立ち上げたのが最初のパッシブ運用とされている。

216 第5章 金融市場連動型ETF（上場投資信託）

　さらに、1978年に導入された米国の確定拠出年金制度（401kプラン）において、運用に関してプロフェッショナルではない個人投資家が、アクティブ運用ファンドに比べて運用内容の透明性が高く、運用成績の当たり外れが大きく出るリスクが小さいインデックスファンドを中心に自身のポートフォリオを作成したためパッシブ運用は拡大していった（＊同様のことが現在、日本の個人投資家でも観察できる。特に、NISAやiDeCoにおける金融行政主導によるインデックスファンド中心のファンドラインナップ及びそれらを選好する個人の投資行動によって、インデックスファンドの運用残高は日本でも急増している）。

　そして、1990年にETFが登場。従来のインデックスファンドは取り扱い金融機関が限定され、終値を基準に算出した基準価額でしか売買できないのに対し、ETFは取引所に上場されているため、特定の取り扱い金融機関を選ばずに、取引時間中であればいつでも売買でき、価格を指定した売買も可能なこと、手数料が低いことなどからETFを含めたパッシブ運用は急拡大した。

（2）パッシブ運用とアクティブ運用の違い

　アクティブ運用に比べて、パッシブ運用では、運用コストが低く設定される。また、ベンチマーク・インデックスのトレースを目指すので、組入れ銘柄を自由に売買しない、投資リターンは市場平均程度にとどまるなどの特徴がある。

（3）ETFとは？

　ETFとは、特定のベンチマーク・インデックス、例えば東証株価指数（TOPIX）、S&P500指数等の動きに連動する運用成果をめざし、東京証券取引所、ニューヨーク証券取引所などの取引所に上場している投資信託である。ETFは、"Exchange Traded Funds" の略で、「上場投資信託」と呼ばれている。

　今日では、株式だけでなく、債券、REIT（不動産）、通貨、コモディ

図表 5-1　パッシブ運用とアクティブ運用の違い

パッシブ運用	アクティブ運用
✓コストが低く設定 　パッシブ運用は、連動を目指すベンチマークインデックスとほぼ同じ銘柄を概ね同じ構成比率で保有するため、銘柄調査費用等が発生しない。したがって、アクティブ運用と比較してコスト(信託報酬等)は低く設定されている。	✓パッシブ運用に比べコストが高い 　アクティブ運用は、ファンドマネージャーやアナリストによる業績予想、分析、市場見通し等を踏まえて運用するので、通常の運用コストに加え追加的な調査費等が発生する。したがって、パッシブ運用に比べて(信託報酬等)が高めに設定される傾向がある。
✓値動きの動向が把握しやすい 　パッシブ運用は、テレビや新聞、インターネットで公表されるベンチマークインデックスの動きから、値動きの大まかな動向を捉えることができる。	✓値動きがベンチマークインデックスと大きく異なることがある 　アクティブ運用では、ファンドマネージャーが銘柄選択や配分などについて判断するため、ベンチマークインデックスとは大きく異なる値動きをすることがある。
✓組み入れ銘柄を自由に売買しない 　パッシブ運用は、ベンチマークインデックスとの連動を目指すことが第一目標であるため、ファンドマネージャーは自らの思惑で自由に売買しない。	✓機動的に売買を行う 　アクティブ運用では、個別銘柄の将来の値動きなどを予想して、ファンドマネージャーは機動的に売買を行うことが可能。
✓リターンは市場における平均にとどまる 　パッシブ運用は、ベンチマークインデックスに連動する運用成果を目指すため、市場平均並みのリターンしか期待できない。	✓リターンは市場平均とかい離する可能性が高い 　アクティブ運用では、ファンドマネージャーの運用の巧拙によっては、ベンチマークインデックスを上回るリターンを達成できる可能性もある一方、ベンチマークインデックスを大きく下回る可能性もある。
✓数十～数千数百銘柄に分散投資 　パッシブ運用は、ベンチマークインデックスを構成する銘柄の全て、あるいは代表的な銘柄群を保有するので、より幅広い分散投資が可能。	✓銘柄や業種を絞り込むため値動きが大きくなることがある 　アクティブ運用では、銘柄や業種を絞り込んで運用するため、投資する銘柄や業種の影響を大きく受けやすくなる。

（三井住友トラスト・アセットマネジメント社ホームページより作成）

ティ（商品）のベンチマーク・インデックスへの連動をめざすETFも数多く上場している。投資先も日本から海外にまで広がり、世界中の国と地域のあらゆる資産にETFを通じて手軽に投資ができるようになっている。

　世界で最初にETFが誕生したのは、1990年3月17日。米国で初めてETFが上場された1993年当時では、ETF銘柄はわずか3本、資産残高約10億米ドルの規模であったが、2000年以降は上場銘柄数・規模ともに急拡

図表5-2　世界のETFの純資産残高推移（その他ETFを含む）

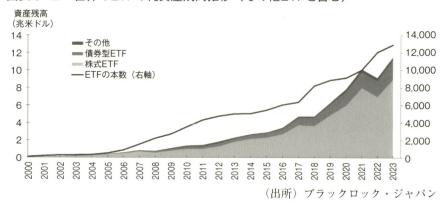

（出所）ブラックロック・ジャパン

大してきた。

　その商品性と使い勝手の良さから機関投資家・個人投資家問わず多くの投資家に活用され、2023年12月末現在、世界の証券取引所には約12,000以上のETFが上場され、純資産残高はおよそ約11兆5,145億米ドル（約1,623兆円*）規模にまで拡大している（*1米ドル=140.98円にて算出）。

（4）ETFの仕組み

　ETFと似ている金融商品にインデックスファンドと呼ばれる投資信託がある。一方ETFはインデックスファンドが東京証券取引所、ニューヨーク証券取引所などに上場しているようなイメージの金融商品である。

　ETFもインデックスファンドも運用の目的は同じで、ベンチマーク・インデックスの動きに連動する運用成果をめざす、ベンチマーク・インデックス連動型の投資信託である。

第4部　運用担当と役員が押さえるべき運用基礎知識　*219*

2. なぜ、金融市場 ≒ ベンチマーク・インデックスを複製できるのか？

2−1　インデックスとほぼ同じ銘柄を概ね同じ構成比率で保有するということ（1）

　ETFは、原則として、連動を目指すベンチマーク・インデックスとほぼ同じ銘柄を概ね同じ構成比率で保有する。したがって、ETFの価格変動は、投資対象とする金融市場≒ベンチマーク・インデックスとほぼ同等の動きをすることが期待、予見できる。

　例えば、東証株価指数（TOPIX）に連動を目指すETFであれば、ベンチマーク・インデックスとほぼ同じ2,000銘柄を概ね同じ時価総額の比率で保有する。これはほかの株式、債券、REITのベンチマーク・インデックスへの連動をめざすETFも原則として同様である。

　一投資家が個別銘柄を買い集めて、例えば東証株価指数（TOPIX）と同じ2,000銘柄を同じ構成比率で分散投資するには莫大な資金と管理の手間を必要とする。しかしながら、ETFのスキームを使えば投資資金と管理の制約から投資家は解放され、ベンチマーク・インデックス同様の分散投資を容易にできる。つまり、多数の投資家から集めた多額の資金プールを通じて共同投資するこのスキームを用いれば、何千銘柄への分散投資も容易になる。投資家はETFの受益権を取得することで、好きな時に好きな金額だけ東証株価指数（TOPIX）とほぼ同じ投資効果を期待できるのである。

　これは、日本株式市場だけでなく世界の株式市場、債券市場、不動産（REIT）市場との連動を目指すETFの場合でも基本的に同じである。

220　第5章　金融市場連動型ETF（上場投資信託）

コラム

☆5-1☆　金融市場 ≒ ベンチマーク・インデックスを複製する手法のいろいろ

　実際には、ベンチマーク・インデックスを複製するにはいくつかの方法がある。

　まず大きく2つ、

（1）有価証券の現物を保有してベンチマーク・インデックスを複製する方法（物理的方法、physical）、

（2）有価証券の現物を保有せず、デリバティブを使ってベンチマーク・インデックスを複製する方法（合成的方法、synthetic）、

に分けられる。

　まずこの点については、市場全体から生まれる利子、配当、キャピタルゲインの享受を志向する投資家にとって、（1）の物理的方法（physical）で運用されるETFが望ましい。

　また、物理的方法（physical）でベンチマーク・インデックスを複製する場合も、さらにいくつかの方法に分けられる。

①完全法：文字通りベンチマーク・インデックスの構成銘柄、構成比率を完全に模倣する方法

②準完全法：信用リスクの高い銘柄群など一部のベンチマーク・インデックスの構成銘柄を排除する方法

③最適化法：計量モデルに基づき、インデックスとの乖離が最も小さくなるように一部の銘柄を抽出してポートフォリオを構築する方法

④層化抽出法：インデックス構成銘柄をグルーピングし、各グループから銘柄を抽出してポートフォリオを構築する方法

　理論的には、①完全法がインデックスとの乖離が最も小さく、②準完全法、③最適化法、④層化抽出法は乖離する可能性も高くなる。しかしながら、実際の各ETFの運用規模によってはインデックスの全銘柄を同じ構成比率で保有できない、各銘柄の最低取引単位も100株単位あるいは1億額面単位など制約がある、そもそもインデックス構成銘柄の中に取得しづらい銘柄（あるいは流動性の低い銘柄）が含まれている、もともとイ

ンデックス構成銘柄の入れ替えが多く、それに伴うコストがかさんでしま
う、などの実態、運用制約に合わせて各ETF運用会社が最適と考える方
法を選択している。

　最近では、既に海外市場に上場している海外ETFを投資対象とした国
内上場のETFも登場している。

　投資家の側では、ポートフォリオに組み入れたい資産を対象とする
ETFが、そもそも国内外の取引所で利用可能かどうか？　上記の運用手
法の違いと実際の乖離の実績・コスト、投資家から見た利便性（流動性、
分配金の有無、その安定性など）が総合的にどうか？　など勘案して、ど
のETFを使うか選べばよい。

　①完全法は理想ではあるが、完璧なETFだけに固執するのは現実的で
はないとも思う。そもそも完全法に拘ると、利用可能な運用対象資産や
ETFは限定されてしまうおそれがある。これは投資家にとっても、ポー
トフォリオを構築する上で大きな機会損失となり得る。

図表5-3　ETFの運用パフォーマンス格差の要因
（物理的に有価証券を保有するphysicalな運用の場合）

		完全法	準完全法	最適化法	層化抽出法
（1）売買タイミングによる影響		あり	あり	あり	あり
（2）銘柄要因	信用リスク銘柄等の除外の影響	－	あり	若干あり	若干あり
	低流動性銘柄等の除外の影響	－	－	あり	あり
	ベンチマーク・インデックスに対する保有比率の乖離の調整	－	若干あり	あり	あり
（3）リバランスコストの有無		－	若干あり	あり	あり
（4）運用コスト（信託報酬等）の影響		あり	あり	あり	あり

（三井住友トラスト・アセットマネジメント社ホームページを参考に著者が作成）

コラム

☆5−2☆ 同一ベンチマーク・インデックスへの連動を目指す異なるETF間での運用パフォーマンス格差の要因

一般に目標とするベンチマーク・インデックスが同じであれば、各ETF間の差がないと考えられるが、実際にはパフォーマンス格差は生じる。

①売買タイミングによる影響：例えば、上場廃止や新規上場、公募増資などの公表日から実施日までのいつ、当該銘柄の購入売却を行うかで差が生じる。

②銘柄要因：信用リスクが高い銘柄や流動性が低い銘柄などを除外する場合、ベンチマーク・インデックスと構成銘柄や構成比率が異なることで差が生じる。

③完全法以外では、ベンチマーク・インデックスとパフォーマンスの乖離を調整するためにリバランス売買を行う必要がある。それによって差が生じる。

④運用コスト（信託報酬等）の差によってパフォーマンスに差が生じる。完全法のETFであっても、理論的には運用コストの分だけ、ベンチマーク・インデックスを下回る。

例えば、東証株価指数（TOPIX）に連動を目指すETFは、2024年4月現在、東証に9本上場しているが、運用実績にはバラつきがある（過去3年の利子配当金込みの年率リターンは最低14.95%〜最高15.01%に散らばる）。

3. なぜ、市場平均利回り程度のインカム収入を受け取れるのか？

3−1 インデックスとほぼ同じ銘柄を概ね同じ構成比率で保有するということ（2）

（1）ETFの分配金の原資 ≒ 株式市場、債券市場、REIT市場全体から生じる利子、配当金

　このように、ETFが連動を目指すベンチマーク・インデックスとほぼ同じ銘柄を概ね同じ構成比率で保有するということは、そのETFの価格変動の特徴がベンチマーク・インデックスとほぼ同じになるだけではない。

　インデックスに連動させることが目標となるので、保有する有価証券は原則として売買しないで持ち切っていくことになる。また、アクティブ運用のようにファンドマネージャーらの裁量に基づいた保有銘柄の入れ替えも行われない。

　つまり、投資家がETFで保有している全ての株式、債券、REITからの利子配当もETFの中にとどまることを意味する。

　"ETFとして扱われるには税法の定めにより、信託の計算期間中に、信託財産に生じた配当、受取利息その他これらに類する収益の額から支払利子、信託報酬その他これらに類する費用の合計額を控除した額の全額について、分配が行われることとなっています。" "ETFの分配原資は、法律の定めにより、原則、その期の決算時に投資家へ分配されます。"（日興アセットマネジメント社　ホームページより）

　すなわち、ETFではとどまった利子・配当金を原資として投資家に分配金を支払うのである。ETFの分配金の原資 ≒ 株式市場、債券市場、REIT市場全体から生じる利子、配当金の割合の縮小版ということになる。

コラム

☆5-3☆ 分配金の希薄化とは（日興アセットマネジメント社　ホームページより）

　ETFの分配金は、利子配当金などの分配原資をETFの発行口数に応じて均等に分割、決算期に投資家に支払われる。従って、決算期直前にETFの発行口数が大量に増えてしまうと、ベンチマーク・インデックスの利回りと比べて分配金利回りが低下してしまうことがある。これを分配金の希薄化現象と呼ぶ（特に、純資産の比較的小さなETFの分配金の場合、大量の発行口数の増加の影響を受けやすい）。

図表5-4　ETF分配金の希薄化の仕組み

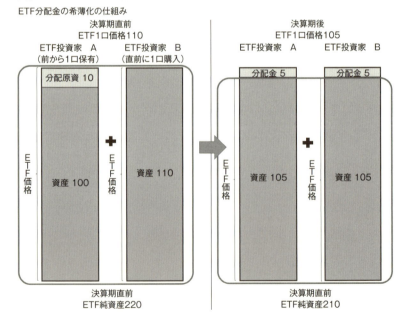

第4部　運用担当と役員が押さえるべき運用基礎知識　　*225*

　　図表5-4で、当初一口当たり100の資産のETFに10の分配原資がとどまって、一口当たりの純資産額が110になっていたとする。ここで1口追加設定をすると110の価額で追加設定することになる。しかし、分配原資はあくまでも10しかない。決算、分配時にはこの10を2口で分け合い、一口当たりの分配金は5となる。これが希薄化（＊）である。これとは逆に、濃縮化も起こりえる。

　　＊分配金を10得られるところが5となってしまい、損をしたように受け止められることがあるが、ETFには210の純資産が残っており、一口当たりでは105の純資産となっている。分配金として受け取ることができなかった5はETFの内部に留保されただけで、経済的には損得がない（ただし、追加設定した投資家は、純資産110を払って1口のETF受益権を得て、5の分配金を受け取り、純資産105のETF受益権1口が残るということになる。実質、5の分配金は元本を払い戻し。投資家にとっては収益として認識することができるものの、課税対象となる。非課税法人では分配金も非課税なので損得はないが、課税法人や個人では注意が必要）。

　　"収益分配原資がETFの発行済口数に応じて均等に分割、分配されるという制度は、特に決算期直前に大きな設定や償還（交換）が行われると、指数の利回りと比べて利回りが低下（分配金希薄化）したり、上昇（分配金濃縮化）したりすることが起きてしまいます。分配に焦点を当てたETFを組成するにあたって、この現象をうまくコントロールする仕組みを作らなくてはなりません。"（日興アセットマネジメント社ホームページより）

　　このように、"分配金の希薄化をうまくコントロールする仕組み"のものを利用するか、口数の増減の影響をほとんど受けないぐらい純資産の規模が既に数千億円～数十兆円にまで達しているものをうまく使えば、ETFの分配金の利回り ≒ 株式市場、債券市場、REIT市場全体から生じ

226　第5章　金融市場連動型ETF（上場投資信託）

る利子、配当金の利回りということになる。

　インカムを期間収入として予算化している法人投資家などにとっては、このようなETFの収益分配金の特徴はうまく使わない手はないと考える。

（2）ETFの分配金の原資には、キャピタルゲイン、元本（のタコ足）配当は除外

　ETFの分配金の原資には、キャピタルゲインや元本そのものの配当は含まれない。

　"ETF内で株式を売買したことによる収益（キャピタルゲイン）が発生した場合は収益分配の範囲に入らないということです。当該収益はファンド内に留め置かれ再投資されます。"（日興アセットマネジメント社　ホームページより）

　また、上記のように、原則としてETF内で保有する株式、債券、REITの元本は据え置かれ、長期的なキャピタルゲインとして区別して認識することができる。元本まで取り崩し続けるたこ足分配の投資信託のようなことができない仕組みになっている。このような明瞭かつ合理的な分配方針が存在することもETFの魅力である。

第4部　運用担当と役員が押さえるべき運用基礎知識　**227**

図表5-5　投資信託等の保有時に発生する間接費用の内訳

信託報酬	（1）運用会社報酬	運用会社が運用管理する報酬として信託財産から差し引く費用
	（2）販売会社報酬	証券会社などの金融機関が投資家サービスの報酬として信託財産から差し引く費用
	（3）受託銀行報酬	信託銀行が投資信託の信託管理する報酬として信託財産から差し引く費用
その他費用・手数料	（4）有価証券の売買手数料	有価証券の運用にかかる売買手数料
	（5）外国証券などの保管費用	外国証券などの現地保管、受け渡しにかかる費用
	（6）監査報酬	信託財産に関して監査証明を取得するための費用

＊その他、ファンドラップ口座管理料、投資顧問料など（ファンドラップ、SMAの場合）

4．なぜ、運用コストが安いのか？

4-1　販売会社報酬という運用コストをカット

　図表5-5は投資信託等の保有時に間接的に負担してる費用の内訳を示したものである。ETFは一般の投資信託等では運用コストの大きなウェイトを占める信託報酬のうち、（2）の販売会社報酬がない。販売会社報酬がないので、ほとんど全てのETFは、少なくともその分、コストが安くなる。

　しかも、ベンチマーク・インデックスに連動させるパッシブ運用は、一般的に、手間の掛かる調査、分析、運用スキルの報酬として費用が加算されるアクティブ運用に比べて、運用にかかる費用は安い。

　つまり、①販売会社報酬が発生しない、②もともとベンチマーク・インデックスに連動させるパッシブ運用は運用コストが比較的安い、という理由でETFの運用コストは非常に廉価になる。

228 第5章 金融市場連動型ETF（上場投資信託）

コラム

☆5－4☆ 資産運用における運用コストの重要性

　第3章の金融ビジネスの制約の部分でも説明した通り、このように投資家にとっては安価な運用コストになるETFは、金融機関にとっては安い売買時手数料しか取れない旨味のない商品となる（だから、彼らはアクティブ運用の投資信託やファンドラップ、SMAなどに投資家を誘導したがる）。

　しかしながら、世界の金融市場全体に分散投資しても、利子、配当、キャピタルゲイン総計のリターンは年率で数パーセント足らずが妥当な水準であることは第4章の実証研究で示した通りである。

　資産運用を通じての投資家側の取り分をなるべく減らさないで、将来にわたる法人運営と事業遂行のための原資を温存していきたい投資家にとっては、運用コストを年率0.●％から年率●.0％、節約できるかできないかは、数年、数十年単位でみると大変大きな格差となる。

5. ETFの取引方法と価格発見機能　—なぜ、億円単位の大口であっても、いつでも取引でき、流動性が高いのか？—

5−1　ETFの取引方法　—なぜ、億円単位の大口であっても、いつでも取引できるのか？—

　では、世界中の株式、債券、REITの各種金融市場全体に安価に分散投資ができ、価格変動や利回りの特性を再現できるETFはどのように取引できるのか？　億円単位の大口であっても、取得、解約が可能な流動性を確保できるのか？　について説明しよう。

fig表5-6　ETFの市場のしくみ

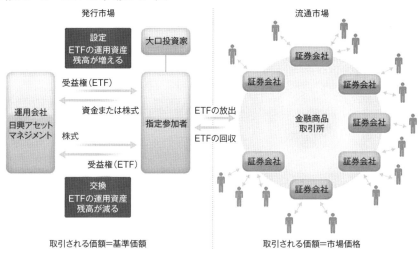

（出所：日興アセットマネジメント社　ホームページより）

（1）ETFの市場のしくみ（2つの取引市場：発行市場＝指定参加者である証券会社、流通市場＝全ての証券会社）

まず、ETFの市場のしくみについて押さえておきたい。

図表5-6はETFの発行と流通の仕組みを表している。ETFには「**発行市場**」と「**流通市場**」の2つの市場がある。

第1の市場は発行市場である。発行市場において、ETFの運用会社と指定参加者（＊）の間でETFの受益権が設定または解約（交換）され、ETFの発行済受益権口数が増減する。

ETFの発行済株式数を増やしたり、減らしたりすることができるのがこの発行市場である。先ほどの分配金の希薄化などの誘因となりうるのはこの発行市場での動向である。この市場での取引値はETFの基準価格（NAV＝Net Asset Valueとも呼ぶ。投資信託で言う基準価格と同じ）となる。

第2の市場が流通市場である。発行されたETFの受益権が流通するの

230　第5章　金融市場連動型ETF（上場投資信託）

が流通市場（東京証券取引所、ニューヨーク証券取引所などでの市場での売買）となる。流通市場は、株式の売買がそうであるように、原則、全国のどの証券会社を通じても売買できる市場である。この市場での取引値は市場価格となる。ETFの受益権の売り手と買い手の需給で決まる。

　＊ETFの指定参加者とは？

　　指定参加者の証券会社は、一般の投資家の注文を取引所で仲介する証券会社とは異なる。（大口）投資家の購入や解約の注文に応じて、流通市場を通さずに、発行市場においてETFの運用会社と直接、ETFの受益権を増減させる取引ができる特定の証券会社を指す。どのETFについて、どの証券会社が指定参加者であるかは、当該ETFの運用会社のHPなどで確認できる。

（2）ETFの取引手法

　さて、ETFの市場の仕組みを押さえたところで、具体的な取引手法について話したい。1億円からそれ以上の金額を買付あるいは売却する場合も想定した場合に、ETFには大きく2つのタイプがある。

　1つは、東京証券取引所あるいはニューヨーク証券取引所などでの1日当たりの取引量が数十万株～数千万株もあるETF。

　2つ目は、そうでない、取引量がわずかしかないETFである。

A. 市場での取引が活発なETFの場合

　東京証券取引所あるいはニューヨーク証券取引所などでの1日当たりの取引量が数十万株～数千万株もあるETFの場合は、先ほどでいう流通市場で普通の株式と同じように売買できる。分厚い流通市場があるので、成り行き注文でも売買価格への影響はほとんどない。

　東京証券取引所に上場するETFの場合は、国内のどこの証券会社を通じても売買できる。委託手数料の安さなど、投資家から見た利便性を総合的に勘案して好きな金融機関を選べばよい。

ニューヨーク証券取引所などに上場する海外ETFを使う場合は、投資予定のETFを取り扱う金融機関が多少限定されるかもしれない。事前にいくつかの証券会社に取り扱いの有無を照会して確認する必要がある。そのあとは、海外ETFの委託手数料*の安さなど、投資家から見た利便性を総合的に勘案して好きな金融機関を選べばよい。

* 海外ETFの委託手数料と発注取引形態
- 外国ETFの売買委託手数料には、通常、①為替手数料、②外国手数料、③国内手数料が含まれる。
- 手数料を複数社に照会する時には、例えば"外国ETFを円換算で１億円買った場合、①＋②＋③の合計でいくら？（あるいは１億円に対して①＋②＋③の合計で何％になる？）"というような同一条件で比較できる聞き方をするとよい。
- 注文方法は委託成り行き注文などが一番、投資家側での取引価格と上記コストの区別、事後の検算がしやすい。この場合、約定価格は海外市場の始値と一致するので、投資家側もウェブで突合できる。
- また、最近ではVWAP価格（一日の市場取引金額を取引株数で割った価格）での約定を提案してくる証券会社もある。その場合、投資家側でVWAP価格をチェックするのは困難である。だから、発注日のVWAP価格について第３者が算出したVWAP価格のエビデンスを証券会社に要求し、応じてくれる場合に限り、そのような取引形態でも発注している。
- 委託注文とは証券会社など金融機関が投資家から委託を受け、市場に取り次ぐ形態の注文である。その仲介行為に対して手数料を支払う。
- この他には、店頭取引（VWAP価格での取引も含まれる）と呼ばれ、証券会社など金融機関が投資家の注文に対する売り手・買い手となって約定を成立させる。あるいは他の別の売り手・買い手（発注する証券会社などの金融機関以外の売り手・買い手）の注文をぶつける取引の仕方がある。しかしながら、提示される取引価格の根拠と取引コストが不透明

な場合は避けている（既に取引コストが取引価格に含まれることも多い＝業者の中には手数料がかからないと説明する者もいるが、そのようなことは絶対にない）。

B. 市場での取引が活発でないETFの場合

さて、ニューヨーク証券取引所などでは、1日当たりの取引量が数十万株〜数千万株もあるETFが多く存在するが、東京証券取引所ではそのような国内ETFは未だ少ない。取引量が数十株から数万株に満たないETFも多い。そんな銘柄に取引所で1億円も買い注文を出したらETF価格が吊り上がってしまう（売りの場合は、その逆）。

しかしながら、先ほどの**図表5-6**の発行市場を使えば、取引所での取引量に関わらず、一度に何億円でもETFが取得できる。また、その逆の換金もできる。指定参加者を通じて運用会社の中で新たなETF受益権を発行、あるいは保有するETF受益権を換金してもらうのである。

ETFごとに指定参加者は異なる。取得あるいは換金を検討しているETFの指定参加者がどの証券会社なのかは、ETFの運用会社のHPを見るか、運用会社に直接問い合わせをすればすぐ分かる。

次に、指定参加者である証券会社に問い合わせて*、いくらのロット単位でETF設定／解約に応じるか？　その際の手数料はいくらか？　聞いてみる。ETFの設定／解約のロット単位と手数料は指定参加者ごとに異なる。できれば複数の指定参加者に照会するとよい。より有利な条件で応じてくれる会社が見つかるはずである。

＊国内ETFの大口の設定／解約、その問い合わせ方について

多くの証券会社の営業担当にとって、顧客に対してETFを勧めることはあまり一般的ではない（手数料が安いので顧客に勧めたいというインセンティブがあまりない）ので、そもそもETFの設定／解約取引を知らないことも多い。

だから、例えばETFを"買いたい"とは言ってはいけない。"運用会社に
ETF受益権を増やしてもらう「設定取引」をしたい。××アセットマネジ
メント社のホームページのここを見ると、御社が「指定参加者」だと書い
てある"とまではっきり指示しないと、"そんなに注文を出したら、ETFの
値段が吊り上がってしまう"などの的を射ない対応をされてしまうことも
少なくない。

＊国内ETFの大口の設定／解約の手数料について

　希望の数量（あるいは希望に近い数量）でETFの設定／解約に応じる複
数の指定参加者が見つかれば、後は手数料を比較してみてもよい。

　著者の好みは「約定日のETF基準価格（＊）× 0.▲％」という算式の
手数料形態である。特に取引量の少ないETFは流通市場での市場価格＞
基準価格であることも多いので、基準価格もチェックして設定を申し込ん
だ方がよい。基準価格はETFの運用会社のホームページを見れば分かる。
「ETF基準価格 × 0.▲％」という形態であれば、基準価格は約定してみる
までは分からないが、約定価格の透明性が高く、取引後に手数料の検算も
しやすい。同一条件で複数の指定参加者を比較することも可能になる。

　指定参加者によっては、投資家の注文に対する売り手となってETFの取
引価格を提示して、「手数料はいただきません」と説明してくる場合もあ
る。しかし、そんな提案は避けるようにしている。基本的に、取引におい
てコストがゼロのはずがない（債券取引の際の価格も同じ。業者がボラン
ティアで売買を受けるはずなどない）。手数料は全て取引価格に含まれてい
る。提示される取引価格の根拠とコスト（手数料）が不透明な提案は避け
るべきである。

＊国内ETF運用会社が大口の設定／解約の際に徴収する設定／解約コストとは

　国内ETFの大口の設定／解約の際、仲介者である証券会社に払う手数
料ではなく、設定／解約コストというものが掛かる場合がある。だいたい
「ETF基準価格 × 0.0●％〜0.●●％」ぐらいの料率である。これは仲介者

234 第5章 金融市場連動型ETF（上場投資信託）

である証券会社に払う手数料ではない。運用会社が新しいETF受益権を発行する時に市場で株や債券を買い集めるための取引コスト等、既存のETF受益権を解約抹消する時に市場で株や債券を売却するための取引コスト等、とされている。

5−2　なぜ、億円単位の大口であっても、いつでも取引でき、流動性が高いのか（ETF市場価格の価格発見機能）

　ETFの取引市場には、①流通市場（取引所市場＝取引価格はETF市場価格）と、②発行市場（取引所外市場＝取引価格はETF基準価格が基準）とがあることは前述したとおりである。

　このうち、①流通市場（取引所市場＝取引価格はETF市場価格）で取引株数が多いETFであれば、ETFの中で組み入れている株式や債券、REIT（不動産）のいくつか、あるいは大半が取引できない状態でも、何億円～何十億円分のETFを即座に取得・換金することは可能である。

　ちなみに、一般の投資信託の場合、投資信託が組み入れている株式や債券、REIT（不動産）のいくつか、あるいは大半で取引できない状態になると買付や解約の申し込みを停止することも珍しくない。なぜならば、買付や解約に合わせて、運用会社は投資対象となる株式や債券、REIT（不動産）を買付または売却しないと投資信託の受益権を増やしたり、減らしたりできないからである（②発行市場（取引所外市場＝取引価格はETF基準価格が基準）も同じ構造である）。

　しかしながら、ETFの①流通市場の場合は異なる。①流通市場はETF受益権を転売したり、転売されたりする市場なので、ETF運用会社が新たな受益権を増やしたり、既存の受益権を減らしたりする必要がない。したがって、ETFが投資対象としている株式や債券、REIT（不動産）のいくつか、大半、あるいは全部が取引されていなくても、ETFさえ取引所で活発に売買されていれば、高い流動性が保たれるのである。

図表5-7　ETFロシア資産保有割合（2022年2月末時点）

	ロシア資産比率
V社　新興国株式ETF	3.1%
B社　新興国国債ETF	3.8%

（運用会社ホームページより著者作成）

（1）ロシアのウクライナ侵攻

　例えば、2022年2月24日のロシアのウクライナ侵攻をきっかけに、ロシアの株式、債券が突然、多くの欧米、アジア諸国からは取引できなくなった。当時、エマージング株式ETFやエマージング債券ETFにもロシア資産は一部含まれており、各ベンチマーク・インデックスの提供会社と各ETF運用会社はその後の対応について政治的な成り行きを見守りつつ、ロシアの株式、債券の対応を模索していた。

　図表5-7のとおり、ロシア・ウクライナ戦争直後の2022年2月末時点では、代表的な新興国ETF（≒ベンチマーク・インデックス）には、ロシア株式が3.1％、ロシア国債が3.8％、それぞれ含まれていたことが分かる。

　図表5-8は戦争開始前夜である2022年2月22日から2022年4月末までのETF価格（USドル）と取引高（株数）の推移である。2月末時点でもロシア株式が3.1％含まれていたのだが、ロシアに対する制裁によって、既に株の換金もその代金の送金も困難な状況であった。最終的にこのETFが複製するベンチマーク・インデックスの計算会社は2022年3月7日より、全てのロシア株式をベンチマーク・インデックスから除外（つまり、ゼロ評価）することを決めるが、それが決着する前もその後もETFはロシア資産の評価を織り込みながら、活発な取引は途絶えなかったことが分かる（少なくても一日当たり1,000万株以上＝400億円以上の流動性があった）。2024年4月現在に至るまでも高い流動性を維持している。

　図表5-9は新興国国債ETFの、同じ期間の価格（USドル）と取引高（株

図表 5-8　V社　新興国株式ETFの価格と取引高の推移
（2022年2月22日～2022年4月末）

（運用会社ホームページより著者作成）

数）の推移である。2月末時点でロシア国債は3.8％含まれていた。最終的にこのETFが複製するベンチマーク・インデックスの計算会社は2022年3月末からロシア国債をベンチマーク・インデックスから除外（つまり、ゼロ評価）した。こちらのETFもロシア資産の評価を織り込みながら、活発な取引は途絶えなかった（1日当たり500万株程度＝400億円以上の流動性があった）。2024年4月現在に至るまでも高い流動性を維持している。

（2）その他のショック時

このロシアの例にみられるような、ETFの市場価格、市場取引の例は、他にも数多い。例えばリーマンショックやコロナショックなどの時のように、株式や債券、REIT（不動産）が売り気配で始まり、その後も多くの銘柄の取引が成立しないような時でも、市場全体を示すETFは比較的早く取引が成立し、活発に取引され続けた。

また、取引されるETF市場価格から、未だ値段がついていない個々の株式や債券、REIT（不動産）の価格が逆算されて、個々の株式や債券の取引が成立するという価格発見機能が発揮されることも珍しくない。

第4部 運用担当と役員が押さえるべき運用基礎知識　237

図表5-9　B社　新興国国債ETFの価格と取引高の推移
　　　　（2022年2月22日〜2022年4月末）

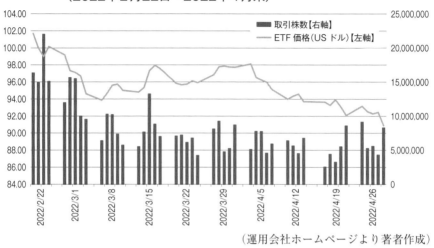

（運用会社ホームページより著者作成）

　海外市場が真夜中で現物取引は行われていない時間帯であっても、先物市場や為替市場は24時間取引のため、それらの動きに合わせて、ETFの市場価格が連動して成立するということは毎日当たり前のように起こっていることでもある。

6. まとめ

　第4章の、特に、学術研究、実証研究の成果が認められて誕生したのが、インデックスファンドや金融市場連動型ETF（上場投資信託）という「金融市場全体を複製してただ保有を続けることを良しと考える」運用ツールである。
　第5章では、法人が基本ポートフォリオを構築するためのパーツとして、金融市場連動型ETF（上場投資信託）を具体的に検討し、法人資産運用の実務的なポイントも含めた以下のような疑問について説明してきた。

①金融市場連動型ETFとは何か、どのような仕組みか

②なぜ金融市場≒ベンチマーク・インデックスを複製できるのか

③なぜ市場平均利回り程度のインカム収入を受け取ることができるのか

④なぜ運用コストが安いのか

⑤なぜ数億円単位でも取引することができる流動性があるのか

　様々な金融市場の構成を複製することを目標とするこれらETFは、市場全体の価格変動とそこから生み出される利子配当利回りまでも概ね再現され、投資家は様々な資産へ容易に分散投資を行うことができる。また、頻繁な売買を行わない性格とコスト構造の違いから、一般的な投資信託よりも保有にかかるコストが廉価であるケースが多い。加えて、ETF独特の、2つの市場で取引されるその性格から、数億円単位の大きなボリュームであっても、比較的容易に取引を行えるメリットも持つ。

　多くの法人の資産運用ニーズが、「ロスカット、取り崩すことなく、利子配当の期間収益で法人運営、事業遂行を継続したい」というものであるならば、また「普通の法人と運用担当と役員の理解、ハンドルできる範囲に資産運用をとどめる」ことであるとするならば、このようなETFの特徴は見逃せない。運用内容の透明性が高く、運用コストも廉価で、価格変動の特性もインカム収入の特性も代表的な金融市場のそれと概ね重ねて把握、管理ができる。様々な金融市場のベンチマーク・インデックスを模倣、コピーするETFを利用すれば、金融市場全体、世界経済をほぼ再現するポートフォリオの構築は簡単にできるのである。ポートフォリオ構築のパーツ／ツールとして、このような特徴を持つETFを、法人として使わない手はない。

　最後に、留意点を2つ述べたい。第1に、現在世界で利用可能なETFは12,000種類を超えると言われるが、ETFであればどれでも良いわけではない。くれぐれも、オーソドックスでない資産やメジャーでない金融市場をカバーするETFや、オーソドックスでない手法で運用されているETF

を真っ先に検討するのは避けるべきである。次の第6章で詳しく述べるように、ポートフォリオの構成資産は「核となる資産」、すなわち世界経済でも重要な構成要素と考えられる金融市場を中心に組み合わせるのが望ましい。

第2に、証券会社等の金融機関などにETFについて照会するのであれば、なるべく、本章で説明したぐらいの予備知識は事前に押さえた上で相談してほしい。ETFやそれらを組み合わせた基本ポートフォリオ（第6章、第7章で解説）について、一から相談することは避けることをお勧めする。本章（あとは第4章、第6章、第7章、第8章、第9章も全てそうであるが）は、これからの法人の運用担当と役員として、必須、押さえておいていただきたい基本的な知識・情報である。これらの知識・情報をスキップし証券会社等の金融機関などに相談するのではなく、自らもある程度研鑽した上で、上手に金融機関などを利用されることが望ましいと考えている。

また、本章の最後にオーソドックスな金融市場をトレースするETFの参考リストを付けている。本文で解説した金融市場（ベンチマーク・インデックスの時価総額、構成銘柄数、構成国数・割合、主な構成銘柄、市場平均利回り（予想））とETFの（構成銘柄数、構成国数・割合、主な構成銘柄、分配金利回り（過去1年実績））などの事項を照らし合わせ、理解をより深めていただければ幸いである。なお、参考リストのETFへの投資は自己責任であることは言うまでもない。

第5章 金融市場連動型ETF（上場投資信託）

7. ETFの参考リスト

（1）グローバル株式

（2024年3月末時点 ＊注記を除く）

No.	1		2	
資産クラス	グローバル株式		アメリカ株式	
銘柄コード	VT		VTI	
名称	バンガード・トータル・ワールド・ストック ETF		バンガード・トータル・ストック・マーケット ETF	
市場平均指数（インデックス）	FTSE Global All Cap Index		CRSP US Total Market Index	
構成銘柄数	9857銘柄		3717銘柄	
ファンド純資産額	7.24兆円		242.17兆円	
信託報酬	0.070%		0.030%	
構成上位10ヵ国・比率	アメリカ	62.20%	アメリカ	100.00%
	日本	6.20%		
	イギリス	3.50%		
	カナダ	2.70%		
	中国	2.60%		
	フランス	2.60%		
	インド	2.10%		
	スイス	2.10%		
	ドイツ	2.00%		
	オーストラリア	1.90%		
配当利回り（過去1年実績）	1.86%		1.15%	
決算日	年4回（3,6,9,12月）		年4回（3,6,9,12月）	

ETFが複製する市場平均指数（インデックス）の概要

（2024年3月末時点 ＊注記を除く）

名称	FTSE Global All Cap Index		CRSP US Total Market Index	
市場	全世界の株式市場		アメリカの株式市場	
時価総額	1.22兆円		7689.12兆円	
構成国数	49ヵ国		1ヵ国	
構成上位10ヵ国・比率	アメリカ	62.12%	アメリカ	100.00%
	日本	6.26%		
	イギリス	3.55%		
	カナダ	2.71%		
	フランス	2.58%		
	中国	2.56%		
	インド	2.13%		
	スイス	2.06%		
	ドイツ	1.96%		
	台湾	1.94%		
構成銘柄数	10126銘柄		3626銘柄	
構成上位10銘柄・比率	Microsoft Corp	3.87%	MICROSOFT CORPORATION	6.16%
	Apple Inc.	3.09%	APPLE INC	4.95%
	Nvidia	2.65%	NVIDIA CORPORATION	4.23%
	Amazon.Com	2.01%	AMAZON.COM INC	3.32%
	Meta Platforms Inc	1.33%	ALPHABET INC	3.20%
	Alphabet Class A	1.11%	META PLATFORMS INC	2.10%
	Alphabet Class C	0.94%	BERKSHIRE HATHAWAY	1.51%
	Lilly（Eli）& Co	0.81%	ELI LILLY & COMPANY	1.31%
	Taiwan Semiconductor Manufacturing	0.72%	BROADCOM INC	1.22%
	JPMorgan Chase & Co	0.71%	JPMORGAN CHASE & COMPANY	1.14%
配当利回り（予想）	1.73%		1.21%	

第4部　運用担当と役員が押さえるべき運用基礎知識　241

3		4		5	
先進国株式（米国除く）		新興国株式		新興国株式	
VEA		VWO		IEMG	
バンガードFTSE先進国市場（除く米国）ETF		バンガード・FTSE・エマージング・マーケッツ ETF		iシェアーズ・コア MSCI エマージング・マーケット ETF	
FTSE Developed All Cap ex US Index		FTSE Emerging Markets All Cap China A Inclusion		MSCI Emerging Markets IMI Index	
3,999銘柄		5,848銘柄		2,936銘柄	
28.97兆円		15.64兆円		11.56兆円	
0.050%		0.080%		0.090%	
日本	22.00%	中国	26.90%	中国	22.59%
イギリス	12.50%	インド	22.40%	インド	18.77%
カナダ	9.50%	台湾	20.30%	台湾	18.22%
フランス	9.10%	ブラジル	6.10%	韓国	12.90%
スイス	7.30%	サウジアラビア	4.60%	ブラジル	5.17%
ドイツ	6.90%	メキシコ	3.10%	サウジアラビア	4.22%
オーストラリア	6.60%	南アフリカ	3.10%	南アフリカ	2.82%
韓国	4.70%	タイ	2.20%	メキシコ	2.61%
オランダ	3.90%	インドネシア	2.10%	インドネシア	1.84%
スウェーデン	3.00%	マレーシア	1.90%	タイ	1.73%
2.94%		3.14%		2.55%	
年4回（3,6,9,12月）		年4回（3,6,9,12月）		年2回（6,12月）	

FTSE Developed All Cap ex US Index		FTSE Emerging Markets All Cap China A Inclusion		MSCI Emerging Markets IMI Index	
アメリカを除く先進国の株式市場		新興国の株式市場		新興国の株式市場	
3,469.97兆円		1,164.84兆円		1,276.92兆円	
24ヵ国		24ヵ国		24ヵ国	
日本	22.07%	中国	27.00%	中国	22.66%
イギリス	12.51%	インド	22.34%	インド	18.77%
カナダ	9.54%	台湾	20.41%	台湾	18.39%
フランス	9.08%	ブラジル	6.04%	韓国	12.93%
スウェーデン	7.25%	サウジアラビア	4.59%	ブラジル	5.17%
ドイツ	6.90%	メキシコ	3.07%	その他	22.08%
オーストラリア	6.59%	南アフリカ	3.05%		
韓国	4.71%	タイ	2.16%		
オランダ	3.89%	インドネシア	2.11%		
スウェーデン	2.96%	マレーシア	1.88%		
3,925銘柄		4,665銘柄		3,429銘柄	
Novo-Nordisk B	1.72%	Taiwan Semiconductor Manufacturing	8.49%	TAIWAN SEMICONDUCTOR MFG	7.11%
ASML Holding	1.66%	Tencent Holdings（P Chip）	3.48%	SAMSUNG ELECTRONICS CO	3.47%
Toyota Motor	1.30%	Alibaba Group Holding（P Chip）	2.22%	TENCENT HOLDINGS LI（CN）	3.05%
Samsung Electronics	1.27%	Reliance Industries	1.74%	ALIBABA GRP HLDG （HK）	1.73%
Nestle	1.24%	HDFC Bank	1.41%	RELIANCE INDUSTRIES	1.29%
LVMH	0.97%	PDD Holdings Inc ADS（N Shares）	1.02%	SK HYNIX	0.88%
Shell	0.94%	Meituan Dianping（P Chip）	0.96%	PDD HOLDINGS A ADR	0.82%
SAP	0.93%	Infosys	0.91%	ICICI BANK	0.81%
Novartis （REGD）	0.88%	China Construction Bank（H）	0.82%	MEITUAN B	0.74%
AstraZeneca	0.87%	Hon Hai Precision Industry	0.81%	INFOSYS	0.71%
2.53%		2.71%		2.51%	

242　第5章　金融市場連動型ETF（上場投資信託）

（2）グローバル不動産

(2024年3月末時点　*注記を除く)

No.	6	7	8
資産クラス	国内不動産（REIT）	国内不動産（REIT）	国内不動産（REIT）
銘柄コード	1343	1345	1476
名称	NEXT FUNDS 東証REIT指数連動型上場投信	上場インデックスファンドJリート（東証REIT指数）隔月分配型	iシェアーズ・コア　Jリート　ETF
市場平均指数（インデックス）	東証REIT指数	東証REIT指数	東証REIT指数
構成銘柄数	58銘柄	58銘柄	58銘柄
ファンド純資産額	4,929.80億円	1,701億円	3,586.02億円
信託報酬	0.171%	0.330%	0.165%
構成上位10ヵ国・比率	日本　　　100.00%	日本　　　100.00%	日本　　　100.00%
配当利回り（過去1年実績）	3.98%	3.99%	4.03%
決算日	年4回（2,5,8,11月）	年6回（1,3,5,7,9,11月）	年4回（2,5,8,11月）

ETFが複製する市場平均指数（インデックス）の概要

(2024年3月末時点　*注記を除く)

名称	東証REIT指数	東証REIT指数	東証REIT指数
市場	日本のREIT市場	日本のREIT市場	日本のREIT市場
時価総額	15.37兆円	15.37兆円	15.37兆円
構成国数	1ヵ国	1ヵ国	1ヵ国
構成上位10ヵ国・比率	日本　　　100.00%	日本　　　100.00%	日本　　　100.00%
構成銘柄数	58銘柄	58銘柄	58銘柄
構成上位10銘柄・比率	日本ビルファンド投資法人　6.79% ジャパンリアルエステイト投資法人　5.38% 野村不動産マスターファンド投資法人　4.73% 日本プロロジスリート投資法人　4.56% KDX不動産投資法人　4.45% 日本都市ファンド投資法人　4.42% GLP投資法人　4.11% 大和ハウスリート投資法人　3.80% ユナイテッド・アーバン投資法人　3.34% インヴィンシブル投資法人　3.21%	日本ビルファンド投資法人　6.79% ジャパンリアルエステイト投資法人　5.38% 野村不動産マスターファンド投資法人　4.73% 日本プロロジスリート投資法人　4.56% KDX不動産投資法人　4.45% 日本都市ファンド投資法人　4.42% GLP投資法人　4.11% 大和ハウスリート投資法人　3.80% ユナイテッド・アーバン投資法人　3.34% インヴィンシブル投資法人　3.21%	日本ビルファンド投資法人　6.79% ジャパンリアルエステイト投資法人　5.38% 野村不動産マスターファンド投資法人　4.73% 日本プロロジスリート投資法人　4.56% KDX不動産投資法人　4.45% 日本都市ファンド投資法人　4.42% GLP投資法人　4.11% 大和ハウスリート投資法人　3.80% ユナイテッド・アーバン投資法人　3.34% インヴィンシブル投資法人　3.21%
配当利回り（予想）	4.43%	4.43%	4.43%

第4部 運用担当と役員が押さえるべき運用基礎知識 *243*

9		10		11	
海外不動産（REIT）		海外不動産（REIT）		海外不動産（REIT）	
2515		1555		1495	
NEXT FUNDS　外国REIT（為替ヘッジなし）ETF		上場インデックスファンド豪州リート（S&P/ASX200 A-REIT）		上場インデックスファンドアジアリート	
S&P Developed Ex-Japan REIT		S&P/ASX 200 A-REIT		FTSE EPRA Nareit Asia ex Japan REITs 10% Capped Index	
302銘柄		21銘柄		43銘柄	
211.90億円		153.5億円		40.8億円	
0.187%		0.495%		0.660%	
アメリカ	77.80%	オーストラリア	98.81%	シンガポール	69.35%
オーストラリア	7.60%	その他の資産	1.19%	香港	12.00%
イギリス	4.80%			インドネシア	9.52%
シンガポール	3.20%			韓国	3.10%
フランス	1.80%			中国	2.15%
その他の国・地域	4.90%			マレーシア	1.66%
その他の資産	1.50%			タイ	0.92%
				フィリピン	0.91%
3.28%		2.38%		4.56%	
年4回（3,6,9,12月）		年6回（1,3,5,7,9,11月）		年4回（1,4,7,10月）	

S&P Developed Ex-Japan REIT		S&P/ASX 200 A-REIT		FTSE EPRA Nareit Asia ex Japan REITs 10% Capped Index	
日本を除く先進国のREIT市場		豪州のREIT市場		日本を除くアジアのREIT市場	
221.45兆円		16.2兆円		8.3兆円	
16ヵ国		1ヵ国		主にアジア8か国	
アメリカ	77.60%	オーストラリア	100.00%	シンガポール	69.35%
オーストラリア	7.70%			香港	12.00%
イギリス	4.90%			インドネシア	9.52%
シンガポール	3.20%			韓国	3.10%
フランス	1.80%			中国	2.15%
カナダ	1.50%			マレーシア	1.66%
ベルギー	1.20%			タイ	0.92%
香港	0.90%			フィリピン	0.91%
スペイン	0.40%			インド	0.40%
ニュージーランド	0.30%				
298銘柄		21銘柄		43銘柄	
ProLogis Inc	8.80%	GOODMAN GROUP	37.81%	CapitaLand Ascendas REIT	10.19%
Equinix Inc	5.70%	SCENTRE GROUP	11.39%	CapitaLand Integrated Commercial Trust	10.15%
Welltower Inc	3.80%	STOCKLAND	7.47%	Link Real Estate Investment Trust	9.34%
Simon Property Group A	3.80%	MIRVAC GROUP	6.03%	Embassy Office Parks REIT	7.01%
Public Storage	3.40%	GPT GROUP	5.66%	Mapletree Logistics Trust	6.46%
Realty Income Corp	3.30%	DEXUS/AU	5.50%	Mapletree Logistics Trust	6.18%
Digital Realty Trust	3.20%	VICINITY CENTRES	5.33%	Frasers Logistics & Commercial Trust	4.05%
Goodman Group	2.80%	CHARTER HALL GROUP	4.21%	Mapletree Pan Asia Commercial Trust	3.92%
Extra Space Storage Inc	2.30%	NATIONAL STORAGE REIT	1.97%	Frasers Centrepoint Trust	3.17%
VICI Properties Inc.	2.30%	REGION RE LTD	1.80%	CapitaLand Ascott Trust	3.12%
3.83%		3.12%		5.87%	

244　第５章　金融市場連動型ETF（上場投資信託）

（3）グローバル債券

（2024年3月末時点　＊注記を除く）

No.	12		13		14		15	
資産クラス	適格債（現地通貨）		適格債（米ドル）		適格債（米ドル）		適格債（米ドル）	
銘柄コード	1677		TLT		LQD		VCLT	
名称	上場インデックスファンド海外債券（FTSE WGBI）毎月分配型		iシェアーズ 米国国債 20年超 ETF		iシェアーズ iBoxx 米ドル建て投資適格社債 ETF		バンガード・米国長期社債 ETF	
市場平均指数（インデックス）	FTSE世界国債インデックス（除く日本、ヘッジなし・円ベース）		ICE US Treasury 20+ Year Index		Markit iBoxx USD Liquid Investment Grade Index		Bloomberg US 10+ Year Corp Index	
構成銘柄数	658銘柄		42銘柄		2,765銘柄		2,882銘柄	
ファンド純資産額	343億円		7.44兆円		4.94兆円		1.35兆円	
信託報酬	0.275%		0.150%		0.140%		0.040%	
構成上位10ヵ国・比率	アメリカ	46.53%	アメリカ	100.00%	アメリカ	84.42%	アメリカ	100.00%
	ユーロ	31.35%			イギリス	4.87%		
	中国	8.61%			カナダ	2.84%		
	イギリス	5.12%			日本	2.14%		
	カナダ	2.03%			ベルギー	1.23%		
	豪州	1.35%			オランダ	0.91%		
	メキシコ	0.86%			オーストラリア	0.84%		
	ポーランド	0.55%			スペイン	0.74%		
	マレーシア	0.50%			アイルランド	0.43%		
	シンガポール	0.41%			スイス	0.42%		
配当利回り（過去1年実績）	2.15%		3.26%		33.43%		4.35%	
決算日	毎月		毎月		毎月		毎月	

ETFが複製する市場平均指数（インデックス）の概要

（2024年3月末時点　＊注記を除く）

名称	FTSE世界国債インデックス（除く日本、ヘッジなし・円ベース）		ICE US Treasury 20+ Year Index		Markit iBoxx USD Liquid Investment Grade Index		Bloomberg US 10+ Year Corp Index	
市場	先進国の国債市場		米国の20年超国債市場		先進国の投資適格社債市場		米国の長期社債市場	
時価総額	3,595兆円		203.15兆円		534.40兆円		339.10兆円	
構成国数	23ヵ国		1ヵ国		15ヵ国		1ヵ国	
構成上位10ヵ国・比率	アメリカ	46.89%	アメリカ	100.00%	アメリカ	86.32%	アメリカ	100.00%
	中国	9.18%			イギリス	3.74%		
	フランス	7.98%			カナダ	2.73%		
	イタリア	7.22%			日本	2.02%		
	ドイツ	6.26%			オランダ	1.29%		
	イギリス	5.17%			シンガポール	0.81%		
	スペイン	4.86%			スペイン	0.78%		
	カナダ	2.04%			オーストラリア	0.63%		
	ベルギー	1.76%			ルクセンブルク	0.52%		
	オランダ	1.48%			アイルランド	0.49%		
構成銘柄数	997銘柄		40銘柄		2,769銘柄		2,983銘柄	
構成上位10銘柄・比率	US TREASURY 4.5 20331115	0.50%	TREASURY BOND (OLD)	5.33%	ANHEUSER-BUSCH COMPANIES LLC	0.26%	ANHEUSER-BUSCH CO/ INBEV 4.9 02/01/2046	0.41%
	US TREASURY 3.875 20330815	0.44%	TREASURY BOND (2OLD)	4.53%	CVS HEALTH CORP	0.21%	CVS HEALTH CORP 5.05 03/25/2048	0.32%
	US TREASURY 4.125 20321115	0.42%	TREASURY BOND	4.05%	T-MOBILE USA INC	0.19%	PFIZER INVESTMENT ENTER 5.3 05/19/2053	0.27%
	US TREASURY 3.5 20330215	0.39%	TREASURY BOND	3.84%	GOLDMAN SACHS GROUP INC/THE	0.18%	GOLDMAN SACHS GROUP INC 6.75 10/01/2037	0.27%
	US TREASURY 3.375 20330515	0.39%	TREASURY BOND	3.79%	PFIZER INVESTMENT ENTERPRISES PTE	0.17%	WARNERMEDIA HOLDINGS INC 5.141 03/15/2052	0.26%
	US TREASURY 2.875 20320515	0.39%	TREASURY BOND	3.75%	WARNERMEDIA HOLDINGS INC	0.16%	BOEING CO 5.805 05/01/2050	0.24%
	US TREASURY 1.25 20310815	0.39%	TREASURY BOND (OTR)	3.46%	BOEING CO	0.15%	WELLS FARGO & COMPANY 5.013 04/04/2051	0.24%
	US TREASURY 1.375 20311115	0.38%	TREASURY BOND	3.43%	AT&T INC	0.15%	AT&T INC 3.5 09/15/2053	0.24%
	US TREASURY 2.75 20320815	0.37%	TREASURY BOND	3.43%	WELLS FARGO & COMPANY MTN	0.15%	AT&T INC 3.55 09/15/2055	0.23%
	US TREASURY 1.875 20320215	0.37%	TREASURY BOND	3.35%	ANHEUSER-BUSCH COMPANIES LLC	0.15%	ANHEUSER-BUSCH CO/ INBEV 4.7 02/01/2036	0.23%
配当利回り（予想）	3.42%		3.99%		4.78%		4.91%	

第4部　運用担当と役員が押さえるべき運用基礎知識　245

	16	17	18	19
	新興国債券（米ドル）	新興国債券（現地通貨）	ハイイールド債（米ドル）	ハイイールド債（米ドル）
	VWOB	1566	SPHY	JNK
	バンガード・米ドル建て新興国政府債券ETF	上場インデックスファンド新興国債券ETF	SPDR® Portfolio High Yield Bond ETF	SPDR® ブルームバーグ・ハイ・イールド債ETF
	Bloomberg USD Emerging Markets Government RIC Cap Index	ブルームバーグ自国通貨建て新興市場国債	*ICE BofA US High Yield Index	Bloomberg High Yield Very Liquid Index
	727銘柄	321銘柄	1,924銘柄	1,186銘柄
	6,772.57億円	190億円	6,283.61億円	1.32兆円
	0.200%	0.495%	0.050%	0.400%
	サウジアラビア 11.70%	韓国 9.94%	アメリカ 100.00%	アメリカ 100.00%
	メキシコ 10.10%	中国 9.80%		
	トルコ 6.80%	インドネシア 9.67%		
	インドネシア 6.70%	メキシコ 9.38%		
	アラブ首長国連邦 5.70%	マレーシア 9.37%		
	カタール 4.30%	ブラジル 9.29%		
	コロンビア 3.70%	タイ 7.80%		
	ブラジル 3.40%	ポーランド 5.37%		
	中国 3.40%	南アフリカ 5.12%		
	フィリピン 3.00%	フィリピン 4.22%		
	4.99%	4.58%	6.75%	5.78%
	毎月	年6回（1,3,5,7,9,11月）	毎月	毎月

*2024/4/11時点のデータ

Bloomberg USD Emerging Markets Government RIC Cap Index		ブルームバーグ自国通貨建て新興市場国債		*ICE BofA US High Yield Constrained Index		Bloomberg High Yield Very Liquid Index	
新興国の米ドル建て国債市場		新興国の自国通貨建て国債市場		米国のハイイールド債券市場（各発行体ごとの保有比率を2%にキャップ）		米国のハイイールド債券市場	
162.96兆円		881兆円		191.61兆円		137兆円	
70ヵ国		19ヵ国		24ヵ国		1ヵ国	
メキシコ	10.16%	韓国	10.0%	アメリカ	83.00%	アメリカ	100.00%
サウジアラビア	8.26%	メキシコ	10.0%	カナダ	5.10%		
トルコ	7.06%	中国	10.0%	イギリス	2.60%		
インドネシア	6.69%	インドネシア	9.9%	ルクセンブルク	1.70%		
アラブ首長国連邦	4.58%	マレーシア	9.6%	ケイマン諸島	1.40%		
カタール	4.37%	ブラジル	9.1%	アイルランド	1.00%		
ケイマン諸島	4.15%	タイ	7.8%	フランス	1.00%		
コロンビア	3.71%	ポーランド	5.5%	オランダ	0.90%		
ブラジル	3.39%	南アフリカ	5.2%	バミューダ	0.60%		
フィリピン	3.18%	フィリピン	4.3%	オーストラリア	0.60%		
713銘柄		648銘柄		1,863銘柄		1,091銘柄	
ARGENT 4 ⅛ 07/09/35	0.80%	LETRA TESOURO NACIONAL	1.42%	TRANSDIGM INC 144A	0.30%	MEDLINE BORROWER LP 3.875 04/01/2029	0.45%
ARGENT 0 ¾ 07/09/30	0.77%	LETRA TESOURO NACIONAL	1.23%	MEDLINE BORROWER LP 144A	0.30%	TIBCO SOFTWARE INC 6.5 03/31/2029	0.42%
QATAR 5.103 04/23/48	0.55%	LETRA TESOURO NACIONAL	1.08%	CLOUD SOFTWARE GROUP INC 144A	0.30%	DISH NETWORK CORP 11.75 11/15/2027	0.41%
ICBCAS 3.2 PERP	0.55%	MEX BONOS DESARR FIX RT	1.06%	CLOUD SOFTWARE GROUP INC 144A	0.30%	TIBCO SOFTWARE INC 9 09/30/2029	0.41%
PEMEX 7.69 01/23/50	0.54%	NOTA DO TESOURO NACIONAL	0.97%	DISH NETWORK CORP 144A	0.30%	DIRECTV FIN LLC/COINC 5.875 08/15/2027	0.39%
QATAR 4.817 03/14/49	0.53%	MEX BONOS DESARR FIX RT	0.97%	DIRECTV FINANCING LLC 144A	0.30%	HUB INTERNATIONAL LTD 7.25 06/15/2030	0.38%
PEMEX 6.7 02/16/32	0.53%	NOTA DO TESOURO NACIONAL	0.92%	HUB INTERNATIONAL LTD 144A	0.30%	VENTURE GLOBAL LNG INC 9.5 02/01/2029	0.37%
KSA 4 ½ 10/26/46	0.52%	MEX BONOS DESARR FIX RT	0.86%	VENTURE GLOBAL LNG INC 144A	0.30%	CARNIVAL CORP 5.75 03/01/2027	0.36%
ARGENT 5 01/09/38	0.50%	MEX BONOS DESARR FIX RT	0.84%	CCO HOLDINGS LLC 144A	0.20%	AMERICAN AIRLINES/ AADVAN 5.75 04/20/2029	0.33%
KSA 3 ¼ 10/26/26	0.47%	LETRA TESOURO NACIONAL	0.83%	AADVANTAGE LOYALTY IP LLC 144A	0.20%	EMRLD BOR / EMRLD CO-ISS 6.625 12/15/2030	0.31%
7.37%		4.90%		7.88%		6.98%	

*当該のインデックスデータを入手できないため、類似するICE BofA US High Yield Constrained Indexのデータを記載しています。

（4）安定資産（為替ヘッジ外債）

（2024年3月末時点　＊注記を除く）

No.	20		21		22	
資産クラス	為替ヘッジ外債		為替ヘッジ外債		為替ヘッジ外債	
銘柄コード	1497		2622		1496	
名称	iシェアーズ米ドル建てハイイールド社債 ETF（為替ヘッジあり）		iシェアーズ米ドル建て新興国債券 ETF（為替ヘッジあり）		iシェアーズ米ドル建て投資適格社債 ETF（為替ヘッジあり）	
市場平均指数（インデックス）	Markit iBoxx米ドル建てリキッドハイイールド指数		J.P. モルガン EMBI グローバルコア（インデックス 国内投信用）（円建て、円ヘッジ）		Markit iBoxx米ドル建てリキッド投資適格指数	
構成銘柄数	1,222銘柄		625銘柄		2,765銘柄	
ファンド純資産額	184.17億円		65.37億円		438.66億円	
信託報酬	0.638%		0.495%		0.308%	
構成上位10ヵ国・比率	米国	84.46%	サウジアラビア	5.88%	アメリカ	84.42%
	カナダ	4.75%	メキシコ	5.85%	イギリス	4.87%
	イギリス	2.45%	トルコ	4.96%	カナダ	2.84%
	イスラエル	1.21%	インドネシア	4.92%	日本	2.14%
	マカオ	1.16%	アラブ首長国連邦	4.31%	ベルギー	1.23%
	ルクセンブルグ	1.07%	カタール	3.90%	オランダ	0.91%
	フランス	0.97%	ブラジル	3.63%	オーストラリア	0.84%
	オランダ	0.74%	中国	3.52%	スペイン	0.74%
	オーストラリア	0.69%	オマーン	3.48%	アイルランド	0.43%
	イタリア	0.59%	フィリピン	3.41%	スイス	0.42%
配当利回り（過去1年実績）	5.45%		4.21%		3.82%	
決算日	年4回（1,4,7,10月）		年4回（1,4,7,10月）		年4回（1,4,7,10月）	
	*国・地域については、原証券である HYGを参照		*国・地域については、原証券である EMBを参照		*国・地域については、原証券である LQDを参照	

ETFが複製する市場平均指数（インデックス）の概要

（2024年3月末時点　＊注記を除く）

名称	Markit iBoxx米ドル建てリキッドハイイールド指数		J.P. モルガン EMBI グローバルコア（インデックス 国内投信用）（円建て、円ヘッジ）		Markit iBoxx米ドル建てリキッド投資適格指数	
市場	先進国のハイイールド債券市場		新興国の国債市場		先進国の投資適格社債市場	
時価総額	148.86兆円		100.56兆円		534.40兆円	
構成国数	19ヵ国		54ヵ国		15ヵ国	
構成上位10ヵ国・比率	アメリカ	80.82%	メキシコ	5.86%	アメリカ	86.32%
	カナダ	5.21%	トルコ	5.00%	イギリス	3.74%
	イギリス	2.52%	インドネシア	4.96%	カナダ	2.73%
	オランダ	2.01%	サウジアラビア	4.00%	日本	2.02%
	ケイマン諸島	1.90%	カタール	3.94%	オランダ	1.29%
	ルクセンブルク	1.25%	アラブ首長国連邦	3.68%	シンガポール	0.81%
	アイルランド	1.21%	ブラジル	3.66%	スペイン	0.78%
	フランス	1.01%	フィリピン	3.42%	オーストラリア	0.63%
	オーストラリア	0.68%	チリ	3.41%	ルクセンブルク	0.52%
	マカオ	0.60%	オマーン	3.35%	アイルランド	0.49%
構成銘柄数	1,190銘柄		609銘柄		2,769銘柄	
構成上位10銘柄・比率	MEDLINE BORROWER LP 144A	0.43%	KUWAIT STATE OF (GOVERNMENT) MTN RegS	0.66%	ANHEUSER-BUSCH COMPANIES LLC	0.26%
	CLOUD SOFTWARE GROUP INC 144A	0.40%	ARGENTINA REPUBLIC OF GOVERNMENT	0.64%	CVS HEALTH CORP	0.21%
	CLOUD SOFTWARE GROUP INC 144A	0.39%	ARGENTINA REPUBLIC OF GOVERNMENT	0.62%	T-MOBILE USA INC	0.19%
	DISH NETWORK CORP 144A	0.38%	ECUADOR REPUBLIC OF (GOVERNMENT) RegS	0.59%	GOLDMAN SACHS GROUP INC/THE	0.18%
	DIRECTV FINANCING LLC 144A	0.36%	URUGUAY (ORIENTAL REPUBLIC OF)	0.58%	PFIZER INVESTMENT ENTERPRISES PTE	0.17%
	HUB INTERNATIONAL LTD 144A	0.35%	POLAND (REPUBLIC OF)	0.52%	WARNERMEDIA HOLDINGS INC	0.16%
	VENTURE GLOBAL LNG INC 144A	0.34%	QATAR (STATE OF) RegS	0.52%	BOEING CO	0.15%
	TEVA PHARMACEUTICAL FINANCE NETHER	0.33%	QATAR (STATE OF) RegS	0.49%	AT&T INC	0.15%
	CCO HOLDINGS LLC 144A	0.32%	PERU (REPUBLIC OF)	0.45%	WELLS FARGO & COMPANY MTN	0.15%
	AADVANTAGE LOYALTY IP LTD 144A	0.30%	POLAND (REPUBLIC OF)	0.45%	ANHEUSER-BUSCH COMPANIES LLC	0.15%
配当利回り（予想）	7.00%		6.13%		4.78%	

	23	24	25	26
	為替ヘッジ外債	為替ヘッジ外債	為替ヘッジ外債	為替ヘッジ外債
	2621	2649	1482	1487
	iシェアーズ米国債20年超 ETF（為替ヘッジあり）	iシェアーズ 米国政府系機関ジニーメイMBS ETF（為替ヘッジあり）	iシェアーズ・コア米国債７-10年 ETF（為替ヘッジあり）	上場インデックスファンド米国債券（為替ヘッジあり）
	FTSE米国債20年超セレクト・インデックス（国内投信用 円ヘッジ円ベース）	ブルームバーグ米国GNMAインデックスTTM（為替ヘッジあり、円ベース）	FTSE米国債７-10年セレクト・インデックス	S&P U.S. Treasury Bond 7-10 Year Index（TTM JPY）
	40銘柄	290銘柄	12銘柄	12銘柄
	1,681.00億円	6.54億円	1,560.38億円	810億円
	0.154%	0.138%	0.154%	0.176%
	アメリカ 100.00%	アメリカ 100.00%	アメリカ 100.00%	アメリカ 100.00%
	2.82%	3.41%	2.17%	2.27%
	年4回（1,4,7,10月）	年4回（1,4,7,10月）	年4回（1,4,7,10月）	年2回（1,7月）

	FTSE米国債20年超セレクト・インデックス（国内投信用 円ヘッジ円ベース）	ブルームバーグ米国GNMAインデックスTTM（為替ヘッジ有り、円ベース）	FTSE米国債７-10年セレクト・インデックス	S&P U.S. Treasury Bond 7-10 Year Index（TTM JPY）
	米国の20年超国債市場	米国の政府系不動産担保証券（GNMAパススルー証券）市場	米国の長期国債市場	米国の長期国債市場
	203.01兆円	244.29兆円	171.97兆円	166.1兆円
	1ヵ国	1ヵ国	1ヵ国	1ヵ国
	アメリカ 100.00%	アメリカ 100.00%	アメリカ 100.00%	アメリカ 100.00%

42銘柄		80銘柄		14銘柄		12銘柄	
TREASURY BOND (OLD)	5.34%	GNMA II 30Yr 2021	11.44%	TREASURY NOTE (OLD)	10.42%	UNITED STATES TREASURY 4.5% 20331115	10.78%
TREASURY BOND (2OLD)	4.54%	GNMA II 30Yr 2021	10.57%	TREASURY NOTE (2OLD)	9.29%	UNITED STATES TREASURY 3.875% 20330815	9.62%
TREASURY BOND	4.06%	GNMA II 30Yr 2020	6.65%	TREASURY NOTE	8.79%	UNITED STATES TREASURY 4.125% 20321115	9.09%
TREASURY BOND	3.84%	GNMA II 30Yr 2020	5.21%	TREASURY NOTE	8.29%	UNITED STATES TREASURY 3.5% 20330215	8.57%
TREASURY BOND	3.79%	GNMA II 30Yr 2023	4.21%	TREASURY NOTE	8.27%	UNITED STATES TREASURY 3.375% 20330515	8.56%
TREASURY BOND	3.75%	GNMA II 30Yr 2023	3.82%	TREASURY NOTE	8.25%	UNITED STATES TREASURY 2.875% 20320515	8.53%
TREASURY BOND (OTR)	3.46%	GNMA II 30Yr 2022	3.78%	TREASURY NOTE	8.20%	UNITED STATES TREASURY 1.25% 20310815	8.48%
TREASURY BOND	3.43%	GNMA II 30Yr 2022	3.47%	TREASURY NOTE	8.03%	UNITED STATES TREASURY 1.375% 20311115	8.31%
TREASURY BOND	3.43%	GNMA II 30Yr 2023	3.33%	TREASURY NOTE	7.84%	UNITED STATES TREASURY 2.75% 20320815	8.11%
TREASURY BOND	3.35%	GNMA II 30Yr 2021	3.03%	TREASURY NOTE	7.82%	UNITED STATES TREASURY 1.875% 20320215	8.10%
3.99%		4.53%		3.79%		3.79%	

第5部
運用担当と役員が押さえるべきポートフォリオマネジメント基礎知識

第6章　基本ポートフォリオの核となる資産

　第5章では、第4章で学んだ金融・資本市場、資産運用についての常識、学術研究、実証研究の成果から誕生した、金融市場連動型ETF（上場投資信託）という世界の主要な各種金融市場のほぼ全体を複製し、それら価格変動と利子配当利回りに連動することを目指す資産運用ツール、パーツについて解説した。X法人の資産管理において、法人事業に合目的な基本ポートフォリオを構築するためのツール、パーツとなっていた金融商品である。

　これ以降の章ではいよいよ、それらを組み合わせた法人事業に合目的な基本ポートフォリオ（資産配分比率）の構築、デザインと管理について学んでいきたい。

　まず、第6章では、基本ポートフォリオにおける資産配分を検討する前、最も先に考えるべき、基礎的なポイントについて整理、学んでいきたい。

　基本ポートフォリオの「リターンの源泉」「そのようなリターン得るための核となる資産の条件、基準」「主な核となる資産の具体例と特徴」などが主な内容となる。

　一方、対照的な「核とならない資産の具体例と特徴」また「その理由、条件、基準」についても触れたい（核とならない資産について詳細は巻末付録も参照）。

　本章（あとは第4章、第5章、第7章、第8章、第9章も全てそうであるが）は、これからの法人の運用担当と役員として、必須、押さえておいていただきたい基本的な知識・情報である。これらの知識・情報をスキップして、証券会社等の金融機関などに相談するのではなく、自らもある程度研鑽した上で、上手に金融機関などを利用していただければと思う。

第5部　運用担当と役員が押さえるべきポートフォリオマネジメント基礎知識　*251*

＊本章では、『イェール大学流資産形成術』（デビット・スウェンセン著、パンローリング、2020年）に書かれている基本的な考え方を参考にしている。それを本邦の法人の資産運用に適合するよう筆者がアレンジしたものである。

コラム

☆6−1☆　**なんとなく、成り行きでできあがったポートフォリオではダメ。結果のほとんどは事前によく考え、デザインされたポートフォリオであるかどうかで決まる。**

　どんな資産運用についても言えるが、運用を開始する前の段階で、その後の結果がどうなるか（あるいはどのような結果に陥ってしまうか）の8割ぐらいは決まってしまうと考えた方が良い。すなわち、運用を開始する前段階での投資家の考え方と計画がその後の運用成果のほぼ全てを決める。

　これまでの様々なトラブルのほとんどは、この部分について法人自らが熟考することなく、歴代の着任した運用担当者と役員とが、なし崩し的な資産運用をずっと続けて今日に至っていることに起因している。

　まず重要なことは、運用収益の源泉、リターンの源泉を何におくか？　中核に据える資産は何にするのか？　また、中核には据えない資産は何か？　について、実際の運用を始める前によく整理、考えて決めることである。

　そして、最も重要なことは、それを人任せ、専門家の言いなりにするのではなく、法人自らも理解すること、関与することである。そうすることで法人がどんな運用環境、外部からの誘惑の中でもブレないで、一貫性を保ち、継続して資産運用できる確率は飛躍的に高まる。特に、このような「事前の運用デザイン」「一貫性」と「継続性」について、熟慮、整理したかどうかが、資産運用を長期的な成功に導くか否かに対して、決定的な要因となる。

（前著『新しい公益法人・一般法人の資産運用』より）

252　第6章　基本ポートフォリオの核となる資産

1. 基本ポートフォリオのリターンの源泉を決める

1−1　リターンの源泉を何に求めるか？

　実際の資産運用を始めてしまう前に、最初に検討すべきことがある。それはリターンの源泉を何に求めるか？　ということである。第4章で解説したとおり、資産運用における付加価値は、他者の経済活動に由来する利子、配当、キャピタルゲイン以外にない。

　ここで言う、リターンの源泉を何に求めるか？　とは、これらの付加価値を実際の資産運用のリターンとして、どうやって取り込むか？　ということである。一般的にリターンの源泉は次の3つであると考えられている。

（1）基本ポートフォリオのリターンの源泉　その1

　第1番目の源泉は市場リターンである。すなわち、金融市場全体、経済全体に分散投資して、利子、配当、キャピタルゲイン（ロスを含む）の市場平均値を長期的に享受していくという考え方である。第4章で紹介した、学術研究やベンチマーク・インデックスなどの実証研究が支持する考え方である。市場リターンを得る代償として、金融市場全体と同じレベルの価格変動リスクは不可避と考え、これを引き受ける。

（2）基本ポートフォリオのリターンの源泉　その2

　2つ目の源泉は投資する個別銘柄の選択である。金融市場全体、経済全体に存在するたくさんの機会の中から、分析や予測に基づいて、特に収益性の高そうな、あるいは安全性の高そうな銘柄を選ぶことで、それぞれの投資家にとって有利な結果を導こうとする考え方である。特定の銘柄や業種など、その選択の善し悪しが運用成績に決定的な影響を与える。

（3）　基本ポートフォリオのリターンの源泉　その3

　3つ目の源泉は投資タイミングの選択である。これも銘柄選択をリターンの源泉としようとする考え方と似ている。金融市場全体、経済全体に存

在するたくさんの機会の中から、特に収益性の高そうな、あるいは安全性の高そうな価格変動が期待できる時期を選び、タイミング良く投資に参入したり、投資から撤退したりすることでリターンを高めたり、リスクを小さくしたりしようとする。「上がりそうだ、下がりそうだ、横ばいだろう」、「当面、利回りは高そうだ、今後は期待できない」などの分析や予測に基づく。この考え方においても、その選択の善し悪しが運用成績に決定的な影響を与える。

（4）最も重視される基本ポートフォリオのリターンの源泉とは

さて、第3章で紹介したX法人の運用管理の枠組み、すなわち分散投資、政策的な資産配分比率を中心に据えた資産運用では、原則として、1つ目の市場リターンのみを源泉とする。他の2つ、銘柄選択と投資タイミングには依存しない。なぜなら、（資産運用のプロであろうが、法人の運用担当であろうが）判断をいずれ間違えてしまう確率が高く、間違えた時のダメージがより大きいからである。以上を考慮すると、前者よりも後者2つの方が、リスク（第4章のシャープ氏の言うところの「追加的なリスク」）が大きいからである。また、銘柄選択と投資タイミングの方は、処理、判断しなくてはいけない情報が飛躍的に増え、管理が複雑化する。にも拘らず、その労力、コストに見合うリターンが得られるかどうか分からない、むしろ得られない場合の方が多いことが実証研究でも裏付けられているからである。

銘柄選択と投資タイミングに労力、コストを割かない代わりに、注意深く分散投資することに腐心する。長期的な運用成績を決定づけるのは、銘柄選択や投資タイミングではなく、次の問いに対する答えである。世界の主要な金融市場全体、世界経済全体で発生し続けている利子、配当、キャピタルゲイン（ロスも含む）の全てを、法人の資産運用のリターンとして長期的に取り込んでいくにはどうしたらよいか？　また、法人が資産運用を中断することなく、長期的に継続するためにはどうしたらよいか？　イ

ンフレ、デフレなどにも左右されにくく、現在から将来にわたる法人事業に合目的なインカム収入、長期キャピタルゲイン、価格変動リスクの水準が満たされるような分散とはどんなバランスが適切か？　というテーマに絞り込んで基本ポートフォリオ（資産配分比率）をデザインするのである。

1-2　なぜ、その資産を組み合わせて基本ポートフォリオを構築するのか？

　多くの法人やその運用担当者は自ら実施している資産運用について、「なぜ、その資産を保有しているのか？」と問われた場合に、どのように答えるだろう？　「格付けが高かったから」「専門家が付けていたレーティングが高かったから」「元本保証だったから」「利回りが高かったから」「このような資産で運用するのがこの法人の昔からの伝統、慣例だったから」「証券会社やコンサルティング会社などの金融機関、その他専門家、プロ、詳しいと思われる人物のアドバイス、お勧めだったから」「●●社の債券を買うより、●●社の株式や●●社のREITの方が配当利回りは高かったから」「なんとなく」「しようがなく」まで、曖昧な返答に溢れているのではないだろうか。

　第3章で紹介したX法人の運用管理の枠組みでは、「なぜ、市場リターンを源泉としているのか？」と同時に、「なぜ、その資産を保有するのか？」についての合理的な根拠も毅然と説明する。

　ここでいう資産とは具体的な個別の金融商品ではない。金融商品の投資対象となる株式市場、債券市場などの一般的な金融資産の分類、カテゴリーを指す。保有する核となる資産を決めてから、その金融市場を複製、再現できる具体的な金融商品、つまりETFを探す順番でよい。

2. 基本ポートフォリオを構成する核となる資産の条件

2−1　核となる資産の大前提　―世界経済全体、世界の金融市場全体の主要な構成要素であること―

先に紹介したX法人の運用管理の枠組みでは、保有できる資産について大前提がある。それは、世界の様々な金融市場全体、世界経済全体に由来する利子、配当、キャピタルゲイン（ロスも含む）を取り込むことでリターンを実現しようとすることに完全に合致する。

すなわち、保有できる資産は、世界経済全体、世界の金融市場全体の主要な構成要素でなくてはならない。具体的には株式市場、債券市場、不動産（REIT）市場である。これらの資産は第4章で確認した、他者の経済活動へのそれぞれの経路からの資金融通を通じて、基礎的な付加価値である利子、配当、キャピタルゲインを世界的な規模で生み出し続けている。

また、株式市場、債券市場、不動産（REIT）市場は、実際の資産運用で欠くことのできない次の3つの条件を全部クリアしている。

- ・第1の条件は、それらの資産を組み合わせた場合に、ポートフォリオ（資産の集合体）に対して貢献しうる独自の特徴を持つ。
- ・第2の条件は、株式、債券、不動産（REIT）の各市場から生み出される市場リターンのみで完結させることが可能である。つまり、人為的なスキル（間違うことも多い銘柄選択や投資タイミング）に頼らなくても、相応のリターンが期待できる。
- ・第3の条件は、幅広い銘柄に、公正な取引価格・コストでいつでも分散投資が可能な、歴史のある流動性の高い市場を有する。

次に、これらの3つの条件をひとつずつ説明したい。

2－2　核となる資産の条件

（1）ポートフォリオ（資産の集合体）に対して貢献しうる次の3つの特徴のうち、いずれかを持つこと

まず第1の条件である。ポートフォリオ（資産の集合体）に対して貢献しうる独自の特徴とは、

- ・期待リターンが高いこと（インカムゲインやキャピタルゲインを合わせたトータルリターン）、
- ・インフレに弱くないこと、
- ・金融危機時を含め価格変動が大きくなりすぎないようクッションの役割を果たすこと、

の3つのいずれかの特徴である。

（2）市場リターンのみで完結させることが可能であること

次に、第2の条件である市場リターンのみで完結させることが可能という意味は、各金融市場全体が生み出す利子、配当、キャピタルゲインだけで平均並み、相応のリターンが期待できるということである。まず保有する資産の中核は、市場リターンが期待できる資産を中心に据える。

（3）幅広い分散投資ができ、流動性があり、普遍的かつ歴史のある市場を持つこと

最後に、第3の条件について、取引証券の種類が多い市場は投資家に幅広い十分な分散投資の機会を提供する。さらに、取引量、流動性にも富んでいれば富んでいるほど、公正な取引価格・コストでいつでも投資規模を選ばずに分散投資ができる。まずポートフォリオで保有する資産の中核は、なるべく歴史があり、普遍的な性格を備えた金融市場で構築したい。

第5部　運用担当と役員が押さえるべきポートフォリオマネジメント基礎知識　*257*

コラム

☆6－2☆　アクティブ運用やオルタナ投資の活用
－本当に市場リターンだけでは不十分か？－
－本当に流動性のある市場からのリターンだけでは不十分か？－

　市場平均並みのリターンでは、目標とする（インカム）リターンやリスクの水準はどうしても達成できない場合に限って、人為的なスキル（銘柄選択や投資タイミング）によってリターンを高めたり、リスクを小さくしたりしようとするアクティブ運用を検討するのが正しい順序である。

　また、取引量、流動性に富んだ市場への分散投資では目標とする（インカム）リターンやリスクの水準はどうしても達成できない場合、やむを得ず、流動性がない資産（＝公正な取引価格・コストが投資家から分かりづらいというデメリットのある資産）も利用せざるを得ないというのが正しい検討の順序である。

　本当にそういった必要がない限り、できるだけ避ける方が無難といえる（市場性の高い株式、REIT、債券などを投資対象とするアクティブ運用ファンド＝ESG投資などを含む、私募REIT、ベンチャーキャピタルファンド、インフラファンド、仕組み商品、ヘッジファンド、その他換金に著しい制約のある資産）。

　アクティブ運用やオルタナ投資の場合、それを運用するファンドマネージャーなどの巧拙、運で運用結果が決まる。

　投資家自身が、運用管理をしたり、それを委託するプロを見極めたりすることができもしないのに、安易に利用してしまうのは、"運任せ"の無責任運用をしていることと何も変わらない。

（前著『新しい公益法人・一般法人の資産運用』より）

258　第6章　基本ポートフォリオの核となる資産

図表6-1　ポートフォリオ構築の大前提となる考え方

①なぜ、市場リターンを収益の源泉とするのか？
　⇒残りのそのほか2つ（銘柄選択、投資タイミング）を収益の源泉とする
　　よりも、間違えるリスク、回復困難なダメージを被るリスクが小さいと
　　考えるから。
②なぜ、その資産を組み入れるのか？
　⇒世界経済全体、世界の金融市場全体の主要な構成要素であるから（世界
　　の株式、債券、不動産（REIT）の市場全体に可能な限り分散投資する
　　ことを目指す）。
③なぜ、株式、債券、不動産（REIT）なのか？
　⇒(1)　それらの資産を組み合わせた場合に、ポートフォリオ（資産の集合
　　　　体）に対して貢献しうる独自の特徴を持つから。
　　　　　特徴①　期待リターンが高い。
　　　　　特徴②　インフレに弱くない。
　　　　　特徴③　価格変動が大きくなりすぎないようクッションの役割を果たす。
　　　　のうち、いずれかの特徴を有するから。
　　(2)　各市場全体が生み出す利子、配当、キャピタルゲインだけで平均並
　　　　み、そこそこのリターンが期待できるから。
　　(3)　幅広い銘柄に、公正な取引価格・コストでいつでも分散投資が可能
　　　　な歴史のある流動性の高い市場を有するから。

3.　主要な核となる資産の具体例と特徴

　ここまでで、資産運用のリターンの源泉を何におくか？　また、そのた
めの核となる資産の条件とは？　について学んだ。

　次に、核となる資産について、具体的にどんなものなのかをみていきた
い。株式市場、債券市場、不動産（REIT）市場とはどんなもので、どん
な特徴があるのだろうか？　世界経済全体に分散投資するためにはどうし
たらよいか？　それぞれを組み合わせたポートフォリオの中でどのような

第5部　運用担当と役員が押さえるべきポートフォリオマネジメント基礎知識　*259*

役割を果たすと期待できるのか？　また、留意点は何か？　などを考察してみたい。そして次の第7章で、これらの資産を組み合わせて、分散効果を利かせた各法人オリジナルの基本ポートフォリオ（合目的な資産配分比率）を構築していく前の基礎知識としていただきたい。

3−1　株式市場

　第4章でも学んだように、株式市場は理論的にも実証的にもリターンは最も高い。世界の資本市場の中で株式市場ほど高いリターンを達成している資産はほかにない。株式市場を組み込むことによって、そのポートフォリオ全体の価値を長期的に底上げ、増大させる役割を持たせることができる。と同時に、株式市場には長期的に配当水準自体が増加していくという「増配効果」も期待できるという特徴がある。これらは、債券市場などにはあまり期待できない特徴でもある（例えば、リーマンショックの頃、日本の株式市場の平均配当利回りは2％ぐらいであった、あれから株価は約4倍になっているが現在の平均配当利回りも2％ぐらいである。つまり、金額ベースでの配当水準も当時から4倍の水準まで時間をかけて「増配」が行われたということである。同様のことはほかの全世界の株式市場でも観察できる）。

　このような株式市場の特徴は、ポートフォリオ全体への長期的なインフレに対する保護の役割も担わせることができる。それはひとえに株式市場は長期的にリターンが高く、ポートフォリオを底上げ、増大させ、増配効果も持つことからインフレに勝つのであって、短期的なインフレの動きに比例、連動して価格上昇、増配するというわけではない。例えば、オイルショック時など過去の急激なインフレ進行時には、株式市場は一緒に下落し、減配もした。しかしながら、既に十分な期間、株式市場を保有していれば、その時点で価格下落、減配してもなお、それまでの株式市場の上昇や増配の方が物価上昇に大きく勝っている可能性は高いということであ

る。

　株式市場の比較的大きな価格変動リスクは、このような高いリターンの代償である。しかし、大きな価格変動リスクがあっても、ポートフォリオ全体の長期的な底上げ、増大、インフレ保護は他の資産ではこれほど期待できない。よって、株式市場はポートフォリオに欠くことのできない重要な資産なのである。

　また、投資家はこのような株式市場のカテゴリーの中でもさらに幅広い分散投資を検討しなければならない。今日、日本の株式市場は、世界の株式市場に対してその一部の割合を占めるにすぎない。世界の株式市場から生じている配当、キャピタルゲインを資産運用で幅広くカバー（分散）するためには外国株式市場も組み入れから外せない。

　世界の株式市場を漏れなくカバーするための株式カテゴリーの考え方は、以下のパターンで整理できる。

①日本株式市場⇔外国株式市場（先進外国株式市場＋新興外国株式市場）

②先進国株式市場⇔新興国株式市場

③世界大型株式市場⇔世界中小型株式市場

　上記のいずれかの整理、あるいはそれらを複合させた考え方（利用可能なETF等の有無などの状況を勘案）で世界の株式市場全体をカバーすることが容易にできる。

図表6-2　日本株式市場（ベンチマーク・インデックスの一例）

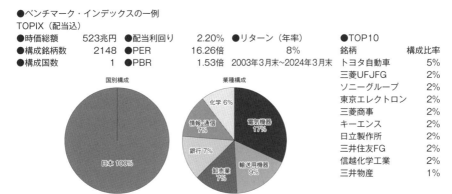

＊JPXより　2024年3月末現在

（１）日本株式市場

・日本株式市場の特徴

本邦投資家にとって最もなじみが深い株式資産と言えば日本株式市場であろう。為替リスクを伴わない株式市場としての特徴も持つ。また、先進国の株式市場の中では米国に次ぐ世界第2位の市場規模を誇る。しかしながら、MSCI社の世界株式指数（MSCI World Index）の構成比率によれば、2024年3月末現在、日本の株式市場は先進国株式市場の僅か6.13%を占めるに過ぎない。先進国株式市場の一部として取り扱うか、新興国株式市場を含めた世界株式市場の一部として取り扱うかは別として、世界経済に占める日本株式市場の重要性は日本の投資家が考えるほど大きくない。

図表6-3　先進国株式市場（ベンチマークインデックスの一例）

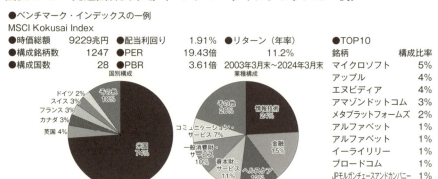

＊MSCIより　2024年3月末現在

（2）先進外国株式市場（除く日本株式市場）

・先進外国株式市場（除く日本株式市場）の特徴

2024年3月末現在、MSCI社の世界株式指数（MSCI World Index）の構成比率で、日本を除く残り93.87%を占める欧米を中心とした先進外国株式市場を幅広く通貨を分散しながらカバーすることは、世界経済のダイナミズムを資産運用の果実として取り込んでいくためには無視できない。また、日本株式市場と長期的には異なるパフォーマンスが期待できることから日本株式市場のリスク分散としても有効であろう（リーマンショック時のように短期的には同方向に動くこともあるかもしれないが、長期的には異なるパフォーマンスを見せる可能性がある）。

図表6-4 新興国株式市場（ベンチマーク・インデックスの一例）

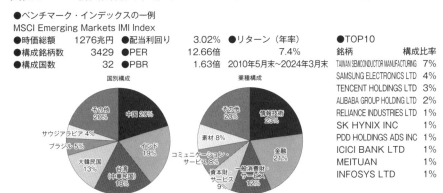

＊MSCIより　2024年3月末現在

（3）　新興外国株式市場

・新興外国株式市場の特徴

　また近年、世界経済の中で、あるいは先進国経済に対して無視できなくなっている新興国株式市場を広く通貨を分散しながらカバーしておくことは、今後ますます重要になっていく。先進国に比べるとまだまだ労働人口が若いため、比較的高い経済成長も期待できるかもしれない。また、先進外国株式市場や日本株式市場とは長期的には異なるパフォーマンスが期待できることから、それらの長期的なリスク分散としても有効であろう。

図表6-5　中小型株式市場

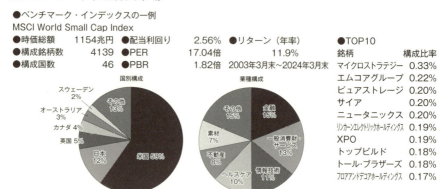

＊MSCIより　2024年3月末現在

（4）中小型株式市場

・中小型株式市場の特徴

　また、日本株式市場、先進外国株式市場、新興外国株式市場を問わず、市場を代表する企業以外にも、比較的小規模な企業は世界中で無数に存在する。現在世界有数の時価総額を誇るアップルやマイクロソフトもかつては小さな企業だった。中小型株式市場も幅広くカバーしておくことは、経済のそのようなダイナミズムを捉えると同時に、長期的なリスク分散としても有効であろう。

　このように、株式市場はポートフォリオ全体の長期的な底上げ、増大、増配、インフレ保護という貢献が期待できる。欠かせない特徴を備えた重要な資産なのである。それは大きな価格変動リスクとトレードオフの関係であるという事実と切り離せない。投資家は、ポートフォリオの中でどれくらいの割合、これらの株式資産を組み入れるのか、他の資産とのバランス（配分比率）を勘案して決めることになるのである。

第5部　運用担当と役員が押さえるべきポートフォリオマネジメント基礎知識　*265*

コ ラ ム

☆6-3☆　株式市場が法人ポートフォリオに対して果たす役割の重要性

　著者の経営する会社は、公益法人、学校法人などの法人資産運用アドバイス業務を開始して15年になる。15年間で得た教訓についてシェアしたい。それぞれの法人の資産運用の参考にしていただけることがあれば幸いである。

　弊社顧客のポートフォリオは、グローバル株式市場全体、グローバルREIT市場全体、グローバル債券市場全体の価格変動と利子配当利回りの複製と享受を目指すETF（上場投資信託）の組み合わせによって構成されている。

　そして、ETF分配金（原資はそれぞれの市場から生じ続ける利子、配当金）を除いた、運用元本の推移について、15年間を通じて、一定の傾向があることを再確認している。それは、全ての顧客ポートフォリオにおいて、長期になればなるほど、グローバル株式市場全体を複製するETFの運用元本の価格上昇が顕著になってくるということである。

　例えば、2023年6月末時点、全ての顧客ポートフォリオ内において、株式ETFの分配金を除く、取得金額に対する運用元本の上昇率の実績は約20%〜100%近くを示している（このバラつきは顧客ごとのポートフォリオ運用開始時期の違いと、次に述べる追加投資の有無・大きさの違いによるものである）。この上昇率の実績は、単純に、ETF時価評価を取得金額で割り算したものである。よって、途中の追加投資などがあれば、分母である取得金額が増えるので、上昇率の実績が薄くなる影響も含んだものである。

　このような高い上昇率を示す株式ETFの特徴は、どの顧客ポートフォリオにおいても、他の債券ETFなどと比較して、突出している。

　特に昨今、米国の利上げや日銀の政策転換観測などで、債券ETFの価格が下落、評価損に転落する中で、全ての顧客のポートフォリオにおいて、その運用元本全体（ETF分配金を除く）の時価評価を持ち上げているのは、株式ETFであり、もしも株式ETFが入っていなければ運用元本の時価評価は低いものになる。

266 第6章 基本ポートフォリオの核となる資産

　つまり、弊社が15年間で得た教訓（再認識したと言ってもよい）とは、法人のポートフォリオ内で相応の割合（少なすぎない割合）、株式市場全体に投資しておくことは（株式の個別銘柄に投資することはお勧めしないが）、運用収益となる利子配当収入を受け取った残りの運用元本の長期的な保全のためには、非常に重要であるということである。

　株式市場は、実証データからも、長期的には高い収益性を示すことが知られている。これは①配当金以外の元本で長期キャピタルゲインを顕在化させるという特性に由来するものである。さらに、②株式配当金自体が少しずつ増えていくという増配効果も併せ持つことが知られている。そして①②の特性・効果は、他の債券などでは観察することは難しい。

　このような株式市場の特性・効果を、法人の資産運用（ポートフォリオの一部に組み入れ）や長期的な事業財政基盤の充実のために生かさない手はない。キャピタルゲインによって長期的に運用元本を減らさない、少しずつでも運用元本を時価ベースで膨らませていくことは、事業基盤の安定やいざという時の緊急支出に対応できるバッファーを育てていくことにつながる。また、増配効果によって長期的に少しずつでもインカム収入自体も増やしていくことは、将来の年度事業の安定とさらなる事業拡充のための原資につながっていくのである。

（『公益法人』（（公財）公益法人協会）2023年8月号「法人資産の運用を考える（58）」より）

3−2　債券市場

　第4章で解説したように、債券市場は理論的にも実証的にもリターンはそれほど高くない。（預金ほどではないが）期待リターンは株式に比べて大きく見劣りする。また、リターンが高くないゆえ、（預金ほどではないが）長期的なインフレの保護にはならない。

　しかしながら、債券市場には、それを組み合わせてポートフォリオを構築する上で、無視できない特徴がある。債券市場はポートフォリオ全体の価格変動を和らげるクッションの役割を果たす。世界の株式市場やREIT（不動産）市場が大きく下落する時でも、債券市場はそれらに比べれば下落は一般的に小さかった（図表6−6）。特に、日本国債、米国国債、先進

第５部　運用担当と役員が押さえるべきポートフォリオマネジメント基礎知識　267

図表6-6　2008年の各種市場の年次リターン

		市　場	ベンチマーク・インデックス	2008年次リターン
円ベース	1	日本債券（総合）	野村BPI（総合）	3.4%
	2	日本REIT	東証REIT指数（配当込み）	-48.6%
	3	日本株式	TOPIX（配当込み）	-40.6%
	4	外国国債	シティG世界国債（除日本）＜円ベース＞	-15.7%
	5	先進国株式	MSCI世界株（除日本）＜円ベース＞（配当込み）	-54.8%
	6	新興国株式	MSCIエマージング株＜円ベース＞（配当込み）	-63.4%
ドルベース	7	米国超長期国債	ブルームバーグ・バークレイズ米国国債20年超指数	33.7%
	8	米国債券（総合）	ブルームバーグ・バークレイズ・キャピタル　米国総合指数	5.2%
	9	米国社債（投資適格）	iBoxx リキッド投資適格社債インデックス	1.0%
	10	米国社債（ハイイールド）	iBoxx リキッド・ハイイールド社債・インデックス	-23.9%
	11	米国REIT	MSCI US REIT Index	-38.0%
	12	米国株式	S&P 500 Index	-37.0%
	13	先進国株式	FTSE Developed All Cap ex US Index	-44.2%
	14	新興国国債	JPモルガン GBI-EM グローバルディバーシファイド	-5.1%
	15	新興国株式	FTSE Emerging Markets All Cap China A Inclusion Index	-54.2%

リーマンショック時のリターン（2008年年次リターン）

国国債などの相対的に信用度の高い国債においては、逆に価格上昇して、その他の資産の下落を一部相殺することもしばしばである（注：社債・ハイイールド債・新興国債券などは、国債ほどの動きを期待するのは難しい）。

　また、株式市場やREIT（不動産）では不況で、直ちに配当収入がある程度減少することが起こるが、債券市場の利子収入はそれほどの影響はない。このようなインカム収入の変動の特徴にも違いがある（ただし、不況の長期化など、継続的な金利低下により、市場全体の利子収入が徐々に減少することはある）。

268　第6章　基本ポートフォリオの核となる資産

　世界の債券市場を漏れなくカバーするための債券カテゴリーの考え方は、以下のパターンで整理することができる。

①日本債券市場⇔外国債券市場（先進国＋新興国）

②国債市場⇔社債市場

③投資適格債市場⇔ハイイールド債市場（非投資適格債市場）

④先進国債券市場⇔新興国債券市場

　上記のうち、まず①②の整理の仕方が優先される。すなわち、債券が備える無視できない特徴である、価格変動を和らげるクッション、比較的安定的な利子収入を望むのであれば、外国債券よりも日本債券、社債よりも国債である。つまり、日本国債の利回りが十分高いのであれば、その他の債券については検討する必要がないというのがある意味で合理的な考えである。

　しかしながら、日本国債が最も合理的な選択と言えるためにはもう一つの絶対的な前提条件がある。それは、将来のインフレがマイナスあるいはゼロで、それが満期償還まで継続するという前提条件である（債券投資とインフレについては第2章を参照）。

　今日の債券運用の実情を鑑みた場合、日本国債はもちろん、国内社債に至るまで利回りは多少上昇したとは言え、30年国債、40年国債でも利回りは2％に届かない（2024年3月現在）。さらに、日銀の政策変更により、この先も、超長期的に（徐々にか、急激にかは分からないが）金利上昇＝債券価格が下落を続ける可能性もある。何よりも、政府日銀のインフレ誘導目標2％が達成・安定化した場合には、長期国債投資は実質的に大ダメージを受けることになる（その他の円債運用も同様）。

　それでも構わないという法人投資家は別として、次に消去法的に残るのが外国の債券市場になる。これが、市場リターンを源泉とする資産運用を志向する場合の、正しい検討の順序である。決して、仕組債や劣後債など"個別銘柄で特殊な債券"に手を出すことではない。そもそも、これら

第5部　運用担当と役員が押さえるべきポートフォリオマネジメント基礎知識　　*269*

"特殊な債券" は、価格変動を和らげるクッション、比較的安定的な利子収入を提供するというポートフォリオに貢献する特徴も備えていない（結果は、個別の発行体次第、あるいはデリバティブが参照する資産次第である）。

　このように、まず①②の整理を終えた結論として、外国の債券市場にも投資せざるを得ないというのが今日の現実である。つまり、日本国債や日本社債などの円建て債券のみへの傾倒、一本足打法では、低利回り・債券下落リスク・インフレリスクに鑑みて脆弱な債券ポートフォリオに陥る危険性がある。しかるに、外国債券へのリスク分散も検討せざるを得ない。

　その上で、世界の国債市場と社債市場との配分割合、③投資適格債市場と非投資適格債市場（ハイイールド債市場）との配分割合、④先進国債市場と新興国債市場との配分割合をそれぞれどうするのか？　などの順で整理を進めていけばよい。

　そしてさらに、様々な外国債券市場への分散や通貨の分散を図りながら外貨のまま保有するのか、また、為替ヘッジ（コラム６－４参照）を付けて為替変動リスクを回避しながら外債を "円建て債券の代替" として位置づけて保有するのか検討を進めていく（あるいは利用可能な為替ヘッジ外債ETFの有無などの複合的な要素を勘案して検討する必要がある）。

　残念ながら、今日の本邦法人に残された債券運用は、外国債券市場ともうまく付き合っていく以外に見当たらない。

コラム

☆６－４☆　為替ヘッジ（コラム６－５参照）

　為替ヘッジとは、外貨建て資産を保有する投資家が為替先物やオプションを使って為替変動による損益を相殺する取引。例えば、100万ドルの外貨建て資産を保有する投資家は、同時に元本100万ドルに相当するド

ルを売る先物やオプションを使って為替ヘッジ取引を行う。

　１割円高になった場合、外貨建て元本は１割目減りするが、為替ヘッジ取引の方では１割評価が上がるので、トータルでは為替変動による影響は回避できたことになる。反対に円安の場合には、元本は評価益が出るが、為替ヘッジ取引の方では１割目減りするので、プラスマイナスゼロになる。

　外国金利＞日本金利の場合、為替ヘッジ取引を行うには保険料に相当するヘッジコストがかかる。理論的には、「ヘッジコスト＝外国金利－日本金利」であるが、ヘッジするための先物やオプションの取引需給で理論値を上回ったり、下回ったりして、一定ではない。

（前著『新しい公益法人・一般法人の資産運用』より）

コラム

☆６－５☆　為替リスクと外債投資、為替ヘッジ外債投資の考え方

　現実的な投資家は、長期的な為替差益も為替差損も期待しない。なぜなら、為替市場の理論的な期待リターンはゼロ、つまり、何の付加価値も生まない、ゼロサム取引だからである。つまり、為替市場については、株式市場や債券市場などと違い、正のリターンが期待できるとは限らない。かといって、負の期待リターンであるわけでもない。結局のところ、誰もわからないのである。

　時に、短期的な為替変動が、ポートフォリオに分散効果をもたらす場合もある。例えば、外国の債券市場や株式市場が下落している時に、円安が起こり価格変動を相殺する（2024年３月までの外貨建て米国債などはその一例。債券価格が下落したにも関わらず、円安の影響で円ベースでは値上がりしている）。ただ、いつもそうなるわけではない。外債や外株の下落と円高のダブルパンチを食らうこともしばしば起こる。

　短期的にも長期的にも為替相場は大きく変動する。米ドル／円であれば１年間で20％以上、ブラジルレアル、トルコリラや南アランドぐらいだと年間50％以上変動することも珍しくない。長期的な利子、配当、キャピタルゲインの獲得を志向する法人投資家であっても、さすがに短期的な為替変動があまりにも大きすぎると、無視を決め込むことは難しくなる。

第5部　運用担当と役員が押さえるべきポートフォリオマネジメント基礎知識　*271*

　激しい為替変動を短期的、長期的に軽減、回避できそうな方法は2つある。

　一つ目の方法は通貨の分散である。激しい為替変動はたいてい特定の通貨、特定の地域・市場で起こる。通貨や地域・市場をあらかじめ分散しておけば、分散しない場合と比べた為替変動は短期的にも長期的にも軽減されることが期待できる（ただし、日本円だけが独歩高になる場合などは、通貨や地域の分散効果はそれほど期待できない）。

　二つ目は、先物やオプションを使って為替変動を完全にヘッジしてしまう方法である。この方法を使えば短期的な為替変動の影響をほとんど回避することができるが、ヘッジコストがかかるというデメリットがある。また、ヘッジが可能な通貨は米ドル、ユーロなど需要の多い通貨に限られ、マイナーな通貨にヘッジを付けるのは難しいという制約もある。

　しかしながら、今日の現実に鑑みて、法人の債券運用の中核を日本国債などの日本債券でなく、外国債券市場にも求めざるを得ない以上、①外国の多様な債券市場や通貨に分散して多少の為替変動を許容できる法人は外貨建て外債投資の割合を多めに考えても良いだろう。それでも、通貨分散は為替変動リスクを完全に消し去ることはできない。あくまでも②“日本債券の代替”として、為替変動リスクはなるべく回避したいという法人は、コストがかかっても為替ヘッジ外債投資の割合を多めに考えざるを得ない。

　また、“日本債券の代替”という位置づけである以上、為替ヘッジはフルヘッジ（為替変動を100%相殺するヘッジ）が基本になる。“部分為替ヘッジ”など為替ヘッジをする／しないのタイミングを専門家に任せる金融商品も存在するが感心しない。そもそも投資家の側がヘッジする割合とヘッジしない割合（資産配分比率）を自分で決めれば済む話である。“ヘッジコストを安くあげて、プロが為替差損は回避し、為替差益は取れるようにしてあげましょう”などという旨い話は信用しない方がいい。それが本当にできるなら、他人に教えないで、自分のお金をこっそりと増やしているはずだからである。

図表6-7　日本国債市場

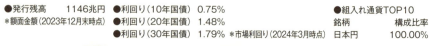

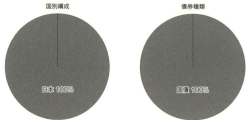

（出所）財務省　2024年3月末現在

（1）日本債券市場
・日本国債市場の特徴

　インフレには弱いが、デフレには強い。ポートフォリオの価格変動を和らげるクッションの役割を果たす。しかも分厚い流通市場を持ち、いつでも、いくらでも、取得したり、手放したりできるという意味では、日本国債は最強であろう。利回りが十分高くかつインフレリスクがないのであれば、他の種類の債券についてはほとんど検討する必要すらないだろう。

　しかしながら、今日の債券運用の実情に鑑みた場合、日本国債はもちろん、国内社債に至るまで利回りは多少上昇したとはいえ、30年国債、40年国債でも利回りは2％に届かない（2024年3月現在）。さらに、日銀の政策変更により、この先も、超長期的に（徐々にか、急激にかは分からないが）金利上昇＝債券価格が下落を続ける可能性もある。何よりも、政府日銀のインフレ誘導目標2％が達成・安定化した場合には、長期国債運用は実質的に大ダメージを受けることになる（その他の円債運用も同様）。日本国債に新規の債券運用の全てを向かわせていくことは躊躇される状況が続く可能性は高い。

第5部　運用担当と役員が押さえるべきポートフォリオマネジメント基礎知識　　273

図表6-8　先進国国債市場

●ベンチマーク・インデックスの一例
FTSE世界国債インデックス（除く日本、ヘッジなし・円ベース）

								●組入れ通貨TOP10	
●時価総額	3.6兆円	●利回り	3.75%	●リターン（年率）		4.1%		銘柄	構成比率
●構成銘柄数	997	●デュレーション	6.62年					米ドル	47.00%
●構成国数	23	●平均年限	9.12年	2003年3月末〜2024年3月末				ユーロ	31.80%

●組入れ通貨TOP10

銘柄	構成比率
米ドル	47.00%
ユーロ	31.80%
中国元	9.10%
ポンド	5.20%
カナダドル	2.00%
豪ドル	1.40%
メキシコペソ	0.90%
ズロチ	0.60%
リンギット	0.50%
シンガポールドル	0.40%

国別構成：その他18%、英国5%、ドイツ6%、イタリア7%、フランス8%、中国9%、米国47%

債券種類：国債100%

（出所）FTSEインターナショナル　2024年3月末現在

（2）先進国国債市場

・先進国国債市場の特徴

　日本国債の代替資産としてのひとつが先進国国債である。欧米を中心とした先進国国債市場は世界経済の重要な構成要素のひとつであることは間違いない。様々な通貨に分散を図りながら投資できることも見逃せない。為替変動の方が大きくなるかもしれないが、デフレや金融ショック時のクッションとしての動きもある程度期待できる。通貨をある程度分散しながら先進国国債市場を広くカバーしておくことは理に適ったことである。

　日本国債が超長期債でもまだまだ十分に利回りは高いとは言えず、債券価格下落リスク、インフレリスクなどにも警戒しないといけないことに鑑みれば、日本とは利上げ利下げサイクルやインフレの勢いの異なる先進国国債市場とほかの種類の債券市場とを組み合わせて分散を図ることで、日本国債の代替資産として、ポートフォリオのリスク・リターンの安定に貢献すると考える。

図表6-9　米国国債市場

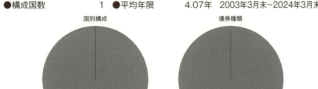

（出所）ブルームバーグ　2024年3月末現在

（3）米国国債市場

・米国国債市場の特徴

　米国国債の市場は世界最大の規模と信用力を誇る。世界の債券市場の中心ともいえる。日本国債に比べ、米国国債市場の利回りは比較的高い。為替変動の方が大きくなるかもしれないが、デフレや金融ショック時のクッションとしての動きもある程度期待できる。日本とは利上げ利下げサイクルやインフレの勢いの異なる米国国債市場もカバーしておくことは理に適ったことである。

　日本国債利回りが十分に高いとは言えず、債券価格下落リスク、インフレリスクなどにも警戒しないといけないことに鑑みれば、このような米国国債市場とほかの種類の債券市場とを組み合わせて分散を図ったり、為替ヘッジを付けたりすることで、日本国債の代替資産として、ポートフォリオのリスク・リターンの安定に貢献すると考える。

第5部　運用担当と役員が押さえるべきポートフォリオマネジメント基礎知識　275

図表6-10　米国投資適格社債市場

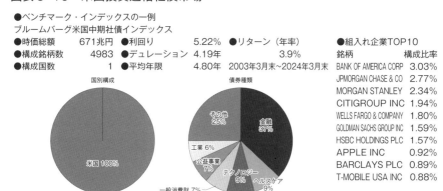

（出所）ブルームバーグ　2024年3月末現在

（4）米国投資適格社債市場

・米国投資適格社債市場の特徴

投資適格社債市場とは、いわゆる信用格付けがBBB以上の社債市場である。国債等を除く投資適格の民間企業債、社債の市場もやはり米国が最大規模を誇る。

投資適格社債市場の利回りは国債市場より高い。これは国債より社債の方が、信用リスクが高いと考えられているからである。ただし、BBB以上の投資適格社債市場とはいえ、個別銘柄で社債の信用リスクを負うことはお勧めしない。

しかしながら、このような社債市場（投資適格債）と、国債等の市場とは対をなして、世界経済の重要な構成要素の一つである。投資適格社債市場全体を発行企業や発行業種を分散しながら広くカバーしておくことは理に適ったことである。

日本国債利回りが十分に高いとは言えず、債券価格下落リスク、インフレリスクなどにも警戒しないといけないことに鑑みれば、このような米国投資適格社債市場と他の種類の債券市場とを組み合わせて分散を図った

図表6-11 米国ハイイールド社債市場

(出所) ブルームバーグ　2024年3月末現在

り、為替ヘッジを付けたりすることで、日本国債の代替資産として、ポートフォリオのリスク・リターンの安定に貢献すると考える。

（5）米国ハイイールド社債市場

・米国ハイイールド社債市場の特徴

　ハイイールド社債市場とは非投資適格社債市場を指す。いわゆる信用格付けがBBB未満の債券である。ハイイールド社債市場の中でも最大の規模を誇るのが米国ハイイールド社債市場である。

　ハイイールド社債市場の利回りは非常に高い。もちろん、これは、ハイイールド社債はリスクが高いと市場が評価しているからである。決して、高利回りに釣られての、個別銘柄のハイイールド社債投資はお勧めしない。

　一方、ハイイールド社債市場と、投資適格社債市場とは対をなして、世界経済の重要な構成要素の一つであると言える。ハイイールド社債市場全体を発行企業や発行業種を分散しながら広くカバーしておくことは理に適ったことである。

　過度な投資はいけないが、ポートフォリオでの適度な割合を保有した

第5部 運用担当と役員が押さえるべきポートフォリオマネジメント基礎知識　277

図表6-12　新興国国債市場

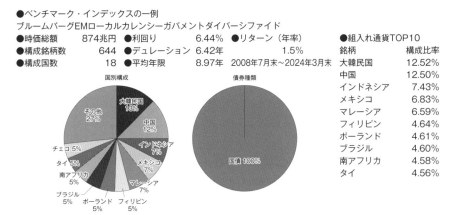

（出所）ブルームバーグ　2024年3月末現在

り、ハイイールド社債市場全体に為替ヘッジを付けて日本国債の代替資産として、ポートフォリオの一部に加えたりすることは、リスク・リターンの安定にも貢献すると考える。

（6）新興国国債市場

・新興国国債市場の特徴

　新興国国債市場の利回りも非常に高い。この利回りの高さは、国債といえども新興国国債はリスクが高いと市場が評価している表れである。決して、高利回りに釣られて、特定の国や通貨に資金を投じてはいけない。

　一方、新興国国債市場は、先進国国債市場と対をなして、世界経済の重要な構成要素の一つであると言える。新興国株式市場同様、世界経済の中で無視できなくなっている新興国国債市場にも広く通貨を分散しながらカバーしておくことは今後ますます重要になっていくものと思われる。意外かもしれないが、いまや新興国の財政バランスも健全なところが多い。

　過度な投資はいけないが、ポートフォリオでの適度な割合を保有したり、米ドル建て新興国国債市場全体であれば為替ヘッジを付けて日本国債

278　第6章　基本ポートフォリオの核となる資産

の代替資産として、ポートフォリオの一部に加えたりすることは、リスク・リターンの安定にも貢献すると考える。

（7）為替ヘッジ外債

今日、為替ヘッジ外債を利用しないとすれば、株式市場、REIT（不動産）市場、外貨建て債券市場、日本国債でポートフォリオを構築することになる。株式市場、REIT（不動産）市場、外貨建て債券市場は比較的価格変動の大きな資産であり、これらを中心にポートフォリオを組めば相応の価格変動リスクを許容せざるを得ない。外貨建て債券市場において通貨を分散しても比較的小さくない為替変動リスクは残ってしまう。

一方、日本国債利回りは十分に高いとは言えず、債券価格下落リスク、インフレリスクなどにも警戒しないといけない。

為替ヘッジ外債は消去法的な選択かもしれないが、今日の投資環境を勘案すれば、保守的な資産運用を志向する法人にとっては無視できないと考え、核となる資産に含めることにした。

いつか将来、為替ヘッジ外債は「核となる資産」としての役割を終えるかもしれないという前提で、いくつかの留意点を挙げたい。

第1に、ヘッジコストがかかる以上、投資対象とする外債の利回りがそれに負けないくらい高いものがベターである。為替ヘッジにはコストがかかる。理論的な為替ヘッジコストは「外国金利－日本金利」という式で求められるが、実際のヘッジコストは先物やオプション取引の需給でこのような理論値から乖離している。

第2に、スムーズに為替ヘッジできるメジャー通貨で取引される債券市場を選ぶ。世界的に取引需要、ヘッジ需要のないマイナー通貨は上手くヘッジできなかったり、ヘッジコストが割高になったりしがちである。世界的なメジャー通貨としては、米ドル、ユーロなど一部に限られるのが実情である。

第3に、為替ヘッジ外債投資はもともと"日本国債の代替"としての位

第5部　運用担当と役員が押さえるべきポートフォリオマネジメント基礎知識　　279

置づけであるので、個別銘柄の信用リスクは避けて、国債市場や投資適格社債市場、ハイイールド債市場、新興国国債市場などの債券市場全体にヘッジをかけた方がベターである。

　第4に、"日本国債の代替"としての位置づけであるのであるならば、100%為替ヘッジした為替ヘッジ外債投資が基本である。

　第5に、為替ヘッジ外債の投資対象は、分厚い流動性と規模を誇る市場を有するものが望ましい。決して、マイナーな周辺国、周辺市場を対象とする為替ヘッジ外債をいの一番に取得してはいけない。

　以上の条件を総合的に勘案すると、為替ヘッジ外債の投資対象の筆頭として残るのは、米国国債市場と米国投資適格社債市場、米国ハイイールド社債市場、米ドル建て新興国国債市場などということになろう。

　米国国債の方が質からしてベターではあるが、米国国債は最も利回りが低く、投資適格社債、新興国国債、ハイイールド社債の順に利回りは高くなる。利回りと為替ヘッジコストなどを勘案して、必要であれば、中期国債⇒長期国債⇒投資適格社債⇒新興国国債⇒ハイイールド社債などの順序を意識して、投資も分散するとよい。

　最後に、為替ヘッジ外債投資のスタンスについてであるが、どんなことが起ころうとも、為替リスクを回避した円債投資の代替、円債投資の分散の一部であるということを忘れないでいただきたい。例えば、米国金利が上がれば、ヘッジ外債の価格は下がる。しかも決まって、米国金利の上昇＝ヘッジコストが上昇する時期とも重なる。投資家は価格下落＋ヘッジコストの上昇という二重苦に居心地が悪くなり、ヘッジ外債投資を止めたくなる。

　ヘッジ外債を止めるのであれば、替わりに、日本国債に投資できるかどうかを冷静に自問してみてほしい。ある程度の利率も欲しいのであれば超長期国債を買わざるを得ない。しかしながら、日本国債の方も、これからは中長期的な債券価格の下落リスク、インフレリスクを考えないといけな

いのである。

　一方、外国金利も為替ヘッジコストも高いまま固定というわけではない。上昇と低下を繰り返す。2019年も外国金利とヘッジコストが揃って上昇し、金融機関のような短期投資家を始めとして多くのヘッジ外債投資家が苦しんだ時期があった。しかしながら、その後は利下げ局面となり、ヘッジコストも再び低下した。そうなるとヘッジ外債投資は、それまでは短期投資家に敬遠されていたのが一転、再び人気を集めた。短期投資家はヘッジ外債投資について、このような機動的な取引を繰り返す、しかしながら長期投資家（財団、社団、学校法人など）は、日本国債に投資する場合と慎重に中長期的な比較検討をして意思決定する。

　債券市場は期待リターンが高くない。インフレに対しても弱い。しかしながら、全体の価格変動を和らげるクッション、比較的安定的な利子収入を提供するという貢献が期待でき、ポートフォリオには欠かすことのできない重要な資産である。

　残念ながら、今日でも日本国債利回りは十分に高いとは言えず、債券価格下落リスク、インフレリスクなどにも警戒しないといけないので、外国の債券市場にもこれらの役割の代替を求めざるをえない。外国の国債市場／社債市場、投資適格社債市場／非投資適格社債市場（ハイイールド債市場）、新興国国債市場などの様々な外債市場に分散、通貨分散して価格変動リスクの軽減を図る、あるいは為替ヘッジを付けて為替変動を回避する、などの方法が考えられる。

　投資家は、ポートフォリオの中にどれくらいの割合で、これら債券市場（日本債券、外国債市場）を組み入れるのか、どれくらい割合で為替ヘッジを付けるのか、他の資産とのバランス（配分比率）を勘案して決めることになるのである。市場リターンを源泉とする前提でポートフォリオを構築するのであれば、このような債券市場を何割保有するかを決めることで、残りの比較的価格変動の大きな資産、株式市場と不動産（REIT）市

第5部　運用担当と役員が押さえるべきポートフォリオマネジメント基礎知識　*281*

場の保有割合も自ずと決まってくる。

3-3　REIT（不動産）市場

　REIT（不動産）とはReal Estate Investment Trust（不動産投資信託）を指す。商業用オフィスビル、集合住宅、商業用・工業用倉庫、商業施設などの賃貸不動産を小口証券化して投資家に買ってもらい、それらの不動産で運用して得た賃貸収入等を原資として投資家に分配する金融商品である。

　安定的な賃貸収入を原資とした分配金が見込める点では債券に近い性格を持つ。一方で、経済成長やインフレに伴う賃貸収入の増加に伴って、投資家への分配金や保有する不動産価値自体も増大することが期待できる株式的な性格も併せ持つ。分配金と長期キャピタルゲインを合わせた期待リターンは債券市場と株式市場の中間のどこかに位置すると考えられる。

　また、REIT市場の価値の源泉となる賃貸収入や保有物件の価値はインフレと関連性が高く、他の2つの資産（株式市場と債券市場）に比べて、配当や価格にインフレが反映されやすい資産と言える（ただし、賃貸物件の需給が安定している場合は、このような傾向が特に顕著であるが、物件の供給が過剰な場合は、インフレであってもREITの配当や価格に反映されるとは限らない）。

　このように、REIT（不動産）市場をポートフォリオに組み込んだ場合には、ある程度のインフレ連動性が期待でき、かつ、同じようにインフレ連動性が期待できるほかの資産に比べて最も期待リターンが高いという重要な役割を担ってくれるのである（他のインフレ連動性が期待できる資産として変動利付国債、物価連動債などがあるが、どちらも期待リターンは低い。しかしながら、長期的な期待リターンの高さでいえばREIT（不動産）でも、株式市場には大きく及ばないと考えられる）。

　世界のREIT（不動産）市場を漏れなくカバーするためのカテゴリーの

図表6-13 日本REIT市場

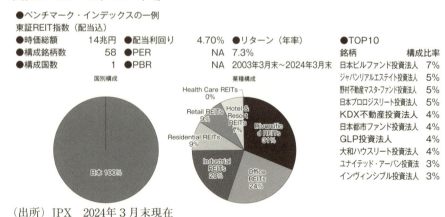

(出所) JPX　2024年3月末現在

考え方は、以下のパターンで整理することができる。

①日本REIT市場⇔外国REIT市場（先進国&新興国）

②先進国REIT市場⇔新興国REIT市場

上記のいずれかの整理、あるいはそれらを複合させた考え方（利用可能なETF等の有無などの状況を勘案）で世界のREIT（不動産）市場全体をカバーすることを目指していく。

（1）日本REIT市場

・日本REIT市場の特徴

本邦投資家にとってREIT市場といえば日本REIT市場となろう。今日、比較的高い安定収益を享受しながら株式に似たリターン獲得を期待できる資産としてすっかり認知されたようである。また、先進国のREIT市場の中では米国、豪州に次ぐ世界第3位の市場規模を誇る。

しかしながら、MSCI社の世界REIT指数（MSCI World REITs Index）の構成比率によれば、2024年3月末現在、日本のREIT市場は先進国REIT市場の僅か2.62%を占めるに過ぎない。世界REIT市場の一部として取り扱うかは別として、世界経済に占める日本REIT市場の規模は日本の投資が

図表6-14　外国REIT市場

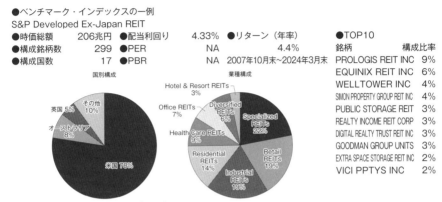

(出所) S&P　2024年3月末現在

考えるほど大きくない。

また、地震など自然災害が多発する日本のREITだけでは、保有物件の集中を避け、有効な地理的分散することが比較的難しい。

（2）外国REIT市場

・外国REIT市場の特徴

2023年3月末現在、S&P社の先進国REIT指数（除く日本）などで、日本以外の外国REIT市場も幅広く通貨を分散しながらカバーすることは、世界経済のダイナミズムを取り込んでいくためには非常に重要である（1位米国77.6％、2位豪州7.7％、3位英国4.8％など）。

また、地震など自然災害に大きな影響を受けやすい日本REIT市場のリスク分散としても有効であろう。

REIT（不動産）市場はポートフォリオにおいて、インフレに対する保護の役目を担い、かつ他のインフレ対応資産（変動利付国債、物価連動債など）に比べて期待リターンが高いという魅力的な特徴を持つ。

284　第6章　基本ポートフォリオの核となる資産

〔核となる資産　まとめ〕

図表6-15　核となる資産の考え方

①なぜ、核となる資産は、世界の株式市場、世界の債券市場、世界の不動産
（REIT）市場なのか？
　　⇒なぜなら、世界経済全体、世界の金融市場全体を構成する重要な要素で
　　　あるから
②なぜ、株式市場に投資するのか？
　　⇒株式市場を組み込むことによって、そのポートフォリオ全体の価値を
　　　長期的に底上げ、増大させる役割を持たせることができる。
　　⇒また、その高い長期リターンゆえ、長期的なインフレからポートフォ
　　　リオを保護する役割も期待できる（ただし、短期的なインフレに連動
　　　するわけではない）
　　⇒核となる株式市場の例
　　　・日本株式市場
　　　・先進外国株式市場、新興外国株式市場、中小型株式市場
③なぜ、債券市場に投資するのか？
　　⇒債券はポートフォリオ全体の価格変動を和らげるクッションの役割を
　　　果たす。
　　⇒不況時にも比較的安定したインカム収入をもたらす。
　　⇒核となる債券の例
　　　・日本国債
　　　・先進国国債市場、米国国債市場、米国投資適格社債市場、米国ハイ
　　　　イールド社債市場、新興国国債市場
　　　・為替ヘッジ付き（上記の）外債市場（為替ヘッジ100%、フルヘッ
　　　　ジ付き）
　　⇒本来は、債券としての役割を最もよく果たすのは日本国債である。した
　　　がって、通常であれば、それ以外の債券は検討する必要はあまりない。
　　⇒しかしながら、今日の現実的な金融環境から日本国債にその役割を求
　　　めるのは困難。残る外国の債券にもその役割を担わさざるを得ない状況。

第5部　運用担当と役員が押さえるべきポートフォリオマネジメント基礎知識　*285*

> ⇒通貨分散、地域、債券種類を分散することで、為替変動ほかリスクを
> 軽減するか、為替ヘッジ付きで為替リスクを回避しながら外債投資を
> 行うか、
> のいずれかの方法が考えられる。
> ④なぜ、不動産（REIT）に投資するのか？
> ⇒ポートフォリオに組み込んだ場合には、ある程度のインフレ連動性が
> 期待でき、かつ、同じようにインフレ連動性を持つほかの資産に比べ
> て最も期待リターンが高いという重要な役割を担ってくれる（ただし、
> 株式市場よりも期待リターンは低い）。
> ⇒賃貸収入を源泉とした、比較的安定したインカム収入をもたらす。
> ⇒核となる不動産（REIT）の例
> ・日本REIT市場
> ・外国REIT市場

　X法人の運用管理の枠組みでは、大前提として、世界の様々な金融市場全体、世界経済全体に由来する利子、配当、キャピタルゲイン（ロスも含む）を取り込むことでリターンを実現しようとしている。

　また、X法人の運用管理の枠組みにおける核となる資産としての条件は、欠くことのできない3つの条件をクリアすることである。第1の条件は、ポートフォリオ（資産の集合体）に対して貢献しうる独自の特徴のいずれかを持つこと（①リターンが高い、②インフレに弱くない、③価格変動のクッションになる、のいずれかの特徴）。第2の条件は、各市場から生み出される市場リターンのみで完結させることが可能であること。つまり、人為的なスキル（間違うことも多い銘柄選択や投資タイミング）に依存しなくても相応のリターンが期待できること。第3の条件は、幅広い銘柄に、公正な取引価格・コストで何時でも分散投資が可能な流動性の高い市場を有するということであった。

　真っ先に、このような資産からポートフォリオの中核として据えていく

のが資産運用の検討と構築の正しい順序である。

4. 核とならない資産

核となる資産の条件とその考え方の背景が整理できれば、逆に、ポートフォリオに組み入れることを避けるべき資産、核とならない資産を見分けることは比較的簡単である。「よく考えないで」、あるいは「本当のところはよくわからないまま」、「勧められるがまま」、真っ先にポートフォリオに組み入れてはいけない資産には共通する条件がある。

つまり、核となる資産の3つの条件のうち、第2の条件、第3の条件のいずれかをクリアしていないゆえ、結果としての第1の条件をクリアできるかどうかは分からない資産である。

言い換えれば、①市場リターン以外に投資リターンの源泉を依存する資産、あるいは、②多数・幅広い銘柄に十分に分散投資されていない・技術的に分散するのが難しい、流動性に乏しい、伝統があるとは言えない新しいものを対象とする、のいずれかに該当する資産である。

このような資産はいずれも、市場メカニズムが生み出すリターン以外のものによって成り立っている。すなわち、人為的なスキル・経験・勘・運あるいは"最新あるいは高度、専門的な"テクノロジーなどによる銘柄選択や投資タイミングを駆使してリターンを大きくしたり、リスクを小さくしたりしようとする。運用成績はそれを委ねられた"人為的な判断"か、"人為的にプログラムされたテクノロジーの判断"などの巧拙（当たりはずれ）とその有効性の継続性（当たっている場合は、いつまで当たり続けるか）で決まる。

結果として、ポートフォリオに組み入れ、①リターンが高いか、②インフレに弱くないか、③価格変動のクッションになるか、は時が経ってみないと分からない（市場リターンに委ねられた場合と比べて、かえってリターンの不確実性が高くなったり、リスク管理がややこしくなったりする

第5部　運用担当と役員が押さえるべきポートフォリオマネジメント基礎知識　　*287*

危険を抱え込んでしまう）。

　次に、このような核とならない資産について例示している（詳細の説明は巻末の補論を参照されたい。ただし、このような資産については、法人や運用担当自らが見分けることができ、後の管理・外れた場合の対応もできる十分なスキル・能力・覚悟が備わってから手を出すのであれば、一向に構わない）。

図表6-16　核とならない資産の例

1．市場が生み出すリターン以外に依存する資産（＝核となる資産の第2の条件をクリアしない資産）

（1）個別銘柄投資（母体企業株式、社債、劣後債、仕組債、外債、株式、REITなど）（2）金、その他商品（3）ヘッジファンド（4）アクティブ運用ファンド（特定テーマファンドなどを含む）（5）スマートβ（6）高配当株ファンド（7）業種別ファンド（8）レバレッジ・ファンド、（9）EB、貸し株取引、（10）外為取引、など

2．分散できる種類・範囲に乏しい、市場規模・流動性に乏しい、歴史のある市場が存在しない資産（＝核となる資産の第3の条件をクリアしない資産）

（1）仕組債（2）社債（個別銘柄）（3）劣後債、優先出資証券（4）私募REIT（5）周辺通貨投資、周辺国投資（例：デンマーク、ノルウェー、スウェーデンなどマイナーな国、周辺地域への投資）（6）周辺資産投資（例：地方債など免税債、カバード債、アセットバック証券、バンクローン、MLP、保険証券化商品など）（7）ベンチャーキャピタル・ファンド、（8）プライベートエクイティ・ファンド（9）インフラ・ファンドなど

288　第6章　基本ポートフォリオの核となる資産

〔核とならない資産　まとめ〕

図表6-17　核とならない資産に共通する特徴

---
①市場が生み出すリターン以外に依存する資産
　⇒核となる資産の第2の条件をクリアしない
②分散できる種類・範囲に乏しい、市場規模・流動性に乏しい、歴史のある市場が存在しない資産
　⇒核となる資産の第3の条件をクリアしない
③つまり市場メカニズム以外の、"人為的な判断"か、"人為的にプログラムされたテクノロジーの判断"などを駆使して、リターンを高めたり、リスクを小さくしたりしようとすることになる。
④運用結果の巧拙は、その"人為的な判断"か、"人為的にプログラムされたテクノロジーの判断"(銘柄選択や投資タイミングの判断など)の巧拙で決まる

⑤それらの資産を組み合わせた場合に、ポートフォリオ(資産の集合体)に対して貢献しうる独自の特徴を持つかどうか？
　　特徴A　期待リターンが高いか？
　　特徴B　インフレに弱くないか？
　　特徴C　価格変動が大きくなりすぎないようクッションの役割を果たすか？
　　　　のうち、いずれかの効果をもたらすかどうか？
⇒それは、時がたってみるまでわからない状態になる。
⇒核となる資産の第1の条件をクリアするかどうかはわからない(運しだい)。

　このように、「良く考えないで」、あるいは「本当のところは良くわからないまま」、「勧められるがまま」、真っ先にポートフォリオに組み入れて

第5部　運用担当と役員が押さえるべきポートフォリオマネジメント基礎知識　*289*

はいけない資産には共通する条件がある。

　つまり、核とならない資産とは、"人為的な判断" か、"人為的にプログラムされたテクノロジーの判断"（銘柄選択や投資タイミングの判断など）に依存せざるを得ないので、時がたってみるまで、うまくいくか、うまくいかないか、分からない資産ということである。

　運用のプロと呼ばれる人々に委託する場合ではないが、現在の法人の資産運用でもポピュラーな、個別銘柄投資も運用担当の "人為的な" スキル、知識、勘（?）、運（?）に依存した運用であるということである。

　運用のプロと呼ばれる人々に委託する場合さえ、投資家はこのような注意点、留意点と向き合わねばならない。そのような資産に手を出すのは、法人や運用担当自らが見分けることができ、後の管理もできる十分なスキルが備わってからである。

5.　まとめ

　第6章では、基本ポートフォリオにおける資産配分を検討する前、最も先に考えるべき、基礎的なポイントについて確認してきた。基本ポートフォリオを構成する資産を「リターンの源泉」、「リターンを得るための核となる資産の条件・基準」、「主だった核となる資産の具体例と特徴」の観点から整理した。

　一方、対照的な、基本ポートフォリオの「核とならない資産の具体例と特徴」や「その理由、条件、基準」についても触れた。

　「核となる資産とは何であるか？」も重要ではあるが、それだけは上辺だけの理解に過ぎない。より重要なことは、「なぜ、それが核となる資産として選ばれるか？（あるいは選ばれないのか？）」について法人自らが考え、明確にしておくことである。それは法人が自らの資産運用について主体的に考え、関与、説明することにつながる。そうして、法人としてのガバナンスの向上にもつながる。最終的には、それは運用成果にもつな

がっていくのである。

　本章（あとは第4章、第5章、第7章、第8章、第9章も全てそうであるが）は、これからの法人の運用担当や役員として、必須、押さえておいていただきたい基本的な知識・情報である。これらの知識・情報をスキップして、証券会社等の金融機関などに一から相談するのではなく、自らもある程度研鑽した上で、上手に金融機関などを利用していただければ幸いである。

　ここまでの説明で、核となる資産（理由、基準）を理解し、それらを複製するETFを使うことで、「ポートフォリオ全体の意図と特徴」「なぜそれら個々の資産に投資、組合せするのか？（特徴、期待する役割）」などについて、合理的な説明が可能な基本ポートフォリオはいつでも作る準備はできたと考えている。

　第7章では、このような基本ポートフォリオを法人事業に合目的となるようデザイン、資産配分、資産配分比率する考え方、スキルについて学んでいく。

第5部　運用担当と役員が押さえるべきポートフォリオマネジメント基礎知識　*291*

第7章　基本ポートフォリオ（資産配分比率）のデザイン

　第6章では、基本ポートフォリオにおける資産配分を検討する前、最も先に考えるべき基礎的なポイントについて整理を試みた。基本ポートフォリオの「リターンの源泉」「そのようなリターンを得るための核となる資産の条件、基準」「主な核となる資産の具体例と特徴」などを解説した。一方で、対照的な、「核とならない資産の具体例と特徴」また「その理由、条件、基準」についても触れた。

　つまり、核となる資産（理由、基準）を理解し、それらを複製するETFを使うことで、「ポートフォリオ全体の意図と特徴」「なぜそれら資産に投資し、組合せるのか？（それぞれの資産の特徴、ポートフォリオの中で期待する役割）」などに説明性の高い基本ポートフォリオをいつでも作る準備はできた。

　第7章では、第6章で解説した核となる資産を組み合わせて、基本ポートフォリオを法人事業に合目的となるようデザイン、資産配分する考え方、スキルについて学んでいく。配分比率を決めれば、ポートフォリオに期待するリターン（インカムゲイン＋長期キャピタルゲイン）と、許容する価格変動リスクが大体決まる。

　ここでも、最も重要なことは、それを人任せ、専門家の言いなりにするのではなく、法人自らも理解して、考え、関与することである。そうすることで法人がどんな運用環境、外部からの誘惑の中でもブレないで、一貫性を保ち、継続して資産運用できる可能性は飛躍的に高まる。特に、X法人のような運用管理の枠組みでは、このような「一貫性」と「継続性」が、資産運用を成功に導くか否かに対して、決定的な要因となる。

　基本ポートフォリオ（資産配分比率）をデザイン、決めることができれば、あとは組み入れた核となる資産（金融市場）を複製、再現するETF（第

5章で解説済み）をチョイスすれば運用を開始できる。

1. 基本ポートフォリオ（資産配分比率）の構築、デザインの意味と意義

それでは、核となる資産、すなわち主要な世界の株式市場、世界の債券市場、世界のREIT（不動産）を組み合わせた基本ポートフォリオ（資産配分比率）はどのように検討、デザインしていったらよいか？

基本ポートフォリオ（資産配分比率）を検討、デザインすることはおおむね下記に相当する。

①基本ポートフォリオから生み出される利子配当収入（インカムゲイン）の水準を決めると同時に、

②基本ポートフォリオの価格変動リスクの大きさを決める。

③基本ポートフォリオの利子配当収入以外のリターン、すなわち、利子配当収入を払い出した残りの運用元本の膨らみ、長期キャピタルゲインの水準を決める。

まさに、投資家の資産運用とその事業目的との短期的、長期的な整合性を探るプロセスの核心と言ってよい。

決して、基本ポートフォリオ（資産配分比率）の決定を、専門家、専門技術やほかの第3者に "丸投げ" "お任せ" してはいけない。なぜ、その資産配分比率が導かれるのかを理解しないままスタートした資産運用は、結局長続きしないリスクを抱え込むことになる。

資産運用が長続きしないということは、十分な期間、利子、配当、キャピタルゲインを蓄積する時間を確保できないということを意味する。結局、ポートフォリオの短期的な値上がり値下がりに翻弄され、無駄な売買が行われたり、必要なメンテナンスをしないでほったらかしにされたりする。最悪のケースは、下落に耐え切れなくなって、途中で資金を引き揚げて、運用を中止してしまう事態に陥る。あるいは、専門家の言いなり、依

第5部　運用担当と役員が押さえるべきポートフォリオマネジメント基礎知識　*293*

存しきった状態になり、公金の運用・管理・説明の最終責任者であるという法人の立場を事実上、放棄してしまった状態に陥る。

　このような理由から、SMA、ファンドラップ、コンサルティング会社などのポートフォリオ・サービスに"丸投げ""お任せ"した基本ポートフォリオ（資産配分比率＝投資するファンドの選択を含む）を安易に採用してしまうのは、お勧めできない。

　そうではなく、基本ポートフォリオ（資産配分比率）を決めるプロセスに投資家の関与や理解が伴うことは、将来の資産運用の成功の確率を飛躍的に高める。「ポートフォリオ全体として何を意図、狙っているのか？」「そのために何をリターンの源泉とするのか？」「どんなリスクを引き受けるのか？」「組み入れる資産は、何と何と何か？　また、それはなぜか？」ということを運用開始する前の時点で理解しておくこと（あるいは運用が経過するに従ってさらに理解を深めていくこと）の大切さについては、ここまでで解説してきた通りである。

　そして、さらに、「それらの配分比率についても、何が●％、何が◆％、何が▲％で、その意図は何故なのか？」についても投資家自身が押さえていくことで、何事にも動じないで、ポートフォリオから生じる利子、配当、およびキャピタルゲインを長期間蓄積していくことにつながる。

1−1　基本ポートフォリオ（資産配分比率）の決め方に正解などない

　多くの投資家は、基本ポートフォリオ（資産配分比率）を決定するためには何か"専門的な技術や高度なノウハウ"が必要であるのではないかと誤解している（あるいは誤解させられている）。だから、SMA、ファンドラップ、コンサルティング会社のポートフォリオ・サービスなどに"丸投げ""お任せ"して決めてもらうしかないと思っている。そして、それら"専門的と思われる技術、高度と思われるノウハウ"を信じるしかないと思い込んでいる（あるいは思い込まされている）。

294 第7章 基本ポートフォリオ（資産配分比率）のデザイン

　著者も、コンサルタントとしての駆け出しのころ、金融機関の顧客に対する推奨ポートフォリオ＝基本ポートフォリオ（資産配分比率）には何か“専門的な技術や高度なノウハウ”が隠されているのではないかと思っていた時期があった。そこで、ある金融機関で顧客向けの資産配分比率を提供してるストラテジストに質問してみたことがある。

著者　「この資産配分比率はどうやって導き出されているのですか？　例えば、株式13.5％、債券18.6％などという、小数点以下の数字や端数の数字には何か重要な意味があるのですか？」

ストラテジスト「正直、さほど重要な意味はありません。一定のデータを入力して計算した結果、たまたま小数点以下の数字や端数の数字が含まれていたので、そのままモデルポートフォリオの資産配分比率としているだけです。」

著者　「では、株式15％、債券20％でも構わないということですか？」

ストラテジスト「そう理解してもらって構いません。絶対にこの数字でなければいけないというわけではありません。」

著者　「一定のデータを入力して計算するということですが、どのようなものですか？」

ストラテジスト「実は、入力するデータにもいろいろ考え方があります。弊社の場合は３つ、①弊社独自の前提で推計した各資産の期待リターン、②各資産の標準偏差（価格変動リスクの大きさ）の過去の統計データ、③各資産の相関係数（価格の連動性を示す値）の過去の統計データです。」

著者　「期待リターンの前提とは何ですか？」

ストラテジスト「ざっくりと言えば、各資産の過去のリターン実績を参考に、将来の期待リターンはこれぐらいと決めることです。」

著者　「では、そのような前提や他のインプットするデータが変われば、

第5部　運用担当と役員が押さえるべきポートフォリオマネジメント基礎知識　*295*

　　　　アウトプットである資産配分比率も変わるということですか。」
ストラテジスト「そうなります。前提の置き方や、統計データを参照する
　　　　時期や期間によって、①期待リターン、②標準偏差、③相関係数の
　　　　値は異なり、一定ではありません。将来の①②③も一定ではなく、
　　　　ランダムに変化します。つまり、誰にも将来の①②③の正確なとこ
　　　　ろは分かりません。しかしながら、何らかのアウトプットを導き出
　　　　すためには必ず前提条件を決めなくてはいけません。それは、他の
　　　　各社のモデルポートフォリオも同じです。何らかの前提条件を置く
　　　　必要がある。」
著者　「つまり、資産配分比率に絶対的な正解はないと……」
ストラテジスト「そのとおりです。インプットするデータが将来を正確に
　　　　予測していることはあり得ません。結局、「過去の統計データを参
　　　　考にすれば、将来はこれぐらいではないかな」、という延長線で考
　　　　えざるを得ないのは、どんな資産配分比率を考える時でも同じで
　　　　す。」

　今でも、このストラテジストが包み隠さず、非常に正直に思うところを
答えてくれたことに本当に感謝している。彼は、他の専門家によくありが
ちな、“専門的な技術や高度なノウハウ”を結集して導き出されるのがこ
の資産配分比率であるから、これが正解だ（これを信じて実行しなさい）、
というようなスタンスとは一線を画して対応してくれた。常識的に考えて
も彼の説明は筋が通っており、著者が長年抱いていた、「ひょっとしたら
そうではないのかな」という“直感”とも符合した。すなわち、金融機関
など資産運用のプロが推奨する基本ポートフォリオ（資産配分比率）が正
しいのであれば、それは“将来を見通せる水晶玉”に等しい。しかし、そ
んなものは存在するはずがない（ちなみに、日本国民の年金運用をしてる
GPIFの基本ポートフォリオは内外株式、内外債券が各25％である。こん

296　第7章　基本ポートフォリオ（資産配分比率）のデザイン

なキリの良い比率である背景を推察してみれば、モデルポートフォリオというモノの限界が理解できよう）。

　以上のことが腑に落ちれば、第4章～第6章で学んだ知識を使って、投資家自ら資産配分比率を考えたり、その決定プロセスに関与したりすることにもっと自信が持てるようになるはずである。そうすることで、自らの資産配分比率に対して投資家が深く理解することにつながり、どんなことが起ころうとブレないでポートフォリオから生じる利子、配当、キャピタルゲインを長期間蓄積していけることにつながる。結局、それが、最終的な運用成績につながっていく。

2.　基本ポートフォリオ（資産配分比率）構築、デザイン

2-1　基本ポートフォリオの狙い、目的とは

　基本ポートフォリオの狙いは、法人事業に合目的であるようデザインすることである。法人事業に合目的であるためには、いくつかの条件をクリアできていないといけない。

　第1に、現在必要とする運用収入（利子配当などのインカム収入）を達成できるものであること。

　第2に、現在だけではなく、来年も再来年も、5年後10年後も必要とする運用収入を安定的に達成できること。

　第3に、5年後10年後の将来、もしもインフレの事態になっても、法人事業の裏付けとなる運用収入や運用元本がそれに負けてしまわないよう、運用収入や運用元本の長期的な増加も図れるものであること。

　第4に、さらに5年後10年後あるいはそれ以上の目標達成も視野に入れる基本ポートフォリオの運用管理は、組織として超長期に持続可能なものでなくてはならない。そのためには、普通の法人の運用担当や役員が（交代しても）、理解、管理できる範囲に運用内容がとどまっていなくてはいけない。

第5部 運用担当と役員が押さえるべきポートフォリオマネジメント基礎知識 *297*

図表7-1 ポートフォリオ①

| 組入資産 | 資産配分比率 | 期待リターン | | 価格下落リスク |
		インカム	キャピタル	
40年国債	100%	2.0%	－	▲40%
合計	100%	2.0%	－	▲40%

2-2 直感的なアプローチからの基本ポートフォリオ（資産配分比率）構築、デザイン

　以上の基本ポートフォリオの狙いをクリアすることを最終的なゴールとして、まずは直感的なアプローチからの基本ポートフォリオのデザインについて、初歩的な考え方を紹介したい。

（1）ポートフォリオ①

　例えば、誰でもイメージすることが比較的容易な、40年国債100%のポートフォリオから考えてみよう（**図表7-1**）。どのような（インカム）リターン、価格変動リスクの特性が想像できるだろうか？　40年国債利回りは日経新聞などを見れば確認できる。およそ2％のインカム収入が期待できることになる。一方で、元本保証＝額面での償還となり、原則、長期キャピタルゲインは期待できない。また、途中でインフレなどになり、1％ぐらい金利上昇でも債券価格は▲40%ぐらい下落するかもしれないことは普通の人でも計算できる。

　すなわち、2％のインカム収入と1％ぐらい金利上昇で▲40%の価格下落リスク、長期的キャピタルゲインも期待できない。インフレなどに対しては脆弱なポートフォリオであることは一般投資家でも容易に想像できるのではないかと思う。

（2）ポートフォリオ②

　図表7-2はポートフォリオ①の40年国債への配分を半分まで落とし、残りの半分を日本株式に配分したポートフォリオである。日経新聞などをみれば日本の株式市場の平均利回りは約2％だと分かる。また、リーマン

298　第7章　基本ポートフォリオ（資産配分比率）のデザイン

図表7-2　ポートフォリオ②

| 組入資産 | 資産配分比率 | 期待リターン | | 価格下落リスク |
		インカム	キャピタル	
40年国債	50%	2.0%	－	▲40%
日本株式	50%	2.0%	?	▲50%
合計	100%	2.0%	?	▲45%

ショック時などの過去の暴落時には▲50％ぐらい下落したことも、多くの人が経験的に知っているのではないだろうか。

　上記に当てはめたポートフォリオ②全体の特徴は、インカムは２％、正確なキャピタルゲインは分からないが、少なくとも日本株式に配分している分だけ、超長期的には幾らかのキャピタルゲインも期待できそうであると想像できるのではないだろうか。同時に、日本株式に配分している分だけ、価格変動リスクも、40年国債の利回り上昇が１％ぐらいまでに留まったとしても、ポートフォリオ②全体のリスクはポートフォリオ①よりも大きくなるかもしれないということも想像できよう。

（３）ポートフォリオ③

　図表7-3はポートフォリオ②の40年国債への配分を25％まで落とし、代わりに20年国債（40年国債より価格変動リスクは小さい＝１％ぐらい金利上昇で▲20％ぐらいまでの価格下落になることは誰でも計算できる）を25％とした。また、日本株式の配分を40％まで落とし、10％を米国国債10年物に割り振った。

　上記に当てはめたポートフォリオ③全体の特徴は、ポートフォリオ②と比べて、どのようなものであると想像できるだろうか？　インカムは2.1％と若干増えると期待できる。キャピタルゲインについては、日本株式を50％⇒40％に減らして米国国債に割り振った分だけ、超長期的なキャピタルゲインの期待値は低くなったと想像できよう。

　では、ポートフォリオ③全体の価格変動リスクについてはどうであろ

第5部　運用担当と役員が押さえるべきポートフォリオマネジメント基礎知識　*299*

図表7-3　ポートフォリオ③

| 組入資産 | 資産配分比率 | 期待リターン | | 価格下落リスク |
		インカム	キャピタル	
40年国債	25%	2.0%	—	▲40%
20年国債	25%	1.5%	—	▲20%
米国国債	10%	4.0%	?	?
日本株式	40%	2.0%	?	▲50%
合計	100%	2.1%	?	?

う。上記に当てはめた場合、米国国債を除くポートフォリオの加重平均の価格変動リスクは▲35%となる。つまり、配分比率10%の米国国債が▲5%（つまり、米国債が半値）、あるいは▲10%（つまり、米国債が全損）にならない限り、ポートフォリオ②やポートフォリオ①のリスク水準には達しないことが容易に推計できる。つまり、ポートフォリオ③の価格変動リスクは、ポートフォリオ②やポートフォリオ①よりも小さくなると計算できる。

（4）ポートフォリオ④

図表7-4はポートフォリオ③の日本株式への配分を40%⇒20%とし、代わりに外国の株式市場（配当利回りは同じく2%と仮置き）を20%とした。

上記に当てはめたポートフォリオ④全体の特徴は、ポートフォリオ③と比べて、どのようなものであると想像できるだろうか？　インカムは2.1%と、ポートフォリオ③と変わらない。キャピタルゲインについても、株式合計の保有割合は40%と変化がないので、超長期的なキャピタルゲインの期待値はほぼ変わらないと想像できる（＊短期的にどちらが上がるかどうかではなく、株式を保有し続けた場合の超長期的な期待値という意味である）。

では、ポートフォリオ④全体の価格変動リスクについてはどうであろう。外国株式を増やしたので、短期的には株価の変動に加えて為替の変動がプラスマイナスされる。そのため、日本株式の▲50%よりもやや大き

300　第7章　基本ポートフォリオ（資産配分比率）のデザイン

図表7-4　ポートフォリオ④

組入資産	資産配分比率	期待リターン		価格下落リスク
		インカム	キャピタル	
40年国債	25%	2.0%	—	▲40%
20年国債	25%	1.5%	—	▲20%
米国国債	10%	4.0%	?	?
日本株式	20%	2.0%	?	▲50%
外国株式	20%	2.0%	?	?
合計	100%	2.1%	?	?

かったり、小さかったりすることになるが、超長期的な中心値としては日本株式の▲50%とほとんど変わらないと想像できる。つまり、外国株式の価格変動リスクも▲50%として、上記に当てはめた場合、ポートフォリオ④の価格変動リスクはポートフォリオ③とあまり変わらないであろう。

　しかしながら、ポートフォリオ③では日本株式のみだったので、日本株式が大当たりすればよいが、これまでのように「失われた34年間」のようになれば、大きく期待を裏切られることになる。外国株式にも分散投資することで、（短期的にどちらの方が上がったかどうかではなく）超長期的な株式投資への期待が裏切られるリスクの方は、ポートフォリオ④の方がポートフォリオ③より小さいと言えないだろうか。

（5）ポートフォリオ⑤

　図表7-5はポートフォリオ④の40年国債への配分をさらに25%⇒15%まで落とし、代わりに20年国債を25%⇒35%とした。また、内外株式の配分を40%⇒30%まで落とし、代わりに10%を日本REITに割り振った。

　上記に当てはめたポートフォリオ⑤全体の特徴は、ポートフォリオ④と比べて、どのようなものであると想像できるだろうか？　インカムは2.2%と、ポートフォリオ④より増加する。キャピタルゲインは、内外株式合計の保有割合は40%⇒30%と減り、代わりに株式よりもキャピタルゲインが小さいと考えられる日本REITに10%割り振ったので、超長期的な

第5部　運用担当と役員が押さえるべきポートフォリオマネジメント基礎知識　*301*

図表7-5　ポートフォリオ⑤

組入資産	資産配分比率	期待リターン		価格下落リスク
		インカム	キャピタル	
40年国債	15%	2.0%	—	▲40%
20年国債	35%	1.5%	—	▲20%
米国国債	10%	4.0%	?	?
日本REIT	10%	4.0%	?	▲50%
日本株式	15%	2.0%	?	▲50%
外国株式	15%	2.0%	?	?
合計	100%	2.2%	?	?

キャピタルゲインの期待値は若干低くなると想像できる（＊短期的にどちらが上がるかどうかではなく、株式やREITを保有し続けた場合の超長期的な期待値という意味である）。

　では、ポートフォリオ⑤全体の価格変動リスクについてはどうであろう。日本REITも内外株式と同様、過去▲50%ぐらい下落した時期があったのは経験的に知っている人も多いのではないだろうか。しかしながら、ポートフォリオ⑤では、40年国債への配分をさらに25%⇒15%まで落とし、代わりに20年国債を25%⇒35%としたことで、ポートフォリオ④に比べて価格変動リスクは若干小さくなると容易に想像がつく。

（6）まとめ　直感的なアプローチからの基本ポートフォリオのデザイン

　この節では、法人に合目的な基本ポートフォリオのデザインについて、普通の人でもアクセス可能、経験している情報から直感的に資産配分を考え、評価していくプロセスのシンプルなイメージの一例を紹介した。

　まず、ポートフォリオ①＜②＜③＜④＜⑤に進むに従って、様々な資産に分散することになる。このような分散を進めていけば、①②のようにインフレに弱い、投資した市場の当たりはずれに大きく左右されてしまうリスクを回避して、④⑤のようにインフレにもある程度耐性を持ちながら、当たりはずれに比較的左右されにくいポートフォリオに近づけていくこと

302 第7章 基本ポートフォリオ（資産配分比率）のデザイン

ができる。

　それと同時に、ポートフォリオ①＜②＜③＜④＜⑤に進むにしたがって、インカム収入の水準、超長期での期待キャピタルゲインの水準、価格変動リスクの水準も変わっていく。その中から、現在から未来永劫続く法人事業の目的に近づけていけるポートフォリオを探っていくことは、普通の法人の運用担当や役員でも理解や作業が全く不可能と言うわけではないのである。

　例えば、当面２％前後の経常収入（インカム収入）を必要とし、将来のインフレリスクにもある程度備えたい、特定の市場・市況の好不調で大ダメージを被りたくない、ポートフォリオ全体での一時的な値下がりも最大▲30%程度までなら許容できる法人があれば、④⑤あたりは、専門家・プロでなくても法人事業に合目的な基本ポートフォリオに比較的近いと判断できるのではないだろうか。

2−3　金融市場・ETFデータからの基本ポートフォリオ（資産配分比率）構築、デザイン

　前節では、法人に合目的な基本ポートフォリオのデザインについて、普通の人でもアクセス可能、経験している情報から直感的に資産配分を考え、評価していくプロセスのシンプルなイメージの一例を紹介した。

　本節ではもう少し踏み込んで、金融市場・ETFのデータを使った基本ポートフォリオ（資産配分比率）構築、デザインの仕方について触れたい。

　基本的には前節で紹介した簡易な作業とプロセスは同じである。ただ前節では経験値と直感を用いたが、代わりに、本節では運用会社などのホームページから入手可能な一定のデータを用いて同じように合目的な基本ポートフォリオを探っている。

　図表７-６は、世界金融危機の期間（リーマンショックの期間を含む）：2007年７月〜2009年２月（20か月）の各アセットクラスの騰落率を示して

第5部　運用担当と役員が押さえるべきポートフォリオマネジメント基礎知識　*303*

図表7-6　世界金融危機の期間（リーマンショックの期間を含む）：2007年7月〜2009年2月（20か月）の各アセットクラスの騰落率

アセットクラス	変動率① 金融危機
日本株式	−56.2%
先進国株式	−61.7%
新興国株式	−61.1%
REIT（日本）	−63.3%
REIT（海外）	−73.1%
外貨建て債券（先進国）	−15.1%
外貨建て債券（新興国）	−25.9%
円建て債券	6.0%

変動率①＝2007年7月−2009年2月（20か月）
＊世界金融危機の期間（リーマンショックの期間を含む）（代表的なベンチマーク・インデックス・データより著者作成）

いる。本節では、過去最大級だった金融危機時に価格変動リスクの条件を固定して、各ポートフォリオの変化を探ってみたい。過去と将来の金融危機は同じではないだろう。また、金融危機のようなデフレ時と、先のポートフォリオ①〜⑤の時に用いた日本国債の価格変動リスクのようにインフレを加味した場合とでは各アセットクラスの騰落も異なったものとなるだろう。それでも、金融危機という非常に厳しい一定の条件でいろいろ比較してみることには、分散ポートフォリオ全体の価格変動リスクの大きさをおもんぱかるには役に立つと考えている。なぜなら、金融危機時のポートフォリオの価格変動は、確率統計学で言うところの4σ（シグマ）という水準まで価格下落した。通常は最大の下落は2σ（シグマ）程度と考えられているので、その2倍だった。例えば、最大▲20％下落すると考えられていた分散ポートフォリオ全体で、実際には▲40％という近年最大級の下落を記録したのが、世界金融危機の期間（リーマンショックの期間を含む）だったのである。

　図表7-7は、日本国債利回りや各種ETF利回りの過去一年実績の数字

304　第7章　基本ポートフォリオ（資産配分比率）のデザイン

図表7-7　日本国債利回りや各種ETF利回りの過去一年実績（2024年4月11日時点の時価ベース利回り）

アセットクラス	ETFなど一例	利回り過去1年実績（2024年4月時点）
株式	日本株式ETF	1.8%
	全世界株式ETF	1.9%
	先進国株式（米国株式）ETF	1.2%
	先進国株式（除く米国株式）ETF	3.0%
	新興国株式ETF	3.1%
REIT	REIT（日本）ETF	4.0%
	REIT（除く日本）ETF	3.4%
外貨建て債券（先進国）	外貨建て債（米国国債）ETF	3.5%
	外貨建て債（米国投資適格社債）ETF	4.5%
	外貨建て債（米国ハイイールド社債）ETF	5.9%
外貨建て債券（新興国）	外貨建て債（米ドル建て新興国国債）ETF	5.1%
	外貨建て債（現地通貨建て新興国国債）ETF	4.6%
円建て債券	20年国債	1.6%
	40年国債	2.0%
円建て債券代替	ヘッジ外債（米国国債）ETF	3.0%
	ヘッジ外債（米国投資適格社債）ETF	4.1%
	ヘッジ外債（米国ハイイールド社債）ETF	5.7%
	ヘッジ外債（米ドル建て新興国債）ETF	4.4%

（ETF運用会社ホームページより著者作成。非課税法人の場合の手取りベース）

である（2024年4月11日時点の時価ベース利回り）。

　図表7-6、図表7-7のデータを使って先程と同様の作業を進めてみたい（簡便的に、価格変動リスクの外貨建て債券（先進国）の区分には、米国国債ETF、米国投資適格社債ETF、米国ハイイールド社債ETFを含める、外貨建て債券（新興国）には、米ドル建て新興国国債ETF、現地通貨建て新興国国債ETFを含める、円建て債券の区分には円建て債券代用として、ヘッジ外債米国国債ETF、ヘッジ外債米国投資適格社債ETF、ヘッジ外債米国ハイイールド社債ETF、ヘッジ外債米ドル建て新興国債ETFを含めるものとする）。

　繰り返しになるが、本節の作業においての価格変動リスクの目安は、金

第5部 運用担当と役員が押さえるべきポートフォリオマネジメント基礎知識 305

融危機という一時的かつ最大限のデフレ圧力のかかった時期の騰落率を一律の前提としている。したがって、長期的なインフレ圧力のかかる時期が続いた場合は、それぞれの資産はこれと異なる価格変動をする可能性があるということを念頭に読み進めていただきたい。

（1）ポートフォリオ⑧

図表7-8は、前述のポートフォリオ①と同資産配分。したがって、ポートフォリオ⑧の特徴・特性は前述のポートフォリオ①と同じである。ただし、価格変動は金融危機という一時的かつ最大限のデフレ圧力のかかった時期のもの一律の前提条件で適用している。デフレ時には国債は値上がりし、ポートフォリオ全体の価格変動を和らげるクッションの役割を果たしそうなことが分かる。ただし、インフレ時はその逆でポートフォリオ⑧は脆いであろうことが容易に予想される。

（2）ポートフォリオ⑨

図表7-9は、前述のポートフォリオ②と同資産配分。したがって、ポートフォリオ⑨の特徴・特性は前述のポートフォリオ②と同じである。ポートフォリオ②では▲45%の価格変動リスクとなっていたが、実際のデフレ時に一定の前提条件で当てはめると▲25%だったことが分かる。ポートフォリオ全体のインカムの水準は、ポートフォリオ⑧とほぼ変わらない。ただし、大幅な経済環境の悪化が長引けば株式市場全体でみても2～3割は減配するかもしれないことには留意が必要となる。しかしながら、最大限のデフレ圧力のかかった時期にはポートフォリオ全体として落ち込むことはあるかもしれないが、超長期的なインフレ耐性はポートフォリオ⑨の方が、ポートフォリオ⑧よりも相対的に高いと言える。

（3）ポートフォリオ⑩

図表7-10は、前述のポートフォリオ③と同資産配分。したがって、ポートフォリオ⑩の特徴・特性は前述のポートフォリオ③と同じである。ポートフォリオ③では▲35%ぐらいの価格変動リスクとなっていたが、実

306　第7章　基本ポートフォリオ（資産配分比率）のデザイン

図表7-8　ポートフォリオ⑧

（前述のポートフォリオ①と同じ資産配分。ただし、価格変動は金融危機という一時的かつデフレのストレス時のもの一律適用）

（インフレ時の実際の価格変動は、デフレ時とは大きく異なる可能性がある）

組入資産	資産配分比率	期待リターン		金融危機時変動率
		インカム	キャピタル	
40年国債	100%	2.0%	―	6%
合計	100%	2.0%	―	6.0%

＊期待リターン（インカム）はETF運用会社ホームページより著者作成。非課税法人の場合の手取りベース）

図表7-9　ポートフォリオ⑨

（前述のポートフォリオ②と同じ資産配分。ただし、価格変動は金融危機という一時的かつデフレのストレス時のもの一律適用）

（インフレ時の実際の価格変動は、デフレ時とは大きく異なる可能性がある）

組入資産	資産配分比率	期待リターン		金融危機時変動率
		インカム	キャピタル	
40年国債	50%	2.0%	―	6%
日本株式	50%	1.8%	?	−56%
合計	100%	1.9%	?	−25.1%

＊期待リターン（インカム）はETF運用会社ホームページより著者作成。非課税法人の場合の手取りベース）

図表7-10　ポートフォリオ⑩

（前述のポートフォリオ③と同じ資産配分。ただし、価格変動は金融危機という一時的かつデフレのストレス時のもの一律適用）

（インフレ時の実際の価格変動は、デフレ時とは大きく異なる可能性がある）

組入資産	資産配分比率	期待リターン		金融危機時変動率
		インカム	キャピタル	
40年国債	25%	2.0%	―	6%
20年国債	25%	1.6%	―	6%
米国国債	10%	3.5%	?	−15%
日本株式	40%	1.8%	?	−56%
合計	100%	2.0%	?	−21.0%

＊期待リターン（インカム）はETF運用会社ホームページより著者作成。非課税法人の場合の手取りベース）

第5部　運用担当と役員が押さえるべきポートフォリオマネジメント基礎知識　*307*

図表7-11　ポートフォリオ⑪

（前述のポートフォリオ④と同じ資産配分。ただし、価格変動は金融危機という一時的かつデフレのストレス時のもの一律適用）

（インフレ時の実際の価格変動は、デフレ時とは大きく異なる可能性がある）

組入資産	資産配分比率	期待リターン		金融危機時変動率
		インカム	キャピタル	
40年国債	25%	2.0%	—	6%
20年国債	25%	1.6%	—	6%
米国国債	10%	3.5%	?	−15%
日本株式	20%	1.8%	?	−56%
外国株式	20%	1.9%	?	−62%
合計	100%	2.0%	?	−22.1%

＊期待リターン（インカム）はETF運用会社ホームページより著者作成。非課税法人の場合の手取りベース）

際のデフレ時に一定の前提条件で当てはめると▲20%ぐらいだったことが分かる。ポートフォリオ全体のインカムの水準は、ポートフォリオ⑨とほぼ変わらない。しかしながら、価格変動についてはポートフォリオ⑩の方が、ポートフォリオ⑨よりも▲5％ほど小さくなったことが分かる（前述のポートフォリオ③もポートフォリオ②に比べて▲5％ほど小さくなる計算結果だった）。

（4）ポートフォリオ⑪

　図表7-11は、前述のポートフォリオ④と同資産配分。したがって、ポートフォリオ⑪の特徴・特性は前述のポートフォリオ④と同じである。ポートフォリオ④では▲35%ぐらいの価格変動リスクとなっていたが、実際のデフレ時に一定の前提条件で当てはめると、やはり▲20%ぐらいだったことが分かる。ポートフォリオ全体のインカムの水準も、ポートフォリオ⑩とほぼ変わらない。

（5）ポートフォリオ⑫

　図表7-12は、前述のポートフォリオ⑤と同資産配分。したがって、ポートフォリオ⑫の特徴・特性は前述のポートフォリオ⑤と同じである。

308　第7章　基本ポートフォリオ（資産配分比率）のデザイン

図表7-12　ポートフォリオ⑫

（前述のポートフォリオ⑤と同じ資産配分。ただし、価格変動は金融危機という一時的かつデフレのストレス時のもの一律適用）

（インフレ時の実際の価格変動は、デフレ時とは大きく異なる可能性がある）

組入資産	資産配分比率	期待リターン		金融危機時変動率
		インカム	キャピタル	
40年国債	15%	2.0%	－	6%
20年国債	35%	1.6%	－	6%
米国国債	10%	3.5%	?	−15%
日本REIT	10%	4.0%	?	−63%
日本株式	15%	1.8%	?	−56%
外国株式	15%	1.9%	?	−62%
合計	100%	2.2%	?	−22.5%

＊期待リターン（インカム）はETF運用会社ホームページより著者作成。非課税法人の場合の手取りベース）

ポートフォリオ⑤では▲35%ぐらいの価格変動リスクとなっていたが、実際のデフレ時に一定の前提条件で当てはめると、やはり▲20%ぐらいだったことが分かる。ポートフォリオ全体のインカムの水準は、ポートフォリオ⑪よりも増加する計算となる（先のポートフォリオ④からポートフォリオ⑤に変更した場合とも、同水準の増加で、一致する）。

（6）ポートフォリオ⑬

さて、実際にインカム収入で2％程度の利回りに相当する金額を法人事業の予算とする場合、試算の時点でちょうど2％前後のポートフォリオ⑨～⑫では、確定利付きの日本国債のみで運用するポートフォリオ⑧以外、減配や円高や金利低下が起こった場合に、見込んだインカム収入がショートする場合がある。それを回避するためには、さらに分散投資を進めて、あらかじめ2.5％ぐらいの利回りになるよう基本ポートフォリオをデザインしておくと、インカム収入実績がショートするリスクを小さくできる。

図表7-13は、前述のポートフォリオ⑫から、日本国債（利回り各2.0％、1.6％）を合計▲10%とし、代わりに、円債代替の米国国債ヘッジ

第5部　運用担当と役員が押さえるべきポートフォリオマネジメント基礎知識　*309*

図表7-13　ポートフォリオ⑬

（ただし、価格変動は金融危機という一時的かつデフレのストレス時のもの一律適用）
（インフレ時の実際の価格変動は、デフレ時とは大きく異なる可能性がある）

組入資産	資産配分比率	期待リターン		金融危機時変動率
		インカム	キャピタル	
40年国債	10%	2.0%	ー	6%
20年国債	30%	1.6%	ー	6%
米国国債ヘッジ	10%	3.0%	ー	6%
米国投資適格社債	3%	4.5%	?	−15%
米国ハイイールド社債	3%	5.9%	?	−15%
現地通貨建て新興国国債	4%	4.6%	?	−26%
日本REIT	4%	4.0%	?	−63%
外国REIT	6%	3.4%	?	−73%
先進国株式（含む日本）	15%	1.9%	?	−62%
新興国株式	15%	3.1%	?	−61%
合計	100%	2.6%	?	−24.3%

＊期待リターン（インカム）はETF運用会社ホームページより著者作成。非課税法人
　の場合の手取りベース）

（利回り3％）を＋10％とした。また、外貨建て米国国債（利回り3.5％）
▲10％とし、代わりに外貨建て米国投資適格社債、外貨建て米国ハイイー
ルド社債、現地通貨建て新興国国債（利回り各4.5％、5.9％、4.6％）を合
計で＋10％とし、各種外債市場にも少しずつ分散した。REITについても
地震国である日本だけでなく海外REITにも分散している。株式も日本を
含む先進国だけでなく、新興国（利回り3.1％）にもグローバルに分散し
ている。

　結果、ポートフォリオ⑬の特徴・特性は、ほかのどのポートフォリオよ
りもグローバルに分散投資されている。同時に、インカム収入で2.6％程
度となり、もしも減配や円高や金利低下が起こっても、法人事業の予算が
利回り2％程度に相当する金額程度であれば、それを下回るリスクはほか
のポートフォリオよりも小さそうである。

　実際のデフレ時に一定の前提条件で当てはめた価格変動リスクは、やは

り▲24.3％とポートフォリオ⑫よりも僅かに大きくなるが、それはインカム収入の確度を上げたり、長期的なリスク分散を進めたりする代償と考えれば、途方もないリスク増加ではないのではないだろうか。

（７）まとめ　金融市場・ETFデータを使った基本ポートフォリオの
　　　　　デザイン

　本節では、法人に合目的な基本ポートフォリオのデザインについて、金融市場・ETFデータを使って資産配分を考え、評価していくプロセスのシンプルなイメージの一例を紹介した。

　まず、日本国債利回りや各種ETF利回りの過去一年実績、世界金融危機の期間の各アセットクラスの騰落率のデータを利用して試算した。

　ポートフォリオ⑧＜⑨＜⑩＜⑪＜⑫＜⑬に進むにしたがって、グローバルの様々な資産に分散していったが、金融危機＝急激なデフレ（国債などを除いて、全ての資産が大幅下落した）という一定条件での比較では、分散投資を進めてもポートフォリオ全体の下落率は▲20％～25％程度を記録したことが分かる。

　このような急激なデフレ時だけをみれば、国債のみを保有するのが一番リスクは小さいことになる。しかしながら、インフレや金利上昇時には、真っ先に国債などの価格がどんどん下落を続けるであろうことは、もう一方の常識を働かせれば想像に難くない。

　この、ポートフォリオ全体で▲20％～25％程度という下落率は、確率統計学でいうところの４σ（シグマ）という一時的な下落率としては過去最大級のものであった（通常は２σ（シグマ）ぐらい、▲20％～25％の半分程度を最大下落率の目安としている）。だから、ポートフォリオ⑪＜⑫＜⑬のようなある程度分散投資されたポートフォリオの最大下落をおもんぱかるには一つの目安になると考えている。

　一方、インカム収入については、ポートフォリオ⑫＜⑬ぐらいに分散投資を進めれば、減配や円高や金利低下のリスクも考慮して、必要利回りを

第5部　運用担当と役員が押さえるべきポートフォリオマネジメント基礎知識　*311*

下回らないようにしたり、より高い必要利回りに近づけたりすることは容易にできそうなことが分かる。つまり、ポートフォリオの一部分を高利回りの資産にもグローバル分散投資として広げる、置き換えてやればよいのである。

　ただし、高利回り資産ばかりに、大きな割合を偏らせすぎてはいけない。第6章で解説した、①期待リターンの高い資産＝株式、②インフレに弱くない資産＝REIT（不動産）、③デフレ時などに価格変動を和らげるクッションとなる資産（一方、インフレには弱い）＝債券、これらのポートフォリオ全体でのバランスが取れていないと、法人事業に合目的でなくなり、インフレにもデフレにも左右されにくい全天候型のポートフォリオにはならない。

　このような作業を繰り返すことで、現在から未来永劫続く法人事業の目的に近づけていけるポートフォリオを探っていける。普通の法人の運用担当や役員でも理解、作業することが全く不可能というわけではないということが分かっていただけたなら幸いである。

3. 基本ポートフォリオ（資産配分比率）構築、デザインの留意点

3−1　基本ポートフォリオ（資産配分比率）構築、デザインの留意点（その1）

　ポートフォリオ構築（資産配分比率）の留意点の第1番目は分散することである。すなわち、できるだけ選り好みしないで、可能な限り世界経済、世界市場の主要な構成要素である株式、債券、不動産（REIT）の全てを組込むことである。核となる資産の特徴で述べた通り、それぞれの資産は異なる役割を果たしながらポートフォリオ全体に貢献することが期待できる。可能な限り分散することは、ポートフォリオの中に、①期待リターンが高い＝株式、②インフレに弱くない＝REIT（不動産）、③価格変

動のクッション＝債券、の役割の全てを備えることにつながる。それが、
安定的な収益確保と長期的な運用元本の保全という法人の運用目標の達成
の確率をより高めることにつながる。

3−2 基本ポートフォリオ（資産配分比率）構築、デザインの留意点
（その２）

　ポートフォリオ構築（資産配分比率）の留意点の第２番目は、価格変動
リスクの大きさを決めることである。すなわち、株式やREIT（不動産）、
超長期国債などの割合を決めることである。X法人のような運用管理の枠
組みがもし成功しないとしたら、その最大の原因は、十分な期間、利子、
配当、キャピタルゲインを蓄積する前に運用を中止、資金を引き揚げてし
まうことである。そして、その引き金になるのはいつも、ポートフォリオ
が下落した時に組織や運用担当がパニックに陥ってしまい、冷静な判断が
できなくなることから引き起こされる。

　法人資産運用の本当のリスクは一時的なデフレではなく、気が付かない
うちに進行するインフレの方である。しかしながら、組織や運用担当の
経験が浅いうちは、株式やREIT（不動産）、超長期国債などの価格変動の
比較的大きな資産の割合をやや低めでスタートし、その後、株式やREIT
（不動産）などインフレ耐性が期待できる資産については、徐々に増やし
ていくのもやむを得ないかもしれない。

3−3 基本ポートフォリオ（資産配分比率）構築、デザインの留意点
（その３）

　ポートフォリオ構築（資産配分比率）の留意点の第３番目は、法人のイ
ンカム収入目標の目安を念頭に資産配分比率を検討することである。どの
資産にどれくらいの割合で配分するか、それらの加重平均利回り≒期待イ
ンカム収入となる。

第5部　運用担当と役員が押さえるべきポートフォリオマネジメント基礎知識　　*313*

　例えば、インフレの心配はないという条件が成り立ち、日本国債の利息だけで足りるのであればそれで良いが、実際にはなかなかそうはいかない。金利・インフレサイクルの異なる為替ヘッジ外債（米国国債、米国投資適格社債、米国ハイイールド社債、米ドル建て新興国国債など）、広範囲な外貨建て債券（投資適格社債、ハイイールド社債、新興国国債など）、内外REIT、新興国株式などもポートフォリオの一部に組み入れて、分散投資の拡張＋インカム収入の補完をする必要もでてくる。

3−4　基本ポートフォリオ（資産配分比率）構築、デザインの留意点（その４）

　最後に仕上げとして、（その１）分散度合い、（その２）価格変動リスクの大きさ、（その３）インカム収入目標という３要素のバランスが取れていそうか、ポートフォリオ全体を俯瞰して、微調整し、最終的な資産配分比率を固めることである。

　特定の資産に必要以上に偏っていないか？　過大な価格変動リスクとなっていないか？　インカム収入ばかりでなく、長期キャピタルゲインが期待できる資産にもバランスよく配分しているか？　などについて自己点検することを勧める。

　そして、１年程度、自ら決めた資産配分比率で実際に運用してみて、必要な微調整を続けていけばよい。

4.　まとめ　基本ポートフォリオ（資産配分比率）構築、デザイン

　第7章では、第6章で解説した核となる資産を組み合わせて、基本ポートフォリオ（資産配分比率）を法人事業に合目的となるよう構築、デザインする考え方、スキルの概要についてみてきた。

314　第7章　基本ポートフォリオ（資産配分比率）のデザイン

資産配分比率を決めていくときのゴールは、正解の比率を探すことではない。そもそも正解の比率などどこにもあり得ないのである。

最低限の原理原則を踏まえて、核となる資産、それぞれの特徴（①期待リターンが高い＝株式、②インフレに弱くない＝REIT（不動産）、③価格変動のクッションになる＝債券）のバランスへの配慮がある程度できてさえいれば、真のゴールは"投資家自らが理解でき、納得できる資産配分比率"を作ることである。

これこそが、運用開始後、どんな運用環境、外部からの誘惑の中でもブレないで一貫して運用を継続したり、主体的に資産配分を改良していったりする出発点となる。そのような運用管理を続けられれば続けられるほど、世界の市場から生み出される利子、配当、キャピタルゲインを獲得できるタイムスパンもどんどん長くできる。短期的にも長期的にも資産運用の目標にどんどん近づいていくことができる。それは、他者と比べた運用成績ではない。それぞれの法人（事業）にとって合目的であるか否かで判断すればよい。

だから、資産配分比率の決定は、専門家、専門技術やほかの第三者に"丸投げ""お任せ"してはいけない。SMA、ファンドラップ、コンサルティング会社などのポートフォリオ・サービスに"丸投げ""お任せ"した資産配分比率（投資するファンドの選択を含む）を安易に採用してしまうことの問題点は、手数料が高いという点もあるが、一番の問題はこの部分について投資家が考えたり、関与したりすることをスキップさせてしまうからである。

本章（あとは第4章、第5章、第6章、第8章、第9章も全てそうであるが）も、これからの法人の運用担当や役員として、必須、押さえておいていただきたい基本的な知識・情報である。これらの知識・情報をスキップして、証券会社等の金融機関などに一から相談するのではなく、自らもある程度研鑽した上で、上手に金融機関などとの関係を築いていただけれ

第5部　運用担当と役員が押さえるべきポートフォリオマネジメント基礎知識　*315*

ば幸いである。

　本章までの解説で、核となる資産（理由、基準）を理解し、それらを複製するETFを組み合わせて、法人事業に合目的な、インフレにもデフレにも左右されにくい全天候型の基本ポートフォリオをデザインする初歩的な考え方、やり方は学んだ。

　第8章では、基本ポートフォリオ（資産配分比率）のメンテナンスについて、法人運用事例などを通して学ぶ。ポートフォリオはずっと固定、あるいはほったらかしというわけにはいかない。経済・投資環境や法人事業、その他法人固有の事情の変化に応じて、メンテナンス、微調整などを続けていかなくてはいけない。法人の運用例に沿って、ポートフォリオのメンテナンス、微調整する意味、意義などについて学びたい。

第8章　ポートフォリオ・マネジメント（メンテナンス、微調整）

第8章も（あとは第4章、第5章、第6章、第7章、第9章も全てそうであるが）、これからの法人の運用担当や役員として、必須、押さえておいていただきたい基本的な知識・情報である。これらの知識・情報をスキップして、証券会社等の金融機関などに一から相談するのではなく、自らもある程度研鑽した上で、上手に金融機関などを利用していただきたい。

第7章までの解説で、核となる資産（理由、基準）を理解し、それらを複製するETFを組み合わせて、法人事業に合目的な、インフレにもデフレにも左右されにくい全天候型の基本ポートフォリオをデザインする初歩的な考え方、やり方は学んだ。

本章では、基本ポートフォリオ（資産配分比率）のメンテナンスについて、法人運用事例などを通して学ぶ。ポートフォリオはずっと固定、あるいはほったらかしというわけにはいかない。経済・投資環境や法人事業、その他法人固有の事情の変化に応じて、メンテナンス、微調整などを続けていかなくてはいけない。法人の運用例に沿って、ポートフォリオのメンテナンス、微調整する意味、意義などについて学びたい。

1. X法人のポートフォリオメンテナンス ―約16年間の資産運用の歴史―

それでは、第3章で紹介したX法人の約16年間の資産運用の歴史を振り返りながら、ポートフォリオのメンテナンス、その他について学んでいきたい。

リーマンショックから最近の日銀マイナス金利解除までの間、世の中は金融市場の激しい乱高下を伴いながら変化してきた。そんな中で、それらに振り回されることなく、法人の資産運用としての規律を守りつつ合目的

第5部　運用担当と役員が押さえるべきポートフォリオマネジメント基礎知識　*317*

なポートフォリオを探り続けてきた。

　X法人がETFを使った基本ポートフォリオを中心に据える運用管理の枠組みに移行を開始したのは2008年6月だった。それまでは、運用担当者が仕組債や外貨建て個別銘柄債券への投資によって利子収入の補完を試みていたが、それも限界ではないかと考え始めていた時期だった。また、2008年6月は折しもリーマンショック〜世界金融危機の直前の時期だった。100年に一度と言われた金融危機によって、いきなり投資家としてテストされる船出となったのである。

1-1　リーマンショック〜世界金融危機（リバランスの重要性と対応の実務）

　もしもリーマンショックや世界金融危機が起こることが分かっていたなら、運用開始時期を半年ほど遅らせたであろう。しかしながら、そんなことは誰にも分からないので、結局、100年に一度と言われた大暴落に（一時的に）甘んじることになった。

　全ての株式市場やREIT（不動産）市場は▲50%からそれを超える大暴落となった。ポートフォリオ全体でみても2009年2月末時点で▲17.9%も下落を記録した（確率統計学でいうところの4σ（シグマ）ぐらいの下落率。通常2σ（シグマ）ぐらいが最大の下落率と考えられることが多いので、最大▲10%ぐらいだと考えられていたポートフォリオがその倍の約▲20%の下落を記録したことになる）。

　（1）ポートフォリオのリバランス（その重要性と対応の実務①）

　図表8-1の左端の列が2008年度の基本ポートフォリオ（政策資産配分比率）、その右側の列は2009年2月末時点での資産配分比率の時価ベースでの実績、さらにその右側の列は基本ポートフォリオ（政策資産配分比率）との差である。株式やREITは各▲1%〜▲5%、目標より少なく、日本債券は目標よりも＋14%多い状態であることを示している。

318　第8章　ポートフォリオ・マネジメント（メンテナンス、微調整）

図表8-1　X法人　リーマンショック〜世界金融危機時の状況（2009年2月末）

	2008年度政策比率	2009年2月末時点の実績		騰落率
		資産配分比率		
		実績	政策との差	
日本大型株式	7%	5%	−2%	−43.6%
日本小型株式	3%	2%	−1%	−45.8%
先進外国株式	12%	7%	−5%	−51.8%
新興外国株式	6%	3%	−3%	−58.2%
日本不動産（REIT）	8%	6%	−2%	−42.4%
外貨建て債券	4%	4%	0%	−16.3%
日本債券	60%	74%	14%	0.1%
ポートフォリオ合計	100%	100%		−17.9%

2008年度政策資産配分比率
日本大型株式 7%
日本小型株式 3%
先進外国株式 12%
新興外国株式 6%
日本不動産（REIT）8%
外貨建て債券 4%
日本債券 60%

　基本ポートフォリオを基準とする運用管理のルールでは、このように大幅下落している株式やREITを買い増しすると同時に、日本債券の比率を引き下げて、ポートフォリオ全体を元々目標としている資産配分比率の状態まで戻してやらなくてはいけない。これをポートフォリオのリバランスと呼ぶ。

　方法は2通りある。①日本債券を一部売却し、その資金で下落した資産を買い増しするか、②日本債券は売却しないで他の資金（滞留資金やその他の債券の償還金など）を使って下落した資産を買い増しして全体の比率を整えるか、である。後ほど説明するが、X法人は後者の方法を選択した。

　しかしながら、100年に一度と言われた大暴落の渦中では、このシンプルなリバランスのルールも忠実に守り通すことはそんなに簡単ではない。事実、同様の考え方、ルールで資産運用していた多くの年金基金や機関投資家でさえ、この時はリバランスすることに怖気づいてしまい、結果、その後のポートフォリオの回復を大幅に遅らせてしまうことになった。

　ポートフォリオ運用の試行を始めたばかりのX法人も完璧な冷静を保っていられたかといえば、そんなはずもない。株式市場などほとんど全ての金融市場の異常な下落のスピードと、その大きさとを目の当たりにして動

第5部　運用担当と役員が押さえるべきポートフォリオマネジメント基礎知識　　*319*

揺しないはずはなかった。しかも、連日のニュースや新聞では米国をはじめとする世界中の政府や中央銀行が事態の収拾に動いていたが、状況はちっとも好転しないばかりか益々悪化する状態が続いていた。世界経済や資本主義経済がこのまま終わりを迎えるのではないかと、まことしやかに囁かれていたものだった。

しかしながら、金融、資産運用の世界では未曾有の事態が続いていた一方、投資家の身近な実体経済を見れば、当時も商店や企業は営業を続けており、雇用者に賃金は支払われ続けていた。消費者は買い物ができなくなったり、やめてしまったりする様子もなかった。この先、商売の売り上げ、賃金、消費が多少減ることはあるかもしれないが、世界経済や資本主義経済の仕組み自体が消えてなくなるとはとても思えなかった。

結局、X法人は2009年に入ってから、他の追加資金で下落している株式やREITなどを買い増しするリバランスを実施することになった。ただし、3月の期末直前に行うことにした。理由は、リバランスした株式やREITがさらに下落して平均取得価格が▲50%を下回り、期末時点で強制評価減しなければならなくなることを避けるためであった（＊X法人は、簿価会計で強制評価減ルールが適用される学校法人である。時価会計となる財団法人、社団法人などとは異なる）。このように、リバランスを実施する時期については、投資家の事情を勘案して柔軟に対応するのでも構わない。

ただし、基本的な方針（決めた資産配分比率）を組織として変更しない限り、リバランスはきっちり行わなければいけない。これは組織としての意思決定ルール、規律を順守するというガバナンスの問題でもある。さらに、のちの運用成績もリバランスをしたか、しなかったかに大きく左右される。その後市場は、過去のパニック後もそうだが、復元、回復に向かったことは皆さんもご存じの通りである。

320　第8章　ポートフォリオ・マネジメント（メンテナンス、微調整）

図表8-2　ギリシャショック、東日本大震災の時の状況（2011年3月末）

	2010年度政策比率	2011年3月末時点の実績 資産配分比率		
		実績	許容上限	許容下限
日本大型株式	5.0%	4.4%	6.5%	3.5%
日本小型株式	3.0%	2.8%	3.9%	2.1%
先進外国株式	10.0%	10.0%	13.0%	7.0%
新興外国株式	10.0%	9.9%	13.0%	7.0%
日本不動産（REIT）	6.0%	7.0%	7.2%	4.8%
外貨建て債券	6.0%	5.4%	7.2%	4.8%
日本債券	60.0%	60.4%	66.0%	54.0%
ポートフォリオ合計	100.0%	100.0%		

2010年度政策資産配分比率

- 日本大型株式 5.0%
- 日本小型株式 3.0%
- 先進外国株式 10.0%
- 新興外国株式 10.0%
- 日本不動産(REIT) 6.0%
- 外貨建て債券 6.0%
- 日本債券 60.0%

1-2　ギリシャショック～東日本大震災（地理的な分散の重要性）

　リーマンショック～世界金融危機以降、世界経済やポートフォリオはある程度の回復をみることになったが、2010年ギリシャショック（後のユーロ危機につながる）が起こり、再び長い低迷期が始まった。その年が明けた2011年3月には東日本大震災、原発事故が立て続けに起こり、日本国内は一時パニックとなった。

（1）ポートフォリオのメンテナンス①

　2010年度のX法人の基本ポートフォリオ（政策資産配分比率）は2008年度のそれと比べて、若干の微調整、メンテナンスを行っていた。①日本株式の比率を減らし、外国株式の比率を増やした＝日本という単独国の株式市場から、よりグローバルな株式市場への分散ウェイトを高めた。②日本REITの比率を減らし、外国債券の比率を増やした＝先の暴落の経験から、債券割合はわずかだけ高めた。

　しかしながら、ポートフォリオ全体ではドラスティックに変更しているわけではない。X法人も過去の経験とこれから将来の両方を見据えて“少しずつ試行錯誤しながら手探りで”法人にフィットする基本ポートフォリオを探し続けるのがこのようなメンテナンスの本質である。

第5部　運用担当と役員が押さえるべきポートフォリオマネジメント基礎知識　*321*

図表8-3　X法人ポートフォリオ騰落率推移（2010年度）

2010年4月	−0.51%
2010年5月	−4.63%
2010年6月	−6.85%
2010年7月	−4.97%
2010年8月	−6.34%
2010年9月	−4.24%
2010年10月	−3.75%
2010年11月	−1.91%
2010年12月	−0.02%
2011年1月	0.13%
2011年2月	0.05%
2011年3月	−0.24%

（2）ポートフォリオの効果の確認（地理的な分散の重要性）

　2010年度はX法人の分散投資がその意図していた効果の片鱗を見せた年でもあった。**図表8-3**は各月末時点のポートフォリオの騰落率の推移を示したものである（利子配当を除く運用元本）。春先にギリシャの財政赤字の隠ぺいが発覚したいわゆるギリシャショックによって再びマイナスに沈んだが、後半は回復基調であった。そんなさなかの2011年3月に東日本大震災、原発事故が起きてしまった。日本の株式市場は1日で▲10%以上、REITに至っては▲20%近く急落するパニック状態に陥った。ところがX法人のポートフォリオの騰落率（網かけの部分。2011年2月末と2011年3月末とでは）は驚くほど影響が軽微であった。この要因は、日本以外の地域の各市場にあらかじめ地理的な分散投資を図っていたことに尽きる。

　そして、この出来事をきっかけに、日本株式への配分比率をさらに減らしたり、日本REITだけでなく海外のREITも加えて投資地域の分散投資を進めたりなど、その後の資産配分比率を考える上での教訓としたのである。

322　第8章　ポートフォリオ・マネジメント（メンテナンス、微調整）

図表8-4　X法人アベノミクス相場時の状況（2014年3月末）

	2014年度政策比率	2014年3月末時点の実績 資産配分比率		
		実績	許容上限	許容下限
日本株式	2.5%	2.4%	3.3%	1.8%
先進外国株式	4.0%	3.4%	5.2%	2.8%
新興外国株式	4.5%	2.5%	5.9%	3.2%
日本不動産（REIT）	6.5%	7.2%	7.8%	5.2%
外国不動産（REIT）	4.5%	3.5%	5.4%	3.6%
外債（投資適格）	3.0%	4.9%	3.6%	2.4%
外債（新興国国債）	9.5%	9.9%	11.4%	7.6%
外債（ハイイールド債）	4.5%	3.3%	5.4%	3.6%
日本債券・預金	61.0%	63.0%	67.1%	54.9%
ポートフォリオ合計	100.0%	100.0%		

2014年度政策資産配分比率

日本株式 2.5%
先進外国株式 4.0%
新興外国株式 4.5%
日本不動産（REIT）6.5%
外国不動産（REIT）4.5%
外債（投資適格）3.0%
外債（新興国国債）9.5%
外債（ハイイールド債）4.5%
日本債券・預金 61.0%

1-3　ユーロ危機～アベノミクス相場での対応（分散投資の推進と長期継続するための工夫）

　ギリシャショックは後に2011年から2012年にかけてアイルランド、ポルトガル、スペイン、イタリアなどに飛び火し、さらには欧州全体の金融システムを揺るがしかねないユーロ危機にまで発展した。円／米ドルの為替レートも75円の超円高を記録するなど、世界の金融市場も混乱に巻き込まれた。

（1）ポートフォリオのメンテナンス②

　このような渦中のなかで、X法人のポートフォリオは、リーマンショック～世界金融危機の経験から、価格変動の大きな内外株式への投資は控えていった（*ただし、これは今考えるとナンセンスな対応で、内外株式の割合はどんなことが起ころうともできるだけ高位に保つべきという今の教訓に生きている）。代わりに海外のREITや新興国国債やハイイールド債などへ新たな種類の資産へと配分を増やし、価格変動リスクを抑えつつ安定的なインカム収入を期待できる資産配分比率へと徐々に移行していった。

　そんな中の2013年頃から、それまでの金融市場の動きとは一変、世界の株式市場やREIT市場は急回復を始める。特に日本では株高、REIT高、円安のいわゆるアベノミクス相場と呼ばれた市場環境に一変した。

第5部　運用担当と役員が押さえるべきポートフォリオマネジメント基礎知識　　323

　図表8-4は、X法人の2014年度政策資産配分比率と2014年3月末時点の実際の資産配分比率の実績である。

　2010年度の政策資産配分比率と比較してREITの比率が増えた。特に外国REITが新たに加わり、既にかなりの比率を占めていることが分かる。これは以前から保有していた日本REITの価格がほぼ2倍に上昇し、その一部を売却して分散投資を図ったものである。東日本大震災におけるREITの地理的分散の教訓を生かしたわけである。その後も日本REITの一部をさらに売却して、外国REITに振り向けた。2024年3月現在では日本REITよりも外国REITへの配分比率の方が多くなっている。

　また、ギリシャショック～ユーロ危機の頃より、外債も先進国国債市場だけでなく、新興国国債市場やハイイールド市場にも分散の範囲を広げている。それぞれの価格変動リスクは多少大きくなるかもしれない。しかしながら、ギリシャショック～ユーロ危機のように低迷が続く時期には多少インカム収入を多く受け取れる資産も一部ポートフォリオに加えておくことは重要だと考えたからである。なぜなら、インカム収入は、市況が低迷する時期でも法人が運用を長期継続するためのインセンティブ（動機付け）の一つになると気づいたからである（＊これは今でも効果があると考えている。ただし、代わりに株式やREITの割合を減らすのではなく、それらを高位に保ちつつ、その他の高利回り資産にも分散投資したほうがベターであると今は考えている）。

（2）ポートフォリオの運用執行、モニター、リスク管理オペレーションの実際

　図表8-4には網掛けが何箇所かあるが、**薄い網掛け**は、期初において、実際の資産配分比率が当該年度目標の下限を下回っている資産である。逆に、**濃い網掛け**は目標の上限を上回っている資産である。

　当該年度の運用計画としては、下回っている資産を目標の比率まで買い増し、上回っている資産を目標の比率まで減らすことである。それらが執

行完了すれば、あとはポートフォリオの資産配分比率を時価ベースでモニターするだけである。

　日本国債を除いて個別銘柄への投資を禁止しているX法人では、信用格付けのチェックは必要ない。また、ETFなど市場全体に分散投資する金融商品を利用してポートフォリオを組み立てているので信用リスクの監視のために個々の株式、REIT、債券の価格変動や個々の発行体の業績のモニターの必要もない。

　運用モニターで最も重要な基準は資産配分比率となる。すなわち、少なくとも毎月末に時価ベースでの各資産の資産構成比率を確認し、決められた政策資産配分比率に対して多くなりすぎていないか、少なくなりすぎていないか確認すればよい。

　以上がX法人における運用モニターとリスク管理の核心の全てである。そして、ある資産が多くなりすぎていたり、少なくなりすぎたりしていた場合は、当該資産を決められた政策資産配分比率まで戻す売買（前述のリバランス）を行う。

　このリバランスの際に買い増しの対象になるのは必ず、下落している資産か、あまり上がっていない資産となる。金融市場のマクロレベルで観察すると長期的には、好調だった資産は伸び悩み、下落し始めることが多い。逆に、不調不人気な資産は底打ち、回復し始める。これらは平均回帰、リターンリバーサルと呼ばれ、世界中の金融市場で繰り返し観察されている。このような視点から、リバランスは長い目でみた運用成績にも効果が期待できる作業でもあると考える。

　ただし、実際のリバランスの実施時期については、直ちにというわけでなくても、法人の諸事情にあわせて柔軟に対応するので構わないと考える。

第5部　運用担当と役員が押さえるべきポートフォリオマネジメント基礎知識　325

図表8-5　X法人　2016年度相場（英EU離脱／トランプ選挙）の年の状況（2016年3月末）

	2016年度政策比率	2017年3月末時点の実績資産配分比率		
		実績	許容上限	許容下限
日本株式	1.5%	1.6%	2.0%	1.1%
先進外国株式	5.0%	5.0%	6.5%	3.5%
新興外国株式	5.5%	5.9%	7.2%	3.9%
日本不動産（REIT）	4.5%	4.3%	5.4%	3.6%
外国不動産（REIT）	5.0%	5.2%	6.0%	4.0%
外債（投資適格）	1.5%	2.4%	1.8%	1.2%
外債（新興国国債）	10.0%	8.7%	12.0%	8.0%
外債（ハイイールド債）	5.0%	4.5%	6.0%	4.0%
日本債券・為替ヘッジ外債・預金	62.0%	62.5%	68.2%	55.8%
ポートフォリオ合計	100.0%	100.0%		

図表8-6　X法人　ポートフォリオ騰落率推移（2016年度）

		累積騰落（利子配当除く）	利子配当利回り
期初	2016年3月	19.8%	
	2016年4月	19.9%	
	2016年5月	20.1%	
	2016年6月	19.0%	
	2016年7月	20.2%	
	2016年8月	19.1%	
	2016年9月	18.4%	
	2016年10月	18.4%	
	2016年11月	18.6%	
	2016年12月	20.1%	
	2017年1月	19.3%	
	2017年2月	20.1%	
期末	2017年3月	19.9%	
2016年度運用実績		0.01%	2.69%

1-4　マイナス金利、トランプ相場での対応（価格変動相殺効果の再確認）

（1）ポートフォリオの効果の確認（価格相殺効果）

2016年は大勢の予想を裏切るイベントが続いた年だった。2月の日銀のマイナス金利導入に始まり、6月の英国のEU離脱を決める国民投票、そして、米国大統領選挙でのトランプ氏の意外な勝利と驚きの連続だった。

金融市場もそれらに反応し、猫の目のように変わった。年の前半は、債券高、株安、円高の展開になった。20年国債が一時マイナス利回りまで買われ、為替は米ドルで100円台をつけた。ところが後半は全く逆の、債券安、株高、円安の展開である。世界的に株式市場は反転、米ドルも一時期118円まで戻った。

　図表8-5はX法人の2016年度の政策資産配分比率である。年の前半は円グラフの**左側の部分**、日本国債、為替ヘッジ外債が上がり、その他の資産が円高や株安で下落した。**図表8-6**の運用元本の騰落率の推移をご覧いただければ、ポートフォリオ内部でうまく価格変動の相殺効果が働いたことが分かる。年前半の騰落率（利子配当を除く）は円高、株安にもかかわらず、18%台から20%台の間でずっと推移した。

　後半は一転して、日本国債、為替ヘッジ外債が下落し、その他の資産が円安や株高で評価を上げた。しかしながら、やはり、18%台から20%台の間でずっと推移したのである。結局、2016年度通算では運用元本は0.01%の上昇。つまり、上がりも下がりもしていない。それとは別に、利子配当収入はしっかり2.69%受け取っている。

　このように、2016年度は分散効果、個々の価格変動がたまたま相殺し合って全体のリスクを小さくするという教科書どおりの現象が観察できた年でもあった。

1-5　コロナショック

　2019年の暮れに中国で最初の感染者が確認された後、新型コロナウィルスは瞬く間に全世界に広がり、WHOがパンデミック宣言を発令する非常事態となった。

　2020年2月までは比較的穏やかだった金融市場も同3月に入ると一変、全世界の株式市場はたった1か月間で約▲30%も下落、全世界のREITに至っては約▲50%も下落する大混乱となった。

第5部　運用担当と役員が押さえるべきポートフォリオマネジメント基礎知識　*327*

図表8-7　X法人コロナショック時の状況（2020年3月末）

	2019年度政策比率	2020年3月末時点の実績			
		資産配分比率		騰落率
		実績	政策との差	
日本株式	1.5%	1.6%	0.1%	―
先進外国株式	6.0%	5.6%	−0.4%	―
新興外国株式	7.5%	6.7%	−0.8%	―
日本不動産（REIT）	4.5%	4.2%	−0.3%	―
外国不動産（REIT）	5.5%	4.2%	−1.3%	―
外債（投資適格）	1.2%	1.4%	0.2%	―
外債（新興国国債）	9.3%	8.5%	−0.8%	―
外債（ハイイールド債）	4.5%	4.5%	0.0%	―
日本債券・為替ヘッジ外債・預金	60.0%	63.3%	3.3%	―
ポートフォリオ合計	100.0%	100.0%		8.8%

2019年度政策資産配分比率

日本株式 1.5%
先進外国株式 6.0%
新興外国株式 7.5%
日本不動産（REIT）4.5%
外国不動産（REIT）5.5%
外債（投資適格）1.2%
外債（新興国国債）9.3%
外債（ハイイールド債）4.5%
日本債券・為替ヘッジ外債・預金 60.0%

　株式やREITへの配分比率を徐々に引き上げ（代わりに、外債の比率を引き下げて）、将来の法人財務強化やインフレリスクに対応するポートフォリオのメンテナンスを行ってきたX法人も、このショックの影響は不可避であった。

（1）ポートフォリオのリバランス（その重要性と対応の実務②）

　2020年2月までは累積騰落率（受取インカム収入を除く）で＋20%以上だったX法人のポートフォリオも1か月で+8.8%（▲10%以上の下落）となってしまった（**図表8-7**）。

　しかしながら、組織の意思決定基準としての基本ポートフォリオ（政策資産配分比率）を変更しないのであれば、やるべき対応はシンプルだ。特に下落率の大きなREIT、株式の順に、リバランスのETF買い増しを行った。

　また、お気づきだと思うが、▲10%以上の下落でも、ポートフォリオの累積騰落率（受取インカム収入を除く）は+8.8%の状態である。これはリーマンショック級の▲20%ぐらいの下落をしても、もはや当初の投資金額を大きく下回らないということである。これは長年保有を続けてきた株式やREITの長期キャピタルゲインの寄与が非常に大きい。短期的にデフレやインフレにどう反応するかだけではなく、このような長期保有を続け

328　第8章　ポートフォリオ・マネジメント（メンテナンス、微調整）

るという視点（長期的なキャピタルゲインの有無という視点）に立てば、株式やREITはインフレだけではなく、デフレ局面で下落してもなお、余裕のマージンを法人や資産運用にもたらしていると言える。逆に、預金債券はデフレ時の価格変動では株式やREITに対して短期的に優位に立つことも多いが、長期的にみればインフレであろうがデフレであろうが法人や資産運用に余裕のマージンをもたらすことはないであろう（それらのリターンの相対的な低さゆえに）。

　その後、社会的には混乱が続き、パンデミック終息には時間を要したが、株式市場やREIT市場は急速に価格を回復し、その後は史上最高値を更新し続けた。同時に、世界中の中央銀行がほぼゼロ金利にしたため、世界中の預金債券から金利が消え、それらに依存する債券投資家が大苦境に陥ったことは皆さんもご存じの通りである。

コラム

☆8−1☆　パニック時における資産運用チェック

　世界的な新型コロナウイルスの感染拡大 ⇒ 経済・企業活動への影響懸念から、世界的に株式、REIT、債券金利、為替が大きく動き始めている。パニック時の資産運用チェック項目について触れてみたい。

　第一に、過去も将来も、資産運用には、必ずパニックはついてまわる、切り離すことのできないものである。何人も、パニック時だけを都合よく避けて、資産運用を続けることはできない。甘んじるしかないのである（運用収入を年度事業のサポート、あるいは中長期的な事業基盤と位置付けている公益法人の場合は、特に、である）。今回のパニックのきっかけが、コロナウイルスだっただけの話であり、過去の記憶に新しいものでは、リーマンショック、東日本大震災、ギリシャショック、ユーロ危機など、様々なきっかけでパニックは繰り返されている。

　第二に、誰にも予測できないことである。コロナウイルスの感染拡大がどこで止まるか？　金融市場のパニックはどこまで行けば止まるか？

第5部　運用担当と役員が押さえるべきポートフォリオマネジメント基礎知識　*329*

などは、プロ／アマ、評論家、メディアを含めて誰も分からない状況であることは、毎度のパニックでの共通点でもある。

　第三に、いずれは終わることである。今回についても、予測できることは、いつかこの混乱も終息を迎え、おそらく、人類の滅亡や世界経済の終焉には至らないのでは、ということである。

　次に、以上の前提で、各法人が実施する資産運用が以下のチェック項目をクリアするか、検証してみてほしい。

（1）今後、パニックが続いたとしても、運用収入は安定的か？

　株式やREITの下落、金利の低下、円高などが続いたとしても、年度事業をサポートする運用収入が比較的安定していれば、パニックが過ぎ去るまで、やりすごすことができる。

　ただし、今のところ運用収入に影響がなくても、パニックが長引いた場合、徐々に業績悪化⇒減配や格下げ・デフォルト、あるいは金利低下⇒再投資利回りの低下、などの影響を大きく受ける資産内容・偏りになっていないかのチェックも必須である。

（2）パニックによる、資産価格の下落は一時的なものであると、客観的に言えるか？

　パニックが過ぎ去れば、復元・回復する "一時的な落ち込み" であれば、法人の中長期的な事業基盤は、依然として守られていると言える。

　ただし、それが単に市況に連動した一時的な落ち込みなのか、個々の株式やREITの業績悪化あるいは個々のファンドマネージャーの運用失敗による "復元しない恐れのある落ち込み" なのか、では大きく異なる。後者であれば、中長期的な事業基盤は毀損してしまうことになる。また、円安などの為替変動のみに期待したクーポン・価格の回復は、個々の株式やREITの場合と同様の "運" を必要とすることにも留意が必要である。

　以上の（1）（2）のチェック項目について概ね「イエス」であれば、どんなパニックが来ようとも、嵐が過ぎ去るのを待つだけである。

　また、（1）（2）のいずれか、あるいは両方が「ノー」の法人には、今後の改善策を考えるための問題点を全てあぶりだしてくれるのが、今の「パニック」という機会なのだと捉えてほしい。

（『公益法人』（（公財）公益法人協会）2020年4月号「法人資産の運用を考える（18）」より）

330 第8章 ポートフォリオ・マネジメント（メンテナンス、微調整）

図表8-8　X法人　ロシア・ウクライナ戦争時の状況（2022年4月末）

	2022年度政策比率	2020年4月末時点の実績 資産配分比率		騰落率
		実績	政策との差	
先進外国株式	10.0%	11.2%	1.2%	―
新興外国株式	10.0%	8.9%	−1.1%	―
日本不動産（REIT）	4.8%	4.9%	0.1%	―
外国不動産（REIT）	5.5%	7.4%	1.9%	―
外債（投資適格）	1.2%	1.3%	0.1%	―
外債（新興国国債）	9.0%	8.0%	−1.0%	―
外債（ハイイールド債）	4.5%	4.9%	0.4%	―
日本債券・為替ヘッジ外債・預金	55.0%	53.5%	−1.5%	―
ポートフォリオ合計	100.0%	100.0%		20.9%

2022年度政策資産配分比率

先進外国株式 10.0%
新興外国株式 10.0%
日本不動産（REIT）4.8%
外国不動産（REIT）5.5%
外債（投資適格）1.2%
外債（新興国国債）9.0%
外債（ハイイールド債）4.5%
日本債券・為替ヘッジ外債・預金 55.0%

1−6　ロシア・ウクライナ戦争

　2020年3月のコロナショック後、株式市場やREIT市場の活況は約2年続いた。2021年12月末には、X法人のポートフォリオの累積騰落率（受取インカム収入を除く）も＋27％を記録していた。

　そして、誰もが安心していた2022年2月24日、突然ロシアがウクライナと戦争を始めたのである。当初は様々な混乱（＊）も懸念されたが金融市場全体や、X法人のポートフォリオ全体ではさほどのショックはなかった。戦争開始から2か月経過した2022年4月末時点、ポートフォリオの累積騰落率（受取インカム収入を除く）も＋20.9％で落ち着いていた（＊新興国株式や新興国国債のETFに含まれていたロシア株式やロシア債券が全て除外、直ちにゼロ評価とされたが、ETF価格に大きな影響はなく、ETF取引も滞ることなく活発に続いていた＝第5章を参照）。

（1）基本ポートフォリオのメンテナンス③

　図表8-8は、戦争開始から2か月経過した2022年4月末時点でのX法人のポートフォリオである。以前に比べると株式やREITの保有割合を高める一方、日本債券や為替ヘッジ外債・預金の割合を55％まで低くするメンテナンス・微調整を続けていることが分かる。

第5部　運用担当と役員が押さえるべきポートフォリオマネジメント基礎知識　331

図表8-9　X法人　2024年基本ポートフォリオ（政策資産配分比率）

	2024年度政策比率	2024年3月末時点の実績 資産配分比率		
		実績	許容上限	許容下限
先進外国株式	12.0%	14.8%	15.6%	8.4%
新興外国株式	11.5%	9.7%	15.0%	8.1%
日本不動産（REIT）	4.5%	4.2%	5.9%	3.2%
外国不動産（REIT）	6.0%	7.8%	7.8%	4.2%
外債（投資適格）	1.2%	1.3%	1.4%	1.0%
外債（新興国国債）	10.0%	8.9%	12.0%	8.0%
外債（ハイイールド債）	4.8%	5.5%	5.8%	3.8%
日本債券・為替ヘッジ外債・預金	50.0%	47.6%	55.0%	45.0%
ポートフォリオ合計	100.0%	100.0%		

　これは、ロシア・ウクライナ戦争による原油高、あるいは2022年3月から始まった米国の利上げなどという短期的なイベントに反応したものではなく、もっと超長期的な法人事業やインフレに備えるために時間をかけてメンテナンス・微調整を続けた結果である。

　なお、2022年4月末時点で、株式、REIT、債券の一部で資産配分の目標値に対して実績値の％に大きなズレが見られる資産もあったが、その後期中でリバランスを行い目標値に整えている。

1-7　米国利上げ、円安、日銀マイナス金利解除、インフレ

　その後は海外で先行したインフレ圧力により、コロナ禍での世界的なデフレ、ゼロ金利ムードが一変、米国を筆頭に利上げ、金利上昇し、債券価格は下落、債券投資家は再び前とは異なる苦境に陥った。一方、海外金利の上昇に歩調を合わせるかのような円安が2024年3月現在に至るまで続いている。遅れて、日本でも少しずつ物価上昇・インフレの傾向が顕著になり、ついに2024年3月、日銀は2016年から8年間続けたマイナス金利を解除し、世の中は次のインフレ動向や利上げを注視している。

（1）基本ポートフォリオのメンテナンス④

図表8-9は24年度の基本ポートフォリオ（政策資産配分比率）と2024年3月末時点の実際の時価ベースでの配分比率の実績である。どの資産も許容乖離幅の上限と下限の範囲内に収まっているため、この限りではリバランスなどの売買を今年度行う予定はない。ただ、じっと持ち続けて、これらから生じるインカム収入を受け取りながら、その推移を見守るだけである。

お気づきだと思うが、基本ポートフォリオの資産配分比率はロシア・ウクライナ戦争開始時からも少しずつ変更、メンテナンスしている。引き続き、株式・REITの保有割合を増やす一方、日本債券や為替ヘッジ外債・預金の割合を50％まで引き下げている。これも超長期的な視野から、将来の法人事業やインフレに備えるためにおこなってきたものである。

2. X法人にみる（基本）ポートフォリオのメンテナンスの意味と意義

X法人のリーマンショック〜世界金融危機から最近の円安、日銀マイナス金利解除、近年のインフレまでの事例を通じて、（基本）ポートフォリオのメンテナンスについて紹介した。

（1）リバランス

まずリバランスとは、シンプルに決められた資産配分比率に戻して、ポートフォリオを維持するというリスク管理オペレーションの一つである。X法人では許容乖離幅の上限と下限をあらかじめ設け、これを実際の資産配分比率が逸脱した場合はリバランスすると言うルールになっている。ルールの書き方にもよるが、X法人では、すぐに直ちに行わなくてはいけないものではない。法人の決算、繁忙期、その他の様々な事情を勘案して、期中に、あるいは期末までに、場合によっては期末をまたいでリバランスもできるようにしてある（ただし、もしもリバランスをずっとしな

第5部　運用担当と役員が押さえるべきポートフォリオマネジメント基礎知識　*333*

いのであれば、投資方針書に記載してある基本ポートフォリオ（政策資産
配分比率）を書き換える法人手続きをしなければいけなくなっている）。

　リバランスの頻度であるが、X法人の場合はリーマンショックやコロナ
ショックぐらいが主要なリバランス機会だったくらいで、おそらく多くの
人が思うほど多い、頻繁なものではない（四半期ごととかに必ず行うとい
うルールにしていれば別であるが）。

　ただし、リーマンショックもコロナショックもパニックの渦中であり、
その中で大幅下落している資産の方を買い増ししなくてはいけないという
ことである。運用担当者自身が良く理解して、ポートフォリオ運用の仕組
みやリバランスについて、意思決定する役員とも日頃から良くコミュニ
ケーションしていないとスムーズにはいかない恐れがある。運用担当者と
して、ここは押さえておくべき組織内コミュニケーションの問題である。

（２）基本ポートフォリオ（政策資産配分比率）のメンテナンス、微調整

　つぎに基本ポートフォリオ（政策資産配分比率）のメンテナンス、微調
整であるが、当初の資産配分比率のまま、不変ということはないだろう。
X法人も当初の資産配分比率で不具合、改善点が発見されるにつれて、少
しずつ変更を重ねてきたことが分かる。

　ただし、ドラスティックな変更を短期間に繰り返してきたわけでは決し
てない。例えば、X法人の場合では、法人の短期的な目標であるインカム
収入と長期的な目標である資産価値の保全とのバランスを常に念頭に“少
しずつ試行錯誤しながら手探りで”法人にフィットする基本ポートフォリ
オを探し続けてきたことが分かる（現在もその模索の過程である）。

　一番大きなポイントで言えば、株式・REITとその他債券とのバランス、
株式・REIT、その他債券それぞれのカテゴリー内でのバランスである。
例えば、X法人では過去の反省も踏まえて、株式・REITの割合を引き上
げ、その他債券の割合を徐々に引き下げてきた。それが現在から将来にか
けての法人運営にとって“合目的”であると考えたからである。また、当

初は日本株式や日本REITをメインにしていたが、それらは徐々にグローバル株式やグローバルREITの一部という位置づけに変化してきている。これも、法人運営にとって"合目的"であると考えたからである。その他債券についても、当初は日本国債や先進国国債をメインにしていたが、徐々に為替ヘッジ外債や投資適格社債、ハイイールド社債、新興国国債にも分散投資を広げた。これもやはり、法人運営にとって"合目的"であると考えたからである。

　経済・投資環境も変わり続ける中で、今現在の基本ポートフォリオもベスト、唯一正解ということは絶対にないし、そう言い切れるどんな専門家・プロも存在しない（第7章を参照）。現在のX法人の基本ポートフォリオの一部も将来不具合を生じているかもしれない。過去もそうだったように、不具合が見つかれば少しずつ、改善、メンテナンス、微調整を繰り返せばよいのである。運用担当者としては、このこともよく理解し、必要な時には組織内コミュニケーションを図らないといけない問題である。

　ただし、ポートフォリオ全体としては、現在から将来にかけての法人運営を損なうことがあってはいけない。それを充足し続けることができるのであれば、運用管理としては80点をクリアする及第点である。これが基本ポートフォリオのメンテナンスの意味、意義である。完璧な100点満点かどうか不安・怯える必要もないし、イェール大学基金やGPIFのモノマネをする必要もない。そもそも100点満点のポートフォリオなど誰にも分からないし、元々存在しない。どんな専門家・プロでもそんなモノを提供することは不可能である。

3. 第8章　まとめ

　第8章では、基本ポートフォリオ（資産配分比率）の運用開始後のメンテナンスについて、法人運用事例などを通して確認してきた。ポートフォリオはずっと固定、あるいはほったらかしというわけにはいかない。経

第5部　運用担当と役員が押さえるべきポートフォリオマネジメント基礎知識　*335*

済・投資環境や法人事業、その他法人固有の事情の変化に応じて、メンテナンス、微調整などを続けていかなくてはいけない。ただし、決して短期的な相場観に基づくのではなく、あくまでも長期的な運用目標に照らしたときに、現状の基本ポートフォリオおよび投資方針書が適切な状態になっているかを検討する形である必要がある。X法人の約16年間の運用事例を通じて、ポートフォリオのリバランス、また資産配分比率自体をメンテナンス、微調整する意味、意義などについて理解を深めていただけたなら幸いである。

　本章は（あとは第4章、第5章、第6章、第7章、第9章も全てそうであるが）、これからの法人の運用担当や役員として、必須、押さえておいていただきたい基本的な知識・情報である。これらの知識・情報をスキップして、証券会社等の金融機関などに一から相談するのではなく、自らもある程度研鑽した上で、上手に金融機関などとお付き合いいただけたら幸いである。

　さて、第4章、第5章、第6章、第7章、第8章までの知識をもとに、実際に現在から将来にかけての法人運営を損なうことがないようにポートフォリオをメンテナンス、微調整し、意思決定をする役員などと必要な組織内コミュニケーションを図る重要な役割を担うのが法人の運用担当者である。

　次の第9章では、法人の運用人材問題について、いくつかの観点から、①内部人材を育成・招聘する場合と、②その他外部の機関を活用する場合とを比較して、その実態と留意点を整理する。

第6部
運用担当と役員が押さえるべき運用人材問題の実態と留意点

第9章　法人の運用人材問題の実態と留意点

　第4、5、6、7、8章までの知識を活用して、実際に、現在から将来にかけての法人運営を損なうことがないようにポートフォリオをメンテナンス、微調整し、意思決定をする役員などと必要な組織内コミュニケーションを図る重要な役割を担うのが法人の運用担当者である。第9章では、法人の運用人材問題について、いくつかの観点から、①内部人材を育成・招聘する場合と、②その他外部の機関を活用する場合とを比較して、その実態と留意点を整理する。

　このような役割を担う人材の育成・確保に努め続けることは法人（運用担当と役員）にとっての最重要課題と言っても過言でない。「必要とされるのはどんな人材か？」「その他どんな点について留意すべきか？」などの基準について、分からない、考えない、整理しないまま、何となくなりゆき、行き当たりばったりで模索を続けても、ただ時間とお金を浪費・ロスし続けるだけである。

　書かれている内容はハードルが少々高いかもしれない。しかしながら、現状できているか（将来できそうか）、できていないか（将来できそうでないか）は別として、運用人材問題の実態と留意点を知り、できることからターゲットを絞り込んで、各法人が人材の育成・確保の問題の改善に取り組むほうが、最善の解決策がすぐに見つかるわけではないかもしれないが、いろいろな意味でロスを少なくできるはずである。

　本章の内容も（あとは第4章、第5章、第6章、第7章、第8章も全てそうであるが）、これからの法人の運用担当や役員として、必須、押さえておいていただきたい基本的な知識・情報である。これらの知識・情報をスキップして、証券会社等の金融機関などに一から相談するのではなく、自らもある程度研鑽した上で、上手に金融機関などを利用されることをおすすめしたい。

1. 資産運用責任者（CIO ＝ Chief Investment Officer）の確保・育成

お気づきの読者もいるかもしれない。X法人のようなポートフォリオ運用事例の実務を支えているのも、投資方針書に資産運用とその管理方法の仕様を「文字」と「数字」で明記して、運用委員会や役員会で口頭の「言葉」での補足説明を交えて組織内での共通コミュニケーション、ガバナンスを浸透させ、組織の資産運用の「持続可能性」を高めることも、資産運用責任者（CIO）が中心的な役割を果たすことが必須条件である。

彼（彼女）らは前述した資産運用のロジック（学術・実証研究の歴史的な背景を含む）についても深く理解しており、それに基づいた資産運用における意思決定や選択にも精通している。同時に、それの前提条件や限界があることについてもよく承知しているのである。組織における資産運用についてのシナリオを描くのはそのような能力を備えた資産運用責任者（CIO）であり、組織はそのシナリオに矛盾や見落としがないかチェック、監督しながら、資産運用が「法人事業に合目的か否か」「持続可能か否か」について意思決定・選択を重ねていくといっても過言ではない。ゆえに、法人にとって「合目的な資産運用」の「持続可能性」を高めるための最も重要なカギは資産運用責任者（CIO）であり、何をどうするかだけではなく、なぜそうするのか（なぜそうしないのか）を分かっており、それを現実の運用で実行できる資産運用責任者（CIO）を最低一人、確保しなくてはいけないのである。

1−1 資産運用責任者（CIO）の確保・育成のための選択肢と留意点

対応策は以下の３つのうちのいずれかしかないと考える。①内部人材の育成（能力の引き上げ）、②能力のある外部人材の法人内部者としての招聘、③法人運用担当者・責任者の機能を、実績があり、信頼できる先へア

340　第9章　法人の運用人材問題の実態と留意点

図表9-1　運用責任者（CIO）、アウトソースCIO、（年金）コンサル等の比較
　　　　　（運用目標と手段）

	【A】運用責任者（CIO） （法人内部者の場合）	【B】アウトソースCIO （法人のCIO機能の アウトソース）	【C】（年金）コンサル等 （一般の金融機関 サービスを含む）
★運用目的・目標の理解	未来永劫に連続していく法人の事業支出をファイナンス	【A】運用責任者（CIO）に同じ	
★そのための運用手段の理解	組織として超長期に持続可能な資産運用（主体的な理解、管理が可能なもの）		法人の主体的な理解、管理が可能かどうかは、二の次と考えているように思われる説明・提案をする業者は多い

ウトソース、のいずれかである。また、①②のケースの場合は、彼（彼
女）の後任育成も法人内部で同時並行させないと（つまり、法人内部に2
名以上の運用チームを編成して、1名を後任として育てないと）、「持続可
能性」は高められない。

　以下、組織の資産運用責任者（CIO）に求められる場面、能力、機能の
別に、【A】法人内部者（CIO）を育成・確保する場合、【B】CIO機能を
アウトソースする場合、【C】（年金）コンサル（その他一般の金融機関サー
ビス）を利用する場合とで比較して、留意点についても述べていきたい
（図表9-1）。

（1）運用目的・目標とそのための手段の理解

　まず、資産運用責任者（CIO）の仕事のスタートラインは、組織の運用
目的・目標とそのための運用手段の理解である。それ以降の仕事は全て、
この原点に沿っているかどうかということを慎重に判断しながら進めるこ
とになる。未来永劫に連続していく法人事業をファイナンス、あるいは
ファイナンスできるゆとりを確保することが資産運用の目的であり、それ
が達成されるためには、組織としてできるだけ超長期に持続可能な資産運
用（主体的な理解、管理が可能なもの）を手段として選択しなければなら
ない。本当のところは組織の誰も理解していない、運用担当者だけが理解

第6部　運用担当と役員が押さえるべき運用人材問題の実態と留意点　*341*

している（理解しているつもりになっている）のではいけないのである。

【C】（年金）コンサル（その他一般の金融機関サービス）を利用する場合は留意が必要である。彼らは手段の部分の分析・推奨に特化、自らの専門性を顧客に誇示したがる傾向がある。定量分析、推奨モデルポートフォリオ、推奨ファンド……とにかく、専門用語、スペックの話など難解である。これでは、組織として超長期に持続可能な資産運用（主体的な理解、管理が可能なもの）という条件を、最初からクリアできない危険を抱えてしまう。

（2）専門知識・専門能力

資産運用責任者（CIO）は、法人の会計・決算、法令などの専門知識にも明るく、それらの制約・条件と実施する資産運用を整合させるのは言うまでもない。また、法人固有の収支フロー・ストックの内訳を理解し、それらについての将来のリスクも想定した上でないと適切な目標設定や中期運用計画の策定は難しいであろう。

さらに、具体的な資産運用に関する専門知識については、前述した学術・実証研究が示している事実を深く理解、考慮した上での、資産運用における意思決定の基準に精通している必要がある（**図表9-2**）。

机上の知識として分かっているだけでは不十分で、実務経験は必須である。少なくとも5年（できれば10年以上）のポートフォリオ・マネジメントの経験があること（基本ポートフォリオを策定、運用執行＝取引金融機関／条件／コスト・信託報酬などの検討／条件交渉／選定、モニター、メンテナンスした経験まで有すること）が望ましい。

また、潜在リスクの想起力も、資産運用責任者（CIO）に不可欠な資質・能力である。潜在リスクの想起力とは、（現在起こっていなくても、もっと言えば、実際に未来永劫起こることはなくても）起きてほしくないこと、最悪の投資環境などを想起できることである。そして、日頃から、そのようなリスクへの対応策をいくつか想定、準備できているという（無意

342　第9章　法人の運用人材問題の実態と留意点

図表9-2　運用責任者（CIO）、アウトソースCIO、（年金）コンサル等の比較
（専門知識・能力）

		【A】運用責任者（CIO）（法人内部者の場合）	【B】アウトソースCIO（法人のCIO機能のアウトソース）	【C】（年金）コンサル等（一般の金融機関サービスを含む）
専門知識・専門能力	法人タイプによる制約・条件の理解	会計・決算、法令などの制約・条件との整合		
	法人固有の制約・条件の理解	法人固有の収支フロー・ストックの内訳の理解、それら将来リスクの想定		
	運用／運用の意思決定基準に関する知識	本書の第4章～第8章の記述してあるベーシックかつ体系的な運用知識を、他者に説明できるぐらいに、理解していること。		ベーシックかつ体系的な運用知識の理解が浅いのに、いきなりアクティブ運用、ESG投資、オルタナ投資などのはやりモノについて表面的な理解のまま、難解な説明に終始する人材が多い
	運用経験	上記の運用・運用の意思決定基準に関する知識をベースに少なくとも5年（できれば10年以上）のポートフォリオ・マネジメントの経験があること（基本ポートフォリオを策定、執行＝取引金融機関／条件／コスト・信託報酬などの検討／条件交渉／選定、モニター、メンテナンスした経験）	【A】運用責任者（CIO）に同じ	<u>CIOとして、ポートフォリオ・マネジメントの実務経験を持つ人材は非常に少ない</u>（個々の投資戦略、推奨ポートフォリオ、推奨ファンドの提案経験＝営業経験にとどまる人材がほとんど。<u>（年金）コンサル等では個々の取引の条件／コスト／交渉までは関知しない。また大手金融機関サービスでは、そこに口座開設することが前提となっており、執行＝取引金融機関／条件／コスト・信託報酬などの検討／条件交渉／選定の余地はない。）</u>
	潜在リスクの想起力	起こってほしくないこと、最悪の投資環境などを想起でき、日頃から、それへの対応策をいくつか準備している（例え、実際に起こることはなくても）。		推奨する投資戦略、ポートフォリオ、ファンドについて、「起こってほしくないこと」「最悪の投資環境」などを想起してみるという、運用責任者（CIO）としての視点の欠落が多い。

第6部　運用担当と役員が押さえるべき運用人材問題の実態と留意点　*343*

識的に対応策を思案してしまう）ところまでを含む。

　以上の資産運用責任者（CIO）に求められる専門知識・専門能力について、【C】（年金）コンサル（その他一般の金融機関サービス）に頼る場合の留意点についても述べておく。

　著者の金融業界における長年の実務経験からも思い当たるのだが、まず、前述した学術・実証研究が示している事実、およびそれらに基づいた意思決定の基準の意味を、知らない、深く理解していない、精通していない人材は業界内でもかなり多いと思われる（もともと金融業界に身を置く人材には自信家、過信家が多いのも事実である。あるいは、個人としては理解していたとしても所属する会社の営業方針でそれらを封印して日常業務に当たっている人材の数も少なくない印象である）ので注意が必要である。

　優れた定量分析、個々の投資戦略、ポートフォリオ、ファンドを提案するのが彼らの主たる仕事である。だから、前述した学術・実証研究が示している事実を全て無視したとしても、彼または彼の所属する会社だけは、他に勝る提案だけができるという建前でないと顧客に対して優位に仕事（営業）を推進することはできない。時に、自身も自ら顧客に薦めている提案の内容をよく理解していないのではないかと疑われることも多い。しかしながら、さも当然のごとく、難しい用語を使った難解な説明で、複雑でも他に勝る提案をしたがる傾向は否めない（そのようなアクティブ運用、ESG投資、非流動性資産・オルタナ投資などの推奨・提案にも十分留意すべきと考える）。

　また、意外かもしれないが、組織の資産運用責任者（CIO）として、包括的なポートフォリオ・マネジメントの実務経験を持つ人材は業界の中にもほとんど存在しない（彼らの主な仕事は、定量分析の提供、個々の投資戦略やポートフォリオやファンドの推奨などまでに留まる（一方、組織の資産運用責任者（CIO）の仕事や、目くばせしなければいけ

は、ずっと広範囲に及ぶ)。(年金) コンサル等では、個々の投資家の実際の取引の条件／コスト／交渉までは関知しないし、大手金融機関サービスでは、自社かその系列金融機関に口座開設することが前提となっているので、執行=取引金融機関／条件／コスト・信託報酬などの検討／条件交渉／選定の余地はほとんどないのが普通である。

　投資戦略やポートフォリオやファンドについて、「起こってほしくないこと」「最悪の投資環境」などを想起してみるという、運用責任者（CIO）として必須の資質・アドバイスも彼らには期待できないかもしれない。なぜなら、業者が顧客に対して推奨・誘導したい提案に対して、潜在リスクまで想起できてしまうことは、営業の障害になってしまう恐れがあるからだ。

　これも著者の実務経験から思い当たることだが、潜在リスクなど存在していないものとして、あるいは僅かな可能性に気付いていたとしても、営業上の理由から、社員への教育・研修・情報・その他考慮すべきことには含めない所属会社も結構あるように思われる（それ以上のことは個々人ベースの意思と研鑽と能力に委ねられるのが普通のようである）。あるいは、個人的には潜在リスクの想起力は持っていても、営業的な理由から、顧客の前では自ら封印せざるを得ない状況が作り出されてしまっているケースも案外多いように感じる。このように、投資家と、【C】（年金）コンサル（その他一般の金融機関サービス）とでは、そもそも「起こってほしくないこと」「最悪の環境」の意味が全く異なると思われることなどにも留意が必要である。

（3）コミュニケーション能力

　前述した専門知識・専門能力のほかにもう一つ、資産運用責任者（CIO）に絶対に欠かせない能力がある。それは専門知識・専門能力をアウトプットして組織が理解できるように伝えられるコミュニケーション能力である。

第6部　運用担当と役員が押さえるべき運用人材問題の実態と留意点　*345*

図表9-3　運用責任者（CIO）、アウトソースCIO、（年金）コンサル等の比較
（コミュニケーション能力）

	【A】運用責任者（CIO）（法人内部者の場合）	【B】アウトソースCIO（法人のCIO機能のアウトソース）	【C】（年金）コンサル等（一般の金融機関サービスを含む）
コミュニケーション能力	以下の組織内のガバナンスに関わる機会では、言葉、文章、数字を使った平易なコミュニケーション能力が必要	【A】運用責任者（CIO）に同じ	年金コンサル等（大手金融機関サービスを含む）の、個々の投資戦略、推奨ポートフォリオ、推奨ファンドの提案では複雑、難解な説明・表現が、不思議なぐらいに、多用される＝法人は、よく分からない、よく理解できないのでお任せする以外なくなる＝意図的に複雑・難解な説明をしているのかと疑ってしまう。
	①運用規程のメンテナンス		
	②投資方針書（運用計画書あるいは運用ガイドライン）の策定とメンテナンス		
	③運用スタッフ、委員会、役員（会）との説明・提案・意思決定・報告についてのMTG、その事前準備・段取り		
	④運用スタッフ、委員会、役員（会）らの交代、交代可能性への対応・準備		
	＊特に、投資戦略や運用内容についての説明・提案・報告は、役員らや運用委員らに（少なくとも大枠はきちんと）理解、意思決定してもらえるよう、平易な表現ができなくてはいけない。		

　組織には資産運用と管理のガバナンスのカギとなる機会が存在する。そのような機会において、「言葉」、「文章」、「数字」を使った平易なコミュニケーションが必須となる。なぜなら組織の誰も理解できなければ、組織としては管理できていないということ、つまり、ガバナンスが機能していないということだからである。資産運用実務と組織の意思決定との触媒の役割を果たすのは、資産運用責任者（CIO）以外にはあり得ないのである。

346 第9章 法人の運用人材問題の実態と留意点

資産運用責任者（CIO）のコミュニケーション能力が問われる機会の例

①運用規程、投資方針書（運用計画書あるいは運用ガイドライン）の策定や
メンテナンス

②運用スタッフ、委員会、役員（会）との説明・提案・意思決定・報告および、
それらについてのその事前準備・段取り

③運用スタッフ、委員会、役員（会）らの交代、交代可能性への対応・準備
など、平易なコミュニケーション、いかに組織に理解してもらうかの考
慮、段取り

上記のように、資産運用責任者（CIO）としてのコミュニケーション能力
を発揮すべき機会は多い。

　特に、投資戦略や運用内容についての説明・提案・報告は、役員らや運用
委員らに（少なくとも大枠はきちんと）理解、意思決定してもらえるよう、
平易な表現でできなくてはいけない。当たり前であるが、そこには虚偽、
曲解の種を含んでは絶対にいけない。言い換えるならば、資産運用責任者
（CIO）は、組織へのこのようなコミュニケーションの積み重ねを通して、
組織から信頼に値するかどうか常に評価・監督されているのである。そし
て、組織と資産運用責任者（CIO）の信頼関係がいかに高い状態か否か、
いかに長く継続できるか否かが、実施する資産運用の長期的な成果にも大
きな影響を及ぼすのである。

　一方、【C】（年金）コンサル（その他一般の金融機関サービス）に頼る
場合の留意点として、専門用語やデータを多用した複雑、難解な説明や提
案が中心である（前述のとおり）。当然、役員（会）への直接のコミュニ
ケーションには役に立たない。資産運用責任者（CIO）や運用委員会の段
階で理解し、咀嚼、平易な表現に変換する必要がある。

　ところが、現実はそれすらも難しい。著者が運用委員メンバーとして彼
ら（彼女ら）のプレゼンを聞いてきた経験から言えば、実は、著者でさえ
もよく理解できない難解な説明や提案は多い。分からないなりに、常識と

経験値を動員して、矛盾する点、重要だが説明してなさそうな点を指摘するのが精いっぱいということも少なくない。ましてや、金融や資産運用の専門知識やデータの知識など持ち合わせない運用委員やスタッフしかいない場合は、的確な質問もできないまま、彼ら（彼女ら）が推奨する提案に受け身に流される以外なくなるのではないかと危惧する。最悪、役員会、運用委員会、運用スタッフの全員が、運用実績を含むデータ（数字）とファンド推奨レーティング（アルファベット文字）以外では、自らの資産運用を評価する手がかりがない状態になってしまう。

1−2　その他の留意点（後任の育成・確保とその費用、利益相反リスクなどについて）

　繰り返すが、法人の資産運用を「事業に対して合目的」に保ち、その「持続可能性」を高めていくためのカギとなるのは、適切な資産運用責任者（CIO）の確保と育成である。①内部人材の育成（能力の引き上げ）、②能力の有る外部人材の法人内部者としての招聘、③法人運用担当者・責任者の機能を、実績があり、信頼できる先へアウトソース、のいずれかの方法しかない。また、①②のケースの場合は、彼（彼女）の後任育成も法人内部で同時並行させないと（つまり、法人内部に2名以上の運用チームを編成して、1名を後任として育てないと）、「持続可能性」は高められない。

　資産運用責任者（CIO）の確保と育成に当たってのその他の留意点についても比較してみたい。

（1）後任の育成・確保について

　まず、現在の運用責任者（CIO）の後任の確保・育成の必要性についてであるが、法人の内部者として上記①②を試みる場合でも運用の「持続可能性」を高めるためには、後任の確保・育成は必須であることが分かる。③の法人運用担当者・責任者（CIO）の機能を、実績があり、信頼できる先へアウトソースする場合でも、アウトソース先の経営、人材に継続性が

348　第9章　法人の運用人材問題の実態と留意点

図表9-4　運用責任者（CIO）、アウトソースCIO、（年金）コンサル等の比較（後任育成、費用、利益相反リスクなど）

	【A】運用責任者（CIO）（法人内部者の場合）	【B】アウトソースCIO（法人のCIO機能のアウトソース）	【C】（年金）コンサル等（一般の金融機関サービスを含む）
★後任の運用責任者（CIO）の確保・育成	必要有り	必要なし（ただし、アウトソース先の経営、人材に継続性が有ること）	必要あり（年金コンサル等は個々の投資戦略、推奨ポートフォリオ、推奨ファンドの提案にとどまる。推奨を受けた後の組織内での調整、意思決定までの段取り、その他の運用資産を含めた全体のポートフォリオのマネジメントを行う運用責任者（CIO）の確保・育成は、別に必要になる。
★費用の有無	外部への支払いはないが、内部で育成・確保する費用／コストのトータルは（後任のそれを含めなくても）、相当かかる	あり	あり
★エージェンシー要素（誰かのバイアス・利害関係フィルターの影響）	なし（ただし、法人内担当者のバイアスは避けられない）	有り（アウトソースCIOのバイアスはかかってしまう）	有り（年金コンサル等のバイアスはかかってしまう）
★法人の負う受託者責任との距離	立ち位置（利害関係）は、法人と同一	立ち位置（利害関係）は、法人と同一か、非常に近い	法人の立場としての受託者責任には関知しない（あくまで、個々の投資戦略、推奨ポートフォリオ、推奨ファンドの提案にとどまる）。
★組織内におけるキャリアリスク	有り（失職等のリスクがあり、必要と思われる提案でも、組織に耳障りなものについては、慎重になる傾向）ただし、法人側にとって解雇は難しい	なし（組織内での失職等リスクが原因で、組織に耳障りな提案に慎重になるインセンティブは働かない。ただし、契約解除リスクは有り）ただし、法人側にとって契約解除は容易	なし（組織内での失職等リスクが原因で、組織に耳障りな提案に慎重になるインセンティブは働かない。ただし、契約解除リスクはあり）ただし、法人側にとって契約解除は容易

あれば法人が後任を探す必要はないが、そのような条件を満たすアウトソース先かどうかについては慎重に検証する必要がある。また、【C】（年金）コンサル（その他一般の金融機関サービス）の場合でも、法人は別途後任者を確保・育成する必要があろう。なぜなら、彼らの主たる業務は、定量分析の提供、個々の投資戦略やポートフォリオやファンドの推奨・提

案に留まる。

それらの推奨を受けた後の組織内での調整、意思決定あるいはその後も続く必要な平易な組織内コミュニケーション、段取り、それ以外の運用資産を含めた全体のポートフォリオのマネジメントを行うのは内部の運用責任者（CIO）の仕事となるからである。

（2）資産運用責任者（CIO）およびその後任の育成・確保の費用について

次に、資産運用責任者（CIO）およびその後任の確保・育成の費用についてであるが、内部（CIO）であれ、アウトソースであれ、（名目は異なるが）費用はかかる。特に、内部（CIO）を育成するのであれば時間コストもかかる。また、外部から専門的な経験者を招聘できれば時間コストは節約できるが、優秀な人材ほど人件費も高くなる。外部コンサルタントのように、すぐに契約解除できる業務委託契約というわけにもいかないだろうから、法人との雇用契約締結や提供するポストや金銭面を含むその他諸々の処遇を約束しないと優秀な資産運用責任者（CIO）候補を外部から招聘するのは難しいであろう（当事者にしてみれば、この法人で居場所を失ったらほかに行くところがないリスクを抱えて来ないといけないのだから）。このように、たった一人でも、法人内部の資産運用責任者（CIO）の確保・育成には結構いろいろなコストはかかる。さらに、その後任も含めた複数人数のチームとなると軽く考えてはいけないことが分かる。

（3）法人の受託者責任とキャリアリスク、利益相反リスクについて

資産運用についての推奨や提案の内容は、個人や所属する組織の偏見（バイアス）、利害関係に大なり小なり影響を受けてしまう。分かりやすいのは、【B】アウトソースCIO（法人のCIO機能のアウトソース）や【C】（年金）コンサル等（一般の金融機関サービスを含む）の場合で、そのアドバイザーやコンサルの得意分野／不得意分野、所属する会社との利害関係が影響して、法人に対して偏った推奨や提案をしてしまうかもしれない。こ

れらはアドバイザーやコンサルに対してインタビューを重ねたり、所属する会社についてよく調べたりすることである程度は事前に把握、回避、対処できるものでもある。

さて、偏見（バイアス）、利害関係の影響を受けやすいのは外部のアドバイザーやコンサルに限ったことではない。実は、内部の資産運用管理責任者（CIO）も同様の影響を受けやすいのである。そして、残念なことに、彼（彼女）が内部者であるが故に盲点となって、法人自らがそのことを公平な視点で認識できない状態がずっと続いてしまうことも少なくない。例えば、債券運用、不動産運用など、対象は何でもよいが、特定の投資（種類、やり方のスタイル）に固執、偏ってしまうというケースなどがそれである。これは、内部の資産運用責任者（CIO）が、自分が得意な（得意だと思っている）、良いと思っている（キャリアとして手柄を立てたい）、自分が責めを負いたくない（負わずに済みそう）、などという個人の偏見（バイアス）と所属する組織との利害関係に起因しているものなのである。

中でも、内部の資産運用責任者（CIO）と所属する組織との利害関係に起因する「キャリアリスク」の存在は彼（彼女）の言動に非常に大きな影響を与える。最悪の場合、彼（彼女）は失職する、あるいは組織の中でのポジションを失うリスクがある。だから、組織に必要と思われる提案でも、組織が耳障りと捉えそうな提案については、（忖度して）慎重になったり、極端に保守的な提案に留まろうとしたりすることは想像に難くない。逆に、自分のポジション・業績をアピールするために、不必要なリスクを取ることを組織に対して提案したりすることもある。

一方、基本的に外部者であり、業務委託契約の解除が容易な【B】アウトソースCIO（法人のCIO機能のアウトソース）や【C】（年金）コンサル等（一般の金融機関サービスを含む）の場合は、同様のキャリアリスクは抱えていないので、組織に耳障りな提案に慎重になるインセンティブは働かない。しかしながら、特に【C】（年金）コンサル等（一般の金融機関サー

第6部　運用担当と役員が押さえるべき運用人材問題の実態と留意点　*351*

ビスを含む）の場合は、逆に、組織やそのスタッフに対して、耳に聞こえ
の良いことを言って（他に勝る、優れた、他の皆がこぞって活用を始めた
投資戦略・ファンドなどと言って）、顧客に不必要なリスクや複雑なリス
クを追加で負わせやすい。なぜなら、彼らは、法人が負う受託者責任と同
じ責任は負っていないのである。そもそも、法人という公金を預かって運
用管理する主体が負う受託者責任と同一の責任を負う立場にはいない。彼
らの立場でいう受託者責任とは、彼らが良いと考える優れた投資アイデア
を、主たる業務の範囲の中で（定量分析の提供、個々の投資戦略やポート
フォリオやファンドの推奨・提案までで）、顧客に提案することにある。
一方、【B】アウトソースCIOは、法人が負う受託者責任と同じ立場か、そ
れに非常に近い立場で仕事をする。

　本来、法人という公金を預かって運用管理する主体が負う受託者責任に
対して、実務面でコミットするのは内部の資産運用責任者（CIO）の仕事・
責務である（運用委員会や役員会は、説明・提案・報告を通じて、彼（彼
女）らの仕事をチェック、監督することでそれぞれの受託者責任を全うす
る）。ゆえに、彼（彼女）らだけが利益を得て、法人が損をする、あるい
は彼（彼女）らが冷遇され、法人ばかりが得をするという利益相反が起き
づらい、理屈上は最も利害一致しやすい立場・関係であるはずである。

　しかしながら、前述したとおり、現実には、失職する、あるいは組織の
中でのポジションを失うリスクを恐れて、組織に必要と思われる提案でも、組織が耳障りと捉えそうな提案については、（忖度して）慎重になっ
たり、極端に保守的な提案に留まったり、逆に、自分のポジション・業績
をアピールするために、不必要なリスクを取ることを組織に対して提案し
たりする内部の資産運用責任者（CIO）はいまだに数多い。これでは、法
人の本当の利益と一致しているとは言い難い。そこで、【B】アウトソー
スCIO（法人のCIO機能のアウトソース）がこの問題の解決策の一つにな
るのではないかと考えている。内部の資産運用責任者（CIO）を、その本

来求められる業務・責務を全うできるように外部から支援するサービスである。

コラム

☆9−1☆　資産運用自体の優位性・強化の限界と販売・マーケティング依存の構造

　身もふたもない話だが、投資家が最終的にどれだけの投資利益を得られたかは、それぞれの投資家がどれだけのリスク（時間的なリスクを含む）を引き受けたかに依存し、個々の投資有価証券や金融商品を投資家に販売する販売会社（銀行、証券、信託、IFAなど）、ファンドの運用会社、助言する年金コンサルなどの優位性や力量にはほぼ関係がないと著者は感じている。

　例えば、A銀行とB銀行の定期預金金利では、A銀行の預金金利が高かったとする。目先の投資家利益を考慮すればA銀行に預金するのではないだろうか。しかし、10年、20年スパンではどうだろう。A銀行の預金金利が常に高いとは限らない。B銀行の方が高い時もあるだろう。それは全ての預金金利は市場全体の平均金利がベースとなっており、A銀行だけが独占的に市場平均金利を提示し続けるのは難しいからである。超長期で投資家が手にする預金パフォーマンスは預金の市場平均金利近くに終点していく。

　同様の事態は、債券（普通社債、劣後債、永久劣後債、仕組債、それらで運用するファンドに細分化しても、そのカテゴリーごとの平均でみれば同じ）、REIT（オフィス、倉庫、商業施設、住居用不動産、それらで運用するファンドなど、そのカテゴリーごとの平均でみれば同じ）、株式（高配当、ESG、成長株、割安株、それらで運用するファンドなど、そのカテゴリーごとの平均でみれば同じ）でも起こると容易に推察できる。つまり、超長期でみた場合の投資利益は、市場平均（預金市場、債券市場、REIT市場、株式市場全体の市場平均に近いことが推察できる）である。

　むしろ、個別銀行、個別債券、個別REIT、個別株式およびそれらの個

第6部　運用担当と役員が押さえるべき運用人材問題の実態と留意点　*353*

別セクターに偏ったり、次々と優位と思われる投資対象に乗り換えたりすることで、（ウォーレン・バフェット氏やイェール大学基金のように）まれに大当たりする場合もあるが、見立て違い、デフォルトなどの復元困難な損失を被ってしまう可能性も超長期のスパンでは大いにあるのではないかと危惧する。

　もう一度申し上げる。身もふたもない話だが、投資有価証券や金融商品を投資家に供給する販売会社（銀行、証券、信託、IFAなど）、ファンドを運用する運用会社、コンサル会社の経営者も、（意識的か無意識的か）（1）会社の収益に直結するのは金融商品の販売でありマーケティング戦略であること、（2）運用力そのものを意図的に改善することは難しいこと、の2点に気が付いているように思われる。

　（2）は「それを言ってはおしまい」的な不都合な真実だ。販売会社（銀行、証券、信託、IFAなど）、ファンド運用会社、助言するコンサル会社の社長は、会社の内外両方に向かって、「我が社の運用の優越性」と「今後の経営方針としての運用力の強化」を言い続けなければならない。一方、運用力の強化が本当に可能で、運用パフォーマンスの優越性によって社業を伸ばしていくことは、時間とコストをかけても非常に困難であるとずっと昔から悟っているように思われる。（下線部は、山崎元「バイサイド・セルサイドと、稀少化する真のバイサイド」／トウシル、2023年3月14日付（media.rakuten-sec.net/articles/-/40783）より引用、著者が意訳）

　だから、彼らはマーケティング、販売に注力せざるを得ないのである。「我が社の運用の優越性」と「今後の経営方針としての運用力の強化」を投資家に対して強くアピールし続けるしかないのである。

（『公益法人』（（公財）公益法人協会）2023年6月号「法人資産の運用を考える (56)」より）

コラム

☆9−2☆　資産運用エキスパートの育成・確保、連続性の担保の重要性

　小職の経営する会社は公益法人、学校法人などの法人資産運用アドバイス業務を開始して15年になる。15年間で得た教訓についてシェアしたい。それぞれの法人の資産運用の参考にしていただけることがあれば幸いである。

　弊社顧客のポートフォリオは、グローバル株式市場全体、グローバルREIT市場全体、グローバル債券市場全体の価格変動と利子配当利回りのそっくり複製と享受を目指すETF（上場投資信託）の組合せによって構成されている。そして、そのようなポートフォリオを超長期間にわたり、一貫して堅持することを推奨・アドバイスしている。

　さて、先日、某財団法人の運用委員会でのことである。現在の資産運用担当者が「今のところ、運用は非常にうまくいっているが、今後、市況の大暴落もあり得るだろう。私の在任中であれば、ほかの役職員に対して、説明を尽くして、大暴落時も耐え、運用継続すること、理事会などを説得し続けられるだろう。しかしながら、10年後、20年後は、私もすでに退任しているだろう。また、事務局スタッフや役員もすべて交代しているに違いない。正直、10年後、20年後については、私自身もこの財団の運用がどうなっているかはまったく分からない（そこまでの責任は負えない）。」

　彼の言わんとすることは、外部の資産運用コンサル会社の経営者としての小職も同じ問題意識を持っており、非常に共感できるポイントであった。

　弊社の場合、創業して15年になるが、当初10年間ほどは、小職一人でクライアントに対して資産運用アドバイスを提供していた。クライアント側の担当者、役員は3、4回交代していくが、その間ずっと、小職は外部アドバイザーとして、法人の誰よりもクライアントらの運用内容とその意思決定の経緯について熟知しており、新任の担当者、役員に対して、口頭や文書によって、レクチャーしながらポートフォリオ運用の一貫継続に成功してきたという自負を持っていた。

第6部　運用担当と役員が押さえるべき運用人材問題の実態と留意点　*355*

　しかしながら、前述の某財団法人の運用担当者も言ったとおり、法人自体は10年後、20年後、さらにもっと長く、継続し、資産運用を続けていかなくてはいけないことは容易に想像できる。小職一人のアドバイス体制で、ずっとその任を果たしていくのは現実的ではないことに、やがて気が付いたのである。

　そこで、数年前から社員を数名雇い、小職がやってきた業務の後任育成を始めたのである。クライアント法人の組織を熟知し、歴代の資産運用とその意思決定の経緯が頭に入ったうえで、さらに、市況の不調時（大暴落）を耐え、そこから回復期・好調時を迎え、クライアント法人と喜びを分かち合い、投資アドバイス業務に自信が持てるまでになるには、恐らく、10年以上は要するとみている。しかしながら、それぐらいの手間と時間とコストをかけないで、クライアント法人のポートフォリオ運用の一貫性・継続性は担保できないと考えている。

　そしてまた、弊社が取り組んでいるこの課題は、先の某財団法人のみならず、資産運用を継続しないといけないすべての法人が同様に抱える課題だと考えている。

（『公益法人』（（公財）公益法人協会）2023年12月号「法人資産の運用を考える（62）」より）

2. その他の外部有識者の助言などを利用する場合の実態と留意点について

　資産運用アンケート2023によれば、金融機関OB、企業財務部門（OB）、運用委員、そのほかの外部の有識者と思われる方からの助言を参考にして意思決定している法人も一定程度あるようである。

　金融機関OB、企業財務部門（OB）などを内部者として、法人で雇用する場合の実態と留意点については、これまで述べた【A】法人内部者（CIO）を育成・確保する場合と同じであるので割愛する。

　ここでは特に、一時的かつほぼボランティアに近い条件で、金融機関OB、企業財務部門（OB）、有識者と思われる運用委員、その他の外部者からのアドバイスを参考にする場合の実態と留意点について、少し触れた

い。

まず、法人側が本書に書かれているぐらいの内容を理解したうえで、そのような人物を活用することにはメリットがあろう。内部人材を育成・確保することに比べて、はるかに費用が安い。ただし、このメリットを正しく発揮するためには、以下の留意点がある。

第一の留意点は、法人側は本書に書かれている内容ぐらいは既に理解した上で、的を絞り込んで質問し、助言をお願いすることである。正しい質問の仕方であれば、彼ら（彼女ら）の知識と経験の中で有意義な参考意見は期待できるであろう。費用が安いということは、一時的かつほぼボランティアに近い立場ということである。つまり、限られた時間で、絞り込まれた質問に対しての助言はするが、それ以上には法人の運用にコミットはできないという立場だということを意味する。結局、具体的な資産運用の立案、提案・説明を準備する責任を負うのは法人側の運用責任者（CIO）である。ゆえに、法人側は本書に書かれている内容ぐらいは理解していないといけない。

第二の留意点は、諮問する相手側の有識者も本書に書かれている内容ぐらいは理解できる、あるいは既に理解している人物であることである。彼ら（彼女ら）のこれまでのキャリアでの運用知識と経験は多岐にわたる。金融機関OB、企業財務部門（OB）などの中には、比較的短期的な経済・金融市場（為替、金利、株価など）の予想や見通しに基づいて運用、ディーリングしてきた人物もいるだろう。また、別の法人の運用担当者OBなどは個別銘柄での株式、REIT、債券投資を主としてきた人物も多いだろう。短期的な経済・金融市場（為替、金利、株価など）の見通しや、個別銘柄投資など、狭い範囲での運用知識や経験しか持っておらず、それらに基づいた判断・助言を行う傾向にある、それらを法人に押し付けようとする場合もあるだろう。だから、諮問する相手側の有識者も本書に書かれている内容は理解できる、あるいは熟知している人物であることが必要

第6部　運用担当と役員が押さえるべき運用人材問題の実態と留意点　　357

である。

　最後に、現在の運用委員会などの実態であるが、とても合理的、合目的とは言えない資産運用（個別銘柄投資など）を法人側が主導して継続したいがために、外部の有識者にも形式的な「お墨付き」を得たという既成事実を作るために存在している運用委員会もいまだに多い。そのような責任回避のために、外部有識者とおぼしき人物を利用しようとするのは論外であることは言うまでもない。

3.　第9章まとめ

　第9章では、法人の運用人材問題について、いくつかの観点から、①内部人材を育成・招聘する場合と、②その他外部の機関を活用する場合とを比較して、その実態と留意点を整理した。

　第4章、第5章、第6章、第7章、第8章までの知識をもとに、実際に、現在から将来にかけての法人運営を損なうことがないようにポートフォリオをメンテナンス、微調整し、必要な時には意思決定をする役員などと組織内コミュニケーションを図る重要な役割を担うのが法人の運用担当者である。

　「法人事業に合目的な資産運用」の「持続可能性」の確度を引き上げ、強固にするための最大のカギを握るのは適材の資産運用責任者（CIO）およびその後任の育成・確保ができるか否かである。彼（彼女）らが法人の資産運用においてなすべきことを理解し、体得している資産運用のロジック（学術・実証研究）から導かれる意思決定基準にしたがって資産運用計画を策定し、それを具体的な運用執行にまで落とし込むのである。と同時に組織に対して「言葉」「文章」「数字」を使った平易なコミュニケーションを粘り強く繰り返し、資産運用実務と組織の意思決定との間の触媒となり、健全なガバナンスを醸成していく必要がある。

　投資方針書、資産運用のロジック（学術・実証研究の歴史）も、「持続

可能性」の確度を引き上げるためには、欠かすことはできない。しかしながら、それらは、一つのツール、一つの理論・事実データの体系にしか過ぎない。それらに息を吹き込む、それらを用いて現実の資産運用の意思決定を促すのは適材の資産運用責任者（CIO）なのである。何をどうするかを知っているかでは不十分である。なぜそうするのか（なぜそうしないのか）まで理解、説明できる、それらを使って実際の資産運用を長期間にわたって実行できる、同時に組織に対してコミュニケーションし続けられる、そのような人材が存在して初めて「法人事業に合目的な資産運用」は「始動」、「持続」するのである。

　このような役割を担う人材の育成・確保に努め続けることは法人（運用担当と役員）にとっての最重要課題と言っても過言でない。必要とされるのはどんな人材か？　その他どんな点について留意すべきか？　などの基準について、分からない、考えない、整理しないまま、何となく成り行き、いきあたりばったりで模索を続けても、ただ時間とお金を浪費・ロスし続けるだけである。

　本章は（あとは第4章、第5章、第6章、第7章、第8章も全てそうであるが）、これからの法人の運用担当や役員として、必須、押さえておいていただきたい基本的な知識・情報である。これらの知識・情報をスキップして、証券会社等の金融機関などに一から相談するのではなく、自らもある程度研鑽した上で、上手に金融機関などを利用されることを願っている。

　書かれていることはハードルが少々高いかもしれない。しかしながら、現状できているか（将来できそうか）、できていないか（将来できそうでないか）は別として、運用人材問題の実態と留意点を知り、できることからターゲットを絞り込んで、各法人が人材の育成・確保の問題の改善に取り組むほうが、最善の解決策がすぐに見つかるわけではないかもしれないが、いろいろな意味でロスを少なくできるはずである。

第10章　結語

最後に本書をまとめたい。

本書は財団法人、社団法人、学校法人などの、営利事業からの収入源を持たず、現在と将来、未来永劫続く法人事業の費用の全部あるいはその一部を、保有する金融資産とその運用益でファイナンスし続けないといけない宿命である全ての非営利組織の役職員の皆さんに押さえておいていただきたいと考えるコンテンツの全てについて書いたつもりである。

①法人の資産運用の現状（第1章）

②法人の資産運用の問題点と解決への方向性（第2章）

③問題点に対する解決策のイメージ（第3章）

④これからの資産運用担当者と役員のための運用知識・それに関連する知識（第4章～第9章）

など、これからの法人の資産運用における適切な判断基準のスタートライン（ベンチマーク）や留意点のほぼ全てについて触れ、解説を試みることができたのではないかと考えている。

1. 不確実な資産運用の世界と、より確実性が求められる法人事業とのバランス

あらゆる資産運用は「将来のことなど誰にもわからない」という大前提からスタートする。これは法人経営、個人の人生についても言える普遍的な真理だと考えている。

「このような不確実性の高い状態に置かれた中で、いかに意思決定していくか？」「リスクをできるだけ抑えつつも、現在から未来永劫続く法人事業を賄うに十分なリターンを獲得できる確率を高めるためには、どのような意思決定がよりふさわしいか？」ということが、法人の取り組み続ける資産運用の本質であり、命題である。つまり、それにかかる意思決定の

質が問われるのである（結果責任よりも前に意思決定プロセスの説明責任が問われる）。

第4章〜第9章で学んだように、そのような意思決定のスタートラインは学術・実証研究をベースにした「正当な理由」による「正当なやり方」でなくてはいけない。「何を、どうしているか」の理解だけでは不十分で、「なぜ、そうしているのか」まで合理的な説明ができないといけない。

一方、第2章で指摘した法人資産運用の問題点について、果たして、その考え方、やり方は「正当な理由」による「正当なやり方」であると言えるだろうか？「満期保有だから」「元本保証だから」だと債券運用という形式に拘ることや、株式、REIT、外債の個別銘柄投資に傾倒する資産運用は、もはや時代遅れ、陳腐化しているのではないだろうか？　それにこだわればこだわるほど、資産運用業務の内容は複雑化、ブラックボックスと化し、普通の法人と運用担当者や役員の理解、管理、引き継ぎできる範囲を簡単に超えてしまう。本来の「インフレ、デフレ、その他の変化などにも左右されないよう事業の維持・拡大を遂行するための資産運用」という法人のニーズに対して合目的であると説明できるだろうか？

2. 普通の運用担当者と役員とが理解、管理、引き継ぎできる範囲に運用内容をとどめることの重要性

それが、徹底的な分散投資、基本ポートフォリオ（政策的な資産配分比率）を中心に据えて、投資方針書にも運用の考え方・資産配分比率を明記しながら進めていく枠組みではないだろうか。

国債やその他、オーソドックスかつ普遍的である世界の金融市場（核となる資産）を複製するETF（上場投資信託）を組み合わせた基本ポートフォリオ（政策的な資産配分比率）を中心に進める枠組みであれば、一般的な運用担当者と役員とが理解、管理、引き継ぎできる範囲に留められるのではないだろうか？「インフレ、デフレ、その他の変化などにも左右さ

第6部　運用担当と役員が押さえるべき運用人材問題の実態と留意点　*361*

れないよう事業の維持・拡大を遂行するための資産運用」という法人本来のニーズとも適合させられるのではないだろうか？

　実施する運用内容の本質を理解し、ある程度関与できることは、法人としてのガバナンスもおのずと高いレベルとなる。だから、決して、本当のところが分かっていないのに"運任せ""何となく""成り行き""行き当たりばったり"で投資したり、専門家などに"お任せ""丸投げ"したりする無責任な運用をしてはいけないのである。法人が理解、管理できる範囲に運用内容をとどめるということは、公金を運用している受託者としての法人が、自ら自立、独立して責任ある判断を下せているということでもある。

　そのような理解、関与ができているのであれば、リーマンショックや世界金融危機のような最大級の価格下落に見舞われようと、インフレほか、どんな投資環境に遭遇しようとも、ブレないで資産運用を貫き通せる確率が高まる。ひいては、それが資産運用の長期成果を飛躍的に高めることになる。

　学術・実証研究（第4章）に学んだ通り、金融市場と資産運用はシンプルかつ普遍的な原理原則に従っている。徹底的な分散投資、基本ポートフォリオ（政策的な資産配分比率）を中心に据えて、投資方針書にその考え方・配分比率を明記しながら進めていくX法人のような運用管理の枠組み（第3章）では、「なぜ、そうしているのか？」という法人の資産運用の出発点からの合理的な説明を可能にする。

　法人本来の運用目標から、戦略、計画、執行、リスク管理、ガバナンス（普通の役職員による運用業務への理解と関与、引継ぎ）、運用成果までの全てを「徹底的な分散投資」と「基本ポートフォリオ（政策的な資産配分比率）」という"横串"で突き通すことができるのである。

　そして、この理（この運用管理の枠組みの原点）は、これから未来永劫を通しても変わることは決してないと考える。

巻 末 付 録

巻頭付録①

1. 運用規程例

　この運用規程の例では、「誰がどんな役割を果たすか」の記載に重点が置かれている。運用内容に関する記載は大まかな運用対象の記載に留め、詳細は投資方針書（後の投資方針書例を参照）に委ねるスタイルである。投資環境が刻々と変わる中で、それらを運用規程によって、ある意味「固定化」してしまう弊害を考えると、このようなスタイルは今後の運用規程の在り方として一考の価値があろうと思われる。

　なお、運用委員会（内部連絡会議の場合を含む）についても言及しているが、それらについては別途規程を設けて運用委員会（あるいは内部連絡会議）の詳細を記載する方法も考えられる。以上、各法人の事情に応じてアレンジ、参考にしていただきたい。

資金運用管理規程（例）

（目　的）

第1条　この規程は●●法人●●●●●●（以下「法人」という。）の資金運用管理について定めたもので、その資金運用管理の透明性を図るとともに法人とその事業活動の発展に資することを目的とする。

（資金運用管理の原則）

第2条　法人の資金運用管理は、寄付行為に定める目的の遂行に資するものとする。

（資金の範囲）

第3条　この規程の対象とする資金の範囲は、法人が保有・取得する預貯

運用規程例・投資方針書例　*365*

金ならびに有価証券のうち、中長期運用が可能な資金とし、短期の決済資金、運転資金等は除く。

（資金運用の対象）

第4条　資金運用の対象は、次のとおりとする。

一、（円建て及び外貨建て）預貯金

二、（円建て及び外貨建て）債券

三、（円建て及び外貨建て）株式（ETF、REIT等の上場投資信託を含む）

四、上記、一、二、三、四、を主な投資対象とする（円建て及び外貨建て）投資信託

五、その他、理事会が本規程第2条の原則に適合すると判断し、承認した運用対象

（資金運用関係者とその職務）

第5条　本条第2項より第4項までの法人の資金運用関係者は、本規程第2条の原則に従い、善良なる管理者の注意をもって、忠実に以下の職務を行わなければならない。

2．理事会は、法人の資金運用についての最高意思決定機関であり、日常の運用実務に関しては資金運用委員長が執行する。

（1）理事会は、資金運用委員長（以下委員長という）を理事の中から任命する。

（2）理事会は、委員長の補助として資金運用委員（以下委員という）を役職員の中から任命する。

（3）理事会は、資金運用を管理・監督するため、委員長および委員から運用経過および結果について報告を定期的に受けるとともに、監事に運用管理の執行、手続き等の業務状況について必要に応じて調査を指示することができる。

366 巻末付録 ①

3．委員長は、理事会に、具体的な資金運用の執行方針および計画を提案
し、承認を受ける。また、運用執行状況や運用経過および結果を、定期
的および理事会の要請に応じ、報告を行う。

4．監事は、委員長および委員の運用管理の執行、手続き等の業務状況に
ついて、理事会の要請に応じ、または必要と判断したとき、調査を実施
する。その場合、結果について速やかに理事会に報告を行う。

（投資方針書）

第6条　委員長は、理事会に、具体的な資金運用の執行方針および計画を
投資方針書などにより提案し、承認を得る。

2．投資方針書は、法人経営や事業の遂行の状況、資金の使用目的、運用
可能期間、経済環境、そのほか重大な環境変化に合わせて、必要に応じ
て見直すことができるものとする。

（規程の改廃）

第7条　この規程を改廃しようとするときは、理事会の決議を経なければ
ならない。

附則　この規程は令和●年●●月●●日より施行する。

2．投資方針書例（日本国債等を除き、個別銘柄投資を実施しないケース）

本文で紹介した投資方針書の一例である。年度予算や投資環境に応じ
て、上位規則である運用規程に違反しない範囲で投資資産の細目ならびに
資産配分比率などを記載した投資方針書を策定して、理事会に資産運用の
考え方とともに、報告あるいは付議する。運用の考え方、戦略、執行内

容、モニター・リスク管理の方法までかなり具体的に説明している。年度運用計画はこのような方針に矛盾しないかたちで実施される。

　改訂の理事会等決議を必要とする規程ではないので、年度ごとに見直し、微調整も可能となる。また、そうならないようあらかじめ計画を立てることが前提ではあるが、必要であれば、期中に変更することも不可能ではない。各法人の事情に応じてアレンジ、参考にされたい。

　この投資方針書の例では、国債公債以外の個別銘柄への（新規）投資は禁止しているが、「従前から保有している個別銘柄債券」については償還までの間、「従前のリスク管理基準に従い、適切にモニター、リスク管理を行うものとする」としている。これも各法人の事情に応じてアレンジ、参考にしていただきたい。

●●●●年度　基本ポートフォリオ投資方針書（例）

▲▲法人　◆◆◆◆（以下「◆◆」という。）は、基本ポートフォリオ投資方針について以下のとおり定める。

Ⅰ．資金運用管理の目標
　1．事業費に充当する利子、配当金、分配金収入（以下「インカム収入」という）の中長期的な安定確保を図る。
　2．第1項の目標を達成するため、資産の価格変動は可能な限り小さくするよう努める。
　3．第1項ならびに第2項の条件を満たしながら将来の事業基盤を維持・拡充するため、運用元本の長期的な実質価値の維持に努める。
　4．運用・管理の透明性、説明性、一貫性、継続性の維持を図る。

Ⅱ．本方針の対象

本方針の対象とする資産は、以下の２資産からなる。

① 「政策的なポートフォリオ」（政策的な資産配分比率を定めて運用・管理する資産をいい、以下「基本ポートフォリオ」という）

② それ以外の「従前から保有している個別銘柄債券」（以下「個別銘柄債券」という）

Ⅲ．目標達成のための考え方と戦略

【1】 基本ポートフォリオ

1．基本ポートフォリオ全体として、上記Ⅰ．の目標の達成を図る。

2．基本ポートフォリオにおいては、インカム収入の源泉および運用元本の価値の源泉を、世界的な規模で銘柄分散、通貨分散、地理的分散することを原則とする。それにより運用資産全体を「世界経済の全体像」に近似する状態に保つことを目指す。

3．基本ポートフォリオは、以下の資産で構成する（これらを主な投資対象とするETF、投資信託等を含む）。

　（1）「安定資産」（価格変動リスクが比較的小さいと考えられる円建債券、円建預金、短期金融商品、為替ヘッジ外債など）

　（2）「リスク性資産」（価格変動リスクが比較的大きいと考えられる各種外貨建債券、内外株式、内外不動産投資信託（REIT）など）

4．基本ポートフォリオは「安定資産」へ相応に配分し、基本ポートフォリオ全体の価格変動を可能な限り小さくするよう努める。

5．基本ポートフォリオの残る資産は各種の「リスク性資産」に幅広く分散投資し、インカム収入の補完ならびに投資元本の長期的な実質価値の維持を図る。

6．各資産への配分比率は基準を定め、基準を管理することにより、運

用の透明性、説明性を保ちつつ管理の継続性を維持する。ただし、配分比率の基準は、金融情勢などに応じ、運用委員会の承認を経て適宜見直すこととする。

【2】個別銘柄債券

　今後、個別銘柄債券への再投資は原則行わない。現有の個別銘柄債券は、償還時までリスク管理・モニターを適切に行い、償還後は、原則として、上記の基本ポートフォリオに再投資することとする。

Ⅳ．運用基準

【1】基本ポートフォリオ

1．安定資産

①指数連動型上場投資信託（ETF）等の活用

　　円建債券、短期金融商品、為替ヘッジ外債などは、原則として運用の透明性が高く比較的コストが廉価なETFやインデックスファンドを中心とした投資信託等を通じて運用し、リスクを分散する。

②個別銘柄への新規投資の原則禁止

　　日本国債、政府保証債、地方債などの公債を除き、社債その他円建債券、短期金融商品、為替ヘッジ外債は、信用リスク（利払いおよび償還の確実性を妨げる要素）の判断や管理が困難なため、個別銘柄の新規取得は原則禁止とする。但し、既保有の債券を便宜上、基本ポートフォリオへ組み入れて管理する場合もある。

2．リスク性資産

①指数連動型上場投資信託（ETF）等の活用

　　各種外貨建債券、内外株式および内外REIT等を対象として運用する場合は、個別銘柄の信用リスクを低減するため、分散投資を原則とする。具体的には、ETFやインデックスファンドを中心とした投資信託等を通じて運用し、リスクを分散する。

②個別銘柄への投資の原則禁止

　　各種外貨建債券、内外株式および内外REITなどの個別銘柄の新規取得は原則禁止とする。

【2】個別銘柄債券

　個別銘柄債券の新規の取得は、原則として行わない。

Ⅴ．目標とする基本ポートフォリオおよび運用収益

　目標とする基本ポートフォリオ（各資産の構成比率など）、運用収益、許容する最大の価格変動リスクは、別紙のとおりとする。

Ⅵ．リスク管理基準

【1】基本ポートフォリオ

　1．毎月、保有するすべての有価証券の時価および受取運用収益を確認する。

　2．基本ポートフォリオの時価による配分比率を目標とする資産配分比率および許容乖離幅と照合し、許容乖離幅を超過した場合は、目標値および許容乖離幅の範囲内に戻すリバランスを実施して、過度な資産集中や価格変動リスクの回避に努めるものとする。

【2】個別銘柄債券

　従前のリスク管理基準に従い、適切にモニター、リスク管理を行うものとする。

　1．保有するすべての個別銘柄債券の時価・信用格付を四半期ごとに確認し、信用リスクの早期発見に努める。

　2．保有する個別銘柄債券の信用格付がBBB以下になった場合、あるいは将来発行体の経営状況が著しく悪化する可能性があると判断された場合には、業務執行理事は速やかに理事長に報告しなければならない。その結果、売却等の措置を講じる必要があると認めたとき

は、◆◆所定の手続きを経て売却できるものとする。

Ⅶ. 本方針の点検と見直し

本方針の内容は少なくとも年1回点検し、事業計画や金融情勢等などを勘案のうえ、必要に応じ見直しを行う。

Ⅷ. 改廃

本運用方針書の改廃は、運用委員会の承認を経て行う。

Ⅸ. 細則

本方針書の実施に関して必要な事項は、理事長が別に定めることができる。

（付則）

この運用方針書は●●●●年●月●日から施行する。

（別紙１）

１．目標とする基本ポートフォリオ

資産分類	構成割合	許容乖離幅	
		上限	下限
安定資産（＊）	55.00%	60.50%	49.50%
適格債（外貨建て）	4.00%	4.80%	3.20%
新興国国債（外貨建て）	7.00%	8.40%	5.60%
ハイイールド債（外貨建て）	4.00%	4.80%	3.20%
国内不動産	4.00%	5.20%	2.80%
海外不動産	6.00%	7.80%	4.20%
先進国株式	10.00%	13.00%	7.00%
新興国株式	10.00%	13.00%	7.00%
合計	100.0%		

＊安定資産＝円建債券＋為替ヘッジ外債＋円建預金＋短期金融商品

２．基本ポートフォリオへの新規投資金額（予定）

××××百万円

３．基本ポートフォリオ目標運用収益（上記投資金額の場合）

×××百万円

４．許容する最大の価格変動リスク（目安）

ポートフォリオ全体の取得金額に対して▲20%程度（前後）まで

以　上

巻末付録②

核とならない資産

「核とならない資産」とは、『イェール大学流資産形成術』（デイビット・スウェンセン著、パンローリング、2020年）に書かれている基本的な考え方を参考にしている。それを本邦の法人の資産運用に適合するよう筆者がアレンジしたものである。したがって、本区分は著者の意見である。

第4章、第6章で学んだように、相対的に「賭け」の要素が大きくなる「核とならない資産」については、普通の法人や運用担当が「いの一番」に投資したり、運用資産の中心に据えたりすることを避けた方が無難であると著者は考えている。ただし、法人や運用担当、自らが見分けることができ、後の中身のモニター、管理もできるような十分なスキル、覚悟が備わってから投資するのであれば、一向に構わないとも考えている。

「核とならない資産の条件」とは、その対極である「核となる資産の条件」と対比の関係にある。であるから、まず、「ポートフォリオ構築の大前提となる考え方」、「核となる資産の条件」についておさらいしておきたい（図表6-1再掲）。

①なぜ、市場リターンを収益の源泉とするのか？
⇒残りのそのほか2つ（銘柄選択、投資タイミング）を収益の源泉とするよりも、間違えるリスク、回復困難なダメージを被るリスクが小さいと考えるから。

②なぜ、その資産を組み入れるのか？
⇒世界経済全体、世界の金融市場全体の主要な構成要素であるから（世界の株式、債券、不動産（REIT）の市場全体に可能な限り分散投資することを目指す）。

③なぜ、株式、債券、不動産（REIT）なのか？

⇒(1) それらの資産を組み合わせた場合に、ポートフォリオ（資産の集合体）に対して貢献しうる独自の特徴を持つから。

特徴① 期待リターンが高い。

特徴② インフレに弱くない。

特徴③ 価格変動が大きくなりすぎないようクッションの役割を果たす。

のうち、いずれかの特徴を有するから。

(2) 各市場全体が生み出す利子、配当、キャピタルゲインだけで平均並み、そこそこのリターンが期待できるから。

(3) 幅広い銘柄に、公正な取引価格・コストでいつでも分散投資が可能な歴史のある流動性の高い市場を有するから。

つまり、「核とならない資産」とは、「核となる資産」の３つの条件のうち、第２の条件、第３の条件のいずれかをクリアしていないゆえ、結果としての第１の条件をクリアできるかどうかは、やってみないと分からない資産である。

言い換えれば、①市場リターン以外に投資リターンの源泉を依存する資産、あるいは、②流動性に乏しい、あるいは限定されたものを対象とする、伝統があるとはいえない新しいものを対象とする、のいずれかに該当する資産である。

このような資産はいずれも、市場メカニズムが生み出すリターンとは異なるものによって成り立っている。すなわち、人為的判断あるいは "最新あるいは高度、専門的な" テクノロジーなどによる銘柄選択や投資タイミングを駆使してリターンを大きくしたり、リスクを小さくしたりしようとする。運用成績はそれを委ねられた "人為的な判断" か、"人為的にプログラムされたテクノロジーの判断" などの巧拙で決まる。

結果として、ポートフォリオに組み入れて、①リターンが高いか、②インフレに弱くないか、③価格変動のクッションになるか、は時が経ってみないと分からない資産を指す（市場リターンに委ねた場合と比べて、か

核とならない資産　375

えってリターンの不確実性が高くなったり、中身のモニターやリスク管理
がややこしくなったりする危険を抱え込んでしまう）。

1. 市場が生み出すリターン以外に依存する資産
　（＝核となる資産の第2の条件をクリアしない資産）

（1）個別銘柄投資（母体企業株式、社債、劣後債、仕組債、外債、
　　　株式、REITなど）

金融市場≒経済全体の一部を"切り取る"スタイルの個別銘柄投資では、
利子配当ならびに償還や元本価値の源泉がその発行体だけに限定される。
銘柄選択が外れた場合は、利子配当も投資元本も失う。

①母体企業株式

　出捐者から寄付された株式を保有する場合、財団法人にとっては取り
扱いの難しい資産ではあろう。しかしながら、理論的には個別銘柄株式
に集中投資しているリスクは非常に大きい。

②社債（個別銘柄）

　そういう意識はないかもしれないが、リターンの源泉を運用担当が下
している銘柄選択判断に依存している。

③劣後債（個別銘柄）

　これも個別銘柄社債投資と同じく、リターンの源泉を運用担当が下し
ている銘柄選択判断（あるいは早期償還の読み）に依存している。

④仕組債（個別銘柄）

　同じく、リターンの源泉を運用担当が下している銘柄選択判断（ある
いは組み込まれたデリバティブが参照する為替などの価格変動、早期償
還の読み）に依存している。

⑤外債（個別銘柄）

　これも個別銘柄社債投資と同じく、リターンの源泉を運用担当が下し
ている銘柄選択判断（あるいは早期償還の読み）に依存している。

⑥株式（個別銘柄）

　リターンの源泉を運用担当が下している銘柄選択判断（高配当維持や値上がりなどの読み）に依存している。

⑦REIT（個別銘柄）

　リターンの源泉を運用担当が下している銘柄選択判断（高配当維持や値上がりなどの読み）に依存している。

（2）金、その他商品

金などの貴金属、原油などの資源、農産物などのコモディティ自体、利子配当などの経済的な付加価値を生まない。したがって、リターンの源泉は取引需給による値上がり益のみに依存する。

（3）ヘッジファンド

ヘッジファンドのリターンの源泉は、ヘッジファンド・マネージャーのダイナミックな銘柄組み入れとその投資タイミングの選択、判断に完全に依存する。

（4）アクティブ運用ファンド（特定テーマファンドなどを含む）

　一般にヘッジファンド・マネージャーほどダイナミックなものではないが、特定銘柄、特定投資テーマ、投資タイミングなど金融市場≒経済全体の一部分をアクティブ・ファンド・マネージャーが"うまく切り取ってくれる"ことで市場リターンを上回ることを目指す投資。ファンド・マネージャーのスキル、運に依存する。

（5）スマートβ運用

アクティブ・ファンド・マネージャーの裁量に完全に任せるのではなく、定量分析プログラムなど専門的なテクノロジーから導きだされた取引ルール、あるいは誰かがあらかじめ人為的に決めた取引ルールに準拠して機械的に、特定銘柄、特定投資テーマ、投資タイミングなど金融市場≒経済全体の一部分を"うまく切り取らせる"ことで市場リターンを上回ることを目指す投資。

任意のルールに沿った運用なので、同様のルールに基づいた運用の過去の実績（バックテスト）を示すことが容易。これらとセットになっていることが多い。ただし、それらの実績（バックテスト）は、ⅰ）過去は「たまたま」良かった可能性があること、ⅱ）過去を知っている現在の知識で都合よく作られたルールである可能性があること、ⅲ）それらのルールが将来通用しなくなる可能性があること、などに留意が必要である。将来のリターンの源泉は、それら取引ルールの信頼性、また、そのルールが時代の流れの中で陳腐化してしまわないことに依存する。

以下、多岐にわたるスマートβ戦略の中から代表的なものを挙げる。元楽天証券経済研究所客員研究員の山崎元氏の解説を参考に著者がまとめた。

①ファンダメンタル・インデックス・ファンド

利益や株主資本など、時価総額以外の指標で企業規模を定義して、これを銘柄ごとの投資ウェイトとしているもの。結果としてのリターンは何を指標に選ぶかに依存する。

②最小分散ファンド

ポートフォリオのリスクの最小化が可能と言われている運用。これは、ある任意の時期のデータに基づいて、リスク当たりの超過リターンに優れるポートフォリオを導出する。定量分析運用の一種。マルチファクター・モデルという分析ツールを使う。リターンは、その分析モデル自体と、そのデータの参照期間が将来も有効かどうかに依存する。

③高配当株ファンド

次項（6）高配当株ファンドを参照。

④その他

「ROEが高く経営が効率的な銘柄を選択」するもので、具体的には、JPX日経400に連動することを目指すファンド。JPX日経400は、銘柄選定基準やウェイト付けの考え方はあるが、最終的には人間が判断を行っ

ているので、他のスマートベータ運用とは性質が異なる。人間が銘柄取捨選択の判断を行っている点では日経225も同じ。

（6）高配当株ファンド

スマートβ運用の一種。金融市場≒経済全体の中から高配当企業を一定のルールでスクリーニングして投資を行う。また、等金額投資で定期的にリバランスも行ったりもする。リターンの源泉は、将来についての、高配当銘柄の選定ルールの有効性、リバランスなどの取引コストが低く保たれることに依存する。

（7）業種別ファンド

金融市場≒経済全体の中から特定業種（セクター）に絞り込んで分散投資を行う。リターンの源泉は特定業種（セクター）の動向に依存する。

（8）レバレッジ・ファンド

日経225レバレッジETFなど、原資産が読みとおり"1"上がれば、ファンドは"2"上がる。あるいは読みとおり"1"下がれば、ファンドは"2"下がるなど、原資産を参照する先物などデリバティブを使ってレバレッジ（テコの投資効果）を目指すもの。完全に価格の短期的な上げ下げの読みに依存した投機的な取引。

（9）EB、貸し株取引

株価が一定以上であれば現金で返金（投資額面あるいは行使価格での株式売却代金）。株価が一定以下であれば現物株式で返還（個別銘柄株式あるいは株価指数連動型ETFなど）。これらも株式デリバティブを使って株価の短期的な上げ下げの読みに依存した取引。

（10）外為取引、など

完全に為替相場の短期的な上げ下げの読みに依存した投機的な取引。

コラム

☆巻末②−1☆　核とならない資産―仕組債（為替、クレジット
　　　　　　　　リンク、株価、その他インデックスを参照）―

　仕組債は、個別銘柄リスクの上に、別のリスクを二階建てで背負いこんでしまう、「核とならない資産度合い」が一段グレードダウンするものである。

　一定の為替水準が維持されれば、参照企業がデフォルト条項に抵触しなければ、特定の株価が一定水準を維持すれば、はたまた、複数資産での運用成果を参照するインデックスがコンスタントなパフォーマンスを実現できれば、予定の利払いなどが履行されるのが仕組債の特徴である。いまだに、多くの法人が一般的な債券の利払いと同じであると誤解しているが、元は債券利息でも何でもない。参照する資産の価格に応じて変動するデリバティブをカウンターパーティーに内部で買ってもらって、その代金を受け取っているにすぎない（カウンターパーティーとはデリバティブ取引の相手方。通常、証券会社と考えてよい）。要するに、債券の発行体とは全く無関係の何か別の要素に対して、法人が「賭け」をすることで、それがデリバティブ経由でキャッシュ化されているにすぎない。だから、発行体に何事もなくても、仕組債のインカムや債券本体の価格の方は、実質的にはデフォルトと同じ状態に陥ってしまうことも珍しくない（「債券価格は急落してても、あるいは利払いが滞っていても、発行体は健全。満期まで持てば元本保証。」だと、リーマンショックの頃までは理事会等を抑え込めた「声の大きな運用担当者」も相当いたが、時代も変わった今、もはや、そのようなエクスキューズも常識的に通りづらいのではないかと思う）。

　加えて、仕組債には流動性がない。流動性のない資産は、換金が難しいという問題を背負うだけではない。上場している資産や、国債などと異なり、適正な価格を他で照会することも困難なのである（似たような問題は、個別社債や個別外債などの取引でも起こるが）。特定の証券会社が提示する相対価格に応じる以外に法人の選択肢はほとんどないのである。ここで忘れてはいけないのが、仕組債の組成時や途中換金時に提示される組成条件や取引価格には、証券会社の手数料が必ず含まれるという事実であ

る（内枠で明示されない手数料は法人顧客ごとに、また取引ごとに、内部で変更できる。不用心な法人からは1億円額面の取引につき手数料換算で100万円単位の上乗せをすることも不可能ではない）。

しかしながら、法人が「債券」という体（テイ）に固執して運用収入を確保し続けようとする限り、このような仕組債はずっと存在し続けるのかもしれない。結局のところ、このような状況から脱出するか、しないかを決められるのは、法人自身でしかないのだと自覚しなくてはいけない。

（『公益法人』（（公財）公益法人協会）2020年1月号「法人資産の運用を考える (15)」より）

コラム

☆巻末②－2☆　核とならない資産─個別銘柄の株式・REIT（母体企業株式を含む）─

やってみないと最終的に分からない、価値が消滅あるいは、大きく減価したまま回復しないリスクを伴う資産は、「核とならない資産」として、拙著『新しい公益法人・一般法人の資産運用』において列挙、詳しく解説している。

最初に断らないといけないが、公益法人や学校法人が長期的な財産として株式やREITを保有することを全否定するつもりは全くない。それどころか法人財産のポートフォリオの一部として、株式やREITを適切に保有することは理に適っており、推奨に値すると考える。なぜなら、長期でみれば、それらは法人の財産規模を膨らませ、かつ、その配当水準自体も増大させていくことが期待できるからである。

このような効果は、長期的なインフレに打ち勝ち、（公益）事業を維持発展させていくべき主体にとって欠かせない性質なのである。一方で、債券にはこのような性質は期待できない。債券利息と償還金の成長は逆立ちしても期待できないのである。

特に株式は「企業＝生産手段」を保有するに等しい。企業というものは、生産活動を拡大するとともに、そこからの配当も増やしていくことを使命としていることは、常識的にも理解できよう。

核とならない資産　　*381*

　しかしながらである。このような株式・REITに投資する方法を間違えていると、これらの特筆すべき長期的な恩恵にもあずかれないのである。単純に言えば、超長期の"持続性"が伴わない、あるいは伴わない恐れのあるやり方で株式・REITを保有したのでは、かえってアダとなりかねないのである。個別銘柄で株式（母体企業株式を含む）やREITを保有することはこれに該当する。つまり、個別銘柄では価値が消滅あるいは、大きく減価したまま回復しない、配当自体も激減・消滅してしまうリスクを伴うので、法人の資産運用の「核」にはできないのである。

　普通の債券運用では利子補給が難しくなった昨今では、株式やREITの相対的な配当利回りの高さから、法人資産において運用担当らが進んで個別銘柄をピックアップして取得、保有を始めるケースが増えているようである。ピックアップした時点では"高配当銘柄""優良銘柄"などと言われていても、その評価、業績自体が時代と共にどんどん変わっていく。それらの変化を常にモニターして、必要であれば、入れ替え、ロスカットもしなければいけないのが適切な個別銘柄の取り扱いである。法人の一担当者にそんなファンドマネージャーまがいの仕事ができるのだろうか？（しかも、法人の役職員はどんどん交代していく中で）

　また、母体企業株式も個別銘柄であることにおいては同じリスクを抱える。いくつかの企業系財団の"浮沈"は、その法人の（公益）事業遂行の意思とは関係なく、どこが母体企業か（どの企業の株式を持っているか）によって、運命づけられているのである。

（『公益法人』（（公財）公益法人協会）2020年2月号「法人資産の運用を考える（16）」より）

コラム

☆巻末②－3☆　核とならない資産—アクティブ運用、アクティブ運用ファンド、ヘッジファンドなど—

　価値が消滅あるいは、大きく減価したまま回復しないリスクを伴う資産は、「核とならない資産」として、拙著『新しい公益法人・一般法人の資産運用』において列挙、詳しく解説している。「核とならない資産（4）」では、私募REIT、インフラファンド、未公開株ファンドなどについて指摘した。今回は、アクティブ運用、アクティブ運用投信、ヘッジファンドなど（ファンドマネージャーなどの巧拙に賭ける運用）を挙げたい。

　2020年5月時点までのところでは、コロナ・パニックで一時、株式市場が平均で約▲30％、REIT（不動産）市場で約▲40％、その他国債を除く社債市場は約▲10％〜▲20％も下落した。

　市場平均価格が下落したとはいえ、数十〜数千銘柄から構成される金融市場そのものが消えて、なくなってしまうわけではない。金融市場全体でみた価格は、リーマンショック時も含めて、浮沈を繰り返しているが、最終的には回復・復元している。今回の価格下落も長い目で見れば、一時的なものと考えられている。以上が、世界の主要な金融市場と市場平均利子利回り、配当利回りを複製するETF（上場投資信託）などを使ったパッシブ運用の場合の基本的な投資スタンスである。

　一方、アクティブ運用（アクティブ運用投信、ヘッジファンドなど）のスタンスは上記とは異なる。数千〜数万銘柄の全ての投資対象の中から一部の銘柄だけをピックアップ、切り取る。また、全ての（銘柄の）価格変動から、一部銘柄の価格変動あるいは一時期だけの価格変動を切り取る。そのような"切り取り"を巧みに行うことで、単なるパッシブ運用よりもリスクを小さくしたり、リターンを高めたりすることを企てているのが、アクティブ運用である。そして、そのような"切り取り"の裁量、意思決定権を投資家が委ねているのが、ファンドマネージャーである（最近ではAIや特定の投資モデルが、生身の人間に変わって意思決定を任されることもある）。

　このようなアクティブ運用の問題は、人間であれ、機械であれ、そのような"切り取り"作業が巧みにできる場合もあれば、つたない結果になる

核とならない資産 **383**

場合もある。投資する前には誰にも分からない、やってみないと結果は分からないことである（しかも、統計データによれば、長期間にわたり成功し続けるアクティブ運用はほんの一握りとなる＝人間や機械の投資戦略も未来永劫に効果的なわけではなく、ほとんどが時代遅れ、陳腐化してしまうのだろう）。

　法人がアクティブ運用を管理・監督する上で厄介なのは、価格下落が「市況要因」かファンドマネージャーなどの「失敗＝見込み違い」か、判別が難しいことである。今般のコロナ時の下落がファンドマネージャーなどの「失敗＝見込み違い」であれば、市況と共に回復・復元しない、あるいは回復・復元が大幅に遅れることになる。

　ファンドマネージャーなどの「失敗＝見込み違い」かどうか判断できない法人、あるいは外部コンサルなどの説明を鵜呑みにせざるを得ない法人は、アクティブ運用を中核としてはいけない。ましてや、法人の運用担当者が個別の債券、REIT、株式を判断するアクティブ運用など、論外であることを肝に銘じられたい。

（『公益法人』（（公財）公益法人協会）2020年6月号「法人資産の運用を考える（20）」より）

コラム

☆巻末②－4☆　核とならない資産―環境、社会、道徳、慈善的な要素を前面に打ち出した商品―

　リスクを伴う資産は、「核とならない資産」として、拙著『新しい公益法人・一般法人の資産運用』において列挙、詳しく解説している。

　前回は、アクティブ運用、アクティブ運用投信、ヘッジファンドなどについて指摘した。今回は、環境・社会・道徳・慈善的な要素などを前面に打ち出した投資商品を挙げたい。

　ESG、SDGsその他、慈善的な要素などを前面に打ち出した投資商品も、アクティブ運用、アクティブ運用投信、ヘッジファンドなどと同じ構造的な問題を抱える。全ての投資対象の中から一部の銘柄だけをピックアップ、切り取って投資するという根底の構造は同じなのである。

　例えば、ESG投資では、環境（Environment）・社会（Social）・企業

統治（Governance）に配慮している企業を重視・選別して投資を行う。ESG評価の高い企業は事業の社会的意義、成長の持続性など優れた企業特性を持つと考えられている。公的年金基金などは、企業が引き起こす事故や不正・不祥事のリスク管理の観点からESGを捉え、中長期的なフリーキャッシュフロー創出力など企業価値向上が期待できる企業を見極めることで、投資リスクの軽減に努めているといわれる。このような理念・理想については、皆、異論もないであろう。

問題は、ESG評価の高い企業を、誰が、どのような基準で選別できるのか？　果たしてそのような選別は、有効かつ持続可能なのか？　という現実的な問題を抱えているということである。掲げている理念・理想については異論がないが、具体的な実施方法については、いまだ実験的な要素が強い。企業の選別を行うファンドマネージャー、数理モデルなどや、それらの有効性と持続性を信じて、やってみないと最終的に分からない。「賭け」の要素が強い手法であることは否めない。そのことをあらかじめ理解した上で資金を投じるのであれば問題はない。

例示したESG投資に限らず、SDGsその他、環境・社会・道徳・慈善的な要素などを前面に打ち出した投資商品は最近の流行といえるかもしれない。運用業界やファンドマネージャーの中には、このような新しい投資アイデア・手法の可能性を信じ、日々、技術的な探求と改善に真摯に取り組む者たちも存在している。彼らの存在意義まで否定、疑いの目で見るつもりは毛頭ない。

しかしながら、このような新しい投資アイデアが掲げる理念・理想は、間違いなく、投資家サイドのプライドや自尊心、責任感をくすぐるものである。そして、金融業界サイド（運用会社、証券会社、年金コンサルなど）もそのことをよく知っているのである。この流行を彼らの新しいビジネス・取引に利用したいと考えている業者も少なくない。投資家サイドとしては、盲目的に彼らのビジネスのための提案にのってしまうのではなく、「実験的なもの」「賭けの要素が強いもの」を十分に事前にわきまえたうえで、対応されることをお薦めする。特に、「技術・制度的に確立されたものである＝主要な公的投資家では採用済みあるいは検討中など」、「優れた運用成績が期待できる」などと売り込んでくる業者には、決して耳を傾けてはならない。

（『公益法人』（（公財）公益法人協会）2020年7月号「法人資産の運用を考える (21)」より）

核とならない資産　*385*

2. 分散できる種類・範囲に乏しい、市場規模・流動性に乏しい、歴史のある市場が存在しない資産（＝核となる資産の第３の条件をクリアしない資産）

（1）仕組債

そもそも個別銘柄投資でもあるが、さらに流通する市場が存在しないため、流動性も極めて低い。

（2）社債（個別銘柄）

そもそも個別銘柄投資でもあるが、流通する市場が極めて薄く、特に価格下落時には事実上換金不可能に陥ることも珍しくない。

（3）劣後債、優先出資証券

比較的歴史が新しいタイプの資産。主に金融機関に対する自己資本規制などの金融行政の強化に伴って生まれた特殊な有価証券。リターンは発行体である金融機関など特定の業種の動向に依存する。発行市場や流通市場は、今後の金融機関規制や金融行政の動向の影響を受けると考えられる。

（4）私募REIT

非上場の個別銘柄REIT。保有物件はある程度分散されているが、リターンは物件を運用するREIT法人のファンド・マネージャーの見極めに依存する。非上場のため、流動性には乏しい。

（5）周辺通貨投資、周辺国投資（例、デンマーク、ノルウェー、スウェーデンなどマイナーな国、周辺地域への投資）

世界的に見てメジャーではない特定の通貨、特定の国家への投資は比較的大きなカントリーリスクを抱える（マイナーあるいは小規模がゆえ、そうでない場合に比べ、経済状況が急変してしまうリスクに晒されやすい）。また、流動性もメジャーな国の資産に比べ、一般に劣っていることが多い。幅広い通貨、国家への分散投資の一環としてこれらの資産を含むのは構わないが、いきなり、特定の周辺通貨、周辺国を"切り取って"投資するのは感心しない。

（6）周辺資産投資（例、地方債など免税債、カバード債、アセットバック証券、バンクローン、MLP、大災害債など保険証券化商品など）

世界的に見てメジャーではない資産、歴史の浅い資産への投資は比較的大きなリスクを抱える（マイナーあるいは小規模、歴史が浅いがゆえ、そうでない資産に比べ、経済状況が急変してしまうリスクに晒されやすい）。また、メジャーな資産に比べ、一般に流動性も劣っていることが多い。世界のメジャーな株式市場、債券市場、不動産市場（REIT市場）などを広範囲に押さえたうえで、さらなる分散投資の一環としてこれらの資産に一部投資してみるのは構わないが、いきなり、特定の周辺資産を"切り取って"投資するのは感心しない。

①米国地方債・免税債

　米国国債に比べ流動性に劣る資産なのでファンド・マネージャーの巧拙がリターンに大きく影響する。

②カバード債

　金融機関の貸出しの対象となるプロジェクト資産（不動産、建設物、建築物などのインフラ等）を担保とするので投資家の安心感を得られやすいのかもしれない。しかしながら、特殊かつ流動性に劣る資産なのでファンド・マネージャーの巧拙がリターンに大きく影響する。また、カバード債の発行体は金融機関に偏ることになる（ギリシャショック時にはベルギーのカバード債発行大手のデクシア銀行が解体されるなど、一時大混乱に陥った）。

③アセットバック証券

　アセットバック証券もカバード債と似ているが、金融機関の貸出し債権を担保として発行される。担保債権の対象は多岐にわたる。住宅ローン債権、クレジットカード債権、リース債権、自動車ローン債権などである（言い換えれば、何でもありである。今後も新種の貸出債権を対象とした新種のアセットバック証券はどんどん"発明"され続けるであろ

う）。こちらも、特殊かつ流動性に劣る資産であり、発行体も金融機関に偏ることになる（ご存じのとおり、リーマンショックはサブプライムローンと呼ばれる住宅ローン債権のアセットバック証券が引き金だった）。

④バンクローン

バンクローンもアセットバック証券の一種である。担保債権は比較的信用力の低い企業向け貸し出しとなる。ローン債権のため、市場性、流動性は低い。だから比較的高利回りの割には価格変動リスクが小さいということが売りらしい。しかしながら、市場性に乏しいゆえに、価格変動リスクが隠蔽されている非投資適格社債投資のようなものであるとも言える。

⑤MLP（Master Limited Partnership）

米国のエネルギー・天然資源関連の事業の出資持分が証券取引所に上場されているものを指す。シェールガス・ブームの時はMLPを投資対象とする投資信託が乱発されたことをご記憶の方もいらっしゃるかもしれない。上場されているので流動性は比較的問題ではないかもしれないが、エネルギー・天然資源関連という周辺セクターに偏ることになる。

⑥大災害債など保険証券化商品

保険会社は大災害がおこらなければ保険金を支払う必要がないので、保険の掛け金は保険会社にとっては「儲け」となる。一方、大災害が起これば保険金を支払う必要が出てくるので、保険会社にとっては「出費」「損失」となる。単純化すれば、このような保険の仕組みを「債券」などのかたちに証券化した仕組債の一種が大災害債など呼ばれているものである。このような大災害債を投資対象とした投資信託も出回り始めているが、やはり歴史の浅い、周辺資産、特殊資産であると考える。いきなり、この部分だけを"切り取って"投資するのは感心しない。

（7）ベンチャーキャピタル・ファンド

創業間もないもの、あるいは事業開始すらしていないものも含めて、成長の見込める若い企業への出資に特化することでハイリターンを狙う投資。投資企業を選定したり、投資企業に対して助言をしたりするファンド・マネジャーの力量に100%依存するだけでなく、この手の投資においては流動性が著しく低い。

（8）プライベートエクイティ・ファンド

非上場、非公開の有望な企業への出資に特化することでハイリターンを狙う投資。投資企業を選定したり、投資企業に対して助言をしたりするファンド・マネジャーの力量に100%依存するだけでなく、この手の投資において流動性は著しく低い。

（9）インフラ・ファンド

インフラ・ファンドとは、投資家から資金を集めて、道路や発電所、鉄道、空港、港湾など社会資本に投資する。比較的歴史が浅く、インフラ案件が限られたり、太陽光発電など類似のインフラ案件に偏ったり、と十分な分散投資が難しいのが現状である。流動性に制約のある私募形式ファンド、そうでない上場ファンドのいずれの形態も存在するが、どちらもインフラ案件とファンド運営会社のシビアな見極めが必要とおもわれる。

コラム

☆巻末②－5☆ 核とならない資産（4）〜私募REIT、インフラファンド、未公開株ファンド（流動性に乏しい資産、市場価格がない資産）〜

近年、学校法人・公益法人に対しても、金融機関からの私募REITの売り込みが過熱しているようである。なぜか？ それは上場（公募） REITと異なり、独自組成となり、それを担当する（関連）運用会社、（関連）

信託銀行に手数料や管理報酬が新たに落ちるからである。さらに、運用会社と信託銀行の間に、金融機関自身が投資顧問業者として入れば、投資顧問報酬も投資家に対してチャージできるからである。一方、投資家に上場（公募）REITやREIT指数連動型の上場投資信託（ETF）を買われたのでは、彼らは株式の取次手数料以外にチャージすることはできない。

そもそも、私募REITの中身は、＝上場（公募）REITと同じ個別銘柄（個別REIT法人の株式・受益権）であるため、前回の個別銘柄投資と同様の問題を抱える「核とならない資産」に分類される。

では、学校法人・公益法人は、私募REITの売り込みのどこに一番、反応しているのだろうか？　それは、疑いなく"私募形式のREITであれば、価格変動を小さくできますよ"というセールストークに違いないのである（事実、私募REITの予想分配利回り自体は、上場（公募）REITやREIT指数連動型ETFに比べても特別に高いという印象はない。それどころか上記の諸費用控除後利回りでは上場REITの水準を下回るものも珍しくない）。

私募REITには市場価格というものが存在しない。であるから年１回あるいは数回、（金融業者とは利害関係がないといわれる）鑑定士評価を元に算出された価格に更新される（その算出価格を基準に私募REITの追加投資や解約に応じるのが一般的である。すなわち、換金性や流動性には非常に乏しい資産となる）。

このように価格変動が小さくできるといわれる資産には、次の関係式が成り立つ。いつでも取引できる公開された市場価格というものが存在しない資産 ＝ 換金性や流動性には非常に乏しい資産、というメリット／デメリットがトレードオフの関係となる資産なのである。しかも、投資の中身は非常に個別性が強い（特定の個別銘柄、個別プロジェクトである）。同様の関係式は、他の価格変動が小さくできる投資対象と言われるインフラファンド、未公開株ファンドなどについても成り立つ。

法人の運用担当役職員が未熟で短視眼的な場合、真っ先に、なるべく価格変動が小さくてインカムなどの収入が得られそうな投資対象へと"逃げ込もう"とする「習性」がある。逃げ込んだ先に万が一のことがあれば、抜き差しならない状態に陥ってしまうという、公金を扱う者として、最も考慮しないといけないリスクの方は、後回し、あるいは自ら精査しようとしないのである。また、金融機関は、このような彼らの「習性」を良く熟

知しており、それを突いた営業活動は、時を変え、品を変え、ずっと続いている。

　法人側も、それに気がつき、何を真っ先に考慮すべきか、再考しなければならない。

（『公益法人』((公財) 公益法人協会) 2020年3月号「法人資産の運用を考える (17)」より）

推薦図書

　なお、資産運用一般と組織的な資産運用とその管理について、さらに理解を深めたい方には以下の文献をお勧めする。

・チャールズ・エリス著『敗者のゲーム〔原著第8版〕』日本経済新聞出版社、2022年
　（原題：Winning the Loser's Game）
　プロ、アマを問わず世界中の投資家に読み継がれ、投資のバイブルとも呼ばれている。1985年の初版から現在の第8版まで、この本に書かれているメッセージはずっと一貫している。また、平易かつ簡潔な表現で投資の本質、それに関連するほぼ全ての事項を解説している本はほかにない。法人運用にとっては、投資方針、資産配分比率の重要性、巻末付録での運用機関の選び方、運用委員会の役割、運用に関わる業者についての留意事項、そして何よりも、自分で理解して決めること、などが役に立とう。小職の本業でのアドバイスもこうありたいと、目標としている1冊。

・ラッセル・L・オルソン著『企業年金運用の成功条件』東洋経済新報社、2020年
　（原題Independent Fiduciary）
　かつてのイーストマン・コダック社で企業年金の運営・運用に携わってきた著者が、基金の運用、投資政策、管理体制から、受託者としての行動指針までの「実務」の全てを漏れなく解説している。しかも、平易かつ簡潔な文書である。

392　推薦図書

・デイビット・F・スウェンセン著『イェール大学流投資戦略』ウィザードブックシリーズVol.310、パンローリング、2003年

（原題Pioneering Portfolio Management）

　イェール大学のチーフ・インベストメント・オフィサーである著者が、基金の運用や投資政策、管理体制などについて実務家の視点で解説している。プロの投資・意思決定について書かれた本では最良ではないかと思う。なお、「自らが理解、管理できる範囲に運用を留めることが何よりも大事である」という本文のメッセージはこの本に由来している。

・デイビット・F・スウェンセン著『イェール大学流資産形成術－顧客本位の投資信託とは何か』ウィザードブックシリーズ、パンローリング、2020年

（原題Unconventional Success）

　前述の著者が、こちらでは個人の資産運用や投資政策などについて投資家の視点から総括している。特に、「資産配分比率」の意味するところ、「核となる資産」「核とならない資産」の考え方、その理由については、大変分かりやすく書かれており、本文のインスピレーションの源ともなっている。

・ピーター・L・バーンスタイン著『証券投資の思想革命』東洋経済新報社、2006年

（原題Capital Ideas）

　金融歴史学者、エコノミストであった著者が、金融資本市場の真理を求めて格闘してきた学者、金融実務家たちの歴史を克明に描写している。本文で述べた、投資がカオスであった時代⇒現代投資理論・ベンチマーク・インデックスの誕生⇒インデックスファンド、ETFへとつながってきた金融史が、その黎明期からの時代物語のように遡ることができる。

・ピーター・バーンスタイン著『リスク』日経BPマーケティング、1998年

（原題Against the Gods）

　前述の著者が"リスク"というものの歴史、その本質について考察している。

・エルロイ・ディムソン、ポール・マーシュ、マイク・ストーントン著『証券市場の真実』東洋経済新報社、2003年

（原題Triumph of the Optimists）

　世界と各国における株式市場、債券市場、短期債市場、インフレ率そして為替レートについての1900年から2001年の101年間にわたる超長期のパフォーマンス・データを整理し、解説している。

〔著者プロフィール〕

雨宮　孝子（あめみや　たかこ）
（公財）公益法人協会理事長

　慶応義塾大学大学院法学研究科博士課程修了。2004年〜2008年明治学院大学大学院法務研究科教授、2007年内閣府公益認定等委員会非常勤委員、2008年同委員会常勤委員、2010〜2016年同委員会委員長代理を務め、2017年から現職。2017年旭日中綬章を受章。

梅本　洋一（うめもと　ひろかず）
インディペンデント・フィデュシャリー株式会社　代表取締役
投資助言・代理業　関東財務局長（金商）第2965号

　1967年（昭和42年）生まれ。国際基督教大学教養学部卒。1990年野村證券入社。退社後、財団・社団法人、学校法人等の非営利法人に対する投資顧問業務およびその管理ガバナンス等のコンサルティング業務に特化。2008年12月、インディペンデント・フィデュシャリー株式会社を創設。資産運用連続講座（公益法人協会　2015年〜2023年）の講師を務める。主な著書に『新しい公益法人・一般法人の資産運用』（公益法人協会　2017）等がある。

非営利法人のための資産運用入門
アセットオーナー・プリンシプル対応版

令和 6 年10月 5 日　初版第 1 刷発行

発行／公益財団法人 **公益法人協会**

〒113-0021　東京都文京区本駒込 2 丁目27番15号

TEL 03-3945-1017（代表）

03-6824-9875（出版）

FAX 03-3945-1267

URL https://www.kohokyo.or.jp/

印刷／製本　株式会社美巧社

© 2024 Printed in Japan　ISBN978-4-906173-94-5